흥무대왕 김유신 연구

집필자

김창겸(한국학중앙연구원, 신라사학회장)

김덕원(명지대학교)   김태식(연합뉴스)

김호동(영남대학교)   문경현(경북대학교)

이현숙(연세대학교)   임선애(대구가톨릭대학교)

조범환(서강대학교)   주보돈(경북대학교)

흥무대왕 김유신 연구

초판 1쇄 인쇄 | 2011년 10월 25일
초판 1쇄 발행 | 2011년 10월 30일

지은이 | 신라사학회
발행인 | 한정희
발행처 | 경인문화사
편 집 | 신학태 김송이 김우리 김지선 맹수지 문영주 안상준
주 소 | 서울특별시 마포구 마포동 324-3
전화: 718-4831, 팩스: 703-9711
이메일: kyunginp@chol.com
홈페이지: www.kyunginp.co.kr / 한국학서적.kr
등록번호 | 제10-18호(1973. 11. 8)

ISBN : 978-89-499-0819-9 93910
정가 : 23,000원
*파본 및 훼손된 책은 교환해 드립니다.

흥무대왕 김유신 연구

신라사학회 편

景仁文化社

간행사

> "하지만 신라가 갖던 이러한 위상은 19세기 이래 한반도에 국민
> 국가 추동의 움직임과 궤를 같이 하면서 돌변했다. 이들은 신라를
> 경멸하고, 나아가 金庾信과 金春秋를 민족배반자라는 딱지를 부쳐
> 폄훼하였다. 935년 신라 멸망으로부터 무려 1,000여년이 지난 뒤에
> 한반도 당대의 시대적 상황과 시대적 요청이 신라에 대하여 이민족
> 인 唐을 끌어들여 동족 국가와 동족의 민족을 멸한 반민족적 왕조라
> 고 내치기에 이르렀다. 그리하여 신라는 오직 영광과 번영만이 가득
> 해야 할 찬란한 우리 민족사에서 그러한 영광과 번영에 오점과 치욕
> 과 수치를 남긴 존재로 추락을 거듭하여 오늘에 이르렀다."

이는 우리 신라사학회가 2003년 3월 21일, 공식 출범하면서 그 「창립
선언문」에서 밝힌 구절이다. 이 말처럼 김유신이야말로 '극단의 시대'의
전형이었다. 그와 거의 비슷한 시대를 살다간 같은 신라인 金大問의 말
을 빌린다면 賢佐이며 忠臣이었고 良將이었을 테지만 20세기 벽두에 몰
아친 내셔널리즘의 된서리를 맞아 그 위상이 급전 추락했다. 심지어 저
명한 민족주의 계열의 투사요 민족운동가이며 역사가이기도 한 단재 申
采浩는 김유신을 일컬어 "그 평생의 大功이 戰場에 있지 않고 음모로 隣
國을 亂한 자"라고 낙인찍기도 했다.

신라사학회가 2007년 10월 19일 서울역사박물관 대강당에서 '흥무대
왕 김유신, 새로운 해석'을 주제로 하는 학술대회를 동국대학교 신라문
화연구소와 공동 개최한 것은 바로 학회 「창립선언문」이 명시한 그런 문
제의식을 짚기 위함이었다. 당시 학술대회 안내문에서 우리 학회는 "스
스로를 해명할 길이 막혀버린 김유신에게서 오늘에야 비로소 '민족'이란
망령을 걷어내고, 그의 참모습을 조망해보"고자 한다고 말했다.

우리가 이번에 출간하는 『흥무대왕 김유신 연구』는 이 학술대회 성과를
바탕으로 하고, 학회지인 『신라사학보』를 통해서 김유신을 주제로 발표

된 연구 논문 몇 편을 보탠 결과물이다.

제1부 '김유신의 생애와 활동'에서는 김유신이 생전에 추구한 정치 지향과, 그리고 진평왕대의 활동, 화랑에 대한 탐구를 아우르면서 방사로서 김유신, 그리고 삼국통일전쟁기 김유신이 앓았던 질병 등에 대하여 살펴보았다.

제2부 '김유신의 추숭사업'에서는 김유신의 사후에 그가 어떻게 추숭되었고 또 그의 후손들이 어떻게 우대받았는가를 살펴보면서, 후대에 김유신이 어떻게 인식되고 또 어떤 형태로 재현되어져 있는가를 연구하였다.

하지만 이 연구서가 김유신이란 공동 주제어를 가지고 있으나, 각 연구자의 학문적 견해와 입장을 전적으로 배려하다보니, 우리가 학회「창립선언문」에서 표방한 문제의식을 완벽하게 구현함에는 한계를 갖고 있다. 솔직하게 말해, 미비한 점이 분명히 있을 것이다. 아니, 많을지도 모른다. 그렇지만 우리는 이를 더 큰 도약을 위한 작은 디딤대로 삼고자 한다.

이 연구서를 간행함에 감사드려야 할 분들이 많다. 우선 지난 학술대회의 기조발표자 주보돈 선생님을 비롯한 발표자 이현숙, 조범환, 이현숙, 임선애, 김태식 선생님, 그리고 『신라사학보』에 논문을 게재하신 문경현, 김호동, 김창겸, 김덕원 선생님, 또 이들 논문에 대해 소중한 여러 가지 조언을 해주신 토론자와 심사자들께 고맙다는 말씀을 드린다.

이 책은 전적으로 우리 학회 임원진과 회원들의 장기간에 걸친 노고와 애정의 결과물이라 하겠다. 아울러 늘 신라사학회의 발전을 위해 도와주시는 경인문화사 한정희 사장, 이 책이 그나마 모양을 갖추어 세상에 나오도록 해준 신학태 편집부장과 안상준 편집원에게 진심으로 고마움을 표하는 바이다.

2011년 9월
지은이를 대표하여
신라사학회장 김 창 겸 씀

목 차

x

논문 게재지 출처

· 주보돈 : 김유신의 정치지향(『新羅史學報』 11, 2007)
· 김덕원 : 신라 진평왕대 김유신의 활동(『新羅史學報』 10, 2007)
· 김태식 : 方士로서의 김유신(『新羅史學報』 11, 2007)
· 이현숙 : 김유신의 풍병과 신라 통일전쟁기의 질병(『新羅史學報』 12, 2008)
· 조범환 : 김유신의 가계와 후손들의 활동(『新羅史學報』 11, 2007)
· 문경현 : 金庾信墓考(『新羅史學報』 17, 2009)
· 김창겸 : 신라시대 김유신의 興武大王 추봉과 '新金氏'(『新羅史學報』 18, 2010)
· 김호동 : 김유신의 追崇에 관한 연구(『新羅史學報』 22, 2011)
· 임선애 : 한국문화와 김유신의 재현양상(『新羅史學報』 11, 2007)

제1부 김유신의 생애와 활동

김유신의 정치지향
- 연구의 활성화를 기대하며 -

주 보 돈*

1. 머리말

한국고대사 분야가 늘 사료 빈곤에 허덕이고 있음은 다 아는 사실이다. 그럼에도 평소 대단히 의아스럽게 여겨온 것 가운데 하나는 사료가 비교적 많이 남아 전하는 김유신에 대한 연구가 그리 활발하지 못하다는 사실이다. 어쩌면 그가 수행한 역할이나 차지하는 비중은 물론이고 有關 사료의 양에 비하여도 너무 소홀히 취급되고 있는 것이 아닌가 하는 느낌이 짙게 든다. 기실 그 현황을 구체적으로 들여다보면 사료 빈곤이라는 말이 정말 무색해질 정도이다. 한국고대사에서 7세기의 삼국통합전쟁이 갖는 의미나 중요성에 대해서는 새삼스레 다시 강조할 필요가 없을 터이지만 그럼에도 그에 대한 연구 성과가 그렇게 만족스럽다고 단정할 수 없는 요인도 바로 中核的 위치에 있던 김유신 연구의 미진함과 전혀 무관하지가 않는 듯하다.

* 경북대학교 사학과 교수

김유신에 대한 연구가 그처럼 부진한 까닭은 기왕에 그를 대상으로 내려진 부정적 斷罪도 큰 몫을 차지한다고 하여도 그리 어긋나지가 않는다. 특히 일제 강점기에 丹齋 申采浩가 김유신과 그 동업자 金春秋를 대상으로 논단한 인물평은[1] 이후 남북한 역사학계에 크게 영향을 끼쳐 어쩌면 관심을 끌지 못하도록 하는 데 결정적 요인으로 작용하지 않았을까 싶다. 唐이란 외세를 끌어들여 同族國家를 멸망시킨 장본인이란 주장이 바로 그것이다. 이는 사실 당시의 역사상을 잘못 이해한 데서 내린 착각이라 여겨진다. 삼국은 그 어느 쪽도 서로 동족국가라 여기지 않았기 때문이다. 사실 한민족은 처음부터 만들어진 상태로 출발한 것이 아니며 당시에는 아직 형성 과정에 있었을 따름이다. 따라서 서로 비슷하다는 同類意識은 갖고 있었지만 살아남기 위해 치열하게 대립·격돌해야 하는 적대세력이었다. 외세를 끌어들여 동족국가를 멸망시켰다는 인식은 수정되어야 마땅하다. 그렇다면 김유신에 대한 평가도 당연히 새롭게 이루어져야 하겠다.

김유신에 대한 연구는 그리 쉽지가 않다. 대개의 인물 평전이 그러하듯이 자칫 대상을 영웅시하기 일쑤이며 그 결과 실상보다 과장 혹은 미화하여 왜곡되게 다룰 소지가 높기 때문이다. 현전하는 김유신 관련 사료 속에서 이미 그런 측면이 강하게 엿보인다. 따라서 김유신을 제대로 평가하려면 반드시 유관 사료를 철저하게 비판적으로 점검하는 작업이 선행되어야 마땅하다. 기왕에 진행된 몇몇 연구를 대충 훑어보면 그런 시도가 매우 미흡하다는 느낌이다. 사료에 대한 사전 검증 작업을 거치지 않는다면 그 위에 다시 단재의 경우처럼 評者의 현실적 인식이나 가치관에 바탕한 선입견이 덧씌워져 실상을 크게 그르칠 우려가 항상 뒤따

---

1) 申采浩, 「朝鮮上古史」『(改訂版)丹齋申采浩全集』(上), 螢雪出版社, 1982, 323~330쪽.

르는 것이다. 그것이 결국 인물사 자체를 극히 부정적으로 바라보는 근본 요인으로 작용하기도 한다. 기왕에 사료가 상대적으로 많음에도 불구하고 김유신 연구가 별로 활성화되지 못한 또 다른 요인은 바로 이런 데서도 찾아진다.

이처럼 인물사는 흑백논리에 따른 선입견으로 말미암아 객관성을 담보받기가 쉽지 않은 대상이다. 이와 같은 이유로 인물 연구를 꺼려하는 경향이 지배적이다. 그러나 굳이 그를 의도적으로 회피하거나 도외시할 필요는 없다. 대상 여하에 따라 때로는 꼭 접근을 시도해 보아야 할 정도로 나름의 의미가 내재되어 있기 때문이다. 개인의 활동과 역할이라는 조그마한 창구를 통해서 한 시대의 흐름을 바라보는 작업은 거시적 틀에서만 접근하였을 때 쉽사리 놓치게 되는 부분을 간파해 낼 수 있다는 장점도 있다. 그럼으로써 역사적 사실을 생생하게 역동적으로 그려낼 수 있기도 하다. 특히 특정 시대의 핵심 인물일수록 그런 측면이 한층 더 두드러진다. 지금까지 드러난 사실만으로도 김유신을 바로 그와 같은 인물의 한 사람으로 손꼽아 전혀 손색이 없을 터이다.

7세기 동아시아 차원에서 전개된 격동의 한가운데에서 中心者的 역할을 담당한 김유신이라는 인물을 재조명해 본다면 신라사와 관련한 새로운 정보를 상당히 얻어낼 수 있을 것으로 여겨진다. 이는 달리 말하면 기왕에 무관심으로 말미암아 놓친 부분이 많다는 의미도 되겠다. 다만 그 방향이 단순히 개인적 활동을 흥미 위주로 들추는 데에 머물지 않고 당대의 신라사회, 나아가 동아시아 전체의 흐름과 연관지울 때에 비로소 그것이 제대로 드러날 것으로 판단된다. 이런 시도가 곧 한국고대사의 내용을 한결 풍부하게 재구성하는 길임은 재론의 여지가 없겠다.

2. 관련 사료의 문제

김유신을 다룬 연구를 일별하면 기본 사료에 대한 철저한 점검에는 별 반 힘을 쏟지 않았음이 거의 공통적으로 포착된다. 김유신에 처음 관심 을 표명한 朴殷植의 경우[2] 愛國啓蒙的 입장에서 『三國史記』 列傳 김유 신전의 내용을 나름의 기준에 입각하여 축약, 정리한 수준에 머물렀다. 이후 보다 구체적으로 입장을 밝힌 연구자는 신채호였다.[3] 그는 김유신 에 대해 자신의 출세를 위하여 여동생 文姬와 김춘추의 정략적 혼인을 추진한 음험한 정치가로 평가하고 나아가 김유신전에서는 백전백승의 名將이라 하였으나 이는 敗戰을 모두 숨기고 小勝을 과장한 데에 지나지 않는 것으로 단정하였다. 여기서는 열전에 내재된 사료상의 문제점에 대 한 비판적 시각이 약간이나마 드러나 있어 주목된다. 다만 그것이 김유 신전 전반에 대한 개별 사료를 낱낱이 음미하여 내린 결론은 아니었다. 外勢나 민족을 평가의 기준으로 앞세운 자신의 선입견에 근거한 주장이 었을 따름이다. 이후 여러 논자들이 김유신을 다루면서도 관련 사료가 지닌 기본 성격에 대해 치밀한 검토를 거친 경우는 거의 없는 것으로 보 인다. 이는 접근 방법상의 근본 문제로 지적된다. 인물사를 다룰 때 가장 먼저 진행해야 할 기초적 작업들을 소홀히 하였기 때문이다.

김유신과 관련한 가장 기초적 사료는 아무래도 『삼국사기』 권41·42· 43의 列傳 김유신전이라 하겠다. 전체 50권으로 이루어진 『삼국사기』 가운데 김유신전(이하 열전이라 약칭함)이 3권을 차지하는 것은 그 비중

---

2) 檀國大 東洋學研究所 編, 『朴殷植全書』(中), 1975.
3) 申采浩의 인식에 대해서는 金瑛河, 「丹齋 申采浩의 신라 삼국통일론」 『民族 文化研究』 17, 1983 : 『新羅 中代社會研究』, 일지사, 2007 참조.

이 어떠한 지를 짐작하기에 충분하다. 열전은 전부 10권이며 그 가운데
51명을 중심적 인물로 立傳하여 다루고 있으므로(附傳까지 합치면 전체
인원은 더욱 늘어남) 평균하면 5명당 1권꼴을 차지하는 셈이다. 그것과
대비하여 볼 때 김유신 1인이 3권을 차지한다는 사실은 결국『삼국사기』
찬자가 그에게 얼마나 무게를 크게 두었던 지를 여실히 보여 준다. 이는
단지『삼국사기』편찬 시 관련 사료가 많이 남아 있었기 때문만이 아니
라 고려 당대에 이미 그의 역할을 돋보이게 할 필요성이 요구되고 있었
던 데서 비롯된 것으로 보인다. 아마도 열전의 全篇에 흐르듯이 유교적
시각에서 보았을 때의 忠君愛國的 자세가 당시 크게 요구되던 시대상과
긴밀한 상관관계가 있었기 때문이 아닌가 싶다.

　만일 단재의 주장처럼 무조건 小勝뿐인데도 이를 지나치게 과장하여
全勝한 것처럼 기술하였다면 고려시대에까지 김유신이 그토록 대접받았
다고 생각하기는 어려울 듯하다. 특히 열전 下卷의 말미에 撰者의 論贊
으로서 고려의 사대부들이 김유신을 여전히 칭송하고 꼴 베고 나무하는
어린아이까지 그를 알고 있을 정도였으며 나아가 그 사람됨이 다른 사람
과는 무언가 차이가 난다고 결론 내려 덧붙인 것은[4] 결코 과장된 표현만
은 아닐 터이다. 648년 김춘추가 入唐하였을 때 唐 太宗이 김유신의 이
름을 익히 듣고서 그 사람됨을 물었던 사실이나,[5] 668년 신라 사신 金東嚴
이 일본에 갔다가 귀국할 때 특별히 김유신에게 배1척을 선물로 주고자
한 사실[6] 등은 이미 당대에 동아시아세계에 널리 그의 명성이 藉藉하였
음을 짐작케 한다. 이는 7세기 당시 이미 김유신의 위상이 대단하였음을
웅변하는 실례들이다. 다만 전쟁을 치루면서 패전한 사실이 당연히 있었

---

　4)『三國史記』권43, 열전3 김유신 下.
　5)『三國史記』권41, 열전1 김유신 上.
　6)『日本書紀』권27, 天智紀 7년.

을 법한 데도 이를 전혀 기록에서 배제한 것은 열전이 지닌 사료상의 명백한 한계라 지적된다. 사료 비판이 철저하게 수반되어야 할 대목이다. 그것은 여하튼 단재는 일제 강점기라는 당면 현실에서 비롯된 선입견으로 김유신의 활동을 평가절하함으로써 실상보다 너무 지나치게 폄훼시키고 있다는 느낌이 강하게 든다.

　그렇지만 단재의 지적처럼 열전에는 극히 설화적인 사실 외에도 그대로 받아들이기 곤란한 부분이 적지 않게 발견되는 것 또한 부정할 수 없다. 달리 말하면 과장이 적지 않은 사례도 있으며 이는 반드시 짚고 넘어야 할 사항이라 하겠다. 이를테면 김유신이 17세의 어린 나이로 이미 一統三韓의 雄志를 품고 있었던 듯이 기술을 한 것을 하나의 실례로 들 수 있겠다. 『삼국사기』新羅本紀(이하 본기라 약칭)와 열전을 면밀히 검토하면 7세기 초반 당시 신라의 기본적 입장은 오로지 백제의 공격에 대한 對備가 가장 큰 관심사였을 따름이다. 이후 백제의 파상적 공세로 궁지에 몰리자 신라는 사활을 건 일대 결전을 도모하지 않으면 안 되는 지경에 이르렀다. 648년 김춘추가 唐 太宗을 만나서 맺었다는 밀약의 내용이[7] 백제와 고구려를 멸한 후 백제의 영토는 신라가, 고구려의 그것은 당이 차지하기로 하였다고 기술되어 있는 사실 또한 그 점을 뚜렷이 증명하여 준다. 실제 본기와 열전을 꼼꼼하게 뒤져보면 신라의 관심은 줄곧 백제에 쏠려 있었다는 점이 너무도 명백히 드러난다. 백제 멸망 이후 신라가 고구려 공격에까지 나서게 된 것은 이미 이루어진 약속과 함께 당의 끈질긴 요구에 의한 부득이한 조치였을 따름이다. 마침내 당이 고구려는 물론이고 백제, 나아가 신라 자신까지도 넘보게 되자 그와의 전쟁도 불가피하게 치루지 않으면 안 되었다. 이런 전반적 과정을 놓고 보

---

7) 『三國史記』 권7, 신라본기7 文武王 11년. 다만 그 사실성을 부정하는 견해도 있다.

면 당과의 전쟁이 벌어질 때까지도 신라가 삼국 통합의 의도를 갖고 있었던 것은 결코 아니었음이 확실하다. 오직 백제의 영토를 장악하겠다는 강한 의욕만 넘쳐나고 있었을 뿐이다.

삼국을 통합한 이후 유민 포섭책의 일환으로 신라는 一統三韓을 강력하게 표방하거니와[8] 다른 한편 그를 내세운 밑바탕에는 당과의 싸움을 무마하기 위한 목적도 함께 깔려 있었다. 말하자면 일통삼한의 지배이데 올로기는 삼국이 원래부터 하나였으므로 통합 달성에 따라 原狀으로 되돌아가는 것은 지극히 당연한 결과라는 입장에서 새롭게 제기된 주장이었다. 그러므로 신라가 처음부터 삼국을 통합하려는 의지를 갖고 출발하였다고 보기는 어려우며 그것은 어디까지나 결과론에서 유추한 데에 지나지 않는다. 그럼에도 열전에는 김유신이 처음부터 그런 굳건한 의지를 지녔던 듯한 기조로 서술되어 있는 것은 후대적인 부회에 불과할 따름이다. 中岳 석굴에 들어갔다는 표현도 五嶽 숭배사상이 어디까지나 삼국 통합의 산물임을[9] 고려하면 마찬가지로 뒷날의 표현을 소급 적용한 것이겠다.

한편 이미 언급한 것처럼 열전에는 김유신이 전승불패의 전략 전술가였던 것처럼 묘사되어 광개토왕비문과 거의 비슷한 양상을 띤다. 김유신의 능력과 역할을 의도적으로 과시하기 위하여 수없이 치룬 전쟁 가운데 오로지 승리한 사실만을 가려서 서술하는 방식을 취하였다. 고전을 거듭했던 백제 장군 階伯과의 싸움이 본기에는[10] 보이는 반면 김유신 열전에는 실리지 않은 것도 바로 그런 저간의 사정을 단적으로 반영한다. 이는

---

8) 그 의미에 대해서는 盧泰敦, 「三韓에 대한 認識의 變遷」 『한국사연구』 38, 1982 및 김영하, 앞의 논문, 40쪽 참조

9) 李基白, 「新羅 五岳의 成立과 그 意義」 『震檀學報』 33, 1972 : 『新羅政治社會史研究』, 1974, 일조각, 205~206쪽.

10) 『三國史記』 권5, 신라본기5 武烈王 7년.

열전에 은폐 혹은 과장이 적지 않게 내재되어 있음을 입증하여 주는 사실이다.

이처럼 열전을 세밀하게 검토하면 김유신을 후대에 의도적으로 높이려는 흔적이 곳곳에서 발견된다. 열전도 본기처럼 年代記的 방식으로 서술하고 있으므로 양자를 대비하면 그 차이점이 곧장 드러난다. 본기에는 실려 있지만 열전에는 보이지 않거나 또는 그 逆인 경우도 있다. 그리고 양자가 같은 사실을 열거하였더라도 구체적으로 들여다보면 내용상 상당한 出入이 보이기도 한다.[11] 본기가 국왕의 활동을 중심으로 한 국가적 사항에 기록상의 비중을 둔 반면 열전이 개인에 관한 내용을 중심으로 서술한 데서 비롯된 차이로 보인다. 그 점은 647년 초에 일어난 上大等 毗曇의 난을 서술한 대목에서 비교적 뚜렷하게 드러난다. 본기와 달리 열전은 철저하게 김유신 중심으로 서술하였다.[12] 한편 金春秋의 즉위 관련 기사를 살펴보면 본기에는[13] 眞德女王이 사망하자 상대등인 閼川이 왕위를 굳이 사양하므로 김춘추가 마지못해 즉위한 것으로 되어 있는 반면 열전에서는[14] 김유신이 알천과 함께 논의하여 추대한 것으로 기록되어 있는 것도 양자 사이에 개재된 미묘한 입장 차이를 보여 주는 대목이다.

---

11) 예컨대 668년 고구려와의 전쟁에 김유신이 出征하지 않은 데 대해 本紀에서는 질병 때문이라 하였으나 열전에서는 守國 때문으로 서술하였다.

12) 본기에는 비담이 난을 일으켰으나 실패하였다는 사실만 간략하게 기술되어 있으나 열전에는 김유신이 주도적으로 진압하였음을 서술하고 있어 대조적이다. 이는 물론 국왕의 활동을 중심으로 기록하는 본기의 문제점일 수 있으나 동시에 열전의 문제점도 염두에 두어야 한다.

13) 『三國史記』권5, 신라본기5 武烈王 즉위년에는 "(上略)及眞德王 群臣請 閼川伊湌攝政 閼川固讓 … 春秋三讓 不得已而就位"라 되어 있다.

14) 『三國史記』권42, 열전2 김유신 中에는 "永徽五年 眞德大王薨 無嗣 庚信與宰相閼川伊湌謀迎春秋伊湌 卽位 是爲太宗大王"이라 되어 있다.

이러한 차이는 사실 똑같은 原典을 활용하였더라도 본기와 열전의 기본적 입장이 달랐으므로(撰者가 각기 달랐던 데서 비롯한 면도 당연히 있겠음) 그로부터 야기된 것일 수도 있지만 원래부터 활용한 史料 자체가 차이가 난 데서 온 것일 수도 있겠다. 이는 열전 上卷에 김춘추가 고구려에 원병을 청하러 갔다가 실패하고 귀국하는 내용을 소개하면서 夾註로 "이는 本記가 眞平王(善德王의 착오임) 11년에 쓴 것과 같은 일이나 약간 다르다. 모두 古記가 전하는 것이므로 둘을 그대로 둔다"고 한 데서 유추되는 사실이다. 그러므로 열전과 본기를 사료로 활용하려 할 때에는 모름지기 철저한 상호 대비와 함께 사료 비판이 요망된다고 하겠다. 특히 열전의 경우 개인의 전기이므로 사료 이용에는 각별한 신경을 쏟아야 한다. 그것은 열전이라는 항목이 지닌 기본적 속성 때문이라 하겠다.

열전은 下卷의 말미에서 밝히고 있듯이 김유신의 玄孫인 執事郎 金長淸이 지은 『行錄』10권을 근간으로 재정리한 것이다. 열전의 찬자가 『행록』자체는 "釀辭가 자못 많아 줄여서 쓸 수 있는 것만을 취하여 列傳을 만들었다"고 밝히고 있는 사실로 미루어 상당한 분량이었음이 짐작된다. 釀辭란 표현의 구체적인 의미는 뚜렷하지 않으나[15] '부풀려진 이야기' 쯤으로 이해된다. 따라서 『행록』에는 고려시대 사람들의 시각으로 보았을 때에도 상당한 문제점을 지닐 정도로 객관성을 보장받기 어려운 내용이 적지 않게 담겨져 있었다고 보아도 무방하겠다. 하기야 惠恭王 6년(770)에 일어난 金融의 모반 사건 이후 크게 타격을 입은 김유신의 후손이 점차 몰락의 길을 걷고 있던 상황에서 家族史로 쓴 『행록』이 객관성을 제대로 유지하기란 그리 용이하지가 않았을 터이다. 김유신의 顯彰을

---

15) 丁仲煥, 「金庾信(595~673)論」 『歷史와 人間의 對應』 -韓國史篇-, 한울, 1985, 10쪽. 한편 李基白은 이를 '지어낸 이야기'로 풀이하였다(「金大問과 金長淸」 『한국사시민강좌』 1, 1987, 106쪽).

통하여 집안의 과거 위상을 회복시키려는 의도가[16] 강하게 깃든 결과로
보인다. 김유신의 증손인 金巖이 779년 일본에 간 사실까지 기술된 것으
로 미루어 작성 시점은 대개 8세기 말을 상한으로 한다. 興德王 10년
(835)에 김유신을 興武大王으로 추봉한 사실이 거기에 실리지 않은 것으
로 보아 두 시점 사이에 작성된 것임이 확실하다. 김유신의 대왕 추봉
사실로 미루어 그 후예들의 伸寃을 위한 노력은 일정하게 성공을 거둔
듯하다.

　이처럼 『행록』은 정치적 배제나 반란 등의 과정을 통하여 점차 몰락
의 길을 걷고 있던 김유신 후예들이 그에 대한 현창을 통하여 伸寃을 도
모할 목적으로 작성된 것인 만큼 내용은 적지 않게 문제를 지니고 있었
다고 하겠다. 그래서 열전의 찬자가 그나마 사실성이 높다고 판단한 부
분만을 가려서 재정리한 것으로 여겨진다. 아마 지나치게 설화적이어서
신빙성에서 가장 의문이 될 만한 것들은 전혀 채택되지 않았던 것으로
보인다. 그 가운데에는 『삼유국사』를 비롯한 뒷날의 사서들에 수집된 내
용들이 바로 그 속에 포함되지 않았을까 추정된다. 가령 고구려 첩자 白石
의 이야기, 김춘추와 문희의 婚事(본기에도 실려 있으나 태워 죽이려는
내용은 『삼국유사』에만 보인다), 味鄒王의 竹葉軍 설화, 天官女 이야기
등을 대략 그런 사례로[17] 손꼽을 수 있다. 이들을 통하여 『행록』이 어떤
형태로 작성된 것인지가 대충이나마 짐작된다.

　열전의 原典이라 할 『行錄』은 설화적 내용으로 이루어졌음이 분명하
거니와 『삼국사기』를 편찬하면서 그것이 다시 유교적 시각으로 재정리
되었다. 특히 고려 중기라는 시대적 상황에 입각하여 정리되었으므로 열
전의 성격을 밝히는 데는 이 점 또한 당연히 고려되어야 할 요소이겠다.

---

16) 李基白, 앞의 논문, 1987, 111~112쪽.
17) 李基白, 위의 논문, 1987, 107쪽.

앞서 언급하였듯이 君王과 국가에 대한 忠을 기준으로 정리된 만큼 이런 부분이 열전 작성 때에 상당히 의식적으로 강조되었을 공산이 크다. 따라서 열전의 성격을 분명하게 드러내는 데에는 이런 부분은 반드시 고려되어야 할 측면이다. 그밖에 설화적인 사료들에 대해서는 다각도로 철저한 분석이 뒤따라야 함은 두말할 나위가 없겠다.

3. 7세기의 신라 정국

김유신은 595년에 태어나 673년 79세를 일기로 사망하였다. 그가 살았던 때는 동아시아의 격동기라 이를 만한 시기이다. 중국에서는 隋가 남북조의 분열상을 극복한 뒤 그 여세를 몰아 주변 지역으로 대외적 팽창을 도모하다가 도리어 멸망당하고 그를 이은 唐이 다시 세계제국으로 발돋움해 감으로써 긴장이 크게 고조되고 있었다. 당의 적극적인 팽창정책 추진으로 말미암아 주변 세력도 未久에 닥칠 위기를 심각하게 느끼고 대처하지 않을 수 없는 상황이었다. 외부로부터 가해진 압박은 자체 내부의 구조적 모순을 해결하도록 강요한 꼴이 되었고 그 결과 삼국 각각은 내부적 변동을 다양한 형태로 겪었다.

고구려에서는 6세기 중엽 이후의 이른바 貴族聯立政權 성립으로 국왕권이 극히 미약해진 상황 속에서 642년의 쿠데타를 겪으면서 淵蓋蘇文에게 힘이 집중되는 독재체제가 출현하였다. 1인의 귀족에게 권력이 쏠리는 지배체제가 당의 침공에 대해서는 유리하게 작용한 측면이 있지만 그것이 영속되기는 곤란하였고 또 외교 정책의 운영에서 유연성을 갖기 어려운 한계를 뚜렷이 지니고 있었다. 한편 백제도 마찬가지로 6세기 중엽의 威德王 즉위 후 성립한 貴族聯立的 지배체제가 600년 武王이 즉위한 뒤 점차 국왕을 중심으로 하는 체제로 전환해 갔다. 그런데 그의 아들인 義慈王이 즉위하자마자 갑작스럽게 겪은 政變으로 말미암아[18] 고구려와는 달리 국왕과 근친 왕족에게 권력이 집중되는 새로운 지배체제가 성립하였다. 이 또한 경직된 정치 운영이란 측면에서 근본적 한계를 안고 있었다. 그것은 이후의 진행 양상을 추적하면 저절로 드러난다.[19]

두 나라에 비해 다소 뒤늦게 출범하여 상대적 후진을 면치 못한 신라는 6세기 초반 法興王代(514~539)에 이른바 部體制를 극복하면서 점진적 과정을 밟아 국왕을 정점으로 하는 중앙집권적 지배체제를 성립시켜 갔다. 특히 眞興王代(540~575)에 이르러 활발하게 진행된 영역 확장의 성공적 추진으로 국왕의 권력 집중에 반발하는 귀족세력을 사전에 순조롭게 제압할 수가 있었다. 그러나 진흥왕을 뒤이은 眞智王(576~578)의 정치적 실패에 따른 퇴출은 일시 불안정한 상황을 노정하였으나 眞平王(579~631)의 적극적인 관료체제 정비와 함께 진행된 장기간의 집권은 신라가 안정적인 발판을 구축하는데 기여한 셈이 되었다. 그러나 말년에 그를 뒤이을 정당한 후계자가 없는 상황에 봉착하여 그 동안 잠재된 모순이 폭발할 위기를 맞기에 이르렀다. 진평왕이 사망하기 바로 직전인 재위 53년(631)에 일어난 柒宿과 石品의 모반사건은 바로 그 신호탄이었다.

사실 법흥왕 이후 신라에서는 지배체제가 겉으로는 안정적으로 정립되어 간 듯이 보이지만 구체적으로 들여다보면 그렇지가 않은 면이 발견된다. 眞智王이 유력 귀족들에 의하여 축출된 사건은 그를 방증하여 준다. 법흥왕 이후 순조롭게 정비되어 간 듯한 국왕 중심의 지배체제에 귀

---

18) 이 정변의 紀年을 조정하여 655년 무렵으로 보는 견해도 있으나 일단 『日本書紀』의 기록 그대로 642년설을 따른다.

19) 일본에서도 비슷한 시기인 645년 中大兄皇子가 주도하여 당시까지 집권자였던 蘇我氏를 척결하고 이른바 大化改新이 시작되거니와 동아시아가 상호 連動하는 하나의 세계로 움직이고 있던 양상의 한 측면을 반영한다.

족 중심의 정치 운영을 지향하는 세력들의 반발이란 암초가 가로 놓여 있었던 것이다. 진평왕은 바로 그런 분위기 속에서 즉위하게 되었다. 일 각에서 흔히 진평왕대 이후를 그의 할아버지 진흥왕의 두 아들인 銅輪系 와 舍輪(金輪, 혹은 鐵輪)系의 갈등으로 보기도 하나 이는 명백한 잘못이 라 여겨진다. 두 세력 간에 갈등하였다고 볼 만한 어떠한 片鱗도 발견되 지 않기 때문이다. 기실 이는 달리 뚜렷한 근거가 있어서가 아니라 진지 왕의 퇴출로 즉위한 진평왕이 동륜태자의 아들인 데서 유추해 낸 추정일 따름이다. 필시 진지왕의 遺腹子였을 것으로 추정되는[20] 龍春(龍樹)을 데려다가 궁중에서 길렀다거나 뒷날 大宮·梁宮·沙梁宮의 3궁을 통합하 여 전체 왕실사무를 전담케 한 기구로 만들어진 內省의 최고 책임자인 私臣으로 그를 임명한 사실은 두 가계가 대립이 아니라 오히려 거꾸로 상당히 밀착된 관계였음을 보여 주는 구체적 실례들이다. 게다가 진평왕 이 그의 딸 天明을 용춘에게 시집보내어 사위로 삼은 것도 그 점을 여실 히 증명하여 준다. 따라서 두 가계의 대립으로 진평왕대나 그 뒤의 정치 적 흐름을 이해하는 것은 中古 후기의 정치사에 대한 중대한 방향 착오 라 하겠다.

　사실 7세기 전반 당시에 서로 갈등하는 두 그룹의 정치적 입장이 대치 되어 있었음은 확실하다. 하나는 국왕을 정점으로 한 지배체제를 표방한 세력이며, 다른 하나는 과거 部體制的 전통을 이어 받아 귀족 중심의 정 치 운영을 주장한 세력이었다. 진지왕을 왕위에서 내몬 것은 바로 후자 였다. 그렇다고 이들에 의해 추대된 진평왕이 반드시 그들의 입장에 그

---

20) 金基興, 「桃花女·鼻荊郞 설화의 역사적 진실」『韓國史論』41·42, 1999, 141쪽.
　　용춘은 아버지 진지왕의 연령으로 추정하여 유복자가 아니어도 진평왕의 즉위 당시
　　에는 乳兒였을 것 같다. 그의 아들 김춘추가 603년생인 것도 그를 이해하는 데 참
　　고된다.

대로 동조한 것은 아니었다. 오히려 관부와 관직을 확대 설치하고 관료 조직을 체계적으로 정비하면서 자신에게 권력을 집중시키는 방향으로 나아갔다. 그런 작업이 마무리된 진평왕 13년(591) 왕도인 南山에 新城을 축조하면서 전국적인 역역동원을 추진한 것은 그를 상징하는 일대사건이었다.[21] 무려 50여 년에 달하는 긴 기간의 집권은 그런 상태가 안착되도록 하는데 크게 도움을 주었다.

그런데 진평왕대 이후를 감당할 정당한 왕위계승권자가 없다는 사실은 커다란 문제였다. 이로 말미암아 잠재된 두 세력 간의 갈등과 대결이 바깥으로 완전히 노출될 시점만을 남겨 놓은 상태였다. 진평왕 말년에 일어난 칠숙과 석품의 모반사건은 그를 입증해 주는 하나의 저명한 사례이다. 모반의 원인이 기록상으로는 뚜렷하게 드러나지 않지만 발발 시점은 곧 왕위를 놓고 내부적으로 상당한 대립과 논란을 거치고 있었음을 시사하여 준다. 그 이후의 추이로 미루어 짐작하면 아마도 진평왕대에 정치적 목적에서 안출된 것으로 보이는 聖骨 출신의 남자가 아무도 없었기 때문에 같은 신분의 여성도 즉위 가능하다는 명분을 내세운 '聖骨男盡'派와 여왕은 애초에 정치적 능력이 없기 때문에 왕위 계승이 불가능하다는 '女主不能善理'派(여성은 관료가 될 수 없는 사실이 명분이었을 듯하다)로 나뉘어 대립한 양상이었다고 하겠다. 또한 양자 어느 쪽에도 가담하지 않은 제삼의 一群이 있었을 것임은 물론이다.

두 세력 간 一觸卽發의 상황에서 적절한 타협이 이루어지면서 마침내 선덕여왕이 즉위할 수 있었다.[22] 그것은 선덕여왕이 즉위하자마자 大臣

---

21) 朱甫暾, 「南山新城의 축조와 南山新城碑 제9비」 『금석문과 신라사』, 지식산업사, 2002 참조.
22) 朱甫暾, 「毗曇의 亂과 善德王代 政治運營」 『李基白先生古稀紀念韓國史論叢』, 일조각, 1994, 226~227쪽.

인 乙祭로 하여금 정치를 총괄하게 하였다는 사실로부터 유추된다. 이때의 대신이란 곧 上大等으로 추정되고 있다.[23] 그런데 1왕대 1인제로 알려진 상대등이 진평왕 10년(588) 弩里夫의 사망으로 首乙夫가 취임한[24] 이후 그 향방은 잘 알 수가 없다. 아마도 수을부는 진평왕 재위시에 사망한 듯한데 상대등 임명 기록이 전혀 보이지 않는 것으로 미루어 그 뒤 후임자를 임명하지 않았던 것 같다. 그러다가 이제 선덕여왕이 즉위하면서 을제를 상대등으로 지명하고 정치를 총괄하게 하였다는 것이다. 여왕이 즉위하면서 공석이던 상대등을 다시 임명한 사실은 예사로이 보아 넘길 수 없는 사안으로 여겨진다. 게다가 선덕여왕에게 다시 마땅한 後嗣가 없는 사정에서 정무를 총괄하였다는 것은 곧 상대등이 왕위 계승에 가장 가까이 다가가 있음을 의미한다. 선덕여왕은 당시 고령이고 또 병약한 상태여서 언제 사망할지 모르는 형편이었다. 그리하여 선덕여왕이 즉위하는 대신 상대등은 女主不能善理派(政治志向上으로는 貴族派)에게 양보함으로써 聖骨男盡派(귀족파에 대응하여 王黨派라 불러도 무방할 듯 함)도 일정 부분 목적을 달성할 수가 있었던 것이다. 이로써 마침내 두 세력 간 절묘한 타협이 이루어져 선덕여왕이 즉위하게 되었다. 그와 같은 상황이었으므로 선덕여왕의 재위 기간 동안 상호 견제와 균형 속에 불안정하게 체제가 유지되어 갔다고 하겠다. 이로 말미암아 자칫 기왕의 균형에 약간이라도 영향을 미칠 만한 어떤 개혁도 추진될 수가 없었다. 사찰 건립을 비롯한 佛事를 제외하면 선덕여왕대에 체제정비와 관련한 업적이 전혀 없는 것은 그를 단적으로 보여 준다. 말하자면 외부로부터 조그마한 충격이라도 가해지면 당장 안정이 무너져 폭발할지도 모를 상

---

23) 李基白, 「上大等考」『歷史學報』 19, 1962 : 『新羅政治社會史硏究』, 1974, 일조각, 129쪽.

24) 『三國史記』 권4, 신라본기4 眞平王 10년.

황이었다.

과연 642년 의자왕의 낙동강 이서지역 침공으로 말미암아 바야흐로
그 균형은 깨어지기 시작하고 마침내 647년 선덕여왕의 임종이 임박하
면서 귀족파의 거두인 상대등 毗曇이 난을 일으키게 되는 것이다. 이 사
건은 기존 체제의 모순이 누적된 결과이면서 동시에 바야흐로 새로운 체
제의 도래를 널리 알리고 있었다.

4. 김유신의 정치지향과 한계

595년생인 김유신이 연령상 한창 정력적으로 활동할 수 있을 만한 시
절인 7세기 전반은 무언가 체제상 커다란 모순점이 누적되고 있는 상태
였다. 진평왕대 大世와 仇柒의 신라 탈출 사건이나[25] 薛罽頭의 이탈 사
례에서[26] 알 수 있듯이 7세기에는 상층 지배세력 내부의 갈등이 漸增하
고 또 신라사회의 骨幹이라 할 골품체제상의 모순이 차츰 표출되기 시작
하였다. 양자 모두를 일시에 해소되기 위해서는 무언가 밑으로부터의 근
본적 변화가 절실히 요구되는 상황이었다.

김유신은 가야계 출신이라는 태생적 한계로 말미암아 신라사회의 당
면 문제점을 어느 누구보다 더 뼈저리게 느끼고 있었다. 그의 집안은 비
록 최상층인 진골 신분에 속하였으나 배타성을 강하게 견지한 전통적 진
골 귀족들로부터 줄곧 견제와 배제를 당하는 입장이었다. 이미 널리 지
적되어 온 것처럼 그의 아버지 金舒玄과 진흥왕의 동생인 肅訖宗의 딸
萬明의 혼사가 정상적으로 진행되지 못한 일이나, 그의 동생 文姬와 金

---

25) 『三國史記』 권4, 신라본기4 眞平王 9년.
26) 『三國史記』 권47, 열전7 薛罽頭.

春秋의 혼사가 非常的인 방법이 동원되고서야 비로소 공인받게 되었던 사실 등은 그의 집안이 당시 어떤 형편에 놓여 있었던 지를 여실하게 웅변한다. 그를 통하여 김유신은 이미 성장기부터 신라사회에 내재한 본질적 문제점을 깊이 인지하고 있었던 것이다. 어쩌면 그가 뒷날 통합 전쟁에 적극적으로 나서게 된 것도 그것이 곧 그와 같은 불합리하고 부조리한 현실을 타파하기 위한 좋은 돌파구라 여겼기 때문인지도 모른다.

김유신은 어린 시절을 그의 출생지이면서 아버지가 지방장관인 太守로 근무하던 萬弩郡(충북 鎭川)에서 보낸 것 같다. 그러다가 왕경으로 돌아와 15세 되던 무렵에는 화랑으로서 조직을 이끌게 되었다. 그런데 당시 그가 주도한 화랑도의 정식 명칭을 龍華香徒라 부른 점은 각별히 주목해 볼 만하다. 『삼국유사』 孝昭王代 竹旨郞條에 보이는 風流黃卷의 사례에서 짐작되듯이 화랑도마다 서로를 구별하기 위하여 名簿와 함께 團體名을 가졌겠지만 하필 용화향도라 명명한 것은 심상치 않아 보이기 때문이다. 흔히 널리 지적되듯이 이름이라는 형식 속에는 모름지기 나아가려는 방향과 내용이 담겨지기 마련이다. 이를 고려하면 용화향도란 명칭에는 그 집단이 지향하는 의지가 내재되어 있다고 단정하여도 무방할 듯하다. 그런 측면에서 용화향도란 이름은 충분히 주목해 볼 만한 대상이 되겠다.

향도는 흔히 향을 땅에 묻거나 태우는 등의 불교의식을 비롯하여 여타 佛事를 거행하는 信徒들 중심의 조직을 가리킨다. 승려가 연령과 상관없이 敎師로서의 역할을 맡아 조직 구성원으로 참여할 뿐 아니라 그 우두머리가 彌勒으로 인식된 화랑도가 미륵신앙과 결부되었을 터이므로 향도라 이름붙인 것은 일견 당연시된다. 그런데 문제는 왜 하필 용화향도라 칭하였는가 하는 점이다. 용화는 그 자체가 미륵을 뜻하며 따라서 미륵세계를 추구하려던 다른 화랑도와도 밀접하게 관련된 것인데 왜 하필 김유신은 자신이 이끄는 조직의 명칭을 그렇게 불렀을까. 거기에 특별한 의미가 담겨져 있지 않았다면 굳이 그렇게 이름 붙이지 않았을 것이다. 용화향도를 각별히 주목하는 이유도 바로 여기에 있다.

지상에서 미륵의 세계는 사실상 현실이 아니라 어디까지나 머나먼 미래에 실현되기를 希求하는 막연한 세계를 뜻한다. 釋尊이 입멸한 후 56억년이 지나도록 줄곧 兜率天에서 거주하다가 내려온 미륵이 下生하여 설법으로 고난에 허덕이는 인간을 구제함으로써 구현되는 것으로 장차 이 땅에 이루어져야 할 가상적인 이상세계를 말한다. 따라서 사실상 그것이 장차 실제로 도래할지 어떤지도 모르는 소위 미지의 일에 속한다. 그 점이 오히려 불교가 종교로서 영속하도록 하였을 터이다.

그와 같은 이상세계를 설정한 밑바탕에는 현실 세계란 항상 불안하고 모순으로 가득하다는 문제의식이 내재되어 있다. 달리 말하면 곧 현실에 대해서는 강하게 부정하는 의미가 깃들어 있는 셈이다. 그래서 다가올 미래의 세계를 이상세계로 설정한 것이라 하겠다. 그런 측면에서 화랑도가 그 자체 미륵 세계를 지향하는 공통점을 갖고 있는 데도 왜 굳이 특정한 조직의 명칭으로까지 삼았을까 하는 의문은 당연히 가져봄직하다. 아마도 용화향도의 구성원들은 미륵의 세계를 단지 불교라는 종교상의 이상세계만이 아니라 그것이 당대에 구현되도록 추구하는 의지와 희망을 가진 집단임을 나타내어 보이도록 하기 위하여 그처럼 단체 명칭으로 전면에 내세운 것이 아닌가 싶다. 미륵세계는 비록 영원히 이룰 수 없는 이상세계이지만 김유신이 설정한 용화세계는 모순으로 가득 찬 현실에 대한 개혁을 통하여 실현 가능하도록 설계된 세계가 아니었을까. 그런 의미에서 김유신의 용화향도는 강한 실천성을 담보한 결사체였고 그 점에서 다른 화랑도와는 지향점이 뚜렷이 달랐다고 풀이된다.

당대에 용화세계를 이루어내고자 할 정도로 강한 실천의지를 가졌다는 것은 거꾸로 김유신 자신이 현실에 대해 그만큼 강한 불만이나 문제점을 인식하고 있었다는 사실을 의미한다. 이는 물론 단지 그 자신에게만 한정된 것이 아니라 그 조직에 동조한 구성원 전부의 뜻이기도 하였겠다. 단체 명칭을 내세워 어떤 지향을 표방한 특정 화랑의 아래에 들어가 낭도가 된 것은 그들이 모두 함께 어떤 꿈과 이상을 공유하였다는 사실을 뜻하기 때문이다. 비슷한 시기에 화랑을 역임한 竹旨(曼)와 낭도인 得烏의 끈끈한 관계가[27] 평생토록 유지된 것은 그처럼 이념을 같이 하였던 데서 온 당연한 결과였다고 하겠다. 각기 다른 風流黃卷에 등록된 화랑도의 성원들은 결국 정치 지향에서도 자연 상당한 차이가 났을 것이라 여겨진다. 이는 어쩌면 분열상이 노정되던 시기에 역으로 정치적 입장과 지향을 달리하여 갈등하는 요인으로도 작용하였을 듯하다. 그런 측면에서 화랑도는 긍정적인 측면과 함께 부정적 요소를 아울러 안고 있던 조직이었다고 하겠다. 이후 7세기를 통하여 신라 중앙정부는 화랑도가 지닌 교육의 기능을 國學으로 대체하여 새로운 인재를 길러내려 한 이유도 거기에 내재된 한계를 명백히 인지하고 있었기 때문으로 풀이된다. 화랑도는 원래 각기 공동체적 성격을 강하게 띠었던 만큼 중앙집권체제가 강화되면 그대로 존속하기는 어려웠고 따라서 한시적 운명을 띤 성격의 조직이었다고 하겠다.

이처럼 용화향도란 이름 속에는 소속 성원들이 希求하는 의지가 담겨진 것으로 여겨진다. 그들이 미륵세계의 도래를 강하게 꿈꾸고 있었다는 것은 거꾸로 당면한 현실을 그리 긍정적으로 받아들이고 있지 않다는 사실을 의미한다. 말하자면 용화향도가 추구한 이상 속에는 화랑으로서 김유신 자신이 처한 사회적 정치적 입장이 그대로 담겨져 있는 셈이다. 이는 어디까지나 김유신 개인이 아니라 그의 집안이 오래도록 겪어온 현실

27) 『三國遺事』紀異2, 孝昭王代 竹旨郎.

에서 비롯된 것이기도 하였겠다. 이처럼 김유신은 어린 시절부터 현실의 문제점을 강하게 인식하고 있었으나 大世나 仇柒 혹은 薛罽頭처럼 그것을 도피나 회피를 통하여 모면하려는 입장을 취하지 않고 정면으로 부닥쳐 이를 적극 극복하려 하였다는 점에서 뚜렷한 차이를 보였다. 말하자면 김유신은 현실의 모순에 대한 강한 불만을 가졌으나 거기에 그치지 않고 대안을 적극 모색하려 하였던 점에 특징이 있었다고 하겠다. 이런 점에서 그는 이상주의자이면서 동시에 현실주위자로서의 양면성을 지녔다고 풀이된다.

김유신은 어린 시절 부조리한 현실에 대체할 만한 새로운 이상사회를 나름대로 용화세계로 설정함으로써 불교적인 입장을 강하게 견지하였다. 아마도 불교를 공인한 法興王 이후 국왕이 불교식 왕명을 표방한 점, 진흥왕대의 轉輪聖王意識이나 진평왕대의 釋迦族信仰 등 시대적 상황의 영향을 강하게 받았을 터이므로 그가 일단 불교적 이상사회를 꿈꾸었다는 것은 지극히 당연한 일로 보인다. 그러나 그의 이상은 그에 머물지 않고 이후 상당한 변모의 과정을 거치면서 전개된 것 같다. 이 또한 그가 상당한 현실주의자였음을 의미하는 사실이기도 하다.

당시 종교로서는 불교가 당연히 주류였고 또 그것이 동시에 지배이데올로기로도 기능하였지만 다른 한편 儒學的 소양을 지닌 인물들이 차츰 성장해가는 추세였다. 儒學이 하나의 사상으로 신라에 수용된 시점을 가늠하기란 쉽지 않으나 6세기에 들어와 불교가 공인되면서 급속하게 확산되어 간 것만은 분명하다. 아마도 불교 經典을 해독하기 위해서 저절로 유교경전을 익히게 된 데서 비롯된 부수적 소산물로 여겨진다. 蔚州川前里書石에 의하면 불교가 공인되기 전후에 이미 유학적 소양을 지녔을 법한 '衆士'의 존재가 확인되며 관료로 나아가기 전에 승려 생활을 경험한 居柒夫가 文士를 모집하여 유교적 교훈을 내포한 『國史』를 편찬한 사실도 그 점을 이해하는데 크게 참고가 된다. 眞興王巡狩碑에 보이듯이 승려가 국왕의 변경 지역 巡狩에 隨駕하여 유학 사상이 듬뿍 묻어나는 내용의 비문 작성을 주도하였던 것도 저간의 사정을 잘 반영한다. 이는 당시 유학이 불교와 결코 대립한 것이 아니라 그를 우산으로 삼아 꾸준히 성장하고 있었음을 보여 주는 명백한 사실이다.[28]

그런데 불교의 영향력 아래에서 성장하던 유학이 진평왕대에 이르러서는 정치이데올로기로서 어느 정도의 기본적 틀을 갖추게 된 것으로 여겨진다. 그것은 중국에 유학한 고승 圓光이 젊은이를 위하여 작성해 주어서 마침내 화랑도의 정신적 지침으로까지 계속 기능하게 되는 世俗五戒가 대부분 유학의 핵심 사상과 밀접히 연관된 내용으로 이루어져 있다거나 특히 智證王의 증손으로서 兵部令을 역임한 이찬 金后稷(이름 자체에서도 이미 그런 면이 저절로 풍기지만)이 『書經』과 老子의 『道德經』을 인용하여 사냥에 빠져 政事를 돌보지 않는 진평왕을 忠言으로 直諫하는 사실에서 뚜렷이 확인된다.[29] 유학 사상이 진평왕대에 이르러서는 정치이데올로기로서 어느 정도 자리 잡게 된 것은 불교의 발전과 함께 관료조직의 정비와 밀접한 관련이 있는 것으로 짐작된다. 다만 신라 유학이 급속한 성장을 이루었다고는 하나 진평왕이 釋迦族信仰을 표방하였듯이 아직 정치이데올로기로서 완전히 불교에 대신할 정도는 아니었다.

그런데 强首가 활동하기 시작하던 시점에 이르러서는 양상이 확연하

---

28) 이 시기 새로운 이데올로기로서의 儒學 성장에 대한 최근의 논의에 대해서는 朴淳敎, 『金春秋의 執權過程 硏究』, 慶北大 博士學位論文, 1999 ; 金基興, 「『三國史記』劍君傳에 보이는 7세기 초의 시대상」『朴永錫敎授華甲紀念韓國史論叢』(上), 1992 ; 李晶淑, 「中古期 新羅儒敎의 성격」『白山學報』58, 2001 ; 金瑛河, 「新羅 中代의 儒學受容과 支配倫理」 앞의 책 참조.

29) 이밖에 壬申誓記石의 내용을 비롯하여 김해 鳳凰洞과 인천 桂陽山城에서 발견된 『論語』木簡도 7세기 당시 유학에 대한 열풍이 크게 고양된 실상의 일단을 뚜렷이 반영한다.

게 달라진다. 학문을 체계적으로 익히기 시작할 즈음 강수의 아버지가
불교와 유학을 놓고 강수에게 선택권을 부여하였더니 그는 서슴없이 불
교는 世外敎이므로 현실적인 유학을 배우겠다고 선언하였다. 얼마 후 成
年이 되어 결혼 문제를 놓고 보인 태도를 통하여 그가 공부한 유학 사상
을 철저하게 실천에 옮기려는 입장을 강하게 견지하였음을 알 수 있거니
와 이는 儒學이 적어도 정치적 기능으로서는 이미 불교를 능가할 정도의
수준에 이르렀음을 짐작케 한다. 강수의 활동이 처음 보이는 것은 武烈
王代이거니와 국왕이 그를 늦게 만났음을 한탄한 것으로 미루어 짐작하
면 유학을 배우기 시작한 시점은 진평왕대 후반이거나 아무리 늦추어 잡
아도 善德女王대(632~646) 무렵으로 보인다. 이미 이 시기에는 유학이
급성장하여 불교에 대체될 정도였다고 하여도 그리 잘못된 표현은 아니
리라 여겨진다.

이처럼 7세기에 접어들면서 전반적으로 상황이 급변하고 있었다. 이
제 불교에 대신하여 유학이 정치이데올로기로서 크게 기능하기 시작
하는 시대가 도래하고 있었던 것이다. 그로 말미암아 김유신의 아버지
金舒玄도 자연 그런 흐름에 영향 받지 않을 수가 없었을 터이다. 특히
기존 체제에 부정적인 입장을 취한 김유신이었기에 더욱 더 그러하였다.
원래 김유신은 梁에서 北周 말까지 활약한 유학자로서『春秋左氏傳』에
정통한 대문장가였던 庾信의 이름을[30] 본떠 그렇게 작명된 것이다. 이름
을 짓게 된 배경에서 저절로 드러나듯이 김서현 스스로도 어느 정도 유
학적 소양을 갖춘 것으로 짐작되거니와『禮記』를 원용하면서 이름을 지
은 것 자체는 역시 그의 아들에게서도 그런 방향으로 살아가도록 기대하
였기 때문으로 보인다. 유신은 어려서는 용화의 세계를 구현하는 길로
나아갔지만 결국에는 거기서 한 걸음 던 진전된 인식을 갖게 되었던 것

---

30)『周書』권41, 列傳 庾信傳.

같다. 열전을 通覽하면 김유신도 장성하여서는 유학에 대한 소양을 적지 않게 습득하였음을 알 수 있다. 많은 부분이 유교 경전에 나오는 古事나 역사적 사실을 원용한 데서 그렇게 느껴진다. 물론 열전에는 이미 언급하였듯이 후대적인 부회가 적지 않다고 여겨지거니와 그렇다고 하여도 당시의 시대상이나 그 姓名으로 미루어 보아 유학적 소양을 어느 정도 갖추고 있었다고 하여도 그렇게 지나친 해석은 아니리라 생각된다. 특히 김춘추와의 관계로 미루어 볼 때 유학이 김유신의 정치적 지향의 밑바탕으로 자리한 것은 지극히 당연한 일로도 여겨진다.

김춘추가 유학적 지배이데올로기에 바탕한 국가를 지향하였다는 사실이나 그 배경 및 목적 등에 대해서는 장차 별도의 좀더 심도 깊은 논의가 필요하지만[31] 김유신이 그와 쉽게 결속한 것도 바로 정치사상적 측면에서 서로 의기가 투합한 결과가 아닌가 싶다. 일반적으로 김춘추와 김유신이 정치적으로 결합하게 된 이유로서 주로 동병상련의 처지를 손꼽아 왔지만 사실 그것만으로는 납득하기에 충분하지가 않다. 두 사람의 결합은 그와 함께 정치적 입장과 지향이 같았기 때문으로 여겨진다. 당시 아직 일반적으로는 불교적 지향이 여전히 우세한 상황이었지만 그들은 이제 새로운 시대를 이끌어 가는 데에 유학을 지배이데올로기로 삼겠다는 강한 의지를 공유하고 있었던 것이다. 그 점에서 그들은 당대를 한발 앞서간 진보적 입장을 견지하고 있었다고 평가된다. 그들이 권력을 장악하게 된 계기가 된 사건은 비담의 난이었거니와 비담 일파와 갈등하고 相爭한 것은 정치 지향이 달랐기 때문이기도 하였다. 대체로 지금까지 김춘추와 김유신 일파가 단순하게 마치 권력의 化身인 듯이 인식하는 경향이 강하였지만 그것은 신라사 나아가 한국고대사를 너무도 狹隘化시킨 꼴이었다. 정치적으로 대립한 것은 결국 꿈꾸는 미래 사회에 대한 기본

---

31) 이에 대해서는 조만간 別稿를 발표할 예정이다.

입장이 서로 차이가 난데서 말미암은 것이었다. 김춘추와 김유신의 일파는 기존의 불교적 지배이데올로기보다도 새로이 유교적 지배이데올로기를 선택하였다. 그것이 곧 王道政治의 실현이었다고 하겠다. 국왕 중심의 集權化를 강조한 것도 결국 그를 달성하기 위한 수단이었을 따름이다. 이들이 王黨派의 입장에 서게 된 것도 바로 그 때문이었다.

이상과 같이 보면 김유신은 장성한 뒤의 어느 시점에 이르러 용화세계에 대신하여 왕도정치를 미래의 이상으로 삼는 커다란 방향 수정을 기도하였다. 아마도 어린 시절의 이상은 현실보다 미래의 꿈에 더욱 비중을 두었다고 하면 이제는 실천에 한층 더 무게를 두는 쪽으로 크게 旋回한 것이다. 물론 그렇다고 그가 불교와 유교를 대립적으로 본 것은 결코 아니었다. 그 점에서는 비슷한 시기에 살았던 강수의 입장도 마찬가지였다. 김유신은 장성하면서 불교의 용화세계는 그 자체로서는 이상적이지만 현실에서는 실현 불가능한 세계로 점차 인식하여 갔을 터이다. 따라서 성장 일로에 있던 유학을 현실의 모순을 해결하는 수단으로 대신 선택하게 된 것으로 여겨진다.

김유신이 인식한 현실의 모순은 전통적 진골귀족 중심의 골품제적 운영과 그에 입각한 지방민의 차별이었다. 이는 그 자신이 직접 겪은 체험에서 비롯한 것이었다. 따라서 현실을 강하게 부정하는 입장을 취할 수밖에 없었다. 김유신이 이따금씩 파격을 보인 것도 그 때문이었다. 그 점은 기도나 참선 등을 통하여 하늘이나 무속 등 신비한 힘을 빌려 현실의 문제를 풀어가기도 하면서 때로는 지극히 현실주의적 입장을 나타낸 데서 드러난다. 이는 다음에서 드는 예와 같이 일반적으로 통용되던 인식과는 상당히 다른 파격적 행동을 감행한 데서 확인된다.

당이 백제 공략에 성공을 거둔 이듬해인 661년 다시 唐將 蘇定方을 파견하여 고구려를 공격하면서 식량난에 직면하자 그를 해결하기 위해

문무왕은 김유신을 파견하였다. 이때 그로 하여금 국경을 벗어난 뒤에는
상벌을 마음대로 하여도 좋다는 이른바 便宜從事權을 부여하였다. 자신
의 지시로 식량을 평양까지 조달하는 작전을 수행하면서 갖은 어려움을
극복하고 주어진 목적을 무사히 완수한 步騎監 裂起에게 김유신은 戰場
에서 임의로 級湌의 관등을 지급하였는데, 왕경으로 귀환한 후 다시 1등
급을 높여 沙湌으로 삼도록 요청하자 문무왕은 그것이 지나치다고 거절
하였다. 이에 김유신은 爵祿公器는 功으로 보답하여 주는 것이니 지나치
다고 할 수 없다고 고집하여 끝내 본래의 뜻을 관철시켰다. 문무왕이 열
기에게 사찬의 지급을 반대한 것은 軍功의 크기 문제보다도 아무래도 그
의 신분을 염두에 둔 데 있지 않았을까 싶다. 아마 열기는 沙湌의 관등을
지급받기가 곤란한 신분에 속한 인물이었을 가능성이 높다. 사찬 지급이
문제가 될 정도이고 보면 그는 어쩌면 지방민이었을지도 모르겠다. 그것
은 여하튼 이 사건으로 미루어볼 때 김유신은 신분보다 개인의 능력과
역량을 중시하는 입장에서 기존 질서를 그대로 받아들이려 한 것이 아니
라 예측 불가능한 파격을 단행하려 하였음을 알 수 있다. 뒷날 김유신
사후 그 아들인 三光이 집정하여 인사권을 가졌을 때 열기는 결국 郡太
守職을 요청하였으나 거절당하였다. 이때 祇園寺의 승려인 順憬이 그를
해결하여 三年山郡 太守가 되도록 주선하였거니와[32] 그와 같은 열기의
행위는 김유신의 평소 입장이 어떠하였는지를 잘 이해한 데서 나온 것으
로 짐작된다.

　아마도 김유신은 현실의 벽을 뛰어넘는 파격을 스스럼없이 단행하는
입장을 가졌던 것 같다. 이밖에도 열전에는 그와 유사한 행위를 보여 주
는 사례는 상당히 많이 찾아진다. 이는 김유신이 현실을 있는 그대로 받
아들이지 않고 그를 극복해야만 하는 대상으로 인식하고 있었음을 뜻한

---

32) 『三國史記』 권47, 열전7 裂起.

다. 사실 그는 사람의 현실적인 능력에 큰 비중을 두고 있었다. 그것은 지방민을 적극 활용하려 한 데에서[33] 뚜렷이 보이는 사실이다. 물론 그것이 그의 세력기반이 지방에 있는 데서 비롯한 것이기도 하지만 이는 곧 기존의 骨品體制에 대한 부정이기도 하였다. 그에 대신하여 지향한 것이 바로 왕도정치의 실현이었다. 불교 대신 유학을 선택한 것도 바로 이런 면 때문이었다. 그를 실천하기 위하여 강력한 왕권이 필요하였던 것이다. 기존 체제가 그대로 고수되는 한 국왕의 지위 자체도 언제나 불안정할 수밖에 없는 상황이었다. 비슷한 처지에 있던 김춘추와 쉽게 공감하여 의기투합할 수 있었던 것도 바로 그 점 때문이었다.

김춘추는 어린 시절부터 줄곧 즉위를 꿈꾸면서[34] 새로운 지배질서를 구축하려는 생각을 갖고 있었다. 그것이 바로 유학에 입각한 왕도정치의 구현으로서 구체적으로는 국왕권의 절대화 및 개인의 능력에 바탕한 관료제의 추구였다. 김춘추는 이미 그의 이름에서 그런 측면이 엿보인다. 그는 國學에 깊은 관심을 갖고 있었으며 나아가 唐制를 적극 수용하려 한 것도 그를 뚜렷이 보여 주는 사실이다. 기왕에 무열왕의 적극적인 당제 수용을 둘러싸고서 단지 군사력을 끌어들이기 위한 수단으로만 이해하는 경향이 짙었는데 이는 사실상 일면적인 접근에 지나지 않는다. 김춘추에게는 즉위 이후에 벌어질 새로운 세계에 대한 대안이 갖추어져 있었으니 그것이 곧 유교적 인식에 입각한 관료제국가의 건설이었다. 달리 말하면 이는 곧 골품체제의 부정이었던 셈이다. 660년 상대등 金剛이 사망하자 김유신을 즉각 그 자리에 내세운 것도[35] 그를 실현에 옮기려는 시도의 일환이었다. 기존의 체제 그대로를 고수하려는 입장이었다면

---

33) 三池賢一, 「金春秋小傳」 『古代の朝鮮』, 1971, 128~132쪽.
34) 『三國史記』 권5, 신라본기5 武烈王 즉위년 참조.
35) 『三國史記』 권5, 신라본기5 武烈王 7년.

가야계인 김유신이 상대등에 임명되기란 사실상 불가능하였을 터이다. 전반적 정황으로 미루어 볼 때 김유신을 상대등에 임명한 자체는 신라사회의 새로운 지향을 상징하는 일대사건이었다. 그러나 불행히도 무열왕은 백제를 멸망시킨 이후 얼마 지나지 않아 사망하고 말았다. 따라서 그의 정치적 이상을 실현하는 과제는 자연 다음의 文武王에게로 넘겨지게 되었다.

삼국통합전쟁이 진행되는 기간 동안 한동안 문무왕은 오로지 승리하는데 전념해야 하는 입장이었다. 그가 父王의 뜻을 잇겠다는 의지를 물론 당연히 갖고 있었겠지만 그 이후의 추이를 점검하면 제대로 이행된 것 같지는 않다. 그에 대한 반발이 만만하지가 않았던 데서 비롯된 것으로 보인다. 戰時임에도 상당한 유력귀족이 잇달아 반란을 일으켰다. 물론 唐이 신라 지배집단 내부의 분열상을 적절하게 이용한 측면도 있었겠지만 유교적 지향에 반발하는 세력 또한 적지 않았음을 보여 주는 사실이기도 하다. 681년 문무왕이 임종에 직면하여 아들 神文王에게 곧바로 즉위하게 한 것도[36] 그런 사정의 일단을 여실히 반영한다. 이로 말미암아 골품체제의 전면적 부정은 이루어질 수가 없었다. 그리하여 유학에 바탕한 관료제적 운영과 골품체제가 적당하게 결합하는 선에서 통일 후 신라의 지배체제 정비는 마무리되었다. 이는 곧 中代의 지배체제가 지닌 근본적 한계였다고 하겠다. 689년 통일 과업을 최종적으로 정리할 목적으로 達句伐 천도가 기도되었으나 실패한 것도 그와 같은 분위기의 일단을 반영한다.

사실 김유신과 김춘추가 그리던 이상사회는 영원히 실현되지 않았다. 그것은 어쩌면 신라사회의 근간을 부정하는 것이기도 하므로 달성하기 어려운 꿈이었던 셈이다. 그로 말미암아 기존 체제와 새로운 지배질서가

---

36) 『三國史記』 권7, 신라본기7 文武王 21년.

적당히 결합한 상태로 운영될 수밖에 없었다. 당과의 전쟁이 한창 진행 중일 때 지방민을 대상으로 주어지던 外位 대신 京位를 지급한 조치나 이후 골품제의 문제점을 보완하기 위하여 重位制를 채택한 데에서 새로운 변화를 보여 주기도 하나 그 자체가 바로 문무왕의 개혁이 가지는 한계를 그대로 드러낸다. 그런 의미에서 김춘추의 동업자 김유신이 걸었던 기대는 반쪽쯤만 실현된 것이라 보아도 되겠다. 뒷날 그가 신라사회에서 무열왕37) 혹은 문무왕과38) 함께 삼국 통합을 이룬 二聖으로 추앙받으면서도 후손들이 정치 핵심에서 결국 밀리게 되는 요인도 그와 같이 불철저하게 진행된 개혁의 결과라 하겠다.

5. 맺음말

김유신이 살았던 7세기는 삼국은 물론이고 동아시아세계 전체가 다 함께 체제상의 변동을 겪던 이른바 격동기의 시대였다. 이 점을 염두에 두면 당시 여러 핵심적 인물 가운데 한 사람인 김유신은 충분히 주목할 만한 대상이 된다. 그와 관련한 사료도 비교적 풍부한 편이므로 관심을 기울여볼 만하다고 하겠다.

그럼에도 불구하고 그동안 김유신 관련 연구는 대단히 부진한 편에 속한다. 그 요인은 아무래도 단재로 대표되는 민족주의자들이 그가 수행한 역할을 너무도 부정적으로 논단한 데서 비롯된 인식이 가장 크게 작용한 것

---

37) 『三國史記』 권8, 신라본기8 神文王 12년.
38) 『三國遺事』 紀異2, 萬波息笛. 다만 김유신과 문무왕이 공교롭게도 사망한 月日이 똑같아 二聖으로 인식된 듯하다. 한편 김유신을 天神으로 인식하고 있는 것은 용화향도와도 관련이 있을지 모르겠다.

같다. 그러나 단재가 설정한 민족이나 외세라는 기준은 일제 강점기라는 당시의 현실에 제약받은 것으로서 역사적 객관성을 갖지 못한 선입견에서 비롯된 진단일 따름이다. 그렇다면 이제부터 김유신 연구는 기존의 선입견을 말끔히 떨어내고 아무런 전제 없이 새롭게 본격적으로 추진되어야 마땅하다. 그럴 때 다른 무엇보다도 가장 먼저 진행해야 할 작업은 사료에 대한 철저한 검증이라고 하겠다. 기본 사료라 할 『삼국사기』부터 이미 근본적인 문제점을 지니고 있다고 판단되기 때문이다. 인물 연구에서 오는 한계를 극복하기 위하여서 각별히 강조하여 두고 싶은 점이다.

김유신은 가야계로서 배타적인 신라사회에서 상당한 어려움을 겪었다. 아마도 그런 환경이 그의 行路와 정치 지향에 크게 영향을 끼친 듯하다. 그래서 그는 현실을 있는 그대로 받아들이려는 입장이 아니라 그를 극복하려고 줄기차게 노력하였다. 그 대안으로 제시된 것이 화랑 시절에는 불교적인 龍華香徒의 세계였다. 그러나 점차 장성하면서는 그것이 실천 불가능하다는 사실을 깨닫고 당시 확산일로에 있던 유학사상에 입각한 왕도정치를 대안으로 설정하게 되었다. 그 점에서 그는 즉시 김춘추와 정치적 동업자가 될 수 있었다. 그들이 唐制 수용에 적극적이었던 것도 바로 그 때문이었다. 김유신은 현실의 한계를 뛰어넘기 위해 치열한 삶을 산 이상주의자이면서 현실주의자였다.

이런 점을 충분히 고려하지 않는다면 자칫 왕위에 오르게 되는 김춘추는 말할 것도 없고 김유신조차 아무런 정치 이상이 없는 오로지 권력의 化身에 지나지 않는 인물로 평가 절하할 가능성이 높은 것이다. 이는 결국 한국고대사를 너무도 왜소화시키는 결과를 가져올 따름이다. 그런 측면에서 앞으로 7세기 정치사는 전면적인 재검토가 필요하다고 여겨진다. 이 글은 그런 인식의 일단을 잠시 정리하여 문제 제기해 본 것이다.

신라 진평왕대 김유신의 활동

김 덕 원*

1. 머리말

金庾信(595~673)은 신라의 화랑을 대표하는 인물로 신라가 삼국을 통일하는데 결정적인 역할을 수행하였다. 이 과정에서 武烈王으로 즉위하는 金春秋와 함께 이른바 '新貴族勢力'으로 등장하면서 이후 中代 專制王權을 확립하는데 크게 기여한 것으로 평가받고 있다.[1]

김유신은 眞平王代부터 文武王代까지 5대에 걸쳐서 활동하였다. 그의 생애는 『三國史記』와 『三國遺事』에 기록된 그의 연령과 활동을 통해서 살펴보면 진평왕대를 기준으로 뚜렷한 차이를 보이고 있다. 즉 진평왕이 죽은 632년(진평왕 54)은 김유신이 38세가 되는 해로써 그의 생애에서 절반에 해당된다. 이 기간은 김유신의 생애에서 출생과 성장, 그리고 화랑으로서의 활동과 그 이후의 활동 등 크게 3시기로 구분할 수 있다.

진평왕대 김유신에 대한 기록의 대부분은 이후 그가 어떤 활동을 전개

---

* 명지대학교 사학과 강사

1) 申瀅植, 「金庾信家門의 成立과 活動」『梨花史學研究』 13·14, 1983 : 『韓國古代史의 新研究』, 一潮閣, 1984.

하였을지 이해할 수 있는 神異한 내용의 설화들로 이루어졌다. 먼저 김유신의 유년시절의 성장과정에 대한 기록은 그의 家系와 신이한 출생과 관련된 내용들이며, 성장과정에 대한 기록은 전하지 않는다. 화랑시절의 기록은 화랑이 되어 天官女와의 만남에 대한 것과 이후 中嶽의 石崛과 咽薄山에서 수련하는 내용, 또 白石과 고구려 정탐을 시도한 내용으로 이루어졌다. 그리고 화랑시절 이후의 기록은 김춘추와 文姬의 혼인과 관련된 설화와[2] 고구려의 娘臂城 전투에 참전한 내용으로 구성되었다.

이와 같이 진평왕대 김유신에 대한 기록은 비록 몇 가지에 불과하지만, 이후 그의 활동이 어떠하였을지 짐작할 수 있게 한다. 따라서 이 시기는 그가 본격적인 활동을 전개하기 위한 준비기간이었음을 알 수 있다.

김유신의 활동이 구체적으로 기록되기 시작한 것은 善德王代부터이다. 김유신은 642년(선덕왕 11)에 大耶城이 함락된 이후 김춘추와 함께 기록에 재등장하였고, 이때부터 본격적으로 그의 활발한 군사적인 활동이 시작되었다. 그리고 그 결과는 무열왕대와 문무왕대를 거치면서 삼국통일의 완성으로 나타났는데, 이 기간 역시 그의 생애에서 절반에 해당하는 시기이다. 따라서 김유신의 활동은 진평왕대를 기준으로 크게 두

---

2) 『三國遺事』권1, 紀異2, 太宗春秋公에는 김춘추와 문희의 혼인시기가 선덕왕대로 기록되어 있지만, 法敏이 태어난 시기가 626년(진평왕 48)이므로 진평왕대의 사실로 이해하고 있다(末松保和, 「新羅三代考」『新羅史の諸問題』, 東洋文庫, 1954, 14쪽). 이와 관련된 연구성과는 金德原, 『新羅 中古期 舍輪系의 政治活動 研究』, 明知大 博士學位論文, 2003 : 『新羅中古政治史研究』, 景仁文化社, 2007, 151쪽 주 30) 참조. 한편 朴淳敎는 김춘추와 문희의 혼인은 623년(진평왕 45)이라 하였고(朴淳敎, 『金春秋의 執權過程 研究』, 慶北大 博士學位論文, 1999, 66～67쪽), 鄭求福은 김춘추가 25세 무렵으로 추산하였으며(鄭求福, 「金庾信(595～673)의 정신세계」『悠山姜仁求教授停年紀念 東北亞古文化論叢』, 民昌文化社, 2002, 603쪽 주 35) 참조), 丁仲煥은 善德王代(丁仲煥, 「金庾信(595～673)論」『歷史와 人間의 對應』-韓國史篇-, 한울, 1985, 26～27쪽)라고 하였다.

시기로 구분할 수 있다.3)

지금까지 김유신에 대한 연구는 여러 분야에 걸쳐서 이루어졌지만, 주로 그의 화랑시절과 이후 삼국통일 과정에 집중되었다. 특히 그의 군사적인 활동은 거의 전적으로 후자를 중심으로 이루어졌다고 해도 과언이 아니다. 그러나 선덕왕대 이후 삼국통일 과정에서 보여준 김유신의 군사적인 활동은 진평왕대의 활동을 토대로 하였기 때문에 가능하였다. 특히 진평왕대에 김춘추와의 만남은 두 사람 모두에게 정치적으로 중요한 전환이 되었으며, 결국 中代 武烈王權을 성립하는 기반을 마련하는 계기가 되었다. 이러한 사실을 고려할 때 진평왕대 김유신의 활동을 살펴보는 것은 이후 그의 활동을 이해할 수 있다는 점에서 중요한 의미를 가진다.

이와 같은 중요성에도 불구하고 진평왕대 김유신에 대한 기록은 신이한 내용의 설화들로 이루어졌기 때문에 그의 활동을 살펴보는데 일정한 한계가 있다. 특히 김유신의 활동을 대표하는 화랑시절의 기록은 더욱 그러하다. 그러므로 신이한 내용의 설화에서 어떤 것이 역사적인 사실이고, 그것을 어떻게 이해해야 할 것인지가 관건이라고 할 수 있다. 이와 관련하여 필자는 김유신에 대한 신이한 내용의 설화들은 그가 활동하였던 역사적 사실을 반영하는 것이지만, 후대에 그의 활동을 과장하기 위해서 윤색된 것으로 이해하고자 한다.

본고에서는 이러한 이해를 바탕으로 기존의 연구성과를 참조하여 진평왕대 김유신의 활동에 대해서 살펴보고자 한다. 먼저 김유신의 유년시절의 성장과정을 그의 가계 및 출생과 성장으로 구분하고, 그의 화랑시

---

3) 申瀅植은 김유신의 생애를 제1기(10~20대), 제2기(30~40대), 제3기(50~70대)의 3기로 구분하였고(申瀅植, 『三國史記研究』, 一潮閣, 1981, 342쪽), 鄭求福도 성장기·장년기·노년기의 3시기로 파악하였다(鄭求福, 앞의 논문, 2002 참조).

절과 그 이후의 활동에 대해서도 살펴보고자 한다. 그리고 김춘추와의 만남과 고구려 낭비성 전투의 참전에 대해서도 살펴볼 것이다.

2. 유년시절의 성장과정

1) 김유신의 家系

김유신은 金官加耶 왕족의 후손으로 태어났다. 금관가야의 마지막 왕인 仇亥(衡)王이 532년(법흥왕 19) 신라에 항복함으로써 眞骨貴族에 편입되었고, 武力을 비롯한 그의 아들들도[4] 신라의 관직에 진출하였다.[5] 금관가야의 마지막 왕인 구해(형)왕은 김유신의 曾祖가 되며, 따라서 그는 신라의 전통적인 귀족출신이 아니라 이른바 '加耶系'였다.

신라의 최고 신분이 되어 관직생활을 시작한 '가야계'는[6] 이후 군사적인 면에서 많은 공적을 쌓았다. 김유신의 祖父인 金武力은 551년(진흥왕 12)에 阿湌으로써 羅濟同盟을 바탕으로 백제와 연합하여 고구려가 차지하고 있었던 한강유역을 탈취하는데 공을 세웠다.[7] 그리고 553년에는

---

4) 仇亥(衡)王의 아들에 대한 연구는 村上四男, 「金官國の世系と率支公」『朝鮮學報』21·22, 1961 : 『朝鮮古代史研究』, 開明書院, 1978, 372~382쪽 ; 李基白·李基東, 『韓國史講座』-古代篇-, 一潮閣, 1982, 163~164쪽 주 87) 참조.

5) 『三國史記』권4, 新羅本紀4, 法興王 19년 ;『三國遺事』권2, 紀異2, 駕洛國記.

6) 신라에서 활동하였던 '가야계'에 대한 연구는 선석열, 「신라사 속의 가야인들 - 金海金氏와 慶州金氏 - 」『한국고대사 속의 가야』, 혜안, 2001 ; 주보돈, 「가야인, 신라에서 빛나다」『가야, 잊혀진 이름 빛나는 유산』, 혜안, 2004 참조.

7) 檀國大 史學會, 『史學志』12, 1978 ; 韓國古代社會硏究所 編, 『譯註韓國古代金石文』Ⅱ, 1992, 35쪽. 한편 李明植은 金武力이 新州軍主가 되었을 때 阿湌이었으므로 6두품에 편입되었고, 管山城 전투에서 大功을 세워 국왕의 신임을 받았으나 아직 眞骨의 반열에 들지 못하였다고 하였으며, 629년(진평왕

新州 軍主가 되었고,[8] 그 이듬해에는 管山城 전투에서 백제의 聖王을 전
사시켰다.[9] 이러한 공적으로 561년(진흥왕 22) 무렵에는 迊湌으로 승진
하였으며,[10] 568년에는 진흥왕이 북한산과 함경도 일대를 巡狩할 때에
도 수행하였다.[11] 또한 이러한 군사적인 기반을 토대로 居柒夫와 함께
眞智王의 즉위에 중요한 역할을 수행하였을 것으로 생각된다.[12]

김유신의 父인 金舒玄도 군사적인 활동을 통해서 蘇判과[13] 大梁州都督
按撫大梁州諸軍事에 이르렀다.[14] 특히 김서현은 629년(진평왕 51)에 김
춘추의 父인 金龍春과 함께 고구려의 娘臂城 전투에 참전하였는데, 이때
김유신도 참전하여 위기에 처한 신라군을 구하고 낭비성을 항복시키는
전공을 세웠다.[15]

---

51) 娘臂城 전투의 공로로 金舒玄이 蘇判을 제수받음으로써 진골이 되었다고
하였다(李明植,「新羅 中代王權의 專制化過程」,『大丘史學』38, 1989 :『新
羅政治史研究』, 螢雪出版社, 1992, 118~119쪽). 그러나 김무력과 김서현의
신분을 단순히 아찬과 소판의 관등만으로 6두품과 진골로 구분할 수는 없다. 골
품제의 특성상 진골이 6두품의 관등을 소유할 수는 있지만, 6두품에서 진골이
될 수는 없다. 더욱이 김무력은 561년(진흥왕 22)에 건립된「昌寧碑」에 이미
迊湌으로 기록되어 있고, 김서현도 낭비성 전투에 참전할 때 소판이었다. 따라
서 이러한 견해는 따르지 않는다.
8)『三國史記』권4, 新羅本紀4, 眞興王 14년 가을 7월.
9)『三國史記』권4, 新羅本紀4, 眞興王 15년 ; 同 권26, 百濟本紀4, 聖王 32년
가을 7월.
10) 韓國古代社會研究所 編, 앞의 책, 1992, 55쪽.
11) 韓國古代社會研究所 編, 앞의 책, 1992, 69쪽, 77쪽, 88쪽.
12) 선석열, 앞의 논문, 2001, 535~536쪽 ; 金德原, 앞의 논문, 2003 : 앞의 책,
2007, 49~50쪽.
13) 朴海鉉은 김서현이 629년(진평왕 51) 이전에는 蘇判에 이르지 못하고 波珍湌
이하의 관등이었을 것이라고 하였다(朴海鉉,「新羅 眞平王代 政治勢力의 推
移－王權强化와 관련하여－」『全南史學』2, 1988, 14쪽).
14)『三國史記』권41, 列傳1, 金庾信 上.
15)『三國史記』권4, 新羅本紀4, 眞平王 51년 가을 8월 ; 同 권41, 列傳1, 金庾信 上.

이와 같이 신라에 복속된 이후 '가야계'는 활발한 군사적인 활동을 통해서 그 지위를 착실하게 쌓아갔다. 그 결과 김서현은 왕족의 딸인 萬明과 혼인하게 되었는데, 이와 관련된 기록은 다음과 같다.

> A. 일찍이 舒玄이 길에서 葛文王 立宗의 아들인 肅訖宗의 딸 萬明을 보고 마음에 들어 눈짓으로 꾀어 중매도 거치지 않고 결합하였다. 서현이 萬弩郡 太守가 되어 만명과 함께 떠나려고 하니, 숙흘종이 그제서야 딸이 서현과 野合한 것을 알고 미워하여 별채에 가두고 사람을 시켜서 지키게 하였다. (이때) 갑자기 벼락이 문간을 때리자 지키는 사람이 놀라 정신이 없었다. 만명은 창문으로 빠져나가 드디어 서현과 함께 만노군으로 갔다.[16]

위의 내용은 김서현과 만명의 혼인과정에 대한 기록이다. 김서현은 만명의 父인 肅訖宗의 반대에도 불구하고 어렵게 혼인하였다.[17] 지금까지 위의 기록을 토대로 '가야계'는 신라에 복속된 금관가야 출신이었기 때문에 신분적인 한계로 말미암아 경주 귀족들에 비하여 사회적으로 천대를 받았고, 따라서 김서현이 만명과 혼인할 때 숙흘종이 반대하였던 것으로 파악하였다.[18] 또한 김서현이 만명과 파격적인 혼인을 시도한 것은 지방세력의 한계를 극복하고, 신라 사회에서의 지위를 확고하게 하려는 의도에서 비롯된 것이라는 견해가 지배적이다.[19]

---

16) 『三國史記』 권41, 列傳1, 金庾信 上.

17) 金烈圭는 김유신 부모의 혼인에 장애가 있는 것은 英雄傳承의 전형적인 모티브로 간주될 수 있다고 하였다(金烈圭, 「巫俗的 英雄考 - 金庾信傳을 중심으로 - 」, 『震檀學報』 43, 1977, 90쪽).

18) 末松保和, 앞의 책, 1954, 11~15쪽 ; 金哲埈, 「高句麗・新羅의 官階組織의 成立過程」 『李丙燾博士華甲紀念論叢』, 1956 : 『韓國古代社會研究』, 서울大 出版部, 1990, 250쪽.

19) 申瀅植, 앞의 논문, 1983 : 앞의 책, 1984, 249쪽 ; 金瑛河, 「新羅 中古期 政治過程 試論 - 中代王權 成立의 理解를 위한 前提 - 」 『泰東古典研究』 4, 1988 : 『韓國 古代社會의 軍事와 政治』, 高大 民族文化研究院, 2002, 257쪽 ; 朴淳敎,

그러나 '가야계'를 새롭게 인식하면서[20] 위의 기록에 대해서도 재해석을 시도하고 있다. 즉 숙흘종이 김서현과 만명의 혼인에 반대하였던 것은 金官加耶系라는 이유가 아니라 김서현이 낮은 관등을 소유하였고, 그의 父인 김무력이 진지왕의 비정상적인 왕위계승에 동조하였기 때문에 왕족인 숙흘종이 혼인을 반대하였다는 견해가 그것이다.[21] 또 당시 만명은 眞平王의 왕비가 될 수 있는 가장 유력한 지위에 있었음에도 불구하고, 숙흘종의 뜻과 당시의 관습에 어긋난 일을 저질렀기 때문에 숙흘종이 달갑게 받아들이지 않았다는 견해와[22] 진지왕과 진평왕의 왕위계승과 관련하여 舍輪系와 銅輪系의 정치적 성향의 차이에서 반대하였다는 견해도 제기되었다.[23] 따라서 이와 같은 최근의 연구성과를 참조하면 '가야계'도 당시 신라 사회에서 귀족으로서의 신분적인 지위를 확보하였고, 이러한 지위를 바탕으로 김서현은 만명과 혼인할 수 있었을 것이다.[24]

앞의 논문, 1999, 58~59쪽.

20) 三池賢一은 加羅金氏가 신라 국내에서도 어느 정도의 기성세력을 유지하는 것이 가능하였다고 하였고(三池賢一, 「金春秋小傳」(2)『駒澤史學』16, 1969, 46쪽), 武田幸男은 '가야계'는 신라에 항복한 이후에 4대가 지나면서 진골귀족의 대표가문으로서 자리를 굳히게 되었다고 하였다(武田幸男, 「新羅'毗曇の亂'の一視覺」『三上次男博士喜壽紀念論文集』, 平凡社, 1985, 240쪽). 또한 柳永哲도 김무력의 활동시기에 이미 신라에서 一門으로서의 위치를 굳혔다고 하였다(柳永哲, 「新羅 中代 王權의 性格 - 太宗武烈王을 中心으로 -」『嶠南史學』4, 1989, 17~18쪽).

21) 선석열, 앞의 논문, 2001, 535~536쪽.

22) 鄭求福, 앞의 논문, 2002, 595쪽.

23) 金德原, 앞의 논문, 2003 : 앞의 책, 2007, 107~108쪽 주 36) 참조.

24) 김서현이 만명과 혼인할 수 있었던 것은 숙흘종이 묵인하였기 때문에 가능하였던 것으로 이해하는 견해도 있다(丁仲煥, 앞의 논문, 1985, 18쪽 ; 朴南守, 「統一主導勢力의 形成과 政治改革」『統一期의 新羅社會 硏究』, 東國大 新羅文化硏究所, 1987, 111쪽 ; 朴淳敎, 앞의 논문, 1999, 59~60쪽). 이러한 사실은 '가야

만명은 肅訖宗의 딸인데, 숙흘종은 法興王의 동생인 立宗葛文王의 아들이며, 진흥왕의 동생이다. 그러므로 만명은 진흥왕의 조카로써 왕실과 가장 가까운 측근이다. 김서현은 왕족인 만명과 혼인함으로써 진골귀족으로서의 지위를 더욱 확고히 다지게 되었다. 그리고 이러한 지위를 기반으로 이후 '가야계'는 중요한 정치세력으로 두각을 나타내게 되었다.

2) 김유신의 출생

김유신은 595년(진평왕 17)에 萬弩郡(지금의 鎭川)에서 출생하였다. 김유신의 출생에 대해서는 여러 가지의 내용이 전해지고 있는데, 이에 대한 기록은 다음과 같다.

> B-1. 舒玄이 庚辰日 밤에 熒惑星과 鎭星 두 별이 자신에게로 내려오는 꿈을 꾸었다. 萬明도 辛丑日 밤에 한 어린아이가 황금 갑옷을 입고 구름을 타고 집 안으로 들어오는 꿈을 꾸고 곧바로 임신하여 20개월 만에 庚信을 낳았다. 때는 眞平王 建福 12년 隋 文帝 開皇 15년 乙卯였다. (서현이) 그 이름을 지으려고 할 때 부인에게 말하기를 "내가 경진일 밤에 길몽을 꾸어 이 아이를 얻었으니, 庚辰으로 이름을 지어야 하겠다. 그러나 『禮記』에 '날이나 달의 이름을 따서 이름을 짓지 않는다'고 하였으니, 지금 庚자는 庚자와 글자 모양이 서로 비슷하고, 辰은 信과 소리가 비슷하며, 더구나 옛날 어진 사람에 庾信이라고 이름을 지은 이가 있으니, 그렇게 이름 짓지 아니하랴?"고 하였다. 드디어 이름을 유신이라고 하였<萬弩郡은 지금의 鎭州이다. 처음 유신의 胎를 高山에 묻었으므로 지금까지 胎靈山이라고 한다>.[25]

계'가 신라 사회에서 어느 정도의 지위를 차지하고 있었음을 알 수 있게 하는 것이다. 한편 盧鏞弼은 김서현이 혼인을 할 수 있었던 것은 진흥왕대에 智證王系와 非智證王系 세력 사이의 연합이 이루어지고 있었던 정치적 상황에 따른 것이라고 하였다(盧鏞弼, 『眞興王巡狩碑硏究』, 一潮閣, 1996, 92쪽 주 19) 참조).
25) 『三國史記』 권41, 列傳1, 金庾信 上.

2. 庚信公은 眞平王 17년 乙卯에 태어났다. 七曜의 정기를 타고났으므로 등에 七星 무늬가 있고, 또 신기하고 이상한 일들이 많았다.[26]

3. … 마침내 집에 돌아와서 白石을 결박하고 다짐하여 그 실정을 물었더니, 백석이 말하기를 "나는 본래 고구려 사람<古本에는 백제라고 하였으나 잘못이다. 楸南은 고구려 사람이고, 또한 음양을 역행한 것도 보장왕대의 일이다>입니다. 우리나라의 여러 신하들이 말하기를 신라의 庚信은 본래 우리나라에서 점치던 선비인 추남<고본에는 春南이라고 하였으나 잘못이다>이라고 합니다. … 그날 밤 대왕의 꿈에 추남이 신라 舒玄公 부인의 품속으로 들어간 것을 여러 신하들에게 이야기하였더니, 모두 말하기를 '추남이 마음속으로 맹세하고 죽더니 그 일이 과연 그러합니다'라고 하였습니다. 그 때문에 나를 보내어 이런 계획을 꾸미게 한 것입니다"라고 하였다.[27]

4. 신라왕이 글을 올려 말하기를 "신라는 비록 작은 나라지만, 거룩한 신하 김유신을 얻어서 삼국을 통일하였으므로 太宗이라고 한 것입니다"라고 하였다. 황제가 그 글을 보고 곧 자신이 太子로 있을 때 하늘에서 이르기를 "33天의 한 사람이 신라에 태어나 김유신이 되었다"고 하던 것을 글로 적어 둔 것이 생각나서 꺼내보고 놀랍고 두렵지 않을 수 없어 다시 사신을 보내어 태종의 칭호를 고치지 않아도 좋다고 하였다.[28]

5. … 왕은 이를 이상히 여겨 日官 金春質<또는 春日>에게 점을 치도록 하였다. 김춘길이 아뢰기를 "돌아가신 父王께서 지금 바다의 용이 되어 三韓을 수호하고 있습니다. 또 金庚信公도 33天의 한 아들로서 지금 인간 세상에 내려와 大臣이 되었습니다. 두 성인이 덕을 같이 하여 나라를 지킬 보배를 내어주려 하시니, 만약 폐하께서 해변으로 나가시면 값으로 계산할 수 없는 큰 보배를 얻게 될 것입니다"라고 하였다.[29]

위의 내용은 김유신의 출생에 대한 기록이다. 김유신에 대한 기록은 출생부터 神異한 내용으로 이루어져 있다. 김유신의 출생과 관련된 신이

---

26) 『三國遺事』 권1, 紀異2, 金庚信.
27) 『三國遺事』 권1, 紀異2, 金庚信.
28) 『三國遺事』 권1, 紀異2, 太宗春秋公.
29) 『三國遺事』 권2, 紀異2, 萬波息笛.

한 내용은 B-1의 星辰의 降靈과 金甲 童子의 下降,[30] B-2의 七曜의
정기, B-3의 楸南의 轉生, B-4·5의 33天의 한사람(또는 아들)으로 기
록되어 있어서 비범한 인물의 탄생을 예고하고 있다. 또한 김유신의 출
생과 관련된 기록은 불교를 비롯한 여러 종교적·사상적인 내용을 포함하
고 있는데, 이러한 모습은 이후 그의 활동과도 밀접한 관련을 맺고 있다.

여기서 주목되는 것은 B-3에서 추남이 죽임을 당하면서 자신의 억울
함을 풀어줄 상대로 신라를 선택하고 있다는 점이다. 이러한 사실은 당
시 고구려 귀족세력들의 대외적인 인식을 반영하는 것으로 생각된다. 고
구려는 6세기 전반 이후부터 귀족세력들 사이에 내분이 발생하여 대내적
으로 혼란한 상황에 빠졌는데, 이와 관련된 기록은 다음과 같다.

> C-1. 이달에 고(구)려가 그 왕 安(臧王)을 죽였다.[31]
>   2. 이해 고(구)려가 크게 어지러워 죽임을 당하는 자가 많았다<『百濟
>   本紀』에는 "12월 甲午에 고(구)려국 細群과 麤群이 궁문에서 싸
>   웠는데, 북을 치면서 전투를 벌였다. 세군이 패하고 군사를 해산하
>   지 않은 지 사흘이 되자 세군의 자손을 모두 사로잡아 죽였다. 戊
>   戌에 狛國의 香岡上王이 죽었다"라고 하였다>.[32]
>   3. 이해 고(구)려가 크게 어지러워 무릇 싸우다 죽은 자가 2천여 명이
>   었다<『百濟本紀』에는 "고(구)려가 정월 丙午에 中夫人의 아들을
>   왕으로 세웠는데, 나이 8세였다. 狛王에게는 세 부인이 있었는데,
>   正夫人은 아들이 없었다. 중부인이 世子를 낳았는데, 그의 외조부
>   가 麤群이었다. 小夫人도 아들을 낳았는데, 그의 외조부는 細群이
>   었다. 狛王의 질병이 심해지자 세군과 추군이 각각 소부인과 중부
>   인의 아들을 즉위시키고자 하였다. 그러므로 세군의 죽은 자가 2천
>   여 명이었다"라고 하였다>.[33]

---

30) 朴大福은 星辰의 降靈은 위대한 인물의 출생을 의미하고, 金甲을 입은 童子의
   등장은 전쟁영웅의 출현이라는 의미를 가진다고 하였다(朴大福, 「金庾信 列傳
   의 天觀念 硏究」『語文硏究』134, 2007, 119쪽).
31) 『日本書紀』권17, 繼體天皇 25년 겨울 12월.
32) 『日本書紀』권19, 欽明天皇 6년 是歲.

위의 내용은 고구려 귀족세력들 사이에 발생한 내분에 대한 기록이다. C-1은 安臧王의 피살에 대한 것이고, C-2·3은 安原王의 후계를 둘러싼 지배층의 내분과 陽原王의 즉위에 대한 것이다. C-2와 C-3은 동일한 사건인데, C-3이 C-2를 부연 설명한 것이다.[34]

고구려는 6세기 전반 이후부터 귀족세력들 사이에 갈등이 생기면서 안장왕이 피살되는 사건이 발생하였다. 그리고 안장왕을 이어서 즉위한 안원왕대의 말기에는 왕위계승과 관련하여 細群과 麤群이 대립하면서 치열한 전투가 벌어졌다.[35] 그 결과 세군의 2천여 명이 죽고 추군의 陽原王이 즉위하였지만, 대내적으로는 혼란한 상황에 빠졌다. 또한 중국의 北齊와 유목민인 突厥과 대립하게 되면서 대외적으로도 위기를 맞았다.[36] 더욱이 589년(평원왕 31)에는 隋가 분열되었던 중국을 재통일하면서 대외적인 위기는 더욱 고조되었다.

이와 같이 고구려의 대내적인 혼란과 대외적인 위기상황을 이용하여 신라는 551년(진흥왕 12)에 羅濟同盟을 바탕으로 백제와 더불어 고구려의 한강유역을 점령하여 10郡을 설치하였다.[37] 이후 백제가 차지하였던 6郡마저 빼앗아 新州를 설치하였고,[38] 554년에는 신라를 공격하던 백제의 聖王을 管山城 전투에서 전사시켰다.[39] 이로써 신라는 한강유역을 차

---

33) 『日本書紀』 권19, 欽明天皇 7년 是歲.
34) 李弘稙, 「日本書紀所載 高句麗關係記事考」 『東方學志』 1, 1954 : 『韓國古代史의 硏究』, 新丘文化社, 1971, 157~158쪽.
35) 林起煥은 麤群과 細群의 政爭을 중앙정권과 丸都세력의 대결로 파악하였다 (林起煥, 「6·7세기 高句麗 政治勢力의 동향」 『韓國古代史硏究』 5, 1992 : 『고구려 정치사 연구』, 한나래, 2004, 265~266쪽).
36) 盧泰敦, 「高句麗의 漢水流域 喪失의 原因에 대하여」 『韓國史硏究』 13, 1976 : 『고구려사연구』, 사계절, 1999, 401~429쪽.
37) 『三國史記』 권4, 新羅本紀4 眞興王 12년 ; 同 권44, 列傳4 居柒夫.
38) 『三國史記』 권4, 新羅本紀4 眞興王 14년 가을 7월.

지하면서 새롭게 삼국의 주도권을 장악하였다.[40]

楸南이 죽임을 당한 시기를 B-3에는 보장왕대라고 하였지만, 594년 (영양왕 5) 무렵이었을 것으로 추정된다. 이 시기에 고구려는 대내외적인 혼란과 위기에 처하였고, 신라는 한강유역을 차지하면서 삼국의 주도권 을 장악하고 있었다. 당시 고구려의 귀족세력들은 한강유역을 상실한 이 후에 대외적인 정세의 변화를 예의 주시하면서 신라에 대한 인식도 새롭 게 하였을 것이다. 그리고 '卜筮之士'인 추남은 이와 같은 대외적인 정세 의 변화를 누구보다도 더욱 정확하게 예상하고 있었을 것으로 생각된다. 어쩌면 이러한 대외적인 정세의 변화는 추남뿐만이 아니라 대부분의 고 구려 귀족세력들도 공통적으로 인식하고 있었을 것이다. 따라서 추남이 자신의 억울함을 풀어줄 상대로 신라를 선택하였던 것은 이러한 대외적 인 정세의 변화를 반영하는 것이며, 또한 앞으로 신라가 삼국의 주도권 을 장악할 가능성이 높다는 사실을 고구려의 귀족세력들도 인식하고 있 었음을 의미하는 것이다. 그리고 이와 같은 추남설화도 후대에 윤색되어 김유신의 설화에 반영되었을 것이다.

3) 김유신의 성장

김유신은 만노군에서 출생하여 유년시절을 이곳에서 보냈다. 신라에 서는 538년(법흥왕 25)에 지방관이 가족을 데리고 임지에 부임하는 것을 허락하는 '携家之制'가 시행되었다.[41] 김서현도 만노군 태수로 부임하면 서 부인인 만명을 데리고 갔기 때문에 김유신은 그곳에서 태어났다. 그

---

39)『三國史記』권4, 新羅本紀4 眞興王 15년.

40) 申瀅植,「韓國古代에 있어서 漢江流域의 政治·軍事的 性格」『鄕土서울』41, 1983 : 앞의 책, 1984, 155~156쪽.

41)『三國史記』권4, 法興王 25년 봄 정월.

러나 김유신은 만노군에서 오랜 기간을 보내지 않았을 것으로 보인다. 당시 신라 지방관의 임기가 얼마 동안이었는지 자세히 알 수 없지만, 그리 오랜 기간은 아니었을 것이다.[42] 따라서 김유신은 불과 몇 년 동안만 만노군에서 생활하다가[43] 경주로 돌아와서 沙喙部에 거주하였을 것으로 생각된다.[44]

김유신은 만노군에서 돌아온 이후에 경주에서 성장하면서 학문과 무예를 연마하였을 것이다. 화랑이 되기 이전까지 김유신의 성장과 관련된 기록은 없지만, 다음의 기록을 통해서 당시의 상황을 어느 정도 추정할 수 있을 것이다.

> D. 金仁問은 字는 仁壽이고, 太宗大王의 둘째 아들이다. 어려서 학문을 시작하여 儒家의 책을 많이 읽었고, 겸하여 莊子·老子·佛敎의 책도 읽었다. 또한 隷書와 활쏘기·말타기·鄕樂을 잘하였다. 행동의 법도가 수수하고 세련되었으며, 식견과 도량이 넓어 당시 사람들이 추앙하였다.[45]

---

42) 김서현은 30여 년 동안 萬弩郡에 머물면서 민심을 安堵케 하고 生業을 권장하는 등 善政을 베풀며 신라의 변방 방위에 정열을 쏟았다는 견해(韓國敎員大博物館, 『鎭川金庾信將軍史蹟 學術調査報告書』, 1999, 23쪽)도 있지만, 따르지 않는다.

43) 김유신은 15세에 화랑이 되기 이전까지 鎭川에서 성장하였다는 견해(韓國敎員大博物館, 앞의 책, 1999, 32쪽 ; 趙𤬢鉉, 「鎭川地域의 金庾信史蹟에 대한 再檢討」『古文化』55, 2000, 58쪽)도 있다. 현재 진천에는 김유신의 유년시절과 관련된 유적과 지명이 많이 전하고 있는데, 이것은 후대에 만들어진 것으로 보인다. 진천지역의 김유신과 관련된 유적과 지명에 대한 연구는 韓國敎員大博物館, 앞의 책, 1999 ; 趙𤬢鉉, 앞의 논문, 2000 참조.

44) 鄭求福, 앞의 논문, 2002, 596～597쪽. 鄭求福은 萬弩郡에 있을 당시 김유신의 가족은 김유신을 포함하여 부모와 동생인 欽純(또는 欽春)·寶姬·文姬 등 6명이라고 하였다. 그러나 적어도 보희와 문희는 경주에서 태어났을 가능성이 더 크다고 생각된다.

45) 『三國史記』 권44, 列傳3 金仁問.

위의 내용은 金仁問의 어린 시절에 대한 기록이다. 김인문은 왕족이기 때문에 당시의 일반적인 상황과는 다소 차이가 있겠지만, 김유신 역시 이와 비슷한 교육을 받았을 것이다. 즉 김유신도 경주로 돌아온 이후에는 김인문과 같이 유교·도교·불교의 책을 읽으면서 학문을 연마하였으며, 검술·활쏘기·말타기 등의 무예를 수련하였을 것으로 추정할 수 있다.46) 이러한 교육적인 바탕이 있었기 때문에 김유신은 15세에 화랑이 될 수 있었을 것이다.

3. 화랑시절 天官女와의 만남과 수련

1) 天官女와의 만남

신라는 진흥왕대에 인재를 양성하고 관리를 선발하기 위해서 花郎徒를 설치하였다. 화랑도는 15~18세의 진골귀족의 자제 중에서 외모가 아름다운 사람을 花郎으로 선발하고, 그 밑에는 수천 명에서 수백 명의 郎徒들로 구성되었다. 이들은 평상시에는 서로 道義를 연마하거나 음악과 노래를 즐기며 名山과 大川을 찾아다녔으며, 유사시에는 전쟁에 참전하여 나라를 위해서 목숨을 바쳤다.47)

김유신은 어린 시절부터 학문과 무예를 연마하여 15세에 화랑이 되었다. 당시의 사람들은 특별히 김유신의 낭도를 龍華香徒라고 불렀는데, 이것은 그에 대한 기대감이 반영되었던 표현이었을 것이다.48) 화랑이 된

---

46) 鄭求福, 앞의 논문, 2002, 597쪽.
47) 『三國史記』권4, 新羅本紀 4 眞興王 37년 봄 ;『三國遺事』권3, 塔像4 彌勒 仙花未尸郎眞慈師. 화랑도에 대한 연구는 朱甫暾,「新羅 花郎徒 硏究의 現 況과 課題」『啓明史學』8, 1997 참조.

김유신도 도의를 연마하는 한편 음악과 노래를 즐기며 명산과 대천을 찾
아다녔을 것이다. 이러한 과정에서 김유신의 연인으로 전해지는 天官女
를 만났을 것으로 추정되는데, 이와 관련된 기록은 다음과 같다.

> E. 金庾信은 鷄林 사람으로 이루어 놓은 업적이 혁혁하게 國史에 실려있
> 다. 어렸을 때 어머니가 날마다 엄하게 훈계하여 함부로 사귀어 놀지 못
> 하게 하였다. 하루는 우연히 기생집에서 잤다. 그의 어머니가 보고 꾸짖
> 으며 말하기를 "나는 이미 늙었다. 밤낮으로 네가 성장하여 功名을 세
> 우고 임금과 어버이를 위해서 영예롭게 되기를 바랐는데, 이제 네가 술
> 을 파는 아이들과 어울려 婬房과 술집에서 놀아나느냐?"라 하고 흐느
> 껴 울며 그치지를 않았다. 김유신은 어머니 앞에서 스스로 맹세하기를
> "다시는 그 집 문 앞을 지나가지 않겠다"고 하였다. 하루는 술이 취해
> 집에 돌아오다 말이 전에 다니던 길을 따라서 잘못하여 倡家에 이르렀
> 다. 기생이 기쁨과 원망이 뒤섞여 눈물을 흘리며 나와서 맞이하였지만,
> 公이 이미 깨닫고 탔던 말을 베어 안장을 버리고 돌아왔다. 기생이 怨
> 詞를 한 곡 지었는데, 지금까지 전하고 있다. 東都에 있는 天官寺가
> 바로 그의 집이다 … 天官은 바로 그 기생의 이름이다.[49]

위의 내용은 김유신과 천관녀에 대한 기록이다. 천관녀와 관련된 기록
은 고려시대 李仁老의 『파한집』에 처음으로 기록되어 있으며, 『新增東
國輿地勝覽』과[50] 『東京雜記』에도[51] 비슷한 내용이 수록되어 있다. 위
의 자료들은 김유신과 천관녀의 만남과 이별에 대해서만 기록되었기 때
문에 두 사람이 만난 시기와 그 기간에 대해서는 정확하게 알 수 없지만,
어느 정도는 추정할 수 있다.[52]

---

48) 김상현, 「통일 전야 신라사회의 기풍」 『신라의 사상과 문화』, 一志社, 1999, 175~
    176쪽 ; 이기동, 「김유신 – '至誠'으로 이룩한 삼국통일의 위업 – 」 『한국사시민강좌』
    30, 2002, 14쪽.
49) 『破閑集』 권中, 天官寺.
50) 『新增東國輿地勝覽』 권21, 慶州府 古蹟.
51) 『東京雜記』 권2, 古蹟.

위의 사료 E에 의하면 김유신은 어렸을 때 母인 만명으로부터 엄격한 교육을 받으며 자랐기 때문에 친구들도 함부로 사귀지 못하였고 한다. 이것은 김유신이 母로부터 많은 기대를 받으며 성장하였음을 의미하는 것이다. 이러한 상황에서 김유신은 천관녀를 만났으며, 곧 그녀를 통해서 母로부터 받고 있는 부담스러울 정도의 기대를 벗어나는 돌파구를 발견하였을지도 모르겠다. 이와 같은 면을 고려하면 김유신이 천관녀를 만났던 시기는 그가 화랑이 된 직후였을 것으로 생각된다.[53]

김유신과 천관녀와의 만남은 상당히 오랜 기간 동안에 계속되었던 것 같다. 그것은 김유신의 말이 술에 취한 그를 태운 채 천관녀의 집으로 갔다는 사실을 통해서 어느 정도 알 수 있다. 즉 김유신의 말이 전에 다니던 길을 따라서 자연스럽게 천관녀의 집으로 갔다는 것은 그가 오랜 기간 동안에 천관녀의 집에 드나들었기 때문에 가능하였을 것이다. 그리고 천관녀가 기쁨과 원망이 뒤섞여 눈물을 흘리며 나와서 맞이하였다는 기록도 두 사람의 만남이 오랫동안 계속되었음을 알 수 있게 한다. 왜냐하면 짧은 만남으로는 이러한 상황과 감정이 이루어지기가 어렵다고 보이기 때문이다.

김유신과 천관녀의 만남은 당시 사람들에게 널리 알려졌지만, 이후에도 오랫동안 지속되었을 것이다. 그리고 김유신과 천관녀의 이야기가 김유신의 母에게 알려지게 되면서 결국 두 사람의 만남은 이별로 끝나게

---

52) 김유신과 천관녀의 만난 시기와 기간에 대한 것은 김덕원, 「장군의 첫사랑 ─ 김유신과 천관녀 ─」『신라속의 사랑 사랑속의 신라』- 삼국시대편 - , 경인문화사, 2006, 222~223쪽 참조.

53) 丁仲煥도 김유신이 천관녀를 만난 것은 16세 내지 中嶽으로의 入山 이전이라고 하였다(丁仲煥, 앞의 논문, 1985, 21쪽). 한편 李根直은 김유신이 30세 전후에 천관녀와의 밀월기간을 거쳐 단교로 이어지는 시기를 보냈다고 하였다(李根直, 「慶州 天官寺址 小考」『慶州史學』20, 2001, 81~82쪽).

되었다.54)

여기서 주목되는 것은 천관녀의 신분에 대한 문제이다. 지금까지 천관녀를 妓女로 이해하였으나 최근에는 여인의 이름이 아니라 天運을 살핀 샤먼 성격의 祭官으로 이해하거나55) 또는 神宮의 제사를 맡은 여자로56) 파악하는 견해가 새롭게 제기되었다. 즉 천관녀는 제사를 담당하였던 女司祭, 또는 종교적 직능자라고 재해석함으로써 상당한 설득력을 얻고 있다.57)

필자 역시 천관녀는 기녀가 아니라 무속적인 전통신앙(토착신앙)의 성격을 지닌 종교적인 인물이었으며, 또한 '구귀족세력'이었을 것으로 생각한다. 당시 가야계인 김유신의 가문은 金龍春의 舍輪系와 밀접한 관련을 맺으며 '신귀족세력'으로 성장하고 있었기 때문에 김유신과 천관녀는 정치적으로 서로 다른 입장이었을 것이다. 따라서 이러한 정치적인 이유로 두 사람은 이별을 하게 되었고, 이것이 후대에 천관녀설화로 윤색되었을 것이다.

2) 화랑시절의 수련

천관녀와 이별한 이후에 김유신은 무예 수련에 정진하면서 위기에 처한 나라를 구하는 일에 전념하였던 것으로 보인다. 이것은 곧 母의 뜻을 따르는 것이었고, 또한 천관녀와의 이별의 아픔을 달래는 방법이기도 하

---

54) 김유신과 천관녀의 만남은 대체로 두 사람의 사랑이야기를 중심으로 전해지고 있다. 이러한 경향은 김유신의 서자인 軍勝을 천관녀의 아들로 추정하는 견해(韓國佛敎硏究院, 「天官寺址」『新羅의 廢寺』Ⅰ, 一志社, 1974, 87쪽)로도 나타나고 있다.

55) 李根直, 앞의 논문, 2001, 83쪽 및 88쪽.

56) 鄭求福, 앞의 논문, 2002, 598~600쪽.

57) 이와 관련하여 김유신과 천관녀를 당시의 정치적·종교적 사건과 연결시켜서 파악한 李根直의 견해(李根直, 앞의 논문, 2001, 83~84쪽)는 示唆하는 바가 크다.

였을 것이다. 당시 신라는 고구려와 백제의 침략으로 매우 어려운 상황에 처해 있었다. 김유신은 위기에 처한 나라를 구하기 위해서 깊은 산속에 들어가 수련을 하였는데, 이와 관련된 기록은 다음과 같다.

> F. 眞平王 建福 28년 辛未에 公의 나이 17세였는데, 고구려·백제·말갈이 국경을 침범하는 것을 보고 의분에 넘쳐 침략한 적을 평정할 뜻을 품고 홀로 中嶽의 石崛에 들어가 齋戒하고 하늘에 고하여 맹세하기를 "적국이 무도하여 승냥이와 호랑이처럼 우리 강역을 어지럽게 하니 거의 평안한 해가 없습니다. 저는 한낱 미미한 신하로서 재주와 힘은 헤아리지 않고, 禍亂을 없애고자 하오니 하늘께서는 굽어살피시어 저에게 수단을 빌려주십시오!"라고 하였다. 머문 지 4일이 되는 날에 문득 褐衣를 입은 한 노인이 나타나서 말하기를 "이곳은 독충과 맹수가 많아 무서운 곳인데, 귀하게 생긴 소년이 여기에 와서 혼자 있음은 무엇 때문인가?"라고 하였다. (유신이) 대답하기를 "어른께서는 어디서 오셨습니까? 존함을 알려 주실 수 있습니까?"라고 하니, 노인이 말하기를 "나는 일정하게 머무르는 곳이 없고 인연 따라 가고 머물며, 이름은 難勝이다"라고 하였다. … 공이 눈물을 흘리며 간청하기를 그치지 않고 6～7번이나 하니, 그제야 노인은 "그대는 어린 나이에 삼국을 병합할 마음을 가졌으니 또한 장한 일이 아닌가?"라 하고, 이에 秘法을 가르쳐 주면서 말하기를 "삼가 함부로 전하지 말라! 만약 의롭지 못한 일에 쓴다면 도리어 재앙을 받을 것이다"라고 하였다.58)

위의 내용은 김유신의 중악 석굴에서의 무예 수련에 대한 기록이다. 김유신은 천관녀와 이별한 이후 17세인 611년(진평왕 33)에 신라를 침입하는 고구려·백제·말갈을 평정하려는 뜻을 품고 무예를 수련하기 위해서 中嶽의59) 石崛로 들어갔다. 당시 신라는 백제와 고구려의 계속되는

---

58) 『三國史記』 권41, 列傳1 金庾信 上.

59) 中嶽을 대부분 斷石山으로 비정하고 있다(金庠基, 「花郎과 彌勒信仰에 대하여 -神仙寺遺構의 調査를 기틀로-」 『李弘稙博士回甲紀念韓國史學論叢』, 新丘文化社, 1969 : 『東方史論叢』, 서울大 出版部, 1974, 62～64쪽 ; 黃壽永, 「新羅 神仙寺와 松花房」 『開城』, 1970 : 『黃壽永全集』Ⅰ, 혜안, 1998, 60

침입으로 위기에 처하였다. 600년 이후부터 611년까지 신라는 백제·고
구려와 각각 3차례의 전쟁을 하였는데, 605년에 신라가 백제를 공격한
것을 제외하면 모두 침입을 받았다. 특히 608년(진평왕 30)에는 고구려
가 자주 침입하자 진평왕은 이를 걱정하여 圓光으로 하여금 隋에 군사를
요청하는 「乞師表」를[60] 짓게 하였다.

이러한 시기에 중악의 석굴로 들어간 김유신은 難勝을 만나 方術의
비법을 전수받았다.[61] 난승에 대해서는 신령,[62] 산신,[63] 靈媒者인 샤
먼,[64] 초월적 존재의 환각,[65] 미륵의 사자,[66] 하늘의 대리자,[67] 화랑도의

0~601쪽 ; 鄭永鎬, 「金庾信의 百濟 攻擊路 硏究」『史學志』6, 1972, 31~32
쪽). 그러나 신라 三山의 하나인 穴禮(李丙燾, 『國譯 三國史記』, 乙酉文化社,
1977, 615쪽)로 파악하거나 大邱 八公山(文暻鉉, 「所謂 中嶽石崛에 對하여」
『新羅史硏究』, 慶北大 出版部, 1983, 220~223쪽), 鎭川 장수굴(趙翊鉉, 앞의
논문, 2000, 57~58쪽) 등으로 비정하기도 한다.

60) 『三國史記』 권4, 新羅本紀4, 眞平王 30년. 『三國遺事』에는 「乞兵表」로 기
록되었다(『三國遺事』 권4, 義解5, 圓光西學).

61) 金烈圭는 김유신이 중악의 석굴에서 난승을 만난 것은 그의 武士的 生의 始發
點으로써 '巫的 武士'의 속성을 갖게 되었으며, 제1차적 神秘體驗이라 하였고
(金烈圭, 앞의 논문, 1977, 91~92쪽), 鄭求福은 다른 사람이 따라올 수 없을
정도의 지혜나 신통력이라고 하였다(鄭求福, 앞의 논문, 2002, 598쪽).

62) 三品彰英, 『新羅花郎の硏究』, 三省堂, 1943 : 『三品彰英論文集』 第六卷,
平凡社, 1974, 66~70쪽.

63) 柳東植, 『韓國巫敎의 歷史와 構造』, 延世大 出版部, 1975, 88쪽 ; 趙東一, 「說
話篇」『韓國學基礎資料選集』-古代篇-, 韓國精神文化硏究院, 1987, 944쪽.

64) 李基東, 「新羅花郎徒의 起源에 대한 一考察」『歷史學報』69, 1976 : 『新羅
骨品制社會와 花郎徒』, 一潮閣, 1984, 317~328쪽 ; 崔光植, 「三國史記 所
載 老嫗의 性格」『史叢』25, 1981 : 『한국 고대의 토착신앙과 불교』, 고려대
출판부, 2007, 315~316쪽.

65) 金烈圭, 앞의 논문, 1977, 91쪽.

66) 金煐泰, 「金庾信의 統一意志와 彌勒信仰 - 龍華香徒와 難勝老人을 중심으
로 - 」『韓國佛敎學』14, 1989, 22쪽.

67) 朴大福, 앞의 논문, 2007, 126~128쪽.

승려,[68] 道僧的 존재,[69] 道士[70] 등으로 보거나 또는 '이름은 가당치도 않다'는[71] 뜻으로도 이해하고 있다. 즉 김유신은 초월적 존재인 난승으로부터 방술의 비법을 전수받음으로써 신이한 능력을 획득하였다고 한다.

김유신은 난승에게 방술의 비법을 전수받은 이후에도 무예 수련을 계속한 것으로 보이는데, 이와 관련된 기록은 다음과 같다.

> G. 建福 29년에 이웃 나라의 적병이 점점 닥쳐오자 公은 비장한 마음을 더욱 불러일으켜 혼자서 寶劍을 가지고 咽薄山의 깊은 골짜기 속으로 들어갔다. 향을 피우며 하늘에 고하여 빌기를 中嶽에서 맹세한 것처럼 하고, 이어서 "天官께서는 빛을 드리워 보검에 神靈을 내려 주소서!" 라고 기도하였다. 3일째 되는 밤에 虛星과 角星 두 별의 빛 끝이 환하게 내려오더니 칼이 마치 흔들리는 듯하였다.[72]

위의 내용은 김유신의 열박산에서의 무예 수련에 대한 기록이다. 17세에 중악의 석굴에서 난승으로부터 방술의 비법을 전수받은 김유신은 18세 때에 열박산에 들어가서 다시 무예 수련을 하였다. 그는 天官神에게 자신의 寶劍에 신령을 내려달라고 기원함으로써 虛星과 角星 두 별의 신령한 기운을 받았다. 이렇게 하여 김유신은 중악의 석굴에 이어서 열박산에서도 또 한번의 신이한 능력을 획득하였다고 한다.[73] 따라서 김유신의

---

68) 鄭求福, 앞의 논문, 2002, 597~598쪽.
69) 金鎭英, 「文獻所載 金庾信 說話考」(Ⅰ) 『韓國小說文學의 探究』, 一潮閣, 1982, 255쪽.
70) 김태식, 「月經과 暴巫, 두 키워드로 본 '모략가' 김유신」 『白山學報』 70, 2004, 325쪽.
71) 안영훈, 『김유신전 연구』, 민속원, 2004, 55쪽 주 61) 참조.
72) 『三國史記』 권41, 列傳1 金庾信 上.
73) 金烈圭는 열박산에서 보검에 신령을 받은 것은 제2차적 神秘體驗이었으며, 武將으로서의 入社도 치름으로써 본격적으로 巫俗的 武將이 되었다고 하였다(金

신이한 능력의 획득과정을 통해서 앞으로 그의 활동이 어떠하였을 것인
지 충분히 짐작할 수 있게 한다.

이와 같이 김유신은 무예 수련과정에서 17세에 중악의 석굴에서 난승
에게 방술의 비법을 전수받았고, 18세에는 열박산에서 그의 보검에 허성
과 각성의 신령을 받았다고 한다. 이러한 과정을 거친 이후 김유신은 신
라를 침입하는 고구려와 백제를 평정하기 위해서 준비하였는데, 이와 관
련된 기록은 다음과 같다.

> H. (유신의) 나이 18세가 되는 壬申年에 검술을 닦아 國仙이 되었다. 이
> 때 白石이라는 사람이 있었는데, 어디서 왔는지 알 수는 없었으나 여
> 러 해 동안 낭도들의 무리에 소속되어 있었다. 유신이 고구려와 백제를
> 치려고 밤낮으로 깊이 생각하고 있었는데, 백석이 그 계략을 알고 유신
> 에게 말하기를 "제가 청컨대 公과 함께 은밀히 저편을 먼저 정탐한 후
> 에 도모하는 것이 어떻겠습니까?"라고 하였다. 유신이 기뻐하여 친히
> 백석을 데리고 밤길을 떠나 고개 위에서 막 쉬고 있는데, 두 여자가 나
> 타나 유신을 따라왔다. 骨火川에 이르러 留宿하는데 또 한 여자가 홀
> 연히 나타났다. … 낭자들이 갑자기 신의 모습으로 나타나서 말하기를
> "우리들은 奈林·穴禮·骨火 등 세 곳의 護國神입니다. 지금 적국의
> 사람이 낭을 유인하는 데도 낭은 알지 못하고 따라가므로 우리들은 낭
> 을 만류하려고 여기까지 온 것입니다"라 하고 말을 마치자 자취를 감
> 추었다. … 공은 이에 백석을 처형하고 온갖 음식을 갖추어 三神에게
> 제사지내니, 모두 나타나서 제물을 흠향하였다.[74]

위의 내용은 김유신과 백석에 대한 기록이다. 김유신은 중악의 석굴과
열박산에서 신이한 능력을 획득한 이후에 본격적으로 고구려와 백제를
평정하기 위한 계획을 수립하였다.[75] 그러나 이러한 김유신의 계획은 고
구려의 첩자인 백석에게 누설되었다.[76] 고구려와 백제를 평정하기 위해

烈圭, 앞의 논문, 1977, 92쪽).

74) 『三國遺事』 권1, 紀異1, 金庾信.

75) 김상현, 「신라인의 통일의지」, 앞의 책, 1999, 156~157쪽.

서는 먼저 적국의 내부사정에 대한 정확한 정보가 필요하였다. 따라서
백석은 김유신에게 고구려에 가서 직접 그곳의 내부사정을 정탐하자고
유인하였지만, 호국신인 奈林·穴禮·骨火 세 여신의 도움으로 위기에서
벗어날 수 있었다.

이와 같이 김유신이 직접 고구려의 내부사정을 정탐하려고 시도한 사
실은 그가 화랑으로 있었을 때부터 이미 고구려와 백제를 멸망시키고,
삼국통일을 이룩하려는 의지를 가지고 있었음을 의미하는 것이다.

여기에서 주목되는 것은 김유신이 고구려를 정탐하고자 시도하였던
구체적인 시기와 목적이다. 위의 사료 H에 의하면 이 사건은 김유신이
18세 때인 612년(진평왕 34)에 일어났던 것으로 기록되어 있다. 612년은
隋 煬帝가 113만 대군을 이끌고 고구려를 침입하였던 해이다. 고구려로
서는 국운이 걸린 위급한 상황이었기 때문에 국력을 총동원하여 수의 대
군을 맞아 싸울 수밖에 없었다. 김유신은 바로 이러한 고구려의 내부사
정을 정탐하려고 시도하였던 것으로 생각된다. 즉 김유신은 612년에 수
의 대군의 침입으로 위기상황에 처한 고구려의 내부사정을 직접 정탐하
려고 시도하였을 것으로 생각된다.

이와 같이 김유신의 화랑시절의 활동을 정리하면 다음과 같이 이해할
수 있다. 김유신은 15세에 화랑이 되었으며, 16세 때에 천관녀와 만났지
만, 정치적인 이유로 이별하였다. 17세 때에 중악의 석굴에서 난승을 만
나 방술의 비법을 전수받고, 또 18세 때에는 다시 열박산에서 보검에 신
령을 받았다는 설화를 통해서 화랑으로서 수련하였음을 알 수 있다. 이

---

76) 김유신의 고구려와 백제를 평정하기 위한 계획은 비밀스럽게 이루어졌을 것이
다. 그러나 이러한 계획이 고구려의 첩자인 백석에게 누설되었고, 또 그가 김유
신을 고구려로 유인하려던 사실에서 당시 삼국 간에 치열한 첩보전이 전개되었
음을 확인할 수 있다. 김유신의 첩자와 첩보에 대한 연구는 김영수, 「김유신의
첩자활용과 첩보술에 관한 일연구」『軍史』 62, 2007 참조.

러한 수련과정을 거친 이후에 수의 대군의 침입을 받아 혼란과 위기를 맞은 고구려의 내부사정을 직접 파악하기 위해서 백석과 함께 정탐을 시도하였다.

지금까지 살펴본 바와 같이 화랑시절의 김유신에 대한 기록은 신이한 내용의 설화들로 이루어졌다. 이러한 설화들은 비록 후대에 김유신의 활동을 과장하기 위해서 윤색한 것이지만, 이후 그가 어떤 활동을 전개할 것인지를 보여주는 것이기도 하다. 이러한 의미에서 화랑시절의 기록은 그의 신이한 설화들의 결정판이라고 할 수 있다.

3) 화랑시절 이후의 활동

화랑시절 이후의 김유신에 대한 활동은 기록에 전해지지 않다가 35세인 629년(진평왕 51)에 고구려의 娘臂城 전투에 참전할 때 다시 나타나기 시작한다. 이러한 사실로 김유신은 낭비성 전투에 참전하기 전까지는 뚜렷한 활동을 하지 못하였다고 이해하기도 한다.[77] 그러나 김유신이 낭비성 전투에 참전하는 629년까지 약 17년 동안에 그가 아무런 활동을 하지 않았다고는 생각할 수 없다.

김유신이 화랑으로서의 수련을 끝마쳤을 것으로 추정되는 613년(진평왕 35)부터 낭비성 전투에 참전하는 629년까지 신라는 백제와 7차례의 전쟁을 하였는데, 618년을 제외하면 모두 침입을 받았다. 특히 627년에는 백제가 대군을 일으켜 신라를 공격하려고 하자 진평왕은 唐에 사신을 파견하여 위급함을 알리고 도움을 청할 정도였다. 그리고 고구려와는 직접적인 전쟁의 기록은 없지만, 당에 사신을 파견하여 고구려가 자주 침입한다고 호소하였고, 당은 고구려에 사신을 파견하여 화친을 유도하였다.

---

77) 朴淳敎, 앞의 논문, 1999, 71쪽.

이와 같이 신라가 백제와 고구려의 침입을 받고 있던 상황에서 적국을 평정하려는 뜻을 가진 김유신으로서는 어떠한 방법으로도 활동하였을 것으로 추정된다. 화랑으로서의 수련을 끝마친 이후에, 더욱이 중악의 석굴과 열박산에서 신이한 능력을 획득하였다는 설화까지 전해지는 김유신이 아무런 활동을 하지 않았다면, 이것은 斯多含이나 官昌 등 다른 화랑들의 활동과 비교할 때 이해하기 어렵다. 따라서 김유신은 화랑으로서의 수련을 끝마친 이후에도 활발한 활동을 하였을 것으로 생각된다.

김유신이 활동을 하였음에도 불구하고 기록에 나타나지 않았던 이유는 수련과정에서 알 수 있듯이 그에 대한 기록은 신이하고 과장된 내용이 많았기 때문으로 생각된다. 김유신에 대한 기록은 玄孫인 金長淸이 그의 『行錄』10권을 지었는데,[78] 여기에는 낭비성 전투 이전에 김유신의 활동에 대해서도 기록되어 있었을 것으로 추정된다. 그런데 이 내용은 金富軾이 '頗多釀辭 故刪落之'라고[79] 하였듯이 대부분이 신이하고 과장된 내용으로 이루어졌기 때문에 기록으로 남기기에는 적절하지 못하였을 것이다. 그러므로 김부식은 『삼국사기』에 김유신의 열전을 수록하면서 유교적 합리주의에 입각하여 신이하고 과장된 내용은 삭제하였고,[80] 따라서 그가 아무런 활동을 하지 않았던 것처럼 그의 기록에 공백이 생기게 되었을 것이다.[81]

이와 같이 화랑으로서의 수련을 끝마쳤을 것으로 추정되는 613년부터

---

78) 李基白, 「金大問과 金長淸」『韓國史市民講座』1, 一潮閣, 1987 :『韓國史像의 再構成』, 一潮閣, 1991.

79) 『三國史記』권43, 列傳3 金庾信 下.

80) 『행록』의 내용이 '頗多釀辭'하기 때문에 '故刪落之'하였던『삼국사기』김유신 열전에도 그의 출생과 화랑시절의 수련과정에 대한 기록들이 남아있다. 이러한 사실을 통해서 『행록』의 내용이 얼마나 신이하고 과장되었는지 미루어 짐작할 수 있다(李基白, 앞의 논문, 1987 : 앞의 책, 1991, 239쪽).

81) 金德原, 앞의 논문, 2003 : 앞의 책, 2007, 115~116쪽.

낭비성 전투에 참전하는 629년까지 약 17년 동안의 김유신에 대한 기록은
전하지 않는다. 그러나 김유신은 중악의 석굴과 열박산에서 신이한 능력을
획득하였다는 설화를 바탕으로 활발한 활동을 수행하였을 것으로 추정된
다. 다만 그에 대한 기록은 후대에 신이하고 과장된 내용으로 윤색된 것이
많았기 때문에 이후 전해지지 못하였을 뿐이다.[82] 김유신은 이러한 경험
을 바탕으로 낭비성 전투에 참전하여 큰 활약을 하였고, 이후 군사적인 면
을 대표하는 인물로 활동하면서 신라의 통일전쟁을 주도하였다.

4. 金春秋와 文姬의 혼인

김유신을 이야기할 때 같이 언급하는 것은 金春秋(602∼661)와의 관
계에 대한 문제이다. 김춘추는 '政亂荒婬'으로 폐위된 眞智王의 손자이
며, 內省私臣인 金龍春의 아들이다. 이러한 김유신과 김춘추는 개인적으
로는 중복된 혼인을 통해서 혈연적인 관계를 지속적으로 발전시켰고, 정
치적으로는 평생 뜻을 같이 하는 동지로써 삼국통일을 이룩하는데 중요

---

82) 김유신의 생애에서 그의 기록이 큰 공백을 보이는 것은 3시기이다. 첫 번째 시
기는 김유신이 출생한 595년부터 이후 花郎이 되는 609년까지의 15년 동안이
며, 두 번째 시기는 화랑의 수련을 끝마친 613년부터 金春秋와 文姬가 혼인하
는 625년까지의 12년 동안이다. 마지막 세 번째 시기는 娘臂城 전투 이후의
630년부터 大耶城이 함락되는 642년까지의 12년 동안이다. 그런데 이 기간은
공교롭게도 김유신의 神異한 활동을 수행하였던 직후라는 사실이 주목된다. 즉
첫 번째 시기는 비범한 인물의 탄생을 예고하며 태어난 김유신이 어려서부터 남
다른 모습을 보였을 것으로 추정되고, 두 번째 시기도 신이한 능력을 획득하였
다는 설화를 바탕으로 군사적으로 활발한 활동을 하였을 것으로 추정되는데, 이에
대한 아무런 기록이 전해지지 않는다. 세 번째 시기 역시 마찬가지이다. 따라서 김
유신의 기록에 공백이 보이는 것은 그가 활동을 하였지만, 이에 대한 기록은 후대
에 신이하고 과장된 내용으로 윤색되었기 때문에 누락되었을 것으로 생각된다.

한 역할을 수행하였다.

김유신은 김춘추보다 8세 연상이었다. 두 사람의 관계는 이미 그들의 先代부터 지속적으로 교류하였기 때문에 비교적 일찍부터 이루어졌을 것이다. 즉 김춘추의 할아버지인 舍輪이 진지왕으로 즉위할 때 김유신의 할아버지인 김무력의 군사적인 도움이 있었을 것으로 추정된다.[83] 또한 김유신의 아버지인 김서현과 김춘추의 아버지인 김용춘은 629년에 있었던 고구려의 낭비성 전투에 같이 참전하였으며, 이때 두 사람은 김춘추와 文姬의 혼인으로 이미 사돈지간이었다. 따라서 김유신과 김춘추의 만남은 대를 이은 가문의 영향 속에서 일찍부터 이루어졌던 것으로 이해할 수 있다.

김유신과 김춘추의 만남이 일찍부터 있었을 것이라는 사실은 다음의 기록을 통해서도 확인할 수 있다.

> I-1. … 며칠 뒤에 庾信이 春秋公과 蹴鞠을 하다가 그만 춘추의 옷고름을 밟아 떼었다. 유신이 말하기를 "우리 집이 다행히 가까이 있으니 청컨대 가서 옷고름을 답시다"라 하고 함께 집으로 갔다. 술상을 차려 놓고 조용히 寶姬를 불러 바늘과 실을 가지고 와서 (옷고름을) 꿰매게 하였다. 그의 언니는 무슨 일이 있어서[有故] 나오지 못하고, 동생이 나와서 꿰매어 주었다. 옅은 화장과 산뜻한 옷차림에 빛나는 어여쁨이 눈부실 정도였다. 춘추가 보고 기뻐하여 혼인을 청하고 예식을 치루었다. 곧 임신하여 아들을 낳으니, 그가 法敏이다.[84]
> 2. … 그런 지 10일 만에 庾信은 春秋公과 더불어 정월 午忌日<위의 射琴匣條에 보였으니 崔致遠의 설이다>에 자기 집 앞에서 공을 차다가<신라 사람은 공차기를 弄珠의 戱라고 한다> 짐짓 춘추의 옷자락을 밟아 옷끈을 떼어버리고 말하기를 "우리 집에 들어가서 꿰맵시다"라고 하니, 춘추공은 그 말을 따랐다. 유신이 阿海(寶

---

83) 선석열, 앞의 논문, 2001, 535~536쪽 ; 金德原, 앞의 논문, 2003 : 앞의 책, 2007, 49~50쪽.
84) 『三國史記』권6, 新羅本紀6, 文武王 즉위년.

姬)에게 꿰매드리라고 하니, 아해가 말하기를 "어찌 사소한 일로써 귀공자에게 가벼이 가까이 할 수 있겠습니까?"라 하고 사양하였다 <古本에는 병으로[因病] 나오지 않았다고 한다>. 이에 阿之(文姬)에게 시켰더니 춘추공이 유신의 뜻을 알고 드디어 관계하여 이로부터는 자주 내왕하였다. 유신이 그의 누이가 아이를 밴 것을 알고 꾸짖어 말하기를 "네가 부모에게 고하지도 않고 아이를 배었으니, 어찌된 일이냐?"라 하고, 이에 온 나라 안에 말을 퍼뜨리고 그 누이를 태워 죽인다고 하였다. 어느 날 善德王이 南山에 놀러 가는 것을 기다려 마당 가운데 장작을 쌓아놓고 불을 지르자 연기가 일어났다. 왕이 바라보고 "무슨 연기냐?"고 물으니, 신하들이 아뢰기를 "아마 유신이 그의 누이를 태워 죽이는 것 같습니다"라고 하였다. 왕이 그 까닭을 물으니, 대답하기를 "그의 누이가 남편도 없이 몰래 임신하였기 때문입니다"라고 하니, 왕이 말하기를 "이것이 누구의 짓이냐?"라고 물었다. 때마침 춘추공이 왕을 모시고 앞에 있다가 안색이 크게 변하였다. 왕이 말하기를 "이것이 너의 짓이구나. 어서 가서 구원하라!"고 하였다. 공이 명을 받고 말을 달려가 왕명을 전하여 죽이지 못하게 하고, 그 후에 공공연히 혼례를 행하였다.[85]

위의 내용은 김춘추와 문희의 혼인에 대한 기록이다. 김춘추와 문희의 혼인은 선덕왕대의 사실로 기록되어 있다. 그러나 「文武王陵碑」를 통해서 김춘추의 장남이자 후에 文武王으로 즉위하는 法敏이 626년(진평왕 48)에 출생하였음을 확인할 수 있다.[86] 따라서 김춘추와 문희가 혼인한 것은 적어도 김유신이 31세가 되는 625년(진평왕 47) 무렵으로 추정할 수 있다.[87] 이러한 사실은 김춘추와 문희가 혼인하기 이전부터 이미 김유신과 김춘추는 친밀한 관계였던 것으로 생각할 수 있으며, 이것은 두 가문의 밀접한 관계를 통해서도 확인할 수 있을 것이다.[88] 그리고 김춘

---

85) 『三國遺事』 권1, 紀異1 太宗春秋公.
86) 韓國古代社會研究所 編, 앞의 책, 1992, 130쪽.
87) 주 2) 참조.
88) 朴淳敎는 당시 김유신과 김춘추의 집안 사이에 결합을 이룰 만큼의 긴밀한 교류가 없었고, 김춘추와 문희의 혼인은 사실상의 '野合'이라고 하였다(朴淳敎,

추와 문희가 혼인함으로써 이제 두 사람은 혈연적인 관계로 발전하였다.

최근에 김춘추와 문희의 혼인설화에 대한 새로운 견해가 제기되어 주목된다. 김유신은 처음에 김춘추와 혼인할 상대로 寶姬를 생각하고 있었지만,[89] 결과적으로 동생인 문희가 혼인하였다. 문희가 보희를 대신하였던 이유를 『삼국사기』는 '有故'로 『삼국유사』의 細註에 인용된 古本에는 '因病'이라고 하였다. 즉 보희는 이때 '무슨 일이 있어서[有故]' 또는 '병으로 인하여[因病]' 나오지 못하였는데, 그 이유는 보희의 '月經' 때문이었다는 것이다.[90] 보희가 이때 월경 중이고, 뒤늦게 그 사실을 알게 된 김유신은 문희를 대신 선택하였다는 것인데, 타당한 견해라고 생각된다. 『高麗史』에도 作帝建의 탄생설화와 관련하여 이와 같은 내용이 기록되어 있다. 唐의 肅宗이 황제가 되기 전에 寶育의 집에 머물면서 찢어진 옷을 꿰매기 위해 큰딸이 방으로 들어가다가 문지방을 넘자마자 '코피[鼻衄]'가 터져서 되돌아 나오고 대신 동생인 辰義가 들어갔다.[91] 『고려사』에는 '코피'라고 하여 『삼국사기』와 『삼국유사』보다 좀더 구체적으로 표현하고 있는데, '코피'는 '월경'을 은유적으로 표현한 것이다.[92]

또한 김유신이 문희를 태워 죽이려고 하였던 것도 暴巫(曝巫)와 관련된 것으로 새롭게 해석하였다. 폭무는 祈雨祭의 일종으로 극심한 가뭄일 때 뙤약볕에 巫堂을 노출시키는 것인데, 이것은 神에 대한 애걸과 협박이라고 한다. 즉 김유신이 문희를 태워 죽이려고 하였던 것은 비를 내려

앞의 논문, 1999, 62～63쪽).
89) 김유신은 자신의 동생과 김춘추를 혼인시키기 위하여 일부러 김춘추의 옷을 밟았고, 김춘추도 이러한 김유신의 뜻을 알고 문희와 관계를 맺었다. 이것은 사료 I-2의 '公知庾信之意 遂幸之'라는 기록을 통해서 확인할 수 있다.
90) 김태식, 앞의 논문, 2004, 304～305쪽.
91) 『高麗史』 高麗世系.
92) 김태식, 앞의 논문, 2004, 303～304쪽.

달라고 신을 협박하는 무당처럼 혼인을 미루는 김춘추에게 여동생의 죽음
과 혼인 중에서 양자택일을 강요하는 '최후통첩'의 성격이라고 하였다.[93]

이와 같이 김유신과 김춘추 가문의 관계는 할아버지인 김무력과 진지
왕을 시작으로 아버지인 김서현과 김용춘으로 이어졌으며, 대를 이은 가
문의 영향 속에서 김유신과 김춘추의 만남도 비교적 일찍부터 이루어졌
을 것이다. 두 가문은 김춘추와 문희가 혼인함으로써 혈연관계로 발전하
며 결속을 더욱 공고히 하였고, 김유신과 김춘추는 이후 군사와 외교를
담당하며 삼국통일을 이룩하여 새롭게 중대 무열왕권을 개창하였다.

5. 娘臂城 전투의 참전

김춘추와 문희의 혼인 이후에 김유신이 기록에 다시 등장하는 것은
629년(진평왕 51) 고구려의 娘臂城 전투에 참전한 것인데, 이와 관련된
기록은 다음과 같다.

> J-1. 가을 8월에 왕이 大將軍 龍春과 舒玄, 副將軍 庾信을 보내어 고
> 구려의 娘臂城을 침공하였다. 고구려인이 성을 나와 진을 벌려서
> 치니, 軍勢가 매우 성하여 우리 군사가 그것을 바라보고 두려워서
> 싸울 마음이 전혀 없었다. (이때) 유신이 말하기를 "내가 듣건대 '옷
> 깃을 잡고 흔들면 가죽옷이 바로 펴지고 벼리를 끌어당기면 그물이
> 펼쳐진다'고 하였는데, 내가 벼리와 옷깃이 되어야겠다"라고 하였
> 다. 이에 말을 타고 칼을 빼들고 적진으로 향하여 곧바로 나아가 세
> 번 들어가고 세 번 나옴에 매번 들어갈 때마다 장수의 목을 베고 혹
> 은 깃발을 뽑았다. 여러 군사들이 승세를 타고 북을 치며 진격하여
> 5천여 명을 목베어 죽이니, 그 성이 이에 항복하였다.[94]

93) 김태식, 앞의 논문, 2004, 317쪽 및 325쪽.
94) 『三國史記』 권4, 新羅本紀4 眞平王 51년 가을 8월.

2. 建福 46년 己丑 가을 8월에 왕이 伊湌 任永里, 波珍湌 龍春·白龍, 蘇判 大因·舒玄 등을 보내어 군사를 거느리고 고구려의 娘臂城을 공격하게 하였다. 고구려인이 군사를 출동시켜 이를 맞아 치니, 우리 편이 불리하여 죽은 자가 많고, 뭇 사람들의 마음이 꺾여 다시 싸울 마음이 없었다. 유신이 그때 中幢 幢主였는데, 아버지 앞에 나아가 투구를 벗고 고하기를 "우리 군사가 패하였습니다. 제가 평생 충효스럽게 살겠다고 기약하였으니, 전쟁에 임하여 용기를 내지 않을 수 없습니다. 듣건대 '옷깃을 들면 가죽옷이 펴지고, 벼리를 당기면 그물이 펼쳐진다'고 하니, 제가 그 벼리와 옷깃이 되겠습니다"라고 하였다. 이에 말을 타고 칼을 빼어 들어 참호를 뛰어넘어 적진에 들락날락하면서 장군의 머리를 베어 들고 돌아왔다. 우리 군사들이 보고, 이기는 기세를 타서 맹렬히 공격하여 5천여 명을 목베고 1천 명을 사로잡으니, 성 안의 사람들이 두려워하여 감히 항거하지 못하고 모두 나와 항복하였다.95)

위의 기록은 김유신의 낭비성 전투에 참전한 내용이다. 김유신은 35세 때인 629년에 고구려의 낭비성 전투에 아버지인 김서현과 김춘추의 아버지인 김용춘을 따라서 참전하였다. 낭비성 전투는 舍輪系와 加耶系의 정치적인 결합을 상징적으로 보여주는 것이다. 그리고 이 전투에서 승리함으로써 두 가문은 군사적으로 확고한 입지를 다지게 되었고, 이후 새로운 시대의 기반을 마련하는 계기가 되었다.96)

여기에서 주목되는 것은 낭비성 전투는 김유신이 화랑의 수련을 끝마치고 처음으로 참전한 기록이라는 사실이다. 18세에 화랑의 수련을 끝마치고 35세에 처음으로 참전한 전투에서 김유신은 副將軍, 또는 中幢 幢主로 기록되어 있다. 이미 앞에서 김유신은 화랑의 수련을 끝마친 이후에 중악의 석굴과 열박산에서 획득한 신이한 능력을 바탕으로 활발한 활동을 수행하였을 것으로 추정하였다. 따라서 김유신이 부장군 또는 중당

---

95) 『三國史記』 권41, 列傳1, 金庾信 上.
96) 金德原, 앞의 논문, 2003 : 앞의 책, 2007, 138쪽.

당주로 기록된 것은 그가 낭비성 전투 이전에도 활동하였음을 보여주는 또 하나의 방증이라고 할 수 있다.

낭비성 전투는 진평왕대의 김유신에 대한 마지막 기록이다. 김유신에 대한 기록은 약 13년의 공백을 보이다가 642년(선덕왕 11)에 백제의 침입으로 大耶城이 함락된 이후에 김춘추와 함께 다시 등장하고 있다. 그러나 비록 기록에는 없지만, 김유신은 631년(진평왕 53)에 일어난 柒宿과 石品의 모반사건을 진압할 때에도 활동하였을 것으로 보인다. 칠숙과 석품의 모반사건은 왕위계승 문제와 관련하여 당시 신·구귀족세력 사이의 갈등에서 비롯되었는데, 이 모반사건은 김서현과 김용춘으로 대표되는 신귀족세력이 진압한 것으로 추정된다.[97] 이 과정에서 김유신은 아버지인 김서현을 도와서 군사적으로 활동하였을 것으로 생각된다.

6. 맺음말

지금까지 眞平王代 金庾信의 활동에 대하여 살펴보았다. 이것을 정리하는 것으로 맺음말을 대신하고자 한다.

김유신(595~673)은 眞平王代부터 文武王代까지 5대에 걸쳐서 활동하였다. 그의 생애는 『三國史記』와 『三國遺事』에 기록된 그의 연령과 활동을 통해서 살펴보면 진평왕대를 기준으로 뚜렷한 차이를 보이고 있다. 즉 진평왕이 죽은 632년(진평왕 54)은 김유신이 38세가 되는 해로써 그의 생애에서 절반에 해당된다. 따라서 김유신의 활동은 진평왕대를 기준으로 크게 두 시기로 구분할 수 있다. 그리고 이 기간은 김유신의 생애

---

97) 金德原, 앞의 논문, 2003 : 앞의 책, 2007, 140쪽.

에서 출생과 성장, 그리고 화랑으로서의 활동과 그 이후의 활동 등 크게 3시기로 구분할 수 있다.

진평왕대 김유신에 대한 기록의 대부분은 이후 그의 활동을 이해할 수 있는 신이한 내용의 설화들로 이루어졌다. 먼저 김유신의 유년시절의 성장과정에 대한 기록은 그의 가계와 신이한 출생과 관련된 내용들이며, 성장과정에 대한 기록은 전하지 않는다. 화랑시절의 기록은 화랑이 되어 天官女와의 만남에 대한 것과 이후 中嶽의 石崛과 咽薄山에서 수련하는 내용, 또 白石과 고구려 정탐을 시도한 내용으로 이루어졌다. 그리고 화랑시절 이후의 기록은 金春秋와 文姬의 혼인과 관련된 설화와 고구려의 娘臂城 전투에 참전한 내용으로 구성되었다.

이와 같이 진평왕대 김유신에 대한 기록은 비록 몇 가지에 불과하지만, 이후 그의 활동이 어떠하였을지 짐작할 수 있게 한다. 따라서 이 시기는 김유신이 본격적인 활동을 하기 위한 준비기간이었다. 특히 삼국통일 과정에서의 김유신의 군사적인 활동은 진평왕대의 활동을 토대로 하였기 때문에 가능하였다.

김유신은 금관가야 왕족의 후손으로 595년(진평왕 17)에 萬弩郡에서 출생하였다. 하지만 이곳에서의 생활은 불과 몇 년에 불과하였고, 경주로 돌아와서 학문과 무예를 연마하여 15세에 화랑이 되었다.

15세에 화랑이 된 김유신은 16세 때에 천관녀와 만났을 것으로 추정된다. 지금까지 천관녀를 妓女로 이해하였으나 무속적인 전통신앙(토착신앙)의 성격을 지닌 종교적인 인물이었으며, '구귀족세력'이었을 것으로 추정된다. 따라서 '신귀족세력'인 김유신과 천관녀는 정치적으로 서로 다른 입장이었기 때문에 두 사람은 정치적인 이유로 이별을 하게 되었고, 이것이 후대에 천관녀 설화로 윤색되었을 것이다.

김유신은 천관녀와 이별한 이후에 17세 때에 중악의 석굴에서 난승을 만나 방술의 비법을 전수받고, 또 18세 때에는 다시 咽薄山에서 보검에 신령을 받았다는 설화를 통해서 화랑으로서 수련하였음을 알 수 있다. 이러한 수련과정을 거친 이후에 隋의 대군의 침입을 받아 혼란과 위기를 맞은 고구려의 내부사정을 직접 파악하기 위해서 白石과 함께 정탐을 시도하였다. 그러나 이러한 설화들은 후대에 김유신의 활동을 과장하기 위해서 윤색한 것이다.

김유신은 화랑으로서의 수련을 끝마친 이후에도 화랑시절 수련과정에서의 신이한 설화를 바탕으로 활발한 활동을 수행하였을 것으로 추정된다. 다만 그에 대한 기록은 신이하고 과장된 내용으로 윤색되었기 때문에 전해지지 못하고 누락되었을 것으로 생각된다.

김유신을 이야기할 때 같이 언급하는 것은 김춘추와의 관계에 대한 문제이다. 두 사람의 관계는 이미 그들의 선대부터 지속적으로 교류하였기 때문에 비교적 일찍부터 이루어졌을 것이다. 그리고 대를 이은 가문의 영향 속에서 두 가문은 김춘추와 文姬가 혼인함으로써 혈연관계로 발전하며 결속을 더욱 공고히 하였다.

김유신은 629년(진평왕 51)에 고구려의 娘臂城 전투에 참전하였다. 낭비성 전투는 舍輪系와 加耶系의 정치적인 결합을 상징적으로 보여주는 것이다. 그리고 이 전투에서 승리함으로써 두 가문은 군사적으로 확고한 입지를 다지게 되었고, 이후 중대 무열왕권의 기반을 마련하는 계기가 되었다.

낭비성 전투는 진평왕대의 김유신에 대한 마지막 기록이다. 그러나 비록 기록에는 없지만, 631년(진평왕 53)에 발생하였던 柒宿과 石品의 모반사건을 진압할 때에도 김유신은 아버지인 金舒玄을 도와서 군사적으로 활동하였을 것으로 추정된다.

김유신을 이해하기 위해서 가장 중요한 것 중의 하나는 그의 종교적·

사상적인 문제를 살펴보아야 한다. 김유신은 불교·유교·도교는 물론 무속적인 전통신앙(토착신앙)과도 밀접하게 관련되어 있다. 따라서 김유신의 생애와 활동을 이러한 종교적·사상적인 문제와 연결시켜서 연구를 진행한다면, 그에 대해서 보다 정확한 이해가 가능할 것이다. 이러한 문제는 앞으로의 과제로 삼고자 한다.

方士로서의 김유신
- 도교교단으로서의 화랑 탐구를 겸하여 -

김 태 식*

1. 문제의 제기

金庾信(595~673)은 79세에 달하는 그의 긴 생애에서 신비적 행적이 두드러지게 부각돼 있다. 그의 행적을 집약한 『三國史記』 열전은 神秘의 응축으로 태어난 그가 다시금 그 신비가 사라짐과 더불어 세상을 떠난 것으로 그려진다. 각종 道術을 부리는 그의 이런 행적은 특히 武將이자 兵略家로서의 김유신과 중첩되어 戰場마다 승리를 구가한 것처럼 묘사되기도 한다.

종교적 신이성과 신비성으로 점철된 그의 '方士' 행보는 문무왕 13년(673) 음력 7월 1일에 마침내 막을 내린다. 그의 죽음을 전하는 『삼국사기』 그의 열전에 의하면, 김유신은 자신이 죽을 것임을 미리 알았다 했으며, 그런 기미를 '陰兵'이 그 자신의 몸을 떠남을 보고서 알았다고 했다. 그렇다면 그가 생전에 거느렸다는 음병은 무엇이며, 그것의 해명이 어떤 의미를 지니는가?

* 연합뉴스 문화부 학술전문기자

그런 탐구에 앞서 이 자리서 한 가지 확실히 해 둘 점은 제목이 표방하는 방사의 '方'을 이 글에서는 '方術'의 줄임말로써 사용한다. 방술이란 무엇인가? 정통 儒家의 합리주의라는 이름 아래 추방하고자 한 怪力亂神을 구사하는 일체의 術法이라고 하고 싶다. 그러니 이런 능력을 갖춘 사람이 방사가 될 것이지만, 이 자리에서는 종교사상사적인 측면에 주안점을 두되, 도교 교단의 승려인 道士 혹은 道人을 염두에 두고자 한다.[1] 물론 幻術이나 遁甲術, 房中術 따위까지 광범위하게 포괄하는 方術이 道敎神學만의 전매특허는 아니며, 불교 일부에서도 이런 경향이 농후하지만, 그에 입각한 탐구는 그 방면 전문가들에게 맡기기로 한다.

2. 神異의 계보

1) 前生 − 고구려의 卜筮之士

『삼국유사』紀異2, 金庾信조에는 그의 前生이 고구려의 卜筮之士였다는 내용이 보인다. 이곳에서 김유신을 죽이려 고구려에서 파견한 間者 白石이란 사람의 입을 빌려 이르기를, "新羅의 유신은 곧 我國의 복서지사인 楸南"이라 한다.[2] 이어 이야기는 모함으로 억울하게 죽은 추남이 신

---

1) 실상 方士라는 말은 문헌이라는 측면에서는 『史記』 封禪書에 모습을 드러내기 시작하지만, 이에 의하면 그들이 집중 출현한 시기는 전국시대 중기 무렵 燕·齊 일대의 해안이나 해상이다. 이들이 구사한 각종 方術(道術)에 주목해 그들의 무리 혹은 그들이 추구한 흐름을 方仙道라고도 하니, 封禪書가 말하는 方術은 不死를 추구하며, 때로는 遁甲術과 같은 幻術을 구사하고, 陰陽術에도 능통하며 그들 자신이 病者 치료에 뛰어난 醫師이자 藥物 전문가인 藥士라는 사실도 엿볼 수 있다. 그렇기에 이 시대에 方士는 道士라는 말로 치환되기도 한다.
2) "我本高麗人(原註 : 古本云百濟 誤矣 楸南乃高麗之士 又逆行陰陽亦寶藏

라에서 金舒玄과 萬明 부부의 아들로 태어났다고 했다. 이런 일련의 김유신 前生談에서 우선 주목할 것은 전생에서 고구려에 원한을 품고 죽은 고구려의 복서지사 추남이 마침내 신라에서 김유신으로 환생해 그 꿈을 이룩하게 된다는 것이다. 이야말로 김유신이 三韓을 一統하게 되는 元勳 공신이 되었다는 면모를 부각하기 위해 후대에 조작된 설화일 것이 명약관화하지만, 그보다는 김유신의 전생이 복서지사라는 점은 각종 문헌에 남은 김유신 행적에서 특히나 두드러진 방사로서의 면모를 엿보는 데 결정적인 시사를 준다 할 것이다. 복서지사란 복서를 주된 임무로 삼는 전문직 종사자라 할 것이니, 이 복서가 과거에 일어났거나 현재에 일어나고 있는 현상의 조짐을 근거로 미래의 吉凶을 예측함으로써, 결국은 길을 招致하고, 흉(兇)을 驅逐하는 종교적 직능의 일종으로 이런 능력이 방사에게 가장 대표적으로 요구되었음은 두 말이 필요 없다.

요컨대 점복을 통해 미래의 길흉을 예측하는 능력을 갖춘 복서지사가 전생이었다는 말을 '역사적으로 치환'하면 실제의 김유신 또한 그런 능력을 다분히 갖췄던 행적의 인물이었음을 반증하는 증거 중 하나로 봐야 할 것이다.

2) 誕生－七曜와 七星

김유신의 탄생담은 첫째, 『삼국사기』(권41, 열전1)와, 둘째, 『삼국유사』(기이2, 金庾信) 두 가지 계통의 기록으로 정리할 수 있다. 이 두 가지

王事) 我國群臣曰 新羅庾信是我國卜筮之士楸南也(原註 : 古本作春南誤矣) 國界有逆流之水(原註 : 或云雄雌 尤反覆之事) 使其卜之 奏曰 大王夫人逆行陰陽之道 其瑞如此 大王驚怪 而王妃大怒 謂是妖狐之語 告於王 更以他事驗問之 失言則加重刑 乃以一鼠藏於合中 問是何物 其人奏曰 是必鼠 其命有八 乃以謂失言 將加斬罪 其人誓曰 吾死之後 願爲大將必滅高麗矣 卽斬之 剖鼠腹視之 其命有七 於是知前言有中".

기록 사이에는 상이한 점이 없지 않으나, 그런 가운데서도 분리하기 힘
든 공통성이 감지되고 있으니, 이런 相異한 가운데서의 공통점은 아마도
『삼국사기』가 김유신 열전을 수록 정리하면서 버린 소위 '자투리', 즉,
遺事를 『삼국유사』쪽에서 거두어 수록한 데서 비롯된 것이 아닌가 생각
해 본다. 『삼국사기』편찬 총책임자인 김부식이 김유신전(권43, 열전3)
말미에서 지적하고 있듯이 "유신의 玄孫으로 신라 執事郞 長淸이 (유신)
『行錄』10권을 지어 세상에 전해오는데 꾸며 만들어 넣은 말이 자못 많
아 이를 줄이고 그 중에서도 기록할 만한 것을 취하여 傳을 지었다."고
했으니, 이 열전 원본이 된 『행록』이 『삼국유사』의 김유신조를 구성하는
일부로 편입되었는지도 모르겠다. 이에 이 두 가지 계통 기록을 보건대,
먼저 『삼국사기』열전에서 이르기를, 중매없이 野合하여 유신을 임신하
고 萬弩郡 太守로 나간 서현과 그를 따라 사랑의 도피 행각을 벌인 만명
은 유신을 잉태할 즈음에 각기 다음과 같이 胎夢을 꾸었다고 한다.

> 서현이 庚辰의 밤에 熒惑과 鎭의 두 별이 자기에게 내려오는 꿈을 꾸었
> 으며 만명 또한 辛丑의 밤에 한 童子가 金甲을 입고 구름을 타고는 堂中으
> 로 들어오는 꿈을 꾸고는 이내 태기가 있어 20개월 만에 유신을 낳았으니 이
> 때가 眞平王 建福 12年, 隋 文帝 開皇 15年 乙卯다.[3]

더불어 이렇게 태어난 아들 이름을 아버지 서현이 자신이 吉夢, 즉,
훌륭한 아들을 낳을 것임을 예시한 태몽을 꾼 날이 경진임을 주목해, 이
干支로써 이름을 지으려 했으나 "『禮』에서는 日月로써 이름을 삼지 않
는다 했으니 이제 庚은 庾와 글자가 비슷하고 辰은 信과 소리가 비슷한
데다, 더욱이 옛 賢人으로 유신이라 이름한 분이 계신다."[4]는 이유로써

---

3) "舒玄 庚辰之夜 夢熒惑鎭二星降於己 萬明 亦以辛丑之夜 夢見童子衣金甲
   乘雲入堂中 尋而有娠 二十月而生庾信 是眞平王建福十二年 隋文帝開皇十
   五年乙卯也".

마침내 유신이라 아들 이름을 삼았다고 했다. 이 언급이 실로 흥미로울 수밖에 없는 까닭은 경진이 유신으로 변한 데는 許愼이『說文』에서 한자를 만들어 내거나, 운용하는 6가지 방법으로 제시한 것 중 이른바 象形과 形聲의 두 방식이 작명법에 동원되고 있다는 사실이다. 이 중에서도 신과 진은 假借를 형성하기도 한다. 이를 액면 그대로 받아들인다면 김유신이 태어날 무렵 6~7세기 교체기에 신라 문자학의 실상을 엿보게 한다는 점에서 매우 흥미로운 증언이라 할 것이다. 나아가 널리 지적되듯이 그의 이름 유래가 된 유신은 남북조시대 南朝 梁을 무대로 이른바 艶詩 열풍을 일으킨 유신을 지칭할 가능성이 크다. 그렇다면 김유신 출생 연대가 595년임을 고려하고, 513년에 출생한 유신이 사망한 때가 그의 출생 불과 14년 전인 581년, 북주 정제 대정 원년 신축이란 점을 대비할 때,[5] 당시 중국문물의 빠른 전파를 증명한다는 점에서 또 다른 주시 대상이다. 이를 액면 그대로 받아들인다면, 남조 출신 시인 유신의 시집은 이미 김유신 출생 무렵에 신라에 들어와 통용되고 읽혔다고 판단해도 무방할 것이다. '金甲 童子'라는 말은 이런 아이가 나중에 軍人으로 대성할 징조

---

4) "然禮不以日月爲名 今庚與庚字相似 辰與信聲相近 況古之賢人有名庾信".

5) 김민나,『유신시선』, 문이재, 2002.2, 부록 102~104쪽에 정리한 庾信의 행적을 더욱 간략화하면, 庾肩吾 아들인 그는 15세 때인 527년(武帝 大通 원년)에 昭明太子 蕭統을 받들어 東宮講讀을 했으며, 4년 뒤에는 徐陵과 함께 태자 蕭綱의 학사가 되었다. 이 시기에 유견오 – 유신 부자는 徐摛-徐陵 부자와 함께 활동하며 그들의 문체가 徐庾體라 해서 文名을 날렸다. 546년에 東宮學士를 역임했으나, 548년 武帝 太清 2년에 侯景의 난 이 발생하자 아들 둘과 딸 하나를 잃었다. 이듬해 江陵으로 도망했으며 551년에는 아버지를 잃었다. 554년 元帝 承聖 3년에 西魏에 사신으로 갔다가 억류생활을 시작했다가 560년에 北周 明帝 武成 2년에 麟趾學士로 등용되었다가 곧이어 즉위한 武帝에게 총애를 받았다. 580년 북주 정제 대상 2년 庚子에 그를 절친한 趙王 宇文招와 騰王 宇文逌 등이 피살되었으며, 581년에는 隋 문제가 제위를 찬탈하고 얼마 뒤 69세로 사망했다.

를 예견한 것인지 자신은 하지 못하겠으나, 방사로서의 김유신을 생각할 때 주시할 대목은 그가 실은 星辰의 정기를 태어난 것으로 간주되었다는 점이다. 이는 『삼국유사』에서 "七曜의 정기를 타고 났으므로 등에 七星 무늬가 있었다"[6]는 말로 더욱 확실히 부연된다.

칠요에 대해 唐 玄宗 시대 徐堅 등이 奉勅撰한 類書인 『初學記』 권1, 天1에서는 讖緯書 일종인 『纂要』를 인용하여 다음과 같이 일렀다.

> 日月을 일러 兩曜라 하며 五星을 일러 五緯라 한다(原註; 五星이란 東方의 歲, 南方의 熒惑, 西方의 大白, 北方의 辰, 中央의 鎭을 말한다). 日月星을 일러 三辰이라 하고 또 三光이라고도 한다. 일월오성을 일러 칠요라 한다.[7]

이에서 실로 흥미로운 것은 김유신의 長子 이름이 三光이라는 사실이다. 아버지건 아들이건 김유신 – 김삼광 부자는 글자 그대로 별의 정기를 태어난 인물로 상정되었음을 알 수 있다. 이 칠요라는 말은 그 연원을 추적하면 讖緯說의 발명품임을 엿볼 수 있으니,[8] 『春秋』에 대한 緯書 일종인 『春秋佐助期』의 "五車는 五行에 符한다"는 말에 대한 宋均의 註에서 "五行은 五緯다"라고 풀었으므로 오위란 바로 火星(熒惑星)·水星(辰星)·木星(歲星)·金星(太白星)·土星(鎭星)과 같은 말임을 알 수 있다. 칠요는 이 오위, 즉, 오성에다가 일월을 합칭한 것이니, 같은 『춘추』 위서인 『춘추문요구』에 "칠요(七曜)는 文을 내린다"는 문구에서 보인다.

더불어 위 『초학기』 引 『찬요』의 기록을 통해 『삼국사기』가 말한 熒

---

6) "稟精七曜 故背有七星文".
7) "日月謂之兩曜 五星謂之五緯(原註 : 五星者 東方歲 南方熒惑 西方大白 北方辰 中央鎭) 日月星謂之三辰 亦曰三光 日月五星謂之七曜".
8) 이하 五緯 혹은 七曜의 문헌적 사례는 福永光司, 「道敎における鏡と劍」 『道敎思想史研究』, 岩波書店, 1987 제1장으로 수록에 의거한다.

惑과 鎭에 대한 실체 또한 아울러 구명하게 되니, 형혹이란 南方을 관장하는 오위 중 하나로써 바로 火星을 말하며, 鎭星이란 중앙을 관장하는 土星임을 해명하게 된다. 화성, 곧, 형혹이 군사를 상징한다는 사실은 새삼 지적이 필요 없거니와, 이것이 김유신이 군인으로 크게 성공할 것임을 예고하는 것이라는 사실 또한 분명하다. 문제는 『삼국사기』에서 김유신을 만들어내는 데 형혹과 함께 관여한 진성이 도대체 의미를 지니는가에 모아진다. 이에 대해 위에서 인용한 같은 『초학기』 바로 뒤에는 『五星通義』이란 또 다른 佚書를 다음과 같이 인용한다.

> 天神 중에서도 가장 큰 이를 昊天上帝라 한다(原註; 곧 曜魄寶이다. 다른 말로는 天皇大帝라고도 하고 太一이라고도 한다). 그 보좌를 五帝라 한다(原註; 東方은 靑帝 靈威仰이며 南方은 赤帝 赤慓怒이며, 西方은 白帝 白招拒이고, 北方은 黑帝 汁光紀, 中央은 黃帝 含樞紐이다).[9]

이를 볼 때, 천상의 최고신격인 호천상제를 5方에서 보좌하는 신 중에서도 진성은 五帝로써는 중앙을 관장하는 黃帝 含樞紐에 등치됨을 알 수 있다. 나아가 『삼국사기』에서 말한 형혹은 오제로는 남방의 赤帝 赤慓怒로 치환된다. 남방 적제가 그렇듯이 중앙 황제 또한 혁혁한 군사적 위업을 이룩한 제왕으로 간주되나 어떤 경우건 김유신이 형혹과 진성의 두 별의 정기를 타고 났다는 『삼국사기』의 언급은 신라시대 星辰 신앙의 一면모를 중언한다.

그렇다면 七星은 무엇인가? 언뜻 칠성은 北斗七星의 줄임말일 듯하나, 그렇게 간단히 볼 수만은 없다. 『禮記』 月令에 보이는 "季春之月, 月在胃, 昏七星中"이라는 구절에 대한 孫希旦의 『集解』에는 "칠성은 南方

---

9) "天神之大者 曰 昊天上帝(原註 : 卽曜魄寶也 亦曰 天皇大帝 亦曰 太一)". "其佐曰 五帝(原註 : 東方 靑帝靈威仰 南方 赤帝赤慓怒 西方 白帝白招拒 北方 黑帝 光紀 中央 黃帝含樞紐)".

朱鳥의 第四宿이다"(七星, 南方朱鳥之第四宿)고 해서 28宿 중 하나를 지칭한다. 물론 晉 常璩의『華陽國志』중 蜀志에 보이는 언급, "장로들이 전하기를 李氷이 7橋를 만들었으니 위로는 칠성에 대응한 것이다"(長老傳言, 李冰造七橋, 上應七星)는 말에 보이는 칠성은 분명 북두칠성을 의미한다.

그런데『삼국유사』기록에서 주의할 것은 "稟精七曜"한 까닭에[故]에 "背有七星文"했다는 대목이다. 이 경우 七星文이 반드시 北斗七星과 동일하다고 간주하기는 힘드나, 그것과의 연관성을 떨치기도 힘들다. 설혹 칠성이 다른 의미가 있다고 해도, 북두칠성과 그다지 동떨어지지는 않았을 것이라고 간주해도 좋을 것이다. 이에 북두칠성이 갖는 의미가 무엇인지를 짚을 순서가 되었다.

天上을 장식하는 별 중에서도 北斗七星은 北極星과 더불어 가장 중요한 지위를 점하는 것으로 간주되고, 天極, 즉, 하늘의 中心이란 북극성보다 더욱 중시된 흔적들을 감지할 수 있으니,『史記』天官書 이래 각종 天文書에 의하면, 북두칠성은 매우 비중 있게 언급되고 있다. 7별 중에서도 方形을 이루는 네 별은 총칭하여 魁라 하며, 자루 부분 三星은 杓 혹은 標라 부른다. 다만,『사기』천관서에는 각 별의 이름은 보이지 않는다. 그러다가 前漢 말기 이후 後漢에 이르러 각종 경전을 신비적·예언적으로 해석하는 讖緯思想이 일대 유행하고 그에 따라 성진 숭배 사상 또한 신비화하면서 칠성에는 각기 이름이 부여되어, 春秋緯 일종인『運斗樞』에서는 天樞·璿·璣·權·玉衡·開(閏)陽·搖光이라는 이름을 각기 부여한다.[10]

그렇지만 시간이 지날수록 北斗七星은 北極星의 영역을 침범하는 양

---

10) 麥穀邦夫,『道敎與日本古代的北辰北斗信仰』, 인터넷판(http://www.daoism.cn/up/zjxyj/2000/3/art7.htm).

상을 보이기 시작한다. 심지어 北極星과 北斗七星이 혼용되는 양상도 보이는데, 이는 아마도 일반인이면 좀처럼 그 존재를 알아차리기 힘든 북극성에 견주어,[11] 북두칠성은 북반구에서는 어느 때나 쉽사리 감지할 수 있는 별자리인 데서 기인할 것이다.[12] 이에서 비롯되어 북극성과 북두칠성은 자주 混涉 혹은 混同되는 모습을 연출하고 있으니, 『正統道藏』洞神部에 『五斗經』이라는 이름으로 합칭되어 수록된 다섯 가지 경전에는 이런 면모가 잘 드러난다. 이들 5개 경전이란 『太上玄靈北斗本命延生眞經』·『太上說南斗六司延壽度人妙經』·『太上說東斗主算護命妙經』·『太上說西斗記名護身妙經』·『太上說中斗大魁保命妙經』을 말한다. 여기서 오두란 바로 北斗·南斗·東斗·西斗·中斗를 지칭하니, 이들 『오두경』은 각각 이들 오두에 대한 신앙, 나아가 넓게는 五方星斗의 성신신앙과 관련된다.

그런데 이들 『五斗經』에 대해 그 기원이 經文 자체에서 모두 太上老君이 後漢 桓帝 永壽 초년에 친히 蜀 지방에 강림하여 張陵에게 전수한 말씀이라고 한다.[13] 순서는 『北斗經』이 첫머리에 있고, 그 이유에 대해 『태상현령북두본명연생진경』에서는 "북두가 모습을 드리우면 뭇별이 이

---

11) 성리학 대성자로 일컫는 주희는 "北辰에는 별이 없다. 사람들이 이를 極으로 삼기를 원했고 (그것을) 인식할 수 있는 어떤 것이 없어서는 안 되었기에 근처 작은 별 하나를 골라 極星이라 일컫는 것이다(北辰無星 緣是 人要取此爲極 不可無箇記認 故就其傍取一小星 謂之極星)"라고 했다. 『朱子語類』 권23, 論語5 爲政篇 上. 이는 실제의 북극성이 갖는 한계를 명확히 지적한 말이다.

12) 이는 한국학중앙연구원 김일권 교수의 교시에 의한다. 그에 의하면 천문학상에서 북극성과 북두칠성은 다르지만 문화사적으로는 하늘의 중심이라는 의미에서 혼용되기도 한다고 했다. 필자 또한 이에 전적으로 찬동한다.

13) 하지만 이들 경전에 출현해 유행하기 시작한 것은 宋代라는 견해가 지배적이다. 따라서 김유신 활동연대보다 시대적으로 뒤쳐지긴 하지만, 도교신학의 북두칠성 신앙 행태를 엿볼 수 있고, 그 연원을 짐작할 수 있다는 점에서 주목해도 좋다.

를 에워싸니 조화의 시초가 되며, 인간과 신들의 주재자가 되어 삼계에 위엄을 떨치고 모든 신령을 통제하며 인간계의 선악의 결과를 판별하며 음부의 시비의 세목을 관장하니, 오행이 함께 품수받고 칠정이 과를 같이 하여, 죽은 것을 돌려 살려내는 권한이 있고 재액을 소멸하고 구제하는 능력을 지녔다"[14]고 한다. 그러면서 이르기를 "하늘의 하나[一]가 수를 낳으니 북방에서 생겨나며, 따라서 … 북두의 별은 七元의 우두머리로 나열된다. … 이 때문에 북두는 삶과 죽음을 관장하며 만물을 기르고 사람을 구제하는 都會가 된다"[15]고 했다. 이에서 말하는 북두칠성은 실상 종래에는 북극성이 太一 혹은 호천상제 등의 이름으로 차지한 위상을 지니는 것이다. 이는 결국 북두칠성이 천상의 중앙이란 지위를 점한 것은 물론, 그렇기에 生命까지 주관하는 위치로 격상한 것을 의미한다. 요즘도 한국사회에서 죽은 이를 매장할 때 七星板을 묻어두는 풍습이 남아있는데, 이는 생명의 다른 표현인 죽음을 북두칠성이 관장한다는 믿음에서 비롯된 것이다. 『晉書』天文志 자체, 나아가 그에 인용된 『石氏星經』이라든가, 『續漢書』 등지에서 이처럼 북두칠성은 죽음을 주관하는 星神으로 그려지니,[16] 죽음을 주관한다는 말은 곧 생명을 주관한다는 발

---

14) "北斗垂象 而衆星拱之 爲造化之樞機 作人神之主宰 宣威三界 統御萬靈 判人間善惡之期 司陰府是非之目 五行共稟 七政同科 有回死注生之功 有消滅度厄之力".

15) "天一生水 生自北方 故 … 北辰之宿 列爲七元之首 … 是以北斗司生司殺 養物濟人之都會也".

16) 麥穀邦夫, 『道敎與日本古代的北辰北斗信仰』, 인터넷판(http://www.daoism.cn/up/zjxyj/2000/3/art7.htm). 『晉書』天文志에 『石氏星經』을 인용해 북두칠성을 설명한 구절 앞뒤는 다음과 같다. "北斗七星是北天排列成斗形的七顆亮星 亦稱杓星犁星斧頭星". 『石氏星經』 稱 : "第一星爲天樞二爲璇三爲璣四爲權五爲玉衡六爲開陽七爲搖光" 『史記』天宮書稱 : "北斗是帝車之象 天樞是七星的樞 天璇掌旋轉 又叫天璿 是美玉的意思 天機是變動機鈞 又叫天璣 是耀珠的意思 天權掌權衡 玉衡是衡平輕重 開陽是開陽氣 搖光是搖光芒的意思".

상과 같다.

아무튼 『삼국사기』와 『삼국유사』 모두 김유신이 성신의 정기를 받고 났음을 선전한다는 점에서는 이론이 있을 수 없다. 이는 그의 전생이 복서지사였다는 사실과 관련해 일맥으로 상통하는 것이다.

3) 성장―入山石窟 修道와 神人, 秘訣, 그리고 寶劍과 天官

『삼국사기』 열전에 의하면, 김유신의 入山修道 행각은 10대 중후반에 집중되어 있다. 반면 『삼국유사』의 경우에는 김유신조에서 "나이 18세가 된 壬申(612)에 검술을 닦고 터득하여 國仙이 되었다"[17]는 단 한마디로 말로써 모든 것을 설명하는 한편, 이 무렵 그의 신이한 능력 중 하나로 앞서 말한 고구려에서 그를 죽이려 파견한 間者 白石을 잡아 죽였다는 일화 하나를 거론할 뿐이다.

이에 『삼국사기』 열전을 따라가 보면, 김유신은 성장하여 15세에 花郎이 되어 龍華香徒라 일컫는 무리를 이끌었다 하며,[18] 2년 뒤인 眞平王 建福 28년 辛未에는 17세에 "고구려·백제·말갈이 (신라) 국경을 침범하는 데 慷慨하여 寇賊을 평정하리라는 의지를 품고는 홀로 中嶽 石崛에 들어가 齋戒하여 告天盟誓"[19]하는 행동을 감행했다고 하고, 그리하여 그에 감동했음인지 難勝이라고 스스로를 밝힌 어떤 老人이 나타나 '方術'을 가르쳐 달라는 애걸에 감동하여 마침내 그에게서 '秘法'을 전수받았다 한다. 이 대목에서 우리는 비로소 김유신의 둘러싼 '방술'의 실체가 실은 도교신학의 그것임을 단박에 알아차리게 되며, 그에 더불어 兵家와

---

17) "年至十八壬申 修劍得術爲國仙".
18) "公年十五歲爲花郎 時人洽然服從, 號龍華香徒".
19) "見高句麗百濟靺鞨侵軼國疆 慷慨有平寇賊之志 獨行入中嶽石崛 齋戒告天盟誓".

함께 필자가 그를 설명하기 위해 동원한 방사가 다름 아닌 도교의 수련
자, 혹은 그런 수련을 거친 도교교단의 지도자에 다름 아님을 여실히 확
인한다. 이에 대해서는 추후 자세히 살피기로 하고 여기서는 우선 그의
修道 행각을 더 따라가야 한다.

김유신은 中嶽 수련을 끝낸 바로 이듬해인 같은 진평왕 건복 29년
(611)에는 "咽薄山의 深壑之中"으로 들어가는 또 한 번의 입산수도를 결
행한다. 이번에도 역시 그 동기로 "적이 더욱 (신라를) 압박하므로"(賊轉
迫)를 들었다. 이 때 그의 준비물이 주목을 끈다. 『삼국사기』 열전에 이
르기를 "혼자서 寶劍을 지니고는"(獨携寶劍) 깊은 산속으로 들어가 "燒
香하며 告天하며 祈祝하기를 中嶽에서 誓辭와 같은 방식으로 했다"[20]고
했다. 그렇다면 김유신은 왜 보검을 차고 갔던가? 그에 대한 같은『삼국
사기』 열전의 답변이다.

> (향을 피우며 김유신이) 기도하기를 "天官께서는 빛을 드리워 보검에 신령
> 한 기운을 내려 주소서!"라고 하니 3일째 되는 밤에 虛·角 두 별이 찬란히
> 빛을 발하며 아래로 내려오니 검이 마치 요동을 치는 듯했다.[21]

신령에 감응한 칼이 요동을 쳤다는 언급은 지금의 우리에게는 아주 익
숙한 장면이다. 내림굿에서 接神한 상태의 무당 바로 그것이 오버랩하기
때문이다. 김유신은 보검을 통해 접신을 경험하고 있는 셈이며, 그 접하
는 신은 다름 아닌 허·각의 두 성신이었던 것이다. 김유신이 접신, 혹은
降神하는 통로로 이용한 칼은 요즘도 한국사회 무당들에게는 버릴 수 없
는 法具 중 하나다.

김유신 행적 중 언뜻 보아 『삼국사기』와 『삼국유사』 간의 충돌양상을

---

20) "建福二十九年 賊轉迫 公愈激壯心 獨携寶劍 入咽薄山深壑之中 燒香告天
　　祈祝 若在中嶽誓辭".
21) "仍禱 天官垂光 降靈於寶劍 三日夜 虛角二星 光芒赫然下垂 劍若動搖然".

보이는 기록을 해명할 필요가 있다. 다른 무엇보다 『삼국사기』에서는 유신
이 15세에 '화랑'이 되었다고 한 반면, 『삼국유사』는 그가 18세에 '국선'
이 되었다고 했으니 이에 대해 예컨대 이기동은 『삼국사기』의 기록이 옳
다고 보면서 "이 3년간(15~18세 - 인용자)이 바로 그의 화랑으로서의 수
련기간을 뜻한다"고 하는가 하면, "그는 18세 때에 화랑으로서의 3년간
의 年限을 마쳤던 것으로 보고 싶다"고도 했다.[22] 이런 견해는 화랑(도)
을 원시 사회라는 三韓시대까지 거슬러 올라가는 미성년(혹은 청년) 교
육집단 내지 조직으로 본 미시나 아키히데(三品彰英)의 고전적 花郎觀[23]
을 받아들인 데서 기인할 것이다.

또 하나 문제가 되는 것은 화랑과 국선이란 용어의 충돌이다. 이에 대
해서는 다양한 견해가 표출되어 있거니와,[24] 같은 대상에 대한 다른 칭
호라고도 하는가 하면, 심지어 三品彰英은 화랑에 대해 국선은 후대에
등장한 말이라는 견해도 표출했다.[25] 비단 이 뿐만이 아니라, 그 명칭이
화랑이건 국선이건 관계없이 그와 관련해 그것이 창설된 시기 또한 『삼
국사기』와 『삼국유사』 사이에는 괴리가 보이니 이에 대해서는 이미 선
학들의 많은 논급이 있었으므로 여기서 그런 논의는 略한다. 다만 난마
처럼 얽힌 이런 의문들을 일거에 풀어준 것으로 필사본 『花郎世記』가 있
으니 이에 의하면 화랑이란 제도는 진흥왕 원년(540)에 창설되었으므로
그 원류가 된 源花는 그 이전 아마도 法興王 연간(514~540)이 태동 시

22) 이기동, 『신라 骨品制사회와 화랑도』, 일조각, 1984, 340쪽.
23) 그의 이런 생각은 『新羅花郎の硏究』, 三省堂, 1943에 집약되어 있다.
24) 花郎 혹은 國仙뿐만 아니라 『三國遺事』 塔像4, 彌勒仙花 未尸郎 眞慈師조
　　에는 '風月道'가 보이며, 『三國史記』 진흥왕본기 37년 조에는 崔致遠의 鸞郎
　　碑序를 인용하여 '風流道'와 같은 유사 명칭도 나타난다. 이들 여러 명칭에 대
　　한 專論으로는 김상현, 「花郎의 여러 명칭에 대하여」 『신라의 사상과 문화』,
　　일지사, 1999 참조.
25) 三品彰英, 앞의 책.

점이 된다.

『화랑세기』를 언급하는 까닭은 이에서도 김유신의 입산수도와 관련한 무시하기 힘든 언급이 보이기 때문이다. 이에 의하면 김유신은 진평왕 건복 29년 壬申(612)에 15세 풍월주가 되었다고 했으니, 이는『삼국유사』가 말한 "검술을 닦고 터득하여 국선이 되었다"는 때와 합치되는 것인 동시에, 『삼국사기』로 보면, 咽薄山에 들어가 천관 혹은 성신에게서 보검을 통해 접신을 경험했다는 때가 된다. 더불어『화랑세기』는 그가 15세 풍월주에 취임하기 직전에 "지혜와 용기 있는 郎徒를 뽑아 천하를 두루 돌아다니고 高士들과 힘써 결속하는가 하면, 中岳에 들어가 노인에게서 秘訣을 받으니, 신변에는 늘 神兵이 있어 좌우에서 (그를) 호위했다"[26]고 한다. 『삼국사기』가 진평왕 건복 28년(611)과 그 이듬해에 걸쳐 나눠 각기 다른 장소(중악과 咽薄山)에서 체험한 경험이『화랑세기』에서는 하나로 응축돼 있음을 알 수 있다. 나아가『삼국사기』에서 難勝이란 노인에게서 받은 方術을 秘法이라 한 데 견주어, 『화랑세기』에서는 秘訣이라 하며, 그가 수도 득도한 장소를 중악과 咽薄山 두 곳을 거론한 데 대해『화랑세기』는 중악만을 거론한다. 中嶽과 中岳은 같은 표기이며 뜻 또한 같다는 점에서 이론이 있을 수 없고, 같은 맥락에서 비법과 비결 또한 이런 관계에 있다.

더불어 이 대목에서 필자가 방사로서의 김유신을 이끌어 가는 入門으로 제시한 음병을 다시금 상봉하게 되니, 그 음병이 평생을 김유신을 호위하는 역할을 하다가 그의 죽음과 더불어 떠나가게 된다. 이런 구실을 하는 鬼神들을『화랑세기』에서는 '神兵'이라 부르고 있는 것이다. 이 음병-신병 또한, 비법-비결, 중악-중악과의 관계와 근본이 같다. 즉, 같은 개념에 대한 다른 표기에 지나지 않는다.

26) "簡智勇之徒 周行天下而務結高士 入中岳受秘訣于老人 身邊常有神兵擁衛".

4) 죽음—撤去하는 陰兵

탄생과 得道 과정이 신비적으로 처리된 것과 마찬가지로 그의 죽음
또한 이를 방불한다. 『삼국사기』 열전에는 그의 죽음을 예고하는 天變이
다음과 같이 나타난다.

咸寧 4년 癸酉(673)는 (신라) 文武大王 13년인데 봄에 妖星이 나타나고
지진이 일어나니 대왕이 이런 사태를 우려했다. 유신이 나아가 아뢰기를 "지
금의 變異는 厄(運)이 老臣에게 있지, 국가의 災(殃)가 아니니 왕께선 우려
하지 마옵소서!"라고 했다. 대왕이 "그렇다면 과인이 더욱 우려하는 일입니
다"라고 하고는 有司에 명하여 그것을 祈禳하게 했다.[27]

그의 죽음은 이처럼 天災地變이 예고한다. 이 중 천재에 해당하는 요성
의 출현은 그의 탄생에 대비되는 것으로, 앞서 보았듯이 김유신은 칠요
의 정기를 타고났다고 했으니, 그것이 이제는 요성으로 대체된 것이다.
地震 또한 천상의 變怪에 짝하여 지상의 변괴로 등장한다. 그런데 이를
물리치기 위해 文武王이 시도한 의식을 '祈禳'으로 표현한다. 이는 '祈福
禳災'라는 의미인데, 災殃을 驅逐하여 소멸시킴으로써 福을 招致하는 道
敎 齋醮 의식의 일종이다.[28] 요성이 나타났으므로 아마도 이때 기양 의
식은 틀림없이 星神祭의 성격이 가미되었을 것이다. 하지만 이 '기양' 의
식의 실체는 명확히 드러나지 않는다. 다만, 그 비교자료로써 생각할 수

---

27) "咸寧四年癸酉 是文武大王十三年春 妖星見 地震 大王憂之庾信進曰 今之
變異 厄在老臣 非國家之災也 王請勿憂 大王曰 若此則寡人所甚憂也 命有
司祈禳之".

28) 道敎 齋醮 의식에 대해서는 葛兆光 지음, 심규호 옮김, 『道敎와 中國文化』, 동
문선, 1993 참조. 이 중에서 특히 上篇 제3장 '齋醮·祝呪·符籙 및 기타' 참조.
禳이 凶을 驅逐하는 제사의 일종이었음은 鄭玄에게서 확인되니, 『周禮』 天官
女祝에 나오는 "女祝, … 掌以時招梗會禳之事以除疾殃"에 注하기를 "變異를
쫓아내는 일을 禳이라 한다. 禳은 곧 攘이다(卻變異日禳 禳 攘也)"고 한 것이
그것이다. 同 春官 雞人에 대한 疏에서는 "禳 謂禳去惡祥也"라고 했다.

있는 것이 東吳의 創建主인 孫權이 그의 股肱羽翼인 呂蒙이 병들었을
때 시도한 의식이다. 『三國志』권54, 吳書9, 呂蒙傳에 의하면,[29] 손권은
呂蒙이 蜀漢의 關羽를 평정하는 大 전과를 올리자 그를 南郡太守로 삼
고 孱陵侯에 봉했으나 封爵이 내려가기도 전에 발병하고 말았다. 당시
이 소식을 公安에 있다가 접한 그는 여몽을 內殿에 迎置한 다음 그를 치
료할 수 있는 사람들을 萬方으로 찾아 수소문하면서 치료하는 사람에게
는 千金을 내리겠다고 했다. 손권이 얼마나 여몽을 걱정했던지, 치료 중
에 차도가 있으면 사면령을 내리기도 했다. 하지만 그의 병세가 더욱 위
독해지자, "道士들에게 명하여 성진 아래서 그를 위해 생명을 달라 하게
했으나 나이 42세에 결국은 내전에서 卒하고 말았다"[30]고 한다. 이에서
시도한 것과 같은 기양을 葛兆光은 "이것 역시 楚나라 지방의 제사의식
의 유산이자 도교의 '醮' 의식의 선성이라 할 수 있다"고 말한다.[31] 문무
왕이 김유신에 대해 취한 祈禳 의식 또한 근본에서는 이와 다르지 않았
을 것이다. 이는 김유신이 星神의 정기를 받은 인물로 간주되었고, 나아
가 그의 죽음을 예고하는 징조 중 하나가 요성의 출현이며, 나아가 도교
齋醮 의식에서 성신이 주요한 기원 대상이었다는 점에서[32] 그렇게 추정
해도 무리는 없을 것이다. 더불어 앞서 지적했듯이 성신 중에서도 생명
과 죽음을 관장한다는 북두칠성이 기양하는 神格이었을 것이다.

---

29) 陳壽 撰, 裵松之 注, 中華書局 影印 『三國志』, 1998, 555쪽 상단.

30) "命道士於星辰下爲之請命 年四十二 遂卒於內殿".

31) 葛兆光 지음, 심규호 옮김, 앞의 책, 1993, 109쪽.

32) 星神 신앙은 『楚辭』九歌에 첫 번째 제사 대상으로 北極星을 신격화했을 것
으로 짐작되는 東皇太一이 보이며 宋玉의 高堂賦에서는 "醮諸神, 禮太一"이
란 표현이라 한 것을 시원으로 삼아, 『隋書』經籍志에 오면 아예 道士들이 齋
醮를 할 때 "매년 天皇太一과 五星列宿를 제사했다"는 언급으로 발전하고 있
다. 이는 도교 齋醮科儀에서 차지하는 星神의 비중이 얼마나 큰 지를 보여준다.
葛兆光 지음, 심규호 옮김, 앞의 책, 1993, 109쪽 참조.

천재지변으로 상징화한 김유신의 죽음 예고는 『삼국사기』 열전에 의하면, 같은 해 여름 6월에는 "어떤 사람이 군복을 입고 무기를 지닌 수십 명이 유신의 집에서 울면서 떠나는 모습을 보았는데 갑자기 보이지 않았다"는 구절[33]로 기정사실화한다. 이 소식을 들은 유신은 "이들은 필시 음병으로 나를 지키던 이들이니 내 복이 다함을 보고는 떠난 것이니 나는 아마도 죽을 것"[34]이라 했다고 한다.

이 일이 있은 지 10여 일 뒤에 김유신은 병상에 누웠다가 7월 1일 향년 79세로 졸했다. 陰兵을 보았다는 말이 얼마나 역사적 사실을 반영하는지는 모르겠으나, 그의 죽음이 당대 신라사회 특히 경주 중심의 지배층에서는 일대 사건이었음이 분명하므로, 그의 죽음을 즈음한 妖言이 나돌았을 것임은 충분히 예상할 수 있으며, 음병 운운하는 이야기도 그 중 하나였는지도 모른다.

음병이란 무엇인가? 그 탐구에 앞서 하나 상기해 둘 점은 『花郞世記』 15세 풍월주 김유신전에서는 그에 해당하는 말이 '神兵'으로 등장한다는 사실이다. 음병이나 신병 모두 근본이 통하는 같은 개념어다. 몰래 도와주는 병사 혹은 호위군이라는 의미로, 신병의 경우 신은 그런 호위병이 鬼神의 일종임을 암시한다. 여기서 귀신은 聖人, 賢人, 至人을 보호해 주는 善神으로서의 성격을 지닌다.

결론부터 간단히 말하면 이 음병 혹은 신병 또한 도교신학적인 측면과 밀접한 연관성을 지닌다. 특히 각종 도교 경전, 그 중에서도 逐鬼와 관련한 齋醮 의식에서 誦하는 각종 祝呪에는 음병이란 말이 단골로 등장하는 것이 그 증거다. 이 경우 陰兵은 '鬼兵'이라는 말로 보이기도 하며, '鬼將' 혹은 '陰將'이란 말과 상대적으로 쓰이기도 하고, '신병'이란 말로 대

---

33) "人或見戎服持兵器數十人 自庾信宅泣而去 俄而不見".
34) "此必陰兵護我者 見我福盡 是以去 吾其死矣".

치되기도 하며, 심지어 그 성격이 귀신이며, 그가 주로 거주하는 공간은 地下임을 부인할 수 없는 까닭에 '地府陰兵'이라 표현되기도 한다. 나아가 이런 문구가 들어간 祝呪 맨 마지막에는 거의 예외없이 '急急如律令'과 같은 주문이 뒤따른다.[35] 그런 증거들을 색출하면,『太上老君說城隍感應消災集福妙經』중 도성 성황신에게 고하는 주문인 '都城隍眞誥'에는 "遇陰兵而驅夷寇, 至靈至聖"이라 해서 陰兵이 외부 세계의 적을 驅逐하는 힘을 지닌 존재로 설정되어 있다. 또,『正統道藏』洞眞部 本文類에 수록된 撰者 불상의『太上三洞神呪』(전12권) 중 '雷霆祈禱諸呪'의 '混沌救符呪' 중 마지막 구절에서는 "如有諸雷違令, 罰爲地府陰兵. 急急如律令"이라 해서, 명령을 어긴 雷는 무엇인건 地府의 음병에게서 벌을 받을 것이라는 협박의 문구가 보인다. 더불어 五鬼驅魂法術을 설파하는『神霄玄雷壇法術』에는 邪兵과 邪將을 물리치기 위한 방편으로 顯赫한 '五鬼五鬼將과 陰兵鬼將'을 拜請하는가 하면, "陰兵陰將은 내 뜻과 명령을 받들어"(陰兵陰將隨吾旨令), "즉시 문을 나가"(急急出門) 갖은 악귀를 처단함으로써 "나에게 순응하는 자는 살게 하고 나를 거스르는 자는 죽을 것"(順吾者生逆吾者死)이니 운운하면서 역시나 이번에도 그 呪文은 "급급여률령"라는 말로 대미를 장식한다. 더불어 이 주문에는 '拜請五鬼陰兵, 急急如律令'이라거나 '神兵火急如律令'이라는 표현도 보인다. 이런 사례들은 그 명칭이 음병이건 신병이건, 主神으로 간주되는 善神을 위해 악귀를 처단하는 일종의 선봉대로 인식되었음을 명확히 보여준다.[36]

도교 신학에서 신병이 차지하는 위치를 역설적으로 증명하는 웃지 못

---

35) 이 律令이란 주문이 무령왕릉 買地券에도 보이는데, 이는 필자가 누차 여러 매체를 통해 주장했듯이 토지 매매와 관련한 律令과는 하등 관계가 없으며, 祝呪 의식에 사용되는 呪文의 관용적인 표현일 뿐이다.

36) 다만 위에서 神兵 등이 출현한 근거로 든 문헌은 김유신 활동연대보다 후대라는 점은 염두에 두어야 한다.

할 해프닝도 있다. 東晉 왕조를 붕괴하는 데 서기 400년 무렵에 지금의
廣州와 그 해상 일대를 근거로 한 孫恩의 亂이 결정적인 역할을 했다.[37]
五斗米道였던 孫恩이 이끄는 반란군을 진압해야 할 인물로 王羲之 아들
인 王凝之가 있었다. 會稽內史로 있다가 반란군을 봉착한 그가 어떻게
이 사태에 대처했는지는 역설적으로 신병이 어떤 위상을 지니는지를 단
적으로 보여준다.

> 孫恩이 이에 民心이 騷動치자, 海島에서 그 무리를 이끌고 나와서 上虞
> 令을 죽이고 마침내 會稽를 공격했다. 會稽內史인 왕응지는 왕희지 아들로
> 서 대대로 天師道를 받들어 出兵하지 않은 데다 방비도 하지 않고는 날마다
> 道室에서 무릎을 꿇고 이마를 두드리며 주문을 외웠다[稽顙跪咒]. 官屬들이
> 出兵하여 손은을 정벌하자고 청했으나 凝之는 말하기를 "내가 이미 大道께
> 요청하여 鬼兵을 빌려 여러 津의 요처를 지키게 했으니 각각 數萬이니 賊은
> 염려할 바가 되지 못한다"고 할 뿐이었다. 恩이 점차 접근하자 이에 兵을 청
> 해 출병했으나 손은은 이미 郡下에 도착했다. 甲寅에 恩이 會稽를 함락하자
> 凝之가 도망치니 恩이 그를 붙잡아 죽이고는 아울러 그 아들들로 모두 죽였
> 다. 凝之의 妻인 謝道蘊은 謝弈의 딸인데 도적이 이른다는 소식을 듣고는
> 행동거지를 태연히 하고는 여종에게 명하여 肩輿(어깨에 매는 수레 - 인용자
> 주)를 대령케 하고는 칼을 뽑아 문을 나와서는 손으로 여러 사람을 죽이고는
> 이내 붙잡혔다.[38]

여기서는 신병 혹은 음병에 해당하는 말이 鬼兵으로 표현돼 있으나,
그 구실이나 기능은 김유신이 말한 음병과 다를 바 없다.

---

37) 이 사건이 도교사에서 차지하는 위치에 대해서는 쿠보 노리타다, 최준식 옮김,
  『도교사』, 분도출판사, 2000, 147~149쪽 참조.
38) 『資治通鑑』권111, 晉紀33 安皇帝丙隆安三年. "孫恩因民心騷動 自海島帥其
  黨殺上虞令 遂攻會稽 會稽內史王凝之 義之之子也 世奉天師道 不出兵 亦不
  設備 日於道室稽顙跪咒 官屬請出兵討恩 凝之曰 我已請大道 借鬼兵守諸津要
  各數萬 賊不足憂也 及恩漸近 乃聽出兵 恩已至郡下 甲寅 恩陷會稽 凝之出走
  恩執而殺之 並其諸子 凝之妻謝道蘊 弈之女也 聞寇至 舉措自若 命婢肩輿
  抽刀出門 手殺數人 乃被執".

  필자는 이 신병 혹은 음병 혹은 귀병이란 개념이 후한시대 초기 도교
교단 중 하나인 오두미도의 신학에서 유래했다고 간주한다. 張道陵(張陵)
에서 시작해 張衡·張魯의 3代에 걸친 이른바 三張이 漢中을 무대로 일
으킨 오두미도 교단에서는 『三官手書』에 의해 기도함으로써 병을 낫게
된다고 선전하면서 病人의 家에서 五斗의 米를 거두었으므로 오두미도
라 일컬었다고 한다. 나아가 이 교단에서는 그 종교적 지도자에 해당하
는 관리를 '鬼吏'라 하고 일반 신도는 '鬼卒'이라 하는 한편, 이들에게
『老子五天文』을 가르치는 사람들은 '姦令'이라 했으니,[39] 이에서 말하
는 귀리 혹은 귀졸이 틀림없이 귀병, 신병, 음병의 원류 중 하나가 될 것

---

[39] 이에 대한 상세한 정보는 『三國志』 張魯傳에 裵松之注가 인용한 魚豢의 『典
略』에 다음과 같이 보인다. "처음 熹平 年間에는 妖賊이 크게 起하여 三輔에
駱曜가 있었다. 光和 年間에는 東方에 張角이 있고, 漢中에 張脩가 있었다.
駱曜는 사람들에게 緬匿法(『墨子五行記』의 隱身術 : 인용자)을 가르치고 角
은 太平道를 創始했으며, 脩는 五斗米道를 創始했다. 太平道는 師가 九節의
杖을 지니고 符祝를 行했으며 病人에게 叩頭하여 過를 생각하여 일으키는 일
을 敎하고, 그러고 나서 이에 符水를 飮케 했다. 病이 가벼워져 그리고 治癒한
者는 이런 사람은 道를 信한다고 言했다. 또 治癒되지 않으면, 道를 믿지 않는
다고 했다. 脩의 法은 角과 대략 同하여, 靜한 방에 들어가게 하고, 병을 앓는
者에게 그 中에서 過를 뉘우치게 했다. 또 사람에게 姦令이나 祭酒를 금지케
했다. 祭酒는 주로 『老子』五千文을 모두 가르치고 姦令이라 부르게 했다. 鬼
吏는 主로 病者에게 기도를 베풀었다. 기도의 方法은 病人의 姓名과 罪에 服
한다는 意味의 것을 쓰게 했다. 그것을 三通을 만들어 그 一通을 天에 捧하기
위해 山上에 두었고, 一通은 地에 묻고, 一通은 水에 沈케 하고, 이를 『三官手
書』라 했다. 언제나 病이 있는 者에게는 家에서 五斗의 米를 가져오게 했으므
로 五斗米師라고 불렀다. 실제로는 병 치료에 보탬이 없어 度가 지나친 妄想에
지나지 않았으나 小人은 우둔해 昏迷했다. 요컨대 어느 것이나 그러한 것이다.
後에 角은 복주되었고 脩도 죽었다. 魯는 漢中 사람들이 脩의 業을 信하여 行
했으므로 이에 裝飾을 더했다. 敎使는 義舍를 만들고, 米나 肉을 두어 그 中에
사람을 가게 하지 않았다. 또 敎使는 스스로 숨기어 작은 과오가 있는 자는 道
를 百步 治함에 따라 罪를 除했다. 또 曆을 따라 春夏에는 殺을 금하고 또 酒
를 禁했다. 流浪하여 그 땅에 온 자는 받들지 않음이 없었다".

이다. 이렇게 되면 무척이나 흥미로워지는 대목이 金庾信이 咽薄山에 들어가 보검에 降神하기를 원했다는 天官은 다름 아닌 이 天師道 五斗米道 교단이 설파한 三官 중 하나라는 점과 연동한다는 사실이다. 이를 존중한다면, 김유신 시대에 들어와 통용된 도교는 천사도 계열이란 사실을 알 수 있다. 그런데 실로 뜻밖에도 천사도 계통 도교 교단이 이미 김유신 당대, 어쩌면 그 직전에 이미 조직되어 활동하고 있었다는 강력한 암시가 있다. 이는 넓게는 신라 사상사, 좁게는 이 글이 추구하는 方士로서의 김유신의 성격을 확정하는 데 매우 중대한 의미를 갖는다고 생각하므로 본론에서 벗어나 잠시 이 문제에 천착하기로 한다.

5) 鬼卒을 거느리고 공공사업을 벌인 鼻荊郞

三張이 일으킨 天師道는 北魏시대 寇謙之(365?~448)에 와서 일대 변모를 겪으며, 그 단점을 극복하고 새로운 교단으로 거듭 나기에 도교사에서는 구겸지의 도교를 '新天師道'라고 흔히 별칭한다. 구겸지에서 비롯되는 신천사도와 신라 도교사상사, 나아가 김유신과의 관계는 뒤에서 詳察하기로 하고, 이 자리에서는 소위 '원시 천사도'라 할 만한 전통을 유지한 신라사의 흔적을 적출하고자 한다. 『삼국유사』 紀異편 桃花女鼻荊郞조가 있다. 이에 의하면 鼻荊郞은 신라 제25대 舍輪王, 즉, 眞智大王이 荒淫에 빠져 허우적거릴 시절에 沙梁部 民家에서 취한 桃花娘이란 아리따운 여인과 관계해서 낳은 아들이다. 나아가 비형랑은 신하들에게 폐위되어 죽임을 당한 진지왕이 귀신으로 환생해 도화녀와 관계해 낳은 아들이라 하지만, 이 신이한 이야기는 필사본 『花郞世記』가 공개됨으로써, 그 역사적 실체가 풀렸다. 즉, 『화랑세기』에 의하면, 황음을 이유로 왕위에서 쫓겨난 진지는 유폐되어 3년을 더 살았으며 이 유폐 기간에 낳은 아들이 바로 비형랑이라 한다.[40]

어떻든 『삼국유사』를 따른다면, 귀신의 아들 비형은 진평왕에게 등용된다. 그의 행적을 『삼국유사』는 이렇게 기록한다.

진평대왕이 그가 殊異하다는 말을 듣고 거두어 궁중에서 길렀다. 15세가 되어 執事를 주었다. 매일 밤 도주하여 먼 곳에서 遊하곤 했다. 왕이 勇士 50명에게 그를 지키도록 했으나 번번이 月城을 날아 넘어 서쪽 荒天 강안 벼랑(原註; 京城 서쪽에 있다)에 가서는 귀신 무리[鬼衆]을 데리고 遊했다. 勇士들이 숲 속에 엎드려 엿보았더니 鬼衆은 여러 절에서 일제히 새벽 종소리가 들리면 각각 흩어지고 鼻荊郎 또한 그제야 집으로 돌아왔다. 軍士들이 이 일을 아뢰니 왕이 비형을 불러서 말하기를 "네가 귀신들을 거느리고[領鬼] 遊한다니, 정말이냐"고 하니, 비형이 그렇다고 대답했다. 왕이 말하기를 "그렇다면 네가 鬼衆을 시켜 神元寺 北渠(原註; 神衆寺라고도 하지만 잘못이다. 荒天 동쪽 深渠라고도 한다)에 다리를 놓아라"고 하니, 비형이 奉勅하여 그 무리를 이끌고 돌을 다듬어 하룻밤에 큰 다리를 놓으니, 그래서 이를 鬼橋라 한다. 왕은 또 문기를 "鬼衆에서 人間으로 出現해 朝政을 輔할 만한 이가 있느냐"고 대답하기를 "吉達이란 자가 있사온데 가히 國政을 輔할 만합니다"고 하니, 왕이 말하기를 "함께 오라"했다. 이튿날 비형이 그를 데리고 와서 뵈니 執事란 작위를 주니 과연 충직하기가 비할 데 없었다. 마침 角干 林宗이 아들이 없으므로 왕이 勅하여 吉達을 嗣子로 삼게 했다. 임종이 吉達에게 명하여 興輪寺 남쪽에 門樓를 세우게 하니 (길달이) 밤마다 나가서 그 문루 위에 가서 자니 그 문을 吉達門이라 했다. 하루는 吉達이 여우로 변하여 도망치니[變狐而遁去], 비형이 귀신을 시켜 그를 잡아 죽였다. 이 때문에 그 무리는 비형이란 이름만 듣고도 두려워 달아났다. 당시 사람들은 作詞하기를, "聖帝의 혼이 아들 낳으니, 鼻荊郎의 집과 정자로다. 날뛰는 모든 귀신 무리, 이곳에는 머물지 말지어다"고 했다. 鄕俗에는 이 글을 써 붙여 귀신을 물리친다[辟鬼].

鼻荊이 이끈 무리가 鬼衆이었다 함은 김유신전 표현을 빌리건대, 음병이자, 귀병이라 할 수 있다. 또 그들은 신이한 행적을 행했으므로 신병인 셈이다. 나아가 이들은 멀리는 천사도가 창안한 귀리 혹은 귀졸에 해당한다고 추정할 수도 있다. 비형이 이끈 무리가 실은 천사도 교단의 新羅

---

40) 『花郞世記』 13세 풍월주 龍春公傳.

的 발현이라는 추정은 三張이 주도한 오두미도 초기 역사를 볼 때 거의 틀림이 없을 것이다. 더불어 辟鬼할 때 써붙이곤 한다는 마지막 시구는 말할 것도 없이 일종의 符籍인 셈이며, 그 유래 역시 도교신학에 있을 것임은 두 말이 필요 없다. 이는 다른 무엇보다 벽귀이란 용어 자체가 그것을 명징한다.

위 鼻荊郎 이야기에서 吉達의 행각 또한 여간 예사롭지 않다. 여우로 변했다는 말이 본래 그가 여우였다는 의미인지, 혹은 사람에서 여우로 변하는 기술을 마음대로 구사했다는 뜻인지는 확실치 않으나, 그가 遁甲術이란 方術을 지닌 道士였음은 명백하다. '變狐而遁去'라는 말은 바로 그가 둔갑술을 구사한다는 의미이며, 이런 둔갑술은 도사라면 모름지기 갖춰야 하는 능력 중 하나로 치부되었음은 신선도교 교리의 집성자로 간주되는 葛洪에게서 이미 설파되고 있다. 예컨대 그의 『抱朴子』內篇17, 登涉 편에서는 산에 올라갈 때 어떻게 하면 요괴를 피할 수 있는 지를 설파하면서 우선 산에 들어가게 되면 "不可不 遁甲術을 알아야 하고", "7일간 재계를 하여 몸을 청결하게 하지 않으면 안 된다"고 말한 대목에서 우뚝하다. 이는 둔갑술이 요괴를 피하기 위한 방술의 일종이었음을 엿보게 한다.

나아가 전국시대 열어구에게 가탁한 『열자』 중 3편 周穆王에서도 幻術을 강조하고 있는데, 이 환술이 둔갑술과 일맥으로 상통함은 추가 설명이 필요없다.[41]

오두미도의 주요한 특징으로는 老子를 신격화한 太上老君을 신봉하면서 『三官手書』로 대표되는 죄의 참회와 선행의 권장, 부적의 중시와 함

---

41) 지금의 마술 정도에 해당하는 幻術 혹은 遁甲術은 불교 문화권, 특히 西域지역에서 활개를 펼쳤다는 주장도 있으니 이에 대한 정밀한 검토는 후일을 기약하기로 한다.

께 그 실천방안으로써 바로 공공사업을 강조했다는 점을 꼽을 수 있다.
이 공공사업이라는 측면은 동아시아 종교사에서 대단히 중대한 의미를
갖는다. 물론 그 이전 시대 墨子 교단이 이런 활동을 벌인 형적이 있기는
하나, 동아시아에서 利他를 표방한 종교집단의 자발적인 공공사업은 이
오두미도의 발견물이라고 해도 과언이 아니다. 『삼국지』 권8, 魏書8 張
魯傳에서는 오두미도 교단의 공공활동으로 교단에 입문하여 일정한 경
지에 오른 중견 승직자들인 祭酒는 모두 "義舍를 짓게 하니 이는 지금의
亭傳과 같았다. 또, 義米와 義肉를 설치하고 의사에 걸어 두어 行路者가
양껏 먹도록 했다"[42]고 하는 정도로 간략히 기록되어 있으나, 이들이 시
도한 公共 救貧사업은 이보다 훨씬 광범위했으니, 이는 葛洪 撰이라 전
하는 신선열전인 『神仙傳』에 수록된 張道陵傳에 잘 드러난다.

> 祭主를 세워 그 집들을 나누어 다스리게 하니 마치 官長과도 같았다. 그
> 리고 조칙과 법제를 세워 여러 제자를 부리면서 일에 따라 미곡 비단 기물 종
> 이 붓 땔나무 집기 등을 바치게 했다. 사람을 시켜 도로를 수리하게 하니[修
> 復道路] 수리하지 않는 자들은 모두 질병에 걸리게 했다. 마을에 반드시 손
> 을 봐야 할 다리나 길이 있으면[縣有應治橋道], 백성은 풀을 베고 더러운 물
> 을 치우는 등 하지 않는 일이 없었으나, 모두가 자의로 하는 일이었다. 그래
> 서 어리석은 자는 장도릉이 그렇게 만든 것임을 모르고 이 제도가 하늘에서
> 내려온 것이라고 생각했다.[43]

鼻荊郎이 이끄는 鬼衆이 鬼橋라는 교량을 건설한 일이나, 귀중에서
발탁된 吉達이란 자가 門樓를 쌓았다는 등의 내용은 천사도 교단에서 유
래한 공공활동에 속한다는 사실이 이로써 확실해졌다. 이런 역할을 수행

---

42) "作義舍 如今之亭傳 又置義米肉 縣於義舍 行路者量腹取足".
43) 『太平廣記』 권8, 神仙 8에 인용된 판본이며 옮김은 김장환 外 옮김, 『太平廣
　　記1』, 학고방, 2000을 참조했다. "卽立祭酒 分領其戶 有如官長 并立條制 使
　　諸弟子 隨事輪出米絹器物紙筆樵薪什物等 領人修復道路 不修復者 皆使疾
　　病 縣有應治橋道 于是百姓新草除溷 無所不爲 皆出其意".

한 비형랑의 무리 또한 천사도 교단 그 자체이거나, 그런 성격을 농후하게 지닌 종교집단이었을 가능성도 한층 커지게 되었다. 이에서 더 나아가 신라 화랑을 도교교단으로 간주하는 필자는 같은 맥락에서 『화랑세기』에 비형랑이 화랑에 속해 있으면서, 배다른 형이자 '화랑교단' 최고 우두머리인 龍春을 보좌하고 있는 모습으로 등장하고 있음[44]은 주시할 필요가 있다고 본다.

鼻荊郎은 활동연대가 아마도 김유신보다는 적어도 1세대, 혹은 50년가량이 빨랐음이 확실하다. 그런 인물이 이미 귀중을 거느리고 각종 공공사업에 종사하는 천사도 교단적인 측면을 보이는 무리를 이끌었다는 점에서 김유신에게 降神과 더불어 그 신변을 호위하기 시작했다는 음병 혹은 신병은 이런 종교문화사적 맥락에서 비로소 이해할 수 있을 것이다.

6) 죽어 護國神仙이 되어

전생이 卜筮之士였으며 생전에는 國仙이자 風月主였기 때문이었을까? 김유신은 죽어서도 이 영역을 크게 벗어나지 않는다. 사후 그의 모습은 여러 차례 신라 국토에 강림하는 모습을 보여주는데, 시종 신라를 보호한다는 善神의 측면이 강하지만, 때로는 후손의 억울한 죽음을 호소하면서, 이젠 신라를 떠나겠다는 협박을 일삼기도 한다.

그가 死後에 현신한 흔적들을 정리하면, 우선 『삼국유사』 紀異편에 수록된 神文王대 지금의 동해안 경주 感恩寺 일대를 시공간적으로 배경으로 삼는 저명한 이야기 '萬波息笛' 조를 주목할 수 있으니, 이에 의하면 감은사 앞 바다에 작은 섬 하나가 물에 떠서 해안으로 다가오는 현상을 점친 日官의 입을 빌려 다음과 같이 아뢴다.

---

44) 『花郎世記』 13세 龍春公傳.

　　聖考(文武王 – 인용자)께서 지금 海龍이 되시어 三韓을 鎭護하시며 더불어 金庾信公께서도 三三天의 아드님으로서 지금 강림하시어 大臣이 되셨습니다. 二聖께서 德을 함께 하시어 守城의 보물을 주려 하시니, 만일 陛下께서 海邊으로 行幸하신다면 틀림없이 값을 따질 수 없는 大寶를 얻게 되실 겁니다.

　　이렇게 해서 얻은 보물이 萬波息笛이다. 이에서 文武王과 김유신은 각각 죽어서 神이 되어 신라의 護國神으로 되어 있음을 본다. 이 두 사람을 일관은 二聖이라 지칭한다.

　　그렇다면 聖 혹은 聖人이란 무엇인가? 거의 모든 이가 이 글자만 대하면 대뜸 유교의 이상적 인격자를 떠올리지만, 이는 성 혹은 성인이라는 말을 儒家만이 독점한 것으로 간주한 데서 기인한 편견일 뿐이다. 성인은 유가의 독점물이 아니었다. 불교·도교에서도 이상적 인격체, 최고의 인격을 구현한 인물을 성인이라 했으니, 위 만파식적만 해도 海龍이 된 문무왕, 33天에 常居하는 김유신을 성인이라 하고 있는 것이 그 반론의 증거이다. 김유신이 아무리 뛰어난 족적을 남긴 인물이며, 이 이야기가 문무왕과 김유신을 神格化하려 했다 해도, 戰場에서 평생을 보내다시피한 인물이란 점에서 유가적 성인을 운운하기에는 뭔가 개운치는 않다. 더불어 김유신이 상거한다고 간주된 33天 또한 이에 대한 압도적인 해석이 불교신학에서 유래한 것으로 설명하고 있으니, 이를 존중한다면 이 경우 성인은 '불교적 성인'이라고 보아야 한다.

　　김유신이 33天에 거주한다는 말은 같은『삼국유사』紀異편 '太宗春秋公'조에도 보인다. 이에 의하면 唐 高宗은 자기 아버지 李世民과 신라 武烈王 金春秋의 廟號가 같은 것을 따지러 신문왕 시대에 신라에 사신을 보냈다가 "신라는 비록 小國이나 聖臣인 김유신을 얻어 一統三國한 까닭에 (김춘추를) 추봉하여 太宗이라 했다"는 답변과 함께 廟號 변경 불가 방침을 담은 답변서를 받는다. 고종은 이 글을 읽어보고는 그 자신이 태자로 있을 때 하늘에서 이른 말, 즉, "33天의 한 사람이 신라에 태어나 김유신이 되었다"[45]는 말을 적어둔 기억이 있어 그것을 꺼내 보고는 놀라서 다시 사신을 신라로 보내어 김춘추의 묘호를 고치지 않아도 좋다고 했다고 한다. 아마도 이런 이야기는 김서현이 아들 이름을 지을 적에 남북조시대의 저명한 시인 庾信의 이름을 따온 일과 연동되어 생겨나지 않았을까 하는 의심을 지우기 힘들게 한다. 만파식적에서 죽은 김유신이 상거하는 공간이 33천인데 견주어 이에서는 그가 인간세계에 강림하기 이전에 살던 곳으로 그려진다는 점이 대비된다. 이 둘을 액면 그대로 받아들인다면, 김유신은 33천에 살다가 잠깐 인간계에 강림하여 신라를 위해 살다가 다시금 천상으로 돌아간 셈이 된다.

그렇다면 33천이란 과연 '불교적'이기만 한가? 33천은 "欲界 6天 중 제2天인 忉利天을 의미한다. 33천은 須彌山 꼭대기에 있는데, 그 중앙에 帝釋天이 거주하는 善見城이, 사방에 4천이, 4천마다 8개의 성이 있어 모두 33천이 된다"[46]는 말이 기존 학계의 이해를 집약적으로 보여준다고 할 수 있다. 하지만 33天이란 관념은 불교만의 專有物이 아니다. 도교 신학에서도 신선들이 거주하는 天上 세계를 불교와 마찬가지로 32天, 혹은 33天, 혹은 36天으로 설정하기도 한다.[47] 물론 이런 발상은 도교가 불교신학에서 차용했을 가능성이 크다. 그것은 무엇보다 불교가 중국에 도입되어 본격적으로 확산되기 이전에는 천상을 이렇게 구분한 증거가 좀처럼 보이지 않기 때문이다.

그런데 이곳을 상거처로 삼는다는 김유신의 행각은 어쩐지 신선의 그

---

45) "三十三天之一人 降於新羅爲庚信".

46) 강인구 外, 『譯註 三國遺事』 II, 이회문화사, 2002, 50쪽 주 13).

47) 張志哲 主編, 『道敎文化大辭典』, 江蘇古籍出版社, 1994 중 표제항목 '三十二天'(94~95쪽), '三十三天', '三十六天'(이상 95쪽) 참조.

것을 연상케 한다. 하기야 神仙이란 말 자체가 글자 그대로는 '귀신이 되어 훨훨 날아다닌다'는 정도를 의미하니, 모든 인간, 나아가 모든 살아 있는 것은 언젠가는 죽는다는 반론에 봉착한 도교신학에서 영원히 죽지 않은 인간인 신선을 만들어 내는 방식은 생각보다는 실로 간단했다. 죽어버린 인간(생물체)을 (鬼)神으로 '還生'케 하면 그 뿐이었기 때문이다.

물론 도교가 그렇게 단순한 방식만을 고집하지는 않았지만, 그렇다고 모든 생물은 죽어 귀신이 된다는 이 신선의 '조달방식'을 근본적으로 혁파한 적은 한 번도 없다. 죽은 인간을 神仙化하기 위해 도교신학이 계발한 수법 중 하나가 葛洪이 『포박자』에서 그토록 강조한 尸解仙이다. 육체는 잠시 이승에서 빌렸을 뿐, 어느 때가 되어 이 육신을 버린 채, 지상에는 지팡이 나 신발만을 남겨둔 채 혼령만이 훨훨 날아간 존재, 이것이 尸解仙이다.[48]

죽은 생물을 神仙으로 만들어내는 데 고심한 도교신학은 신선이 될 수 있는 자격을 엄격히 제한했다. 아무나 다 죽는다고 신선이 되는 것은 아니다. 더불어 신선이라고 다 같은 신선이 아니다. 신선에도 엄격한 신분과 계급이 있으며, 그것은 오로지 이승에서 얼마나 많은 선행과 善德을 축적하느냐로 판가름되었다. 도교가 진정으로 소위 '보편종교'로 거듭날 수 있는 발판을 마련한 것은 후대에는 소위 功過格이라 일컫는 이 선행의 끊임없는 강조였던 것이며, 그 싹은 이미 앞서 말한 대로 공공 구빈활동을 중시한 五斗米道에서 확연히 발견된다.

이런 과정을 거쳐 도교는 시간이 흐르면서 급속한 신선의 팽창을 이룩했다. 그 과정에서 이런 신선을 등급화할 필요가 생겼으며, 그에 더불어 그들이 사는 공간 또한 봉건적 분할이 불가피하게 되었다. 도교 팽창의 역사는 곧 신들의 포섭 역사라고 할 수 있다. 이런 블랙홀 같은 힘을 바탕

---

48) 『雲笈七籤』 권84는 尸解部로 편제되어 尸解의 개념과 역사적 사례를 집약해 놓았다.

으로 유가의 종조라는 孔子와 그의 수제자 顔回도, 불교의 교주 석가도
이 그물망을 탈출할 길이 없었다. 이들은 모두가 도교신학에서 귀신이자
신선으로 포섭되어 각자의 영역을 할당받았다. 이를 극명하게 보여주는
결과물이 南朝 梁代의 도사이자 갈홍－구겸지－육수정 이후 도교 신학을
집대성했다는 陶弘景이 제출한『洞玄靈寶眞靈位業圖』(약칭『眞靈位業圖』)
이다. 이에 수록된 신선은 대략 800명인데, 도홍경은 이들을 7개 위계로
분류하며 각각의 위계에는 主神을 놓았으며 그 좌우에 보좌신들로 諸神
을 배치했다. 이에서 최고신격은 원시천존이며 제2위는 道를 신격화한 太
上道君. 공자와 안회는 金闕帝君이 통치하는 제3위에 배당된다. 이『진령
위업도』에는 애초에는 불교의 曼茶羅와 같은 그림으로써 각종 신이 배치
되어 있었다고 하나 현존본은 이 부분이 모두 탈락돼 있다.[49] 불교에서
차용한 이들 신선 세계의 배치는 33천에 상거한다는 김유신을 이해할 때
일정한 시사를 줄 수 있을 것이다.

　　陶弘景 이전 신선세계의 등급화는 갈홍이 시도했다.『포박자』內篇
論仙에서는『仙經』을 인용해 신선을 上士, 中士, 下士의 3등급으로 분류
하였다. 더욱 구체적으로 나아가서는 상사는 擧形昇仙하니 이를 일러 天
仙이라 한다 하며, 중사는 名山에서 노니는 존재로 地仙이라 이르고, 하
사는 先死後蛻하니 이를 일러 尸解仙이라 한다고 했다. 나아가 天仙은
신선 중에서도 최상의 경지로서 대체로 백주 대낮에 승천해 天界의 仙官
이 되며 地仙은 승천하지는 않고 명산에 머물면서 불로장생하고, 시해선
은 일단 죽었다가 부활하는 특성이 있다고 했다. 이 3등급 체계의 신선을
갈홍은 다른 말로는 상선, 중선, 하선이라고도 부르는데, 실로 묘하게도
필사본『花郞世記』에서는 현직에서 퇴임한 전임 풍월주를 상선이라 부

르고 있다. 이 외에도 필사본 『화랑세기』는 이와 같은 위진남북조시대
도교신학 용어들이 무수하게 출현하는데, 이 글에서는 본론을 벗어나므
로 그에 대한 상론은 다른 자리로 미루기로 하지만, 신라 花郎이 도교교
단이라는 결론을 도출하는 데도 일정한 도움을 준다. 나아가 갈홍은 이
런 신선이 되기 위해서는 끊임없이 善行을 해야 한다고 강조한다.[50]

그렇다면 葛洪 식 분류 체계에서 김유신은 어디에 속할까? 생전에는 명
산(천하)을 주유했다 했으니 中仙 혹은 地仙의 면모가 강하고, 죽어서는 천
상 세계에 거하면서 마음대로 천상과 지상을 오르내리므로 上仙 혹은 天仙
의 성격 또한 짙다. 아울러 김유신에게는 尸解仙의 그림자 또한 짙은 것도
부인할 수 없는데, 그의 寶劍과 관련한 일화는 이런 특성을 잘 말해 준다.
시해하기 위한 방법 중 하나로 칼을 통한 劍解가 있기 때문이다.[51]

신선으로서의 그의 면모는 『삼국유사』 기이편 未鄒王竹葉軍조에서도
간취된다.

3. 도교교단으로서의 花郎과 花郎徒

1) 神仙 숭상으로 창설한 花郎

화랑제도의 창설에 관해서는 『삼국사기』와 『삼국유사』, 그리고 『三國
史節要』와 『東國通鑑』 계통으로 대별할 수 있으니, 먼저 『삼국사기』를

---

50) 論仙 편 등에 의하면, 地仙이 되기 위해서는 300번 선행을 해야 하며, 가장 높
   은 天仙이 되려면 1200번 착한 일을 해야 하고, 1199번의 선한 일을 했더라도
   만일 악행이 하나라도 있다면 앞서 행한 선행은 모두 수포로 돌아간다고 한다.
51) 『雲笈七籤』 권84 尸解部에는 尸解하는 방법 중 하나로 '造劍尸解法'이 별도
   항목으로 설정돼 있다.

보면, 진흥왕 37년(576(진흥왕 37)에 다음과 같이 기록되었다.

> (이 해) 봄에 처음으로 源花를 받들었다[始奉源花]. 처음에 君臣이 인물을 알아볼 방법이 없음을 걱정하다가 비슷한 사람끼리 모여 遊하게 하고는 그 행동을 살핀 연후에 뽑아 썼다. 마침내 美女 두 사람을 고르니 한 사람은 南毛라 하고, 다른 한 사람은 俊貞이라 해서 무리 300여 명을 모았으나 두 여인이 아름다움을 다투며 서로 시기하다가 준정이 남모를 私第로 유인해 억지로 술을 권하여 취하게 하고는 끌어다가 강물에 던져 죽이니 준정이 伏誅되고 그 무리 또한 화목함을 잃고는 뿔뿔이 흩어졌다. 그 뒤 이번에는 미모의 남자를 골라 그를 곱게 꾸미게 하고는 화랑이라 이름하고 그를 받들게 하니, 무리들이 雲集하니, 道義로써 서로 연마하기도 하고[或相磨以道義], 歌樂으로 서로 즐기기도 하며[或相悅以歌樂], 山水를 遊娛하니[遊娛山水], 멀리 가지 않은 데가 없었다. 이로 인해 그 사람이 사악하고 정직한지를 알게 되고 그 중 善한 이를 골라 조정에 천거했다. 그러므로 金大問이 『화랑세기』에서 이르기를 "賢佐忠臣이 이에서 나오고, 良將勇卒이 이에서 생겨났다"고 했다.

이 중에서 화랑 창설 연대와 원화, 그리고 화랑 제도의 변천에 대한 상세한 논의는 생략하지만 화랑이라는 우두머리 아래 집결한 집단의 행동반경으로 '相磨以道義'와 '相悅以歌樂', 그리고 '유오산수'의 세 가지를 지목한 점이 이채롭다. 근대 국민국가 체제가 태동하면서, 근대 한국이 망할 수밖에 없던 원인으로 尙武정신의 결여를 지목한 이데올로그들은 화랑에서 그것을 구원할 메시아적 목소리를 찾았으나, 적어도 신라 화랑의 집약했다고 할 수 있는 이 대목은 어디에서도 상무 정신을 운위할 대목은 없다. 그보다는 어쩌면 歡樂과도 접점을 이룰 수 있는 風流적 특성만을 농후하게 거론할 뿐이다.

이런 점에서 『三國史節要』와 『東國通鑑』 진흥왕기 원년(540)조에 "新羅王이 容儀端正한 童男을 選하여 風月主라 號하고, 善士를 求하여 徒衆으로 삼아 孝悌와 忠信을 礪하게 했다"는 언급은 무엇보다 그 우두머리로 容儀端正한 '童男'을 뽑아 '風月主'라고 했다는 점이 이채롭다. 동남이란 연령, 나아가 '풍월'이란 명명에서도 비록 孝悌 忠信을 운위하기는 해도, 이 역시 尙武라는 정신을 추출하기는 심히 곤란하다.

그런데 앞서 잠깐 본 『삼국유사』 '彌勒仙花 未尸郞 眞慈師'조에는 화랑 창설과 관련해서 실로 중대한 언급이 보이니, 이에서 이르기를 眞興王은 불법을 숭상하면서도 "또한 天性이 風味하여 신선을 매우 숭상했다. (그리하여) 人家 娘子 중에서 美艶한 이를 뽑아 받들게 하고는 原花라 하고 무리를 모아서 士를 뽑고는 그들에게 孝悌와 忠信을 가르쳤으니 이 또한 나라의 大要이다"고 한다. 이 구절 원문을 제시하면,

> 又天性風味. 多尙神仙. 擇人家娘子美艶者. 捧爲原花. 要聚徒選士, 敎之以孝悌忠信. 亦理國之大要也.

이니, 진흥왕이 원화를 창설한 원인을 분명히 多尙神仙을 거론한다. 그런데 이 문장은 진흥왕의 신선 숭배 열풍이 원인이 되어 원화를 창설했다고 했다. 원화(源花)는 화랑의 전신이니, 그것을 이어받았다는 화랑 또한 같은 맥락에서 접근할 수밖에 없다.

그렇다면 『삼국유사』의 이 기록은 평지돌출인가? 결코 그렇지 않다. 『삼국사기』에서 말하는 화랑의 특성 '相磨以道義'와 '相悅以歌樂', 그리고 '遊娛山水', 그리고 『삼국사절요』와 『동국통감』이 말하는 '風月'과 일맥으로 상통한다. 더불어 화랑이나 源花(原花)의 특성으로 한결같이 美貌를 거론하고 있는 것은 위진남북조시대 중국을 몰아친 老壯 중심의 玄學 열풍을 떠올리게 한다. 실제로 名山大川을 周遊하는 전통은 동시대 중국의 神仙道敎를 특징짓는 일대 증좌이기도 했으니, 『太平廣記』 권3, 神仙3에 저록된 『漢武內傳』에 의하면, 漢 武帝 劉徹은 "神仙之道를 좋아하여 늘 名山大川과 五嶽에 기도를 올리며 神仙이 되고자 했다"고 증언한다.

名山大川이 도교신학에서 특히 중시된 까닭은 그곳이 신이 강림하거나 상거하는 곳으로 간주되었기 때문이다. 『博物志』山水總論에서는 『援神契』라는 참위서를 인용해 이르기를 "五嶽의 精靈은 웅건하고 성스럽다. 四瀆의 정령은 인자하고 명석하다. 河水는 물의 우두머리로 하늘의 은하수와 相應한다. 太山은 天帝의 손자로써 사람의 혼백을 주관한다. 동방은 만물을 始生시키는 곳이다. 그 때문에 인간 생명의 장단을 주관하는 것이다"[52]라고 하니, 이는 명산대천이 중시되는 이유를 단적으로 설명한 대목이다. 神과 人間이 소통하는 통로, 혹은 장소로서의 명산대천이 갖는 위상은 『尙書』를 인용한 『삼국사기』 封禪書가 濫觴을 이룬다 할 수 있으니 이에서 이르기를 "(舜은) 天神을 제사하고 六宗을 제사를 지내고, 명산대천을 돌며 여러 신령께 두루 제사했다. 또 다섯 가지 상서로운 징조[五瑞]를 수집하며 길을 골라 四嶽의 관리를 회견하고 瑞玉을 하사했다"고 했다.

三山五嶽, 四瀆으로 대표되는 명산대천 숭배 혹은 그에 대한 각종 제사를 儒敎儀禮라고 규정한 글이나 그렇게 간주하는 사람이 부지기수에 달하지만, 神靈으로서의 명산대천은 공자의 표현을 빌리건대 怪力亂神의 전형이라, 실은 유교적 맥락과는 거리가 멀다고 할 수 있다. 김유신 또한 得道할 곳으로 深山, 그 중에서도 더욱 들어간 石崛이라든가, 深壑(심학)을 택한 까닭은 이런 곳에서 유교 경전을 공부하기 위함이 아니라, 이곳에 강림하거나, 관장은 神과 通靈하기 위함이었다. 『漢武內傳』에 등장하는 漢 武帝 劉徹이 갈구했던 것과 같은 발상을 안고 김유신은 咽薄山이니 中岳을 찾았던 것이며, 그런 점에서 신라 화랑이 '遊娛山水'했다는 것 또한 도교신학적인 맥락, 어쩌면, 『삼국유사』가 말한 그대로 神仙

---

52) "五嶽之精雄聖 四瀆之精仁明 河者水之伯 上應天漢 太山 天帝孫也 主召人魂 東方萬物始成 故主人生命之長短".

을 숭배한 데서 창출된 도교 교단 그 자체일 가능성을 한층 높여준다. 이는 '신선을 숭상한' 까닭에 만들었다는 바로 그 화랑의 최고 우두머리인 풍월주를 지낸 김유신의 행적에서 여실히 확인한다.

2) 寇謙之와 金庾信

『魏書』 중에서도 釋老志(권114)는 제목 그대로 북위시대 불교와 도교 통사이다. 이 중에서 道敎 부분은 실은 寇謙之 열전을 방불할 정도로 그가 차지하는 크기가 막중하다.[53] 寇謙之는 得道 행각은 다음에서 집약된다.

> 謙之는 뜻을 崇岳에서 지키고 마음을 다해 전력하기를[精專] 게을리하지 않았으니, 神瑞 2년(415) 10월 을묘에 갑자기 大神이 구름을 타고 용을 부리며 선도하고 따르는 백령百靈 仙人 玉女 左右侍衛와 산의 정상에 모여 머물며 太上老君이라 일컫는 이를 만났다. (대신은) 겸지에게 "이전 辛亥年에 嵩岳鎭靈集仙宮主가 天曹에 상표하며 말하기를 '천사교주 張陵이 세상을 떠난 이래 지상에서는 天師의 직책이 비어있고, 선을 닦는 사람으로 천사를 받을 만한 자가 없었다. 崇岳 도사인 上谷의 구겸지는 진리에 몸을 세워 행동은 자연에 맞고 재능은 사람의 모범이 되어 으뜸으로 천사의 지위에 처할 만한 자입니다'라고 했다. 이 때문에 우리가 와서 너를 보고 너에게 天師의 지위를 내리고 너에게 『雲中音誦新科之戒』 20권, 이름하여 『竝進言』이란 것을 내리노라. 우리 이 『經戒』는 천지개벽 이래 세상에 전해지지 않았지만 지금 운수가 이 경전이 세상에 나와야 하는 때가 되었다. 너는 우리의 新科를 선전하고 桃膠를 맑게 정리하여 三張의 僞法, 租米錢稅, 그리고 男女合氣의 術을 제거하라. 大道는 淸虛한 것인데 어찌 (삼장의 도교와 같은) 이러한 일이 있을 수 있겠는가. 오로지 예도를 제일로 삼고, 이에 더하여 服食閉鍊의 수행을 하도록 하라"고 했다.

이것이 중국 도교사에서는 유명한 구겸지의 득도 순간이며, 이를 통해 天上에서 강령한 太上老君에게서 각종 秘訣을 받았다는 내용이다. 그가

---

53) 全永燮, 「『魏書』 釋老志 譯註」 『중국사연구』 8, 2002를 크게 참조했다.

제창한 新道教를 '新'天師道라 하는 까닭은 바로 이 인용문에서 명확히 드러나는데, 三張, 즉 張陵 일족이 제창한 五斗米道의 方術 중에서도 쌀 다섯 되를 내야 한다는 '租米錢稅'나 房中術에 다름 아닌 '男女合氣의 術'을 쓸어버렸기 때문이다. 하지만 그럼에도 여전히 天師道라 일컫는 까닭은 五斗米道를 시대 변혁에 맞게 개혁한 데서 비롯된다.

이 장면이 특히 주목을 끄는 까닭은 김유신의 입산수련과 득도 과정과 매우 흡사하기 때문이다. 우선 구겸지나 김유신 모두 接神한 장소가 中嶽이다. 중국의 오악 체계에서 『삼국사기』 封禪書 이래 崇山(崇岳)이 곧 中嶽이었음은 의심할 나위가 없다.

김유신이 17살에 들어가 수도했다는 中嶽이 어디인지를 두고 말이 많은 가운데 『東國輿地勝覽』은 경주 서쪽 斷石山이란 곳을 지목했거니와 (권21, 慶州府 山川), 『삼국사기』 祭祀志에 五嶽의 하나로 거론한 지금의 대구 八公山을 지목한 사람이 거의 없다는 점도 독특하다. 필자는 김유신이 1차로 수도했다는 중악은 『삼국사기』 제사지 기록 그대로 지금의 팔공산일 가능성이 크다고 본다. 왜냐하면 그것을 부정할 만한 적극적인 반증이 없기 때문이다. 더불어 실제 중악이 어느 곳이건 관계없이 그가 1차 수련처로 중악을 택한 것은 구겸지의 그것을 염두에 두었기 때문이었을 것으로 생각한다. 중악, 그것도 그곳 석굴에서 노인(老人)을 만나 秘法(秘訣)을 전수받는 과정이 패러디를 방불할 만큼 비슷하기 때문이다.

구겸지의 入山修道 행각이 더욱 흥미를 끄는 것은 이 崇山 石崛 수도에 앞서 그 직전에는 西岳인 화산에서도 석실에 들어가 齋戒하기도 했다는 점이다. 이는 위에서 본 釋老志 바로 앞부분에 보인다.

김유신이 중악에서 神人을 만나 비결을 전수받았다는 원형이 될 수 있는 다른 사례로는 梁代 道士 도홍경이 불후의 도교학 교리서로 輯錄한 『眞誥』에 채록됨으로써 유명해진 紫陽眞人, 즉 본명 周義山이 있으니,

그의 得仙 행각과 그가 설파한 도교신학 교리는 『紫陽眞人內傳』으로 정
리되어 전한다. 이 內傳은 『진고』 중 眞冑世譜에 첨부된 原註에 의하면
4세기 東晉시대 道士인 華僑가 만들었다 한다. 이에 의하면 주의산은 中
岳仙人 黃泰에게서 비결을 받는다.[54]

　나아가 김유신이 수도처로 삼은 곳이 深山이자, 그 石崛이었다는 사실
자체도 바로 같은 시대 중국 도교교단이 가장 애호한 가장 전형적인 수
도 방식이라는 점도 예사로 보아 넘길 수 없다. 구겸지의 경우 華山 石室
수도에 이어 太上老君이 강령해 각종 秘訣을 전해준 곳은 嵩山 중에서도
3중 石室이었다고 석로지는 전한다. 深山 석실에서 수도한 경우는 비단
구겸지에 그치지 않는다. 각종 신선열전을 보면 神仙을 꿈꾼 무수한 사
람들이 이런 곳을 택했다. 이런 경우 예외 없이 난데없이 나타난 老人이
비결을 전해주고 사라진다는 '공식'을 갖는다. 구겸지의 대선배격인 五
斗米道 창시자 張道陵 또한 앞서 본 『太平廣記』 引 『神仙傳』에 의하면,
"蜀 땅 사람들이 교화도 쉽고 명산 또한 많다는 말을 듣고 제자들과 촉
땅으로 들어가 鵠鳴山에 살면서 道書 24편을 지어 수련하면서 뜻을 단
련"(밑줄 강조 – 인용자)하다가 "어느날 홀연히 하늘에서" 내려온 천인에
게서 正一明威의 방법을 전수받고 이를 토대로 병을 치료할 수 있게 되
었다고 하는 것이 그 대표적 보기다.

　그렇기 때문인지, 심지어 득선이 필요없는 신선 그 자신들도 심산 석
굴이나 석실을 상거처로 삼는 경우가 허다하게 발견된다. 『신이경』 東荒
經에서 이르기를 "東荒山中에는 大石室이 있으니 東王公이 居焉한다"고
했으며, 그의 상대 女神格인 西王母의 石室 또한 唐代 李沖昭 撰 『南嶽
小錄』 등지에서 발견된다.

　덧붙여 神人에게서 受戒하기 전에는 반드시 향을 피우고 齋戒를 해야

---

54) 福永光司, 「天皇と紫宮と眞人」(『道敎思想史硏究』에 수록)에서 인용함.

한다는 구도 또한 공통된다. 이는 김유신이라고 결코 예외가 되지 않는
다. 향을 피우고 재계를 할 때는 반드시 (祭)壇을 쌓게 되는데 이런 방식
은 거의가 齋醮 의식과 상통한다. 그런 사례는 부지지수에 달한다.

그렇다면 왜 深山으로 들어가야 하는가? 『抱朴子』권10, 明本편에 이
르기를,

> 산속에만 道가 있는 것은 아니다. 그러나 도를 닦으려면 반드시 산림 속에
> 들어가 경건하게 저 비린내[彼腥膻]를 잊으려 하면 곧 (마음이) 淸淨하게 된
> 다. 九室에 들어가 精思하고 眞一을 存하여 神을 초치[招神]하려면 와자지
> 껄함[誼譁]을 멀리하고 더러움[汚穢]과 어울려서는 안 된다.[55]

비록 仙藥 제조를 염두에 둔 말이긴 하지만, 왜 深山幽谷을 택해야 하
는지에 대한 답변은 훌륭하게 제시되었다. 같은 『포박자』권17은 제목
자체가 아예 입산수도할 때 조심할 점을 다룬 '登涉'인데, 도교신학사상
論仙 편, 仙藥 편과 함께 실로 중대한 의미를 갖는다. 이에서 제창한 수
련 방식이 이후 중국 도교 전체를 구속하기 때문이다.

> 道를 행하고 약을 만들거나 전란을 피하여 은거하려 한다면 아무래도 산
> 속에 들어가야 한다. 그러나 입산하는 법을 모르면 여러 가지 재앙을 받게 된
> 다. … (입산하려면) 3월과 9월에 해야 좋으니 이때가 산이 문을 여는 달이다.
> 또 그 달에서도 吉日 吉時를 택해야만 한다. … 그리고 입산하기 7일 전에
> 는 반드시 齋戒하고 昇山符(부적의 일종 – 인용자)를 휴대해야 하며, 또, 三
> 五法(호흡법의 일종 – 인용자)을 행해야 한다.[56]

이어 갈홍은 『玉鈐經』을 인용해 "名山에 들어가라면 불가불 遁甲術

---

55) "山林之中非有道也　而爲道者必入山林　誠欲遠彼腥膻　而卽此淸淨也　夫入
　　九室以精思　存眞一以招神者　旣不喜誼譁而合汚穢".
56) "凡爲道合藥　及避亂隱居者　莫不入山　然不知入山法者　多遇禍害　… 當以三
　　月九月　此是山開月　又當擇其月中吉日佳時　… 凡人入山　皆當先齋潔七日
　　不經汚穢　帶昇山符出門　作周身三五法".

을 알아야 한다"고도 한다. 이는 산 속에 있는 사악한 귀신이나 맹수, 독
충 따위를 피하기 위함이라고 부연한다. 나아가 앞서 신선의 3등급 체계
를 논할 때 이미 언급한 적이 있듯이, 『포박자』는 論仙편에서 中士, 곧
地仙은 "游于名山"이라고 했다.

입산수도, 그리고 석굴 수련과 관련해 더욱 주시할 김유신의 행적은
中嶽 수련을 끝낸 이듬해인 眞平王 建福 29년(611)에 2차로 택한 장소가
"咽薄山의 深壑之中"이라는 사실이다. 이 壑이란 말은 도가철학, 혹은
그것을 절대 기반으로 삼는 도교신학에서는 일체만물의 근원적인 존재
를 비유하는 표현으로 흔히 보이니, 巨壑·幽壑·大壑이라는 합성어로 흔
히 등장하는 까닭이 이에서 말미암는다. 예컨대 『莊子』外篇 중 天地篇
에서는 流水를 상징하는 諄芒이란 사람과 바람을 상징하는 苑風이란 사
람이 문답하는 형식을 빌려 각종 정치 행태를 논하는 와중에서 大壑을
東海 가에 위치하는 것으로 설정하면서, 그것을 묘사하기를 "대학이란
곳은 아무리 물을 부어도 가득 차지 않고, 아무리 물을 퍼내도 물이 마르
는 법이 없다"(大壑之爲物也, 注焉而不滿, 酌焉而不竭)고 하면서 "그래
서 그곳에서 遊하려 한다"는 말을 덧붙인다. 이는 결국 『老子道德經』이
설파하는 '玄牝'(현행통용본 6장)과 통하는 말이면서, 동시에 道 그 자체
를 비유한 말이다.[57] 김유신이 수련했다는 곳이 咽薄山 중에서도 '深壑
之中'이라는 표현 또한 말할 것도 없이 이런 『莊子』적 사고에 뿌리는 둔
것이며, 이는 김유신 수도행각의 지향점(혹은 그런 기록을 남긴 사람의
지향점)이 바로 도교신학임을 입증한다.

---

57) 이 壑이란 말은 道家를 주축으로 한 雜家書로 분류되는 『淮南子』에서는 여러
    곳에 출현한다.

3) 도교 神器로서의 寶劍

도교신학에서 寶劍이 (銅)鏡과 함께 차지하는 막강 위상은 일본의 도교사상사가 후쿠나가 미쓰지(福永光司)의 기념비적 논문 '道教における 鏡と劍'[58]을 참조할 수 있다. 도교에서 劍, 특히 보검이 차지하는 위상은 다름 아닌 咽薄山 深壑之中에서의 김유신의 행적이 훌륭히 증명한다. 이 이야기에서 보검은 天官, 혹은 虛·角 二星의 星靈이 강림하는 통로가 되어 있다. 보검이 요동을 쳤다는 말은 이를 의미한다. 말하자면 이 경우 김유신의 보검은 神體 그 자체다. 보검을 통한 神靈 강림에 앞서 김유신은 深壑 속에서 향을 피우며 하늘에 빌었다고 한다.

이 김유신의 보검과 유사한 사례를 찾아보면,『歷世眞仙體道通鑑』권18에 의하면 太上老君이 張道陵에게 "三五斬邪雌雄二神劍"을 주었는데 "그 위에는 각기 星斗日月 무늬가 있었다"(上各有星斗日月之文)다 하니,[59] 이는 神劍(寶劍)을 전달하는 행위 자체가 道라든가 秘訣을 (독점적으로) 전수한다는 행위를 상징하기도 했음을 암시한다. 唐末-五代 교체시기에 도교 교단에 일대 변화 바람을 불러온 杜光庭 撰『道敎靈驗記』권11, '劉遷都功纂驗'에서는 "옛날에 天師(張道陵)께서 云臺山에 오르시어 天地萬神께 告하시기를 '제가 하늘에 오늘 뒤에 太上께서 하사하신 寶劍과 都功印纂은 남겨두시어 자손들에게 전하심으로써 억조(창생)를 救護하옵소서'라고 했다"[60] 하는 구절이 보인다. 이 구절에 보이는 도공인찬은 印章의 한 종류로써 이 또한 劍과 더불어 도교에서는 필수불가결한 法具 일종이다.[61] 張道陵이 받았다는 보검에 神異性을 부여하기 위해

---

58) 福永光司,『道教思想史研究』, 岩波書店, 1987, 제1장으로 수록.

59)『道藏』제5책, 201쪽.

60) "昔天師升天于云臺山 告示天地萬神曰 吾升天之後 留太上所賜寶劍都功印 纂 以付子孫 救護億兆".

이와 같은 무늬를 넣는 전통은 그 역사가 오래되어 이미 後漢 趙曄 撰 『吳越春秋』에서 확인되고 있으니, 이곳 王僚使公子光傳 제3에서는 초 평왕의 군사들에게 추격되어 위험에 빠진 오자서를 구해준 어부에게 그 답례로 오자서는 허리에 차고 있던 百金의 칼을 풀어주면서 "이는 제 前 王(靈王)께서 하사하신 것인데 검에는 七星이 새겨져 있습니다. 값으로 친다면 백금의 가치가 있을 것이니 이로서 도와주신 恩誼에 보답코자 합 니다"라고 했다는 말로써 보인다.

刀劍은 나아가 그렇기 때문에 邪鬼를 물리치는 주술성도 지닌 것으로 간주되었다. 예컨대 『포박자』내편 金丹편에서는 丹金이라는 금단의 일 종을 "도검에다가 바르면 적병을 萬里 밖으로 쫓아버릴 수 있다"(以塗刀 劍, 辟兵萬里)고 했으며, 同書 登涉편에서는 '涉江渡海할 때 辟蛇龍하는 道'를 묻는 어떤 사람의 질문에 답변하는 형식을 빌려, 그 방법 중 하나 로 "(칼을 만들 재료인) 銅이 剛으로써 완성되면 숯불로 그것을 단련하고 童男童女로 하여금 進火케 하여 그 중에서도 牡銅을 취하여 雄劍(숫칼) 을 만들고 牝銅을 취하여 雌劍(암칼)을 만들되, 각각 그 길이를 5寸5分으 로 하여", "그것을 차고 물길을 가면 교룡이나 巨魚, 水神이 감히 사람에 게 근접하지 못한다"[62]라고 해서 제조법까지 제시하고 있는 데서 뒷받 침된다. 나아가 같은 편에서는 "물에 들어가고자 하면 웅검은 왼쪽에 차 고, 자검은 오른쪽에 찬다. 다만 배를 타지 않을 때는 홀숫날에는 웅검을,

---

61) 필사본 『花郎世記』 중 7세 薛花郎傳을 보면, 풍월주 교체 의식이 보이는데, 이때도 어김없이 印을 주고받음으로써 그 의식이 완성됨을 엿볼 수 있다. 필사 본 『花郎世記』에 위진남북조시대 도교신학의 영향이 곳곳에 나타난다는 앞선 언급은 이에서도 극명하다.

62) "銅成以剛炭煉之 令童男童女進火 取牡銅以爲雄劍 取牝銅以爲雌劍 各成五 寸五分 … 帶之以水行 則蛟龍巨魚水神不敢近人也". 이 구절 중에서 '銅成以 剛炭煉之'와 '令童男童女進火'의 '進火'를 필자는 제대로 이해하지 못하겠다.

짝숫날에는 자검을 찬다"[63]고도 했다.

도교에서 보검이 法具로써 차지하는 위상은 尸解仙의 도구로 빈번히 사용된다는 사실에서도 방증된다. 이와 같은 흔적은 『正統道藏』에 견주어 『小道藏』이라 일컫는 『雲笈七籤』에 집중적으로 출현하니, 이곳 권84~86은 尸解部라는 이름으로 編目되어 있다. 예컨대 권84, '尸解次弟事跡法度'에는

> 良非여, 子干이여, 이제 曲晨飛精相哺함으로써 나는 네 몸을 빌려 모습을 숨기나니. 나는 이제 모습을 감추어 숨으려니 네가 잠시 무덤에 들어올지니라.[64]

라는 주문이 보이는데, 여기서 良非와 子干은 칼 이름이다. 도교신학을 이룩하는 데 음양오행설이 그 주축물 중 하나임은 널리 알려져 있으니, 『포박자』에서 본 것처럼 여기에서도 刀劍은 암수의 한 쌍이 이용되고 있다. 또 『운급칠첨』 권85에 수록된 『太極眞人飛仙寶劍上經』 敍에는

> 世人들이 보검으로써 시해하는 것이야말로 매미가 허물을 벗고 변하는 일만큼이나 上品이라 할 것이다.[65]

는 구절이 발견된다. 도교에서 검이 차지하는 위치가 이처럼 막중하기에 후쿠나가에 의하면, 역대 저명한 도사는 대체로 도검을 직접 제작했다고 한다. 그러한 사례로 唐代를 대표하는 도사 司馬承禎을 필두로, 그가 계보를 직접 이어받았다고 거명한 梁代 天師 陶弘景(456~536)은 梁 武帝를 위해 神劍 13口를 주조했으며, 그 이전에는 北魏 太平眞君 원년(440)

---

63) "欲入水 以雄者帶左 以雌者帶右 但乘船不身涉水者 其陽日帶雄 陰日帶雌".
64) "良非子干 今以曲晨飛精相哺 以汝代身 使形無泄露 我當潛隱 汝暫入墓". 이 구절 중에서 '以曲晨飛精相哺'의 정확한 의미를 필자로서는 파악하기 힘들다.
65) "世人用寶劍以尸解者 蟬化之上品也".

에는 도사 繼天師가 太武帝를 위해 검을 주조한 사실 등을 들었다.[66) 이
중 도홍경에게는 도검 전문 저작인『古今刀劍錄』이란 저술이 지금까지
도 전한다. 이곳에서는 도검이 지닌 위력을 강압적으로 선전하기보다는
干將과 莫耶를 필두로 하는 역대 史籍에 보이는 저명한 도검류에 얽힌
일화를 집록했다. 도홍경은 왜 이런 작업을 했을까? 도교신학에서 그만
큼 도검이 차지하는 비중이 컸기 때문이었을 것이다. 이에 수록된 이야
기 중에서도 北魏 太武帝 太延 6년(440)에 있었다는 일은 흥미롭다. 이
에 의하면 어떤 도사가 태무제 拓拔燾를 위해 길이 3尺 6寸되는 검을
제조해 바치니, 이를 기념해 황제는 太平眞君이라고 아예 연호까지 바꿨
다고 한다. 태평진군이란 연호 자체도 물론이고, 그 改元에 도교, 특히
구겸지가 깊이 개입돼 있었지만, 이에 더해 도홍경은 보검 제조 사실까
지 덧붙여 개원이 일어난 것으로 설명한 것이다.

이들 뿐만 아니라 갈홍 또한 도검 제조 전문가였음은 앞서 제시한『포
박자』登涉 편의 雄劍, 雌劍 운운한 대목 하나로 족할 것이다.

4) 秘訣과 天官

김유신에 얽힌 사적 중에 秘訣과 天官 또한 도교신학에서 그 유래나
전통을 찾을 수밖에 없다. 이에 관련되는 사항을 다시금 간략히 정리하
면『화랑세기』에서는 그가 18살 때 中岳에 들어가 老人에게서 비결을
받았다고 했으며,『삼국유사』에서도 같은 시기에 그가 수검득술하여 國
仙이 되었다고 했다. 더불어『삼국사기』에서는 17살에 中嶽 石崛에서
難勝이라고 밝힌 老人에게 '方術'을 가르쳐 달라 해서 '秘法'을 전수받
았다고 한다. 세 가지 사료 중 유독『삼국사기』만이 차이를 보이지만, 이

---

66) 福永光司, 앞의 논문.

것이 대수는 아니며, 동일한 사건·내용을 전하고 있다는 것은 부인할 수 없다. 따라서 이들을 종합할 때 김유신은 난승이라는 중악 노인에게서 비결 혹은 비법, 혹은 방술을 전수받았으며, 그것을 가능케 한 통로 중 하나가 修劍이었음을 알 수 있다. 검이 도교에서 차지하는 위치를 고려한다면 이런 '인과관계'에 하등 이상한 점은 없다.『삼국사기』관련 기록에서 비법을 전수하면서 난승이 당부한 말, 즉 '함부로 전하지 말 것이며, 만약 의롭지 않은 데 쓴다면 재앙을 받을 것'이라는 경고가 어떤 함의를 지니는가?

비결을 해명하기 위해 그 핵심인 결이 어떤 의미인지를 우선 파헤쳐야 한다.『說文』에 이르기를 이 글자를 "결별(訣別)한다는 뜻이다. 혹은 법이라는 뜻도 있다. 言이 의미, 決의 생략자가 소리를 표시하는 형성자이다"[67]라고 해서 後漢시대에 이미 두 가지 뜻으로 널리 쓰였음을 엿볼 수 있다. 이 중에서도 주시할 풀이가 후자, 즉, 법이라는 것이다. 이를 그대로 대입한다면 비결은 곧 비법이 되는 셈이다. 무엇인가를 풀 수 있는 비밀스런 방법에 다름 아니다. 그런데 결은 시대가 지나면서 점점 죽음과 연동되는 흔적을 강하게 보인다.『玉篇』에서 "死別也"라고 풀었다든가,『類篇』에서는 "絶也", 그리고『通俗文』에서는 "與死者辭曰訣"라고 푼 것이 다 이를 뒷받침한다. 그에 더불어『魏書』釋老志에서는 "大禹가 長生之訣을 들었다"(大禹聞長生之訣)고 해서, 도교신학에서 익숙한 의미로 완연한 모습을 드러낸다. 자신은 없으나, 죽음 혹은 찢어짐, 갈라짐 등과 연동된 결의 이미지가 도교신학에 포섭되어서는 '남들은 모르고 선택받은 자만이 아는' 비결 혹은 비법의 뜻으로 轉移되지 않았나 의심되기도 한다.

秘訣은 말 그대로 비밀스런 방법이기에 함부로 공개되어서는 안 된다.

---

67) "訣別也 一曰法也 從言 決省聲".

도교, 특히 신선도교에서 연금술은 비결이 엄수되는 대표적인 분야다. 그 래서인지 이를 설파한『抱朴子』內篇16, 黃白편에서는 비결의 엄수 조 건들이 장황히 개진한다. 비결은 함부로 받을 수 없고 선택받은 자에게 만 주어지는 특권이기에 그 의식은 엄숙해야 하므로, 우선 "연금술 또한 단약을 만들 때와 마찬가지로 100일 이상 목욕재계"해야 한다고 하며, 아무 데서나 전수되는 것은 아니기에 "仙術을 행하려는 사람 중에는 口 訣을 지닌 자가 있는데 반드시 스승에게서 전수받거나 깊은 산에 들어가 정결한 곳에서 수련해야 하며 세속의 어리석은 사람이 알게 해서는 안 된다."[68]고도 한다. 구결이란 비결의 폭로를 두려워한 데서 기인하는 도 교 특유의 비법 전수 방식 중 하나로 텍스트화를 하지 않고 말 그대로 입에서 입으로만 전하는 형식이다.

『포박자』는 심지어 전한 말기 때의 목록학자로 유명한 劉向이 황금을 만들려고 하다가 실패한 까닭도 "궁중에서 만들려 하면서 宮人들을 시켜 그 일을 돕게 하니 필시도 그들은 모두가 齋潔하지 않은 자들이며, 더욱 이 人事를 끊을 수 없었던 데다 사람들이 왕래하는 일도 막지 못했으니 이렇게 해서야 어떻게 성공할 수 있겠는가?"[69]라고 반문하기도 한다. 그 러면서 갈홍은 "세속에서 비단을 물들이는 데도 雜人들에게 그 장면을 보지 못하게 하니, 그것을 보면 망치기 때문이니 하물며 黃白의 변화야 어떻겠느냐."[70]고도 한다.

『포박자』내편 중 글자 그대로는 '멀리까지 내다 본다.'는 정도의 의 미를 지닌 제19 遐覽 편에서 갈홍은 그 자신이 스승인 鄭隱 선생에게서

---

68) "其中或有須口訣者 皆宜師授 又宜入於深山之中 淸潔之地 不欲令凡俗愚人 知之".
69) "劉向止宮中作之 使宮人供給其事 必非齋潔者 又不能斷絶人事 使不來往也 如此安可得成哉".
70) "俗間染繪練 尙不欲使雜人見之 見之卽壞 況黃白之變化乎".

비결을 전수받은 경험을 거론하면서 이르기를 "(선생님의) 제자 50여 명 중에도 오직 나만이 (선생님의)『金丹之經』과『三皇內文』,『枕中五行記』를 전수받았으니 다른 사람들은 이들 책의 겉표지 제목조차 본 일이 없다."[71)]고 했다. 나아가 갈홍은 符書之屬 중에서 神驗이 가장 뛰어난 것은 어떤 것인가를 묻는 어떤 사람의 질문에 대답하는 말에서 스승인 정은 선생이 생전에 한 말을 빌려 "道書 중에서도 중요하기란『삼황내문』과『五岳眞形圖』보다 더한 것이 없다."[72)]면서 계속하기를,

> 여러 名山五岳에는 모두 이 책이 있지만 오직 石室의 幽隱한 곳에다만 갈무리해 두는 지라 得道하고자 하는 사람은 入山하여 精誠으로 그것을 생각해야만 山神이 스스로 開山을 하고서 사람에게 보여준다.[73)]

고 하면서, "산중에서 이 책을 얻으려면, 그 사람은 壇을 세우고 비단을 바쳐한 책을 적어간다."[74)]고 했다.『포박자』가 설파하는 비결을 얻는 이런 방식들이 김유신이 난승에게서 비결을 얻은 그것과 판박이임은 이제는 명약관화해졌다.

한편,『삼국사기』에서는 18살에 그가 보검을 지닌 채 咽薄山에 들어가 기도함으로써 접신을 경험했다고 하면서, 그가 기도하며 제사를 올린 대상으로 天官을 들었다. 이 天官에 대해 이병도는 "道家에 三官神이 있으니, 즉 天官·地官·水官이 그것이다."는 해설을 달았다.[75)] 그런데 실로 아쉽게도 이에 대한 추가 설명이 없다. 그렇지만 이는 정곡을 찌른 것으

---

71) "然弟子五十餘人 唯余見受金丹之經及三皇內文枕中五行記 其餘人乃有不得一觀此書之首題者矣".
72) "道書之重者 莫過於三皇內文[五九]五岳眞形圖也".
73) "諸名山五岳 皆有此書[六十] 但藏之於石室幽隱之地 應得道者 入山精誠思之 則山神自開山 令人見之".
74) "於山中得之 自立壇委絹 常畫一本而去也".
75) 이병도,『國譯 三國史記』, 을유문화사, 1977, 617쪽.

로, 이것이 넓게는 신라 문화사 전반, 좁게는 그 종교사상사에서 차지하는 중요성의 시원을 열었다 할 수 있다. 그렇다면 천관이란 도대체 무엇인가?

이 말은 『史記』 八書 중 하나의 제목으로도 보이지만, 천관서라고 할 때 천관은 天文을 담당하는 官吏 정도로 풀 수 있다는 점에서 김유신 열전에서 말하는 天官과는 아주 이질적이라고는 할 수 없으나, 神格으로 간주하기에는 힘들어 다른 데서 그 실체를 찾아야 한다. 이와 관련한 가이드라인은 앞서 말했듯이 이미 이병도가 제시했다. 그렇다면 天官을 필두로 地官, 水官을 아우른 삼관은 도대체 무엇인가?

도교에서 숭배하는 신격으로 '三官大帝'가 있다. 천관·지관, 그리고 수관으로 구성되는 그 뿌리를 거슬러 올라가면 『儀禮』 중의 覲禮篇에 보이는 祭天·祭地, 그리고 祭水 의식이 있다.[76] 아마도 후대 早期 도교 교단에서 계발하는 三官大帝는 그 구성 요건으로 보아 祭天·祭地, 그리고 祭水와 합치하는 까닭에 이에서 비롯되었다고 보는 것이 정확할 것이다.[77] 이를 교리에 포섭한 교단은 역시 장릉이 창립한 천사도(오두미도)다. 『삼국지』 張魯傳에 裴松之注가 인용한 魚豢의 『典略』에는 그런 사정이 잘 드러나니, 이 오두미도가 病者를 치료하는 수법으로 신자를 끌어 모았음은 앞서 설명했다. 그런데 그 기도하는 방식을 『典略』은 이렇게 소개한다.

> 病人의 姓名과 罪에 服한다는 意味의 내용을 쓰게 하고는 3通을 만들어 그 1通은 天에 捧하기 위해 山上에 두었고, 1通은 地에 묻고, 1通은 水에 沈케 하니, 이를 『三官手書』라 했다.[78]

---

76) "祭天燔柴 祭山丘陵升 祭川沉 祭地瘞".
77) 卿希泰 主編, 『中國道敎』 第3卷.
78) "請禱之法 書病人姓名 說服罪之意 作三通 其一上之天 著山上 其一埋之地

이에서 삼관이란 바로 천관·지관·수관임이 드러난다. 이런 三官 숭배 의식은 남북조시대에 이르러 '三元'과 결합한다. 예컨대 이 시대에 출현한 『元始天尊說三官寶號經』을 보면,

> 上元一品賜福天官, 紫微大帝 ; 中元二品赦罪地官, 清虛大帝 ; 下元 三品解厄水官, 洞陰大帝.

라고 해서 천관은 상원, 즉, 정월 15일과 결합하여 紫微大帝가 되고, 지관은 중원(7월 15일)과 세트를 이루어 清虛大帝가 된다. 그리고 수선은 하원(8월 15일)과 커넥션이 이루어져 洞陰大帝가 된다. 위 구절을 유심히 살피면 직능 분화도 이뤄지고 있으니 천관은 賜福을 관장하고 지관은 赦罪, 수관은 解厄을 맡게 됨을 알 수 있다.[79] 이 외에도 『三元品戒經』이나 『因緣經』처럼 남북조시대 출현한 다른 道經에도 이런 모습이 드러난다.

이를 통해 김유신이 咽薄山에서 기도한 대상이 五斗米道의 三官手書에 기원을 두는 神格임을 파악하게 되었으며, 더불어 비약을 허락한다면, 그가 咽薄山에 올라 제단을 차려놓고 향을 피우며 신령한 힘을 보검을 통해 내려달라고 기도한 날이 정월 15일이었다는 추정도 가능하게 되었다. 아울러 앞서 필자는 비형랑과 그가 이끈 鬼衆이 公共救貧 사업을 벌이는 데 착안해, 이것이야말로 이들이 오두미도 교단(엄밀히는 그것의 신라적 발현)일 가능성을 제시했는데, 지금 시점에서 천관의 실체를 구체적으로 해명함으로써 그런 추정을 더욱 뒷받침하는 유력한 증거를 얻게 되었다고 생각한다.

其一沉之水 謂之三官手書".
79) 卿希泰 主編, 『中國道教』 第3卷.

5) 김유신의 石崛道人, 진흥왕의 石崛道人

지금까지 전개한 필자의 논지는 시종일관 김유신에게 방사, 나아가 그 성격을 농후하게 지닌 도교교단의 지도자급이랄 수 있는 도사의 풍모가 농후하게 풍긴다는 것이다. 이런 주장에는 커다란 걸림돌이 있으니, 이런 모습으로 기록된 김유신이 김유신 당대의 실체에 가까운 김유신이 아니라, 그 후대에 조작된 이미지로서의 김유신의 모습이라는 반론을 재반박할 만한 뚜렷한 증거가 그다지 많지는 않다는 점이다. 물론, 이에 대비해 필자는 김유신 외에도 그보다도 반세기 가량 활동 연대가 빨랐을 비형랑을 주목하기도 했으며, 더불어 시대를 더욱 앞당겨, 진흥왕 즉위 원년(540)으로 돌아가 화랑제도 혹은 그 전신인 源花를 창설하 당시 분위기로써 진흥왕의 유별난 신선 숭배 열풍을 지목하기는 했다.

그런 방증자료를 하나 더 보충하기에 앞서, 필자는 신라사회의 이런 신선도교 열풍이 진흥왕대 이전에도 광범위하게 유포되었음을 구명하고자 하기도 했다. 예컨대 그가 남긴 소위 4대 순수비 중에서도 창녕비를 제외한 북한산비, 황초령비, 마운령비는 신선에의 열망에 온몸을 불사른 진 시황제와 한 무제에 뿌리는 두는 태산 封禪大典의 신라판 의식이었음을 주장하기도 했으며,[80] 더불어 진흥왕이 황룡사 자리에다가 세우려 한 紫宮은 곧 그 자신이 신라라는 국토에 강림한 天皇大帝이고자 한 흔적임을 밝혀내는 한편,[81] 고고학적 발굴성과에 천착해 이미 積石木槨墳시대에 신라는 온통(적어도 지배층은) 신선도교에 포섭되었음을 雲母나 朱砂와 같은 仙藥을 검출함으로써 증명하기도 했다.[82] 그에 따른 필자 나름

---

80) 김태식, 「封禪大典, 그 기념물로서의 진흥왕 순수비」『백산학보』 68, 2004.

81) 김태식, 「지상에 강림한 천황대제로서의 박혁거세 ‒ 신라 건국신화 紫卵과 북극성 ‒」『신라사학보』 4, 2005.

82) 김태식, 「신선의 왕국, 도교의 사회 신라 ‒ 적석목곽분과 그 시대를 중심으로 ‒」

의 중간 평가를 하자면, 신라사회는 우리가 생각하는 것보다 훨씬 빠른 시기에, 그리고 훨씬 광범위하게 도교신학의 열풍에 휩싸였다는 것이다. 화랑이라는 신라판 도교교단을 이미 진흥왕시대에 출범할 수 있었던 것도 바로 이런 문화적 배경에서 말미암는다고 생각한다.

김유신에게 두드러진 方士적이며 道士적인 면모와 관련해서, 우리는 신라사회에서 그보다 훨씬 빠른 시기에서 유사한 사례를 검출할 수 있으니, 진흥왕 북한산 순수비에 보이는 石崛道人이 바로 그것이다. 북한산 비에 대한 각종 판독문에 의하면, 진흥왕은 지금의 비봉 정상에 모종의 의식(필자의 주장대로라면 봉선대전)을 지내러 가는 도중에 석굴에서 도인을 만났다. 실제 이런 일이 있었는지 없었는지는 아무도 모른다. 다만 이에 대해 필자는 종래의 논문에서 '비문에서 만났다고 하면 만난 것이다.'는 요지의 발언을 했다. 무턱대고 비문을 액면대로 받아들이자는 말이 아니었다. 설혹 이런 일이 없었다 해도 신인이었음에 틀림없는 도인을, 그것도 석굴에서 산 정상으로 올라가는 과정에 만난 것으로 설정한 것은 비문 정상에 있을 성대한 의식의 성공을 담보하는 언설이라는 뜻이었다.

그런데 이 道人의 실체를 두고 지금껏 불교 승려라는 주장이 별다른 의문도 없이 널리 통용되고 있는 실정이다. 진흥왕은 불교의 열렬한 숭배자였다는 믿음, 신라는 이미 이 시대에 완연한 불교국가로 접어들었다는 선입견, 이에 더해 동시대 중국에서는 불교승려를 道人이라 부른 데 대해 도교 측 종교지도자는 道士로 불러 구별했다는 어느 유명한 청대 고증학자의 한 마디 말이 복합적으로 작용하면서 이런 주장이 이제는 통념으로까지 자리잡기에 이르렀다.[83)]

『문화재』 36, 2003.

83) 이를 집약한 글이 신종원, 「道人 사용례를 통해 본 남조불교와 한일관계」 『한국

하지만 진흥왕이 만난 도인은 결코 불교승려일 수가 없다. 그는 인간이 아니다. 인간이라도 해도, 보통 인간의 지위를 뛰어넘은 신이자 인간이기도 한 神人이다. 앞서 본 『抱朴子』黃白편에는 여러 명산오악에는 모두 『三皇內文』과 『五岳眞形圖』라는 책이 있지만 오직 石室의 유은한 곳에다만 갈무리해 두었다가 得道하고자 하는 사람이 입산하여 精誠으로 그것을 생각할 때에만 '山神'이 스스로 開山을 하고서 그 사람에게 보여준다는 구절을 만났다. 여기서는 산신이라고 표현돼 있지만, 말할 것도 없이 이는 이런 신격을 갖춘 諸神人의 한 부류일 뿐이다. 나아가 그 실체가 산신이건 그것을 포괄하는 좀 더 넓은 의미의 石崛이건 관계없이, 그것은 도교신학에서 유래하는 신선의 한 종류임을 잊어서는 안 된다. 마찬가지로 비봉 꼭대기로 올라 신성하고도 성대한 의식을 치르려는 진흥왕에게 그 성공의 보증수표로 나타난 石崛道人 또한 山神이자 신인이며, 더 나아가 도사가 최고 경지에 이른 神仙인 것이다. 진흥왕이 비봉 꼭대기에 오른 것은 필자의 주장대로라면 신선에 미친 그의 신선에의 욕망까지 배태한 封禪大典을 치르기 위함이었다. 필자의 북한산 석굴 도인에 대한 이런 이해는 앞서 도교신학의 다른 많은 石崛과 그 石崛의 사례를 제시했으므로 이 자리에서는 중언부언하지 않겠다.

그에 곁들여 과연 일각의 주장처럼 진흥왕대 중국(남북조시대)에서는 道人은 불교승려, 道士는 도교승려라는 등식이 성립하는지도 이제는 철저하게 검증해야 한다. 이 주장의 단초를 제기한 이는 청대 고증학의 최고봉을 이룬 錢大昕이니, 그가 남긴 저술로 箚記에 속하는 『十駕齋養新錄』 전20권이 있어, 이곳 권19에 저록된 「道人道士之別」이란 항목 아래의 다음과 같은 짧막한 기술이 그것이다.

사연구』 59, 1987이다.

六朝에서는 道人을 沙門之稱으로 했으며 羽士(道士)라는 뜻으로 쓰지는
않았다. 『南齊書』 顧歡傳에 이르기를 "道士와 道人이 儒墨을 다투며 道
人과 道士가 是非를 논변했다"고 해다. 『南史』 陶貞白傳에 이르기를 "道
人과 道士가 나란히 門中에 있었으니 道人은 왼쪽에, 道士는 오른쪽에 있
었다"고 했으니 이는 道人과 道士가 확연히 구별이 있었다는 것이다. 『南史』
宋宗室傳에서는 앞에서는 慧琳道人이라 부르다가 나중에는 沙門慧琳이라
불렀는데 이는 道人이 곧 沙門임을 의미한다.[84]

이에 대해 필자는 그것을 부정하는 사례들을 제시함으로써 성립할 수
없음을 밝혔던 바,[85] 南朝 陶弘景 撰 『養性延命錄』에 명백히 도교 수련
자를 道人이라고 여러 군데서 지칭하고 있으며, 撰人은 불상이나 대체로
남북조시대에 나왔다고 간주되는 도경인 『洞眞太上太霄琅書』 권8에서
는 "注心修善, 善理妙深, 少未洞解, 多豈能明, 明解須專, 專必有應. 應則
通神, 何勞乎戚, 欣戚兩遣, 日夜專勤, 誓進無退, 號爲道人"이라 해서 신
이한 도술을 지닌 사람을 道人이라 불렀음을 알 수 있다. 이처럼 도인은
신이한 능력을 갖춘 사람, 그렇기에 方士 정도에 해당하는 일반명사였다.
『漢書』 五行志("道人始去, 玆爲傷")라든가 同書 京房傳("今湧水已出, 道
人當逐死, 當何復言") 따위로 빈출하니, 후자에 대한 顏師古注는 "道人,
有道術之人也"이라 해서 도인이 결코 불교승려만을 지칭하는 고유명사
같은 말이 아니었음을 명확히 보여준다. 더불어 출현 시기가 後漢인가,
아니면 魏晉 연간인지, 이도저도 아니라 남북조시대까지 출현시기가 떨
어진다는 반론도 있기는 하나, 아무튼 남북조시대 이전에 출현했을 것임

---

84) 陳文和 主編, 『嘉定錢大昕全集』(全10冊) 제7책 『十駕齋養新錄』 권19, 江蘇
   古籍出版社, 南京, 1997, 531쪽. "六朝以道人爲沙門之稱 不通於羽士 南齊
   書顧歡傳 道士與道人戰儒墨 道人與道士辯是非 南史陶貞白傳 道人道士并
   在門中 道人左 道士右 是道人與道士較然有別矣 南史宋宗室傳 前稱慧琳
   道人 後爲沙門慧琳 是道人卽沙門".

85) 김태식, 앞의 논문, 2004.

은 부인할 수 없는 『老子河上公注』 등지의 문헌에 도인인 도술을 갖춘 사람이라는 정도로 널리 쓰였다는 것은 그런 텍스트가 널리 유통되었던 남북조시대에는 종래의 통설, 즉 전대흔식 설명대로라면, 이런 텍스트에 등장하는 도인은 모조리 도사로 바뀌었어야 한다는 결론밖에 도출할 수 없다. 하지만 불교승려가 명백히 아닌 도인이라는 말이 들어간 많은 텍스트가 남북조시대에 통용되었다는 사실을 부인할 수 없다.

진흥왕이 만난 石崛道人의 실체를 도교신학적인 측면에서 접근할 수밖에 없다는 이런 결론은, 그런 기록이 진흥왕 당대에 진흥왕을 보좌하던 사람들이 남겼다는 점에서 그보다도 반세기 가량이 지난 뒤에 출현하는 김유신의 시대에도 널리 (실제로건 관념으로건) 유통되고 소비되고 있었다고 봐야 한다. 그런 점에서 김유신이 中岳에서 難勝이란 도인을 만났다 해서, 그 시대에 결코 일어날 수 없는 일, 그러니까 김유신전을 만들면서 후대의 누군가가(예컨대 그의 현손 김장청) 꾸며냈을 가능성은 현격히 줄어드는 것이다.

6) 武士團으로서의 도교교단

신라 화랑에 도교적인 요소가 다분히 습합되어 있다는 심증을 이 분야 연구자라면 꽤 많은 이가 지니고 있음에도 묘하게도 그렇다고 명시적으로 선언하고 나선 사람은 없다. 그 이유 중 하나가 아마도 현존하는 사료에서 남은 화랑의 노골적인(정확히는 현저한) 무사단의 성격에 기인하지 않을까 한다. 다시 말해, 화랑이 도교교단, 혹은 그런 색채가 농후하다고 해도, 어찌 본래의 도교교단에 이토록 군사적인 색채가 강한 것일까? 라고 되묻고는 고개를 갸우뚱하면서 이내 돌아서고 마는 것이 작금 한국학계의 현실일 것이라고 필자는 나름대로 생각해 본다.

하지만 이런 의문에는 필자가 생각하기에 두 가지 정도의 크나큰 모순이 존재한다. 첫째, 과연 화랑은 무사단이었던가 하는 근원적 반론이며, 다른 하나는 그렇다면 도교교단이 군사적이지 못할 까닭은 있는가 하는 의문이 그것이다.

첫 번째 문제와 관련해, 이런 인식은 너무나 신채호식의 화랑 이해에 사로잡혀 있는 데서 비롯된 것임을 이제는 반추해야 할 것이다. 화랑을 무사집단으로 본 것은 신채호가 대표적이다. 그보다 앞서 도쿄제국대학 국사학과 교수로서 한일 사학계에 막대한 영향을 끼친 이케우치 히로시 (池內宏)도 이와 비슷한 견해를 제출했다.[86] 또 이것이 신채호에게도 일정한 영향을 미쳤다고 생각하지만, 지금의 우리가 화랑을 떠올릴 때면 늘 신채호를 먼저 생각하는 것은 그의 화랑 이해가 지금에 끼친 영향이 그만큼 막대하다는 것을 의미한다. 그것을 뒷받침하는 것은 15~16살에 대가야 정벌에 나섰다는 사다함을 필두로, 평생을 전장에서 보내다시피 한 김유신을 거쳐, 황산벌에서 장렬히 산화한 관창 등등의 이미지라고 할 수 있다. 하지만 우리가 곧잘 잊어버린 것은 이들이 활약한 시대는 전쟁의 시대였다는 사실이다. 그런 전쟁의 시대는 동서고금을 막론하고 전쟁영웅을 요구하며, 아무리 종교집단이라고 해도 이런 시대 분위기에 결코 자유로울 수 없다. 오죽하면 불교승려 원광이 살생은 가려서 하라고 가르쳤겠는가? 나아가 동시대 중국의 위진남북조에서 그러했듯이 이런 혼란기 혹은 격변기에는 현실 참여에 대한 반발로서 隱逸의 열풍도 그만큼 강렬히 전개된다. 전쟁영웅만큼이나 죽림칠현으로 대표되는 은일자가 칭송되던 시대가 바로 위진남북조시대였다.

신라 화랑 또한 언뜻 보아 김유신을 필두로 하는 전쟁영웅만을 배출한 토대였던 듯하지만, 당장 그 창설을 둘러싼 기록을 보아도, 山水를 遊娛하거나 道義를 연마하기도 하면서, 때로는 假樂으로써 풍류를 즐기기도

86) 池內宏, 「신라인의 武士的 정신에 대하여」 『史學雜誌』 제40편 제8호, 1929.

했던 것이다. 실제로 단편적으로 남은 화랑들의 흔적을 보아도, 예컨대 『삼국유사』에서 국선의 시초로 거론한 설원랑(설화랑)만 해도, 김유신의 이미지와는 매우 상반된다.

전쟁의 시대가 지나고, 평화의 시대가 도래한 통일신라시대에 화랑은 완연히 風流 일색이다. 신문왕대에 활약했다는 국선 夫禮郎이 그렇고, 永郎으로 대표하는 이른바 신라 四仙은 차라리 도교에서 말하는 神仙이라 불러도 좋다. 화랑의 구조가 이처럼 다층적이었을 것임은 필사본 『화랑세기』에서도 엿볼 수 있으니, 앞서 든 것처럼 진흥왕 말엽~진지왕대 무렵에는 풍류를 중시하는 설원랑 계열의 雲上人파와 무협을 중시하는 文弩파로 당파가 분열되었다고 한다.

다음 두 번째 문제로 도교교단은 무사적(군사적) 성격과는 거리가 멀어야 하는가를 짚을 때가 되었다. 필자는 동아시아 3대 종교(사상)라는 유교와 불교와 도교 중에서도 도교가 가장 군사적인 성격이 강하다고 확신한다. 도교의 뿌리가 隱逸이나 隱遁을 주축으로 삼는 老莊思想에 뿌리는 둔다는 선입견에서 벗어나지 못하는 한, 그리고 도교라고 하면, 산속에 들어가 혼자서 得道하고 약초나 캐는 부류라고 생각하는 한, 이런 생각은 교정하기가 실로 난망하다.

하지만 『장자』, 특히 그 내편은 분명 절대자유를 강렬히 표방한다는 점에서 우리에게 익숙한 은일주의적 경향이 짙지만, 노자는 결코 그렇지 않다. 前漢시대 이래 그것이 주축을 이룬 소위 黃老道家는 法家사상의 절대 기반이었다. 『老子』에 대한 현존하는 最古 주석서가 절대왕권과 부국강병을 주창한 『노자』라는 사실을 잊어서는 안 되며, 그 외에도 『노자』가 표방하는 사상은 兵家와 일란성 쌍둥이를 형성했다. 이는 도교신학 일군의 흐름에도 깊이 영향을 끼쳐 그 기본 경전 중 하나로 거론되는 『黃帝陰符經』은 그것이 표방하는 궁극적 경지는 부국강병이었다.

  도교, 특히 이른바 '교단도교'(혹은 교회도교)는 태동부터가 군사조직
을 방불했다. 五斗米道와 거의 동시기에 발생한 張角의 太平道는 아예
교단 조직이 군사조직이었다. 이들은 전국을 36方을 나누고 大方을 두어
1萬人을 거느리게 하는가 하면 그 하위에는 6~7천인을 휘하에 두는 小
方을 설치했다. 나아가 張角은 스스로를 '天公將軍'이라 稱하고, 동생 張
寶는 '地公將軍', 또 다른 동생 張梁은 '人公將軍'을 칭하게 했다. 나아
가 갑자혁명설에 기초해 "蒼天은 이미 죽고 黃天이 새로이 설 것"이라는
구호 아래 일제봉기를 꾀함으로써 黃巾賊의 토대를 마련했다.

  이와 비슷한 선행 교단이 墨子 교단이었다. 중국사 최초의 교단을 형성
했다고 할 수 있는 이 교단을 동시대 많은 지식인이 두려운 존재로 그리고
있는데, 필자는 그 까닭이 이들이 언제든지 조직화할 수 있는 군사적 조직
이었기 때문이라고 본다. 이들의 절대 所依경전이랄 수 있는 『묵자』 자체
도 이런 성향을 농후하게 띠고, 묵자 자신도 방어용 무기 제조 전문가였으
며, 그의 깃발 아래 포섭된 신자 상당수도 수공업자였던 것은 확실한 것
같다. 이런 묵자 교단이 태평도나 오두미도와 같은 초기 도교 교단 성립에
절대적인 영향을 끼쳤다는 것은 章太炎(章炳麟, 1869~1936)[87] 이래 통설
이 되어있다시피 하거니와, 귀신이 있음을 설파하는 有神論, 他人에 대한
善行 강조 등의 핵심 교리로 볼 때 필자 또한 전적으로 공감한다.[88]

---

87) 그의 문집 『章氏叢書校論』 권3에 수록된 「黃巾道士緣起」에 나오는 다음 구절
  이 그것이다. "墨子之傳 絶于後漢 其兼愛 尙同 天志之說 守城之技 皆亡矣
  而明鬼獨率循物替 漢晉后道士 皆其流也 前世少君 文成 五利之流 本說神
  仙 亦能役鬼 后及 抱朴所說 亦神仙與幻術兼之 斯乃交相爲用 本非一流所
  成也 世傳張陵黃書 皆亦后人所托 觀其行事 惟以禱祀劾鬼爲主 而晉世如
  王羲之父子 股中堪輩 皆知古今 通文學者 尙猶惑于天師止道 假令純出黃
  巾米賊 何能致人崇信哉 本諸墨氏 源遠流長 故通人猶惑焉".

88) 더불어 後漢시대 이후 墨子가 급속도로 神仙으로 편입된다는 점도 주목할 만하
  다. 傳 葛洪 撰 『神仙傳』이 대표적이다. 아울러 그 경전 『墨子』 또한 『道藏』

도교교단의 군사적인 성격은 위진남북조시대에도 계속된 듯하다. 東晉 왕조를 붕괴로 몰고간 天師道 계열 손은의 난은 그런 성격을 여실히 보여주며, 비슷한 시기 북방 北魏 왕조에 출현한 구겸지 계열의 新天師道는 이 시대 도교교단에 잠복한 무사단적 성격을 폭로한다. 『魏書』釋老志에 의하면 구겸지가 太武帝에게 발탁되어 득세하던 불교까지 밀어내고 도교가 소위 國敎로 되게끔 하는데 결정적인 역할을 한 이는 당시 조정의 실력자인 司徒 崔浩였다. 석노지는 태무제가 구겸지에게 끌리게 된 사정을 이렇게 증언한다.

> 세조(태무제)가 즉위했지만 나이가 어렸기에 武功을 닦는 데 마음을 두었고, 언제나 禍亂을 평정하는 일을 우선했다. 비록 佛法에 귀의하여 沙門을 공경하고 존중했으나 아직 불교 경전을 열람하여 인과응보의 뜻을 깊이 탐구하지는 않았다. 구겸지의 도교를 아는 데 이러러 황제의 도교의 淸靜無爲가 신선이 될 수 있는 징험이 있다고 여겨 마침내 그의 도술을 믿고 행하게 되었다.

이 기록은 언뜻 그 자체에 모순을 안고 있다. 武功이나 禍亂 평정에 마음이 빼앗긴 태무제가 불교를 멀리 하게 된 것은 불교에는 이를 충족시켜 줄 만한 '메리트'가 없었기 때문이라고 하면서, 대신 도교에 눈을 돌이게 된 것은 神仙이 될 수 있다고 생각했기 때문이라고 한다. 이를 어떻게 해석할 것인가? 이에서 주목할 것은 태무제가 불교를 멀리하다가 나중에는 廢佛을 방불하는 大불교 탄압을 단행했고, 그에 견주어 도교는 국교화했다는 사실이다. 이는 부인할 수 없는 사실이다. 나아가 태무제가 武力에 관심이 많았다는 것도 부인하기 힘들다. 그런 그가 갑자기 신선이 될 수

에 편입된다. 묵자 교단과 초기 도교의 관계에 대해서는 물론 그 관계를 부인하는 사람도 있으니, 국내에서는 尹燦遠, 『도교철학의 이해 ―태평경의 철학체계와 도교적 세계관―』, 돌베개, 1998이 대표적이다. 하지만 필자는 윤찬원의 주장에 결코 동조할 수 없다.

있다고 해서 도교로 돌아섰다고 한다. 이 기록을 별다른 모순 없이 받아들이는 방법은 한가지다. 신선이 된다는 것을 어느 누구도 감당할 수 있는 '슈퍼맨'이 된다는 의미로 태무제는 받아들였다는 것이 그것이다.

반면 이 기록이 모순이라고 한다면, 불교는 武力을 증강하는 데 도움이 되지 않는다고 해서 그것을 멀리한 태무제가 도교로 돌아서게 된 것은 구겸지가 말하는 도교에는 그런 욕구를 충족시켜 줄 무엇인가가 있었기 때문이라고 풀어낼 수 있다. 이 경우 '도교의 清靜無爲가 신선이 될 수 있는 징험이 있다고 여겨' 도교로 눈을 돌렸다는 말은 '도교가 불교가 충족시켜 주지 못하는 武力의 매력을 갖추고 있었기 때문'이라는 정도로 바뀌어야 한다. 그 어떤 경우건 구겸지가 설파한 도교는 군사적 색채를 농후하게 띠었을 것이라고 우리는 추정할 수 있다.

교리 자체로 보아도 도교는 군사적 색채가 강하다. 모든 종교가 그렇지만 도교 또한 점점 규율을 강화해 가는데, 이에서 불교나 유교와는 현격히 달리하는 대목이 강제력을 동반하는 군사적, 혹은 행정문서에서 그 교리를 대폭 차용한다는 점이다. 주문 말미에 흔히 쓰이는 急急如律令이라든가, 邪鬼를 퇴치할 때 동원하는 부적이나 주문에 쓰이는 무시무시한 말들이 도교의 소위 '好戰的' 성격을 반영한다.

이런 점에서 유독 도교에서만 刀劍 숭배 전통이 유별나다는 점도 빼놓을 수 없다. 갈홍이건, 도홍경이건, 사마승정이건 가릴 것 없이 저명한 道士는 모두 당대를 대표하는 도검 제조 전문가였고, 그 자신들 역시 '칼잡이'들이었다. 사실 이런 특성을 유감없이 남기고 있는 인물이 김유신이다. 보검을 들고 깊은 산속 석굴을 찾아 들어가는 소년을 상상해 보면, 같은 수련 방식을 강조한 갈홍의 모습이 오버랩한다. 이로 볼 때 설혹 신라 화랑이 신라판 도교교단이었다고 해도, 거기에 무사적 성격이 농후하게 나타나는 것이 설명하기 힘들다는 반론을 성립할 수 없음을 알 수 있다.

4. "안인 밤중에 홍두깨"

김유신 개인이건, 그가 몸담은 신라 화랑이라는 단체건, 더 나아가 이들을 모두 포섭한 당대 신라사회건 이들에게는 도교신학이라는 짙은 그림자가 곳곳에서 발견된다. 그럼에도 지금까지 이런 모습을 본격적으로 탐구한 적은 없었다. 그러기는커녕 진흥왕이 神仙을 숭상해 源花를 창설했다는 『삼국유사』 기록을 신채호는 "안인 밤중의 홍두깨"로 치부했으니, 그가 이를 詳論하기를,

> 右의 기록은 『삼국사기』에 比하야 좀 常備하나, 또한 常談에 일은바 "안인 밤중에 홍두깨" 가티 나온 소리가 적지 안하니, 일을터면 眞興大王이 神仙을 尙하야 원화, 화랑을 奉하얏다니, 원화와 화랑이 도사나 黃冠의 종류란 말이냐? 『삼국유사』 작자는 불교도인 까닭에 『삼국사기』 저자인 유교도 가티 排他의 심술을 가지지 안하얏슬 터이나, 그 기록의 모호함은 한 가지다.[89]

같은 맥락에서 신채호는 문헌에 기록된 仙 혹은 仙敎가 중국의 도교와 관계없다는 근거로 여섯 가지를 거론하면서 화랑을 선교라 칭함은 단지 당시 한문학자가 그리 번역한 것이요, 실은 장생불사의 미신을 포함한 지나 선교, 즉 도교와는 聲色취미와 그 역사가 전혀 같지 않다고도 했다.[90]

신채호가 '선비'와 '郎家'의 부활을 부르짖으며 이국땅에서 조국 광복에 골몰할 때, 조선에 남은 최남선은 화랑을 '부루'라 풀면서 불함문화론을 제창했고, 이능화는 神敎라는 깃발을 펄럭이면서 고대 신교가 오늘날 한국 巫俗의 원형으로 간주하기도 했다. 일본을 들락거린 손진태와 송석

---

89) 독립기념관 한국독립운동사연구소, 『단재신채호전집1 조선상고사』, 2007, 747쪽.
90) 「東國古代仙敎考」, 1910 : 『단재신채호전집 별집』, 1979, 47~48쪽.

하 또한 외래에 물들지 않은 우리만의 고유사상 발굴을 위해 샤머니즘과 원시신앙, 민속 등을 파고들었다.

이들 선학의 연구는 그 자체가 어떤 면에서는 독립투쟁이었으며, 그 이전에는 어느 누구도 시도한 적이 없는 外來에 물들지 않은 한국 고유의 발견과정이었다. 그들이 처한 시대적 상황, 현재에 견주어 열악한 연구 조건 등을 고려할 때, 그들은 분명 가시밭길을 걸어간 선구자들이었다. 그렇기에 지금에 와서 보면 그들의 연구에는 뚫린 구멍이 많을 수밖에 없으며, 잘못 쌓은 토대 또한 적지 않다.

당장 김유신과 신라 화랑을 둘러싼 선학의 諸견해 또한 필자가 볼 때는 이제는 통렬한 비판이 있어야 한다. 그럼에도 유감스럽게도 작금 이 분야 연구는 1세기 전에 선학들이 걸어간 길을 그대로 따라가는 默守의 형태가 아닌가 하는 우려를 지울 길이 없다. 그것을 가장 뚜렷이 보여주는 대목이 김유신과 신라 화랑에서 "도교적 색채가 있다"거나, 혹은 "도교적 색채가 짙다"고는 누구나 얘기하지만, 실로 묘하게도 이 대목에서는 약속이나 한 듯이 그 자리서 이런 말만 남긴 채 발길을 돌리고 만다. 그것이 아니라면, 신채호식 이해처럼 한자를 빌려서 표현하는 과정에서 도교라고 오해를 받게끔 옮겨졌을 뿐이라고 한다. 더불어 1세기 전 선학들이 주장한 것과 똑같은 방식대로 우리 고유의 사상이 주축이 되어 외래와 습합된 것일 뿐, 그 근간은 어디까지나 고유사상이라고도 한다.

이런 경향을 목도하면서 필자는 道敎에 대한 그 어떤 격렬한 저항선이 한국사회에 있지 않나 생각해 본다. 같은 외래사상임에도 불교나 유교에 관한 연구성과는 쏟아지는데, 나아가 우리 고유사상의 총아적 존재로 간주하는 신라 화랑만 해도 불교적 전통과 연결한 연구성과는 부지기수에 달하고 있음에도, 유독 도교에 대해서만은 그 어떤 강렬한 저항정신이 유령처럼 배회하는 것이다.

그러면서 그 증거로 거론하는 것이 항상 도교는 한국사에서 교단이 부재했으며 한 번도 민중종교로 부상한 적이 없다는 것이었다. 이능화의 『조선도교사』와 함께 한국도교사 연구의 기념비적인 업적으로 꼽아야 할 차주환의 『한국도교사상연구』(서울대출판부, 1978)만 해도 "신라의 仙風이 결코 중국의 도교를 직접 수용한 데서 생겨난 것은 아니나 도교적인 색조를 느낄 수 있게 하는 것임은 부인할 수 없다"(114쪽)고 해서, 도교를 신라 고유의 仙風 하위에 놓았다.

그렇다면 무엇이 도교를 배척하며 驅逐하려 하는가? 필자는 1세기 전에 신라 화랑에서 도교적인 색채를 추방하고, 그에 대한 사망선고서를 발부하면서 내린 다음 판결문에서 그 해답을 찾는다.

長生不死의 迷信을 포함한 支那의 仙敎.

신채호 이후 지금에 이르기까지도 도교를 長生不死나 추구하는 미신으로 支那에서 유래한 종교라고 간주하면서, 그 반대편에서는 불교나 유교를 소위 '고등한 종교'로 치부하고, 그에 더불어 이른바 미신에 대한 배척 경향이 특히나 강한 기독교가 조선후기 이 후 이 땅의 종교사상 대세 중 하나를 흐름하면서 도교는 더욱 유배의 길을 걸어갔다고 해야 할 것이다.

김유신의 풍병과 신라 통일전쟁기의 질병

이 현 숙*

1. 머리말

전쟁에 있어서 지도자의 리더쉽은 전쟁의 성패를 가르는 중요한 요소로 작용해왔다. 역사적으로 볼 때, 전쟁에서 승리를 결정짓는 깃으로서 뛰어난 전략과 우수한 무기, 풍부한 물적 인적 자원, 외교적 관계 등등 수많은 요인을 열거할 수 있을 것이다. 그러나 이 전체를 합리적으로 아우르고 조화롭게 전개시켜갈 수 있는 뛰어난 리더쉽의 존재는 승리를 위한 필수조건이라고 생각한다. 이렇게 볼 때, 전쟁 시 최고 권력자 또는 군대를 통솔하는 장수의 건강은 평화 시보다 그 중요성이 더욱 커진다. 전쟁을 주도하는 지도자급이 중상을 입거나 중병에 걸리면 이는 전황에 영향을 미치게 마련이다. 예컨대 그리스의 알렉산더 대왕(B.C. 356~B.C. 323)은 바빌론에 돌아와 아라비아 원정을 준비하던 중, 열병에 걸려 33세의 젊은 나이로 갑자기 죽었다.[1] 알렉산더 대왕의 갑작스런 죽음으로 인해, 그리스군의 동방원정은 사실상 막을 내렸다. 이처럼 역사상 뛰어난 정치적 또

---

* 연세대학교 의과대학 의학사연구소 선임연구원
1) http://enc.daum.net의 알렉산더 대왕 참조..

는 군사적 지도자의 질병이나 죽음이 평화 시보다는 전황이 급박하게 진전되는 전쟁 기간에 미치는 영향이 더욱 컸다는 점을 상기할 때, 신라 통일전쟁의 주역이었던 김유신에게 발병한 풍병은 주목할 만하다.

일찍이 필자는 7세기 중엽 신라가 주도한 통일전쟁은 의학사에서도 주목해야 한다는 시각하에서, 전쟁기에 발생하는 전염병과 군진의학에 관해 고찰해 보았다.[2] 오랜 기간 노숙을 해야만 하는 열악한 환경 하에 생활해야 하는 전쟁터에서 발생하는 사소한 질병은 중병으로 쉽게 발전하였으며, 전염병이 유행할 가능성 역시 매우 높았다. 더구나 귀환 병사를 통해 전장에서 발생한 전염병은 민간에까지 대 유행하는 경우도 많았다. 이처럼 전쟁은 전염병이 만연하는 시기일 뿐 아니라, 집단생활을 하는 대규모 군대 내부에 각종 질병이 끊이지 않기 때문에 의학의 발전은 바로 전쟁을 통해서 이루어지는 경우가 종종 있었다. 7세기 신라가 주도하였던 통일전쟁기에도 이러한 현상을 확인해 볼 수 있었다.

특히 7세기 신라의 통일전쟁은 국제전 양상을 가졌기 때문에, 외부의 다양한 각종 질병들이 교류하는 장이었다. 전쟁에는 한반도의 고구려·백제·신라, 그리고 중국의 당과 일본열도의 왜 등이 참여함으로써 동아시아 국제전의 성격을 띠었다. 더하여 당나라와 고구려 군대에는 북방의 돌궐과 회흘, 말갈 등 북방 이민족 출신의 기병들도 다수 참여하였다. 이는 각국의 풍토병이 한반도 내에 유입되는 시기이기도 하였을 것이다.[3] 이로 인해 전쟁을 주도하였던 신라군을 위시하여 전쟁 참가국은 전후 각종 전염병의 유행으로 상당한 후유증을 치렀을 것으로 추정된다. 전근대

---

2) 이현숙, 「몸, 질병, 권력: 신라 통일전쟁기의 군진의학」, 『역사와 문화』 6, 2003a ; 이현숙, 「7세기 신라의 통일전쟁과 전염병」, 『역사와 현실』 47, 2003b.
3) 이러한 시각하에 작성된 것으로 이현숙, 「신라통일기 전염병의 유행과 대응책」, 『한국고대사연구』 31, 2003을 들 수 있다.

전쟁에서 흔히 그러하듯이, 7세기 중엽 신라의 통일전쟁도 실제 전투로 인한 사망자보다는 질병으로 인한 사망자 수가 더 많았다고 추정된다.

김유신은 신라가 통일전쟁을 성공적으로 수행하는 데 있어 가장 중추적인 인물 중 하나였다. 그는 백전노장으로서 신라 중대 무열계 왕권의 성립과 유지에 있어서 중요한 역할을 담당하였다.[4] 본고는 김유신의 풍병을 중심으로 전쟁을 수행하는 리더의 질병이 전황에 어떠한 영향을 미쳤는지, 또한 통일전쟁 과정에서 어떠한 질병이 유행하였으며, 종전 후 질병의 영향은 어떠하였는지 등에 관한 것을 밝혀보고자 한다.

2. 김유신의 풍병과 전쟁

『삼국사기』 신라본기에는 김유신이 73세 되던 해 풍병으로 668년 평양성 공격에 참여하지 못하였다는 사실을 다음과 같이 전하고 있다.

A. (문무왕 8년 6월) 29일에는 여러 도의 摠管이 (모두) 길을 떠났는데, 왕

---

4) 김유신에 관한 본격적인 연구로는 文暻鉉, 「三國統一과 新金氏 家門 – 金庾信 祖孫四代의 貢獻」 『軍史』 2, 1981 ; 申瀅植, 「金庾信家門의 성립과 활동」 『梨花史學硏究』 13, 1983을 들 수 있다. 특히 2007년 김유신에 관한 연구 결과가 집중적으로 출간되었는데 다음과 같다.
강경구, 『신라의 북방 영토와 김유신』, 학연문화사 2007 ; 金德原, 「신라 眞平王代 金庾信의 활동」 『新羅史學報』 10, 2007 ; 文暻鉉, 「金庾信의 婚姻과 家族」 『文化史學』 27, 2007 ; 朱甫暾, 「金庾信의 政治志向 – 연구의 生性化를 기대하며」 『新羅史學報』 11, 2007 ; 曹凡煥, 「金庾信의 가계와 후손들의 활동 – '가야계 출신이어서 가지는 한계'의 학설로부터 자유롭게」 『新羅史學報』 11, 2007 ; 金台植, 「方士로서의 김유신 – 道敎敎團으로서의 花郎 탐구를 兼하여」 『新羅史學報』 11, 2007 ; 林善愛, 「한국문화와 김유신의 재현양상」 『新羅史學報』 11, 2007.

은 庾信이 風病을 앓기 때문에 서울에 머물게 하였다.[5]

이때는 바로 고구려의 평양성 공격을 위해 신라군이 총 출격을 하는 시기였다. 이를 위해 668년 6월 12일 당에서는 유인궤가 숙위였던 김유신의 장자 사찬 김삼광을 대동하고 당항진에 도착하였다. 21일에 문무왕은 총공격을 위한 진영을 발표하였는데, 大幢大摠管(총사령관) 대각간 金庾信, 大幢摠管에는 각간 金仁問·欽純·天存·文忠과 迊飡 眞福, 波珍飡 智鏡, 大阿飡 良圖·愷元·欽突, 京停摠管에는 伊飡 陳純·竹旨, 貴幢摠管에는 品日과 잡찬 文訓·대아찬 天品, 卑烈道摠管에는 이찬 仁泰, 漢城州行軍摠管에는 잡찬 軍官과 대아찬 都儒·아찬 龍長, 잡찬 崇信, 대아찬 文穎·아찬 福世로 卑列城州行軍摠管, 河西州行軍摠管에는 파진찬 宣光과 아찬 長順·純長을, 誓幢摠管에는 파진찬 宜福·아찬 天光을, 罽衿幢摠管에는 아찬 日原·興元을 삼았다. 전군은 미리 출발하였고 27일에는 문무왕 역시 마지막으로 수도 경주를 떠나 당이 진을 치고 있는 군영으로 향하였다. 그러나 백전노장 김유신만은 총사령관에 임명되었음에도 전투에 참여하지 못하였는데, 이는 바로 그의 풍병 때문이었다는 것을 위의 자료는 전하고 있다. 당시 김유신의 나이는 74세였기에 풍병의 발생은 고령에 따른 자연스러운 노화현상 가운데 하나라고 볼 수도 있겠다. 그러나 평양성 공격을 지휘하였던 당나라 장수 이적이 75세였다는 사실을 감안해 볼 때, 그의 발병 원인을 노화에서만 찾아서는 안 될 것이다.

그런데 김유신 열전에 따르면, 김유신의 아우 흠순은 김유신이 전투에 참가해야 한다고 주장하였다고 한다.

B. 摠章 원년 무진(문무왕 8)에 당 고종이 英國公 李勣을 시켜 군사를 일

---

5) 『삼국사기』 권6, 신라본기6 문무왕 상. 본고에서 사용한 『삼국사기』의 원문과 번역문은 http://www.koreandb.net/Sam/bon/samkuk에 의거하였다.

으켜 고구려를 치게 하면서, 드디어 우리에게도 군사를 징발케 하였다. 문무대왕이 군사를 내어 (이에) 호응하려 하여 欽純·仁問을 명하여 장군을 삼았다. 흠순이 왕께 고하기를 "만일 유신과 함께 가지 않으면 후회가 있을까 염려됩니다" 하니, 왕이 "公等 세 신하는 나라의 보배다. 다 함께 적지로 나갔다가 不意의 일이 있어 돌아오지 못한다면 나라가 어찌될 것인가? 그러므로 유신을 머물러 나라를 지키게 하면 隱然히 長城과 같아 끝내 근심이 없을 것이다" 하였다.[6]

사료 B는 김유신의 아우 흠순이 유신의 참전을 주장하였고, 이에 문무왕은 흠순과 인문 등 중요한 신하가 모두 참여하였다가 불의의 일이 있을까봐 김유신을 후방에 두는 것이라는 점을 밝히고 있다. 흠순이 김유신의 참전을 건의했다는 사실은 유신이 전쟁터에 나갈 수 있는 상태였음을 의미한다. 그럼에도 불구하고 문무왕이 허락하지 않은 것은 김유신이 풍병 때문에 혹 사망할까 두려워했기 때문이라고 생각한다. 사실 적군과 전투 중에 대장군이 질병으로 사망한다면, 이는 전군의 사기와도 관련된 문제이므로, 문무왕의 입장에서는 이러한 위험을 무릅쓰고 싶지 않았을 것이다. 그러나 흠순으로서는 비록 그가 풍병이 있다고는 하지만 승리가 확실시 되는 상황에서 전공 포상이나 전후의 가야계의 세력 문제와도 밀접한 관련이 있을 것이기에 김유신의 참전을 주장하였던 것으로 보인다.

당시의 전황은 이적이 계필하력과 함께 북쪽에서 평양성을 향해 진군하고, 남쪽에서는 유인궤가 이끄는 당군과 신라군이 연합하여 호응하는 협공작전이었다. 고구려는 이해 6월 연개소문의 세 아들 중 男生이 당으로 망명하는 등 적전분열을 일으켜, 이미 대세가 상당히 기울어 있는 상태였다. 『삼국사기』에 따르면, 이후 신라군은 7월 16일에 唐軍과 만나 연합작전을 시작한다. 드디어 9월 21일에는 나당연합군은 平壤城을 포위하니 泉男産이 와서 이적에게 항복을 하였다고 한다. 백제 사비성 공격과 마

---

6) 『삼국사기』 권43, 열전3 김유신 하.

찬가지로 당군은 곧 철수에 착수하여, 이적은 보장왕과 왕자를 비롯한 중요 대신 등 20여만 명을 포로로 잡아 거느리고 唐으로 돌아갔다.[7]

김유신은 이와 같은 고구려와의 대전에 참석하지 못한 것이다. 그는 70세가 되던 4년 전 관례에 의거하여 문무왕에게 致仕를 청한 적이 있다.[8] 치사는 동아시아 전근대 사회의 관료제도 중에 정년 퇴직과 비슷한 개념이다. 김유신의 경우, 권력을 쥔 대신들에게 흔히 벌어지는 의례적인 상황이 일어난다. 왕은 이를 불허하고 오히려 그에게 짚고 다닐 수 있는 궤장을 하사하였던 것이다.

평균 수명률이 낮았을 신라 사회에서 김유신은 장수한 편이라고 할 수 있다. 그런데 통일 전쟁에 참여한 인물 가운데 『삼국사기』와 『구당서』 자료를 통해 나이를 확인할 수 있는 자를 살펴보면, 김유신처럼 장수한 자들이 많다. 신라 통일 전쟁기에 활약하였던 정치적 인물과 장수 가운데 연령을 확인해 볼 수 있는 자들을 비교해 보면 다음과 같다.

C - 1. 신라
  태종 무열왕 : 604~661 (57세)
  김유신 : 595~673 (79세)
  金仁問 : 629~694 (75세)
  淵男生 : 634~679 (46세)

  2. 당
  당 태종 : 598~649 (52세)
  당 고종 : 628~683 (66세)
  이 적 : 594~669 (76세)
  소정방 : 592~667 (76세)
  설인귀 : 613~683 (71세)

---

7) 『삼국사기』 권43, 열전 3 김유신 하.
8) 『삼국사기』 권6, 신라본기6 문무왕 상, "4년 정월에 金庾信이 退老하기를 청하였으나, 왕이 허락하지 아니하고, 几杖을 하사하였다".

유인궤 : 602~685 (84세)

이를 통해 다음과 같은 점을 지적해 볼 수 있다. 첫째, 주로 후방에 기거하는 최고 권력자 국왕에 비해 전쟁터를 누비는 장군이 보다 장수하였다는 점이다. 야전 사령관 격이었던 김유신, 이적, 소정방, 설인귀, 유인궤 등은 모두 70세가 넘어서 사망하였다. 이들은 설인귀를 제외하면 모두 75세 이상 장수하였다. 아마도 이들은 무인으로서 전투를 대비해서 평소 말 타고 병장기를 다루는 체력 단련을 꾸준히 하였을 것이므로, 궁궐에 기거하는 국왕에 비해 장수하였던 것이 아닐까 생각한다.

둘째, 무열왕과 이적과 같이 전쟁터에서 본국으로 귀환한 뒤 얼마 안 되어 사망한 경우가 눈에 띈다. 무열왕은 백제의 전역에서 경주로 돌아온 지 10개월 만에 사망하였고, 이적은 669년 즉 고구려 평양성 전투가 있던 다음해에 당나라로 귀한한 지 얼마 되지 않아 76세로 사망하였다.[9] 자료의 한계로 인해 왜 사망하였는지 구체적인 원인을 알 수 없다. 혹 전투를 수행하면서 긴장된 상황하에 생활하다가 전쟁이 끝나 집으로 돌아 온 뒤 정신적 긴장감이 풀린 상태에서 질병이 발병하여 사망에 이르렀던 것은 아닐까? 필자의 이러한 추론은 과로나 스트레스가 각종 질병을 야기한다는 것이 오늘날에는 상식이기 때문이다.[10] 이러한 현상이 현대에 와서 나타나기 시작한 것이 아니라 단지 현대에 와서 발견되었을 뿐이다. 특히 몸 안에 내재되어 있던 질병이 긴장 상태에서는 인식하지 못하고 있다가, 긴장의 끈이 끊어지자 갑자기 불거져 나와 질병이 급성

9) 劉昫 撰, 『舊唐書』 권67, 列傳17 李勣. "又引兵圍平壤遼東道 二年加太子太師增 食實封通前一千一百戶 其年寢疾 詔以勣弟晉州刺史弼 爲司衛正卿 使 得視疾 尋薨 年七十六".
10) 대한산업보건협회 편, 「최근 문제시되는 직업성 질환(24) - 과로나 스트레스와 업무상 질병」 『산업보건』 Vol.161, 2001, 24~32쪽 참조.

으로 진행되는 경우도 주위에서 찾아볼 수 있는 현상이다. 따라서 고대
사회에서도 같은 현상은 존재하였을 것이기에, 무열왕과 이적의 죽음도
전쟁에 대한 스트레스, 귀환과 긴장의 해이 등의 요인과 무관하지 않았
을 것으로 보인다.

셋째, 79세로 사망한 김유신은 위 그룹에서 볼 때 84세까지 생존하였
던 유인궤를 이어서 두 번째로 장수하였다. 즉 신라의 통일전쟁을 이끌
었던 신라와 당나라의 지도자 가운데서도 김유신은 매우 장수한 편에 속
한다고 할 수 있다. 김유신은 풍병에 걸려 전투에 참여할 수 없을 정도였
음에도 5년을 더 생존하였던 것이다. 당시 고구려의 항복을 받아낸 당나
라의 장수 이적도 김유신보다 한 살 연상으로서, 668년 평양성 공격을
앞두고 대군을 지휘하는 75세의 李勣과 풍병에 걸려 출전을 못하였던
74세 김유신의 모습은 비교가 된다.[11] 그러나 이적은 귀환 후 곧 사망하
였다. 김유신은 668년 평양성 전투에 참가하지 않고 후방에서 질병 치료
에 전념하였기 때문에 5년을 더 생존할 수 있었다고 생각한다.

그런데 사료 B에서 보듯이 아우 김흠순은 김유신의 참전을 주장할 정
도였다면, 김유신의 풍병은 당시 거동이 불가능할 정도는 아니었던 것

---

11) 물론 고대사회에서 통용되는 나이가 얼마나 정확한가하는 문제점을 제기할 수
있을 것이다. 호적제가 완비된 20세기 중반까지 한국인의 나이는 2~3세가량 고
의적으로 늦추는 경우도 많았던 것을 상기해 볼 때, 7세기 동아시아에서 기록된
나이에 오차가 없다고 말할 수 없을 것이다. 예컨대 이적의 경우, 668년 시어사
賈言忠은 요동에 와서 직접 전황을 둘러보고 고종에게 필승할 것이라는 점을
보고하면서 "且高句麗秘記曰 不及九百年 當有八十大將滅之 高氏自漢有國
今九百年 勣年八十矣"라고 하였다. 즉 『고구려비기』에 따르면 고구려가 900
년이 못되어 80세가 된 대장에게 멸망당할 것이라고 하였는데 당시 이적이 80세
라는 것이다. 그러나 이는 노장 이적을 두고 만들어진 讖言, 즉 유언비어로서 이
적의 정확한 나이를 말하는 것은 아니라고 생각한다. 본고에서는 『구당서』나 『
삼국사기』 열전에 남아있는 그들의 나이가 당시 이들에 대한 공식적 나이라는
사실을 중시하여, 이를 따른다.

같다. 그렇다면 문무왕은 왜 마지막 평양성 공격에 김유신이 참전하는 것을 반대하였고, 김흠순은 이를 주장하였을까? 나당연합군의 평양성 공격이 성공한다면 이는 고구려의 멸망을 의미하며, 김춘추와 김유신이 평생을 걸고 이룩하고자 하였던 대망이기도 하였다.

연개소문 사후 연씨 아들 삼형제가 권력투쟁으로 인해 666년 6월 연남생은 당에 망명하였다. 그해 겨울 12월에 당 고종은 李勣을 요동도 행군대총관 겸 안무대사로 삼고, 하북 여러 주의 租賦를 모두 요동으로 보내 군용으로 공급하게 하는 등 고구려 정벌에 대한 준비를 시작하였다.[12] 667년 가을 9월 이적은 고구려 新城을 점령하여 고구려 영토 내에 거점을 마련하였고, 곽대봉은 수군을 이끌고 평양으로 진격하였다.[13] 668년 2월에 당군은 이미 부여성을 함락하였다. 이후 당나라군은 계속 남하하여 대행성과 辱夷城을 접수한 뒤 9월에 이르러 평양성 총 공격을 앞두고 있었던 상태였다. 신라군은 남쪽에서 진격하여 평양성 총 공격에 합류하는 것이기에, 김유신은 문무왕과 함께 후방에서 지켜보기만 해도 되었을 것이다. 고구려의 마지막 순간이 될 것이 분명할 평양성 전투에 참가하지 못한다는 것은 김유신과 그의 일족에게는 큰 회한으로 작용하였을 것이므로, 김흠순은 김유신의 참전을 주장하였던 것으로 보인다. 이는 김흠순의 독자적인 결정에 의거한 것이 아니라 김유신의 심정적 지원

---

12) 『삼국사기』 권22, 고구려본기10 보장왕 25년 6월. "六月 高宗命左驍衛大將軍 契苾何力 帥兵應接之 男生脫身奔唐 秋八月 王以男建爲莫離支兼知內外兵 馬事 九月 帝詔男生 授特進遼東都督兼平壤道安撫大使 封玄郡公 冬十二 月 高宗以李勣爲遼東道行軍大摠管安撫大使 以司列少常伯安陸·處俊副 之 麗同善·契苾何力 爲遼東道行軍副大摠管兼安撫大使 其水陸諸軍摠管 幷轉糧使竇義積·獨孤卿雲·郭待封等 受勣處分 河北諸州租賦 悉詣遼東給 軍用".

13) 『삼국사기』 권22, 고구려본기10 보장왕 26년 9월. "二十六年 秋九月 李勣拔 新城 使契苾何力守之 … 郭待封以水軍 自別道趣平壤".

에 힘입어서 이루어졌을 것이다. 김유신 역시 참전을 원하였던 것이다.

한 평생을 전쟁터에서 보낸 노장 김유신의 입장에서도 평양성 전투는 수레를 타고서라도 참여하고 싶었을 것이며, 이러한 김유신이 바라는 바를 아우 김흠순이 문무왕에게 표현하였을 것으로 생각된다. 문무왕이 김흠순의 간청에도 불구하고 김유신에게 경주에 남아있을 것을 종용하였던 원인은 무엇일까? 660년 백제를 이어 고구려를 멸망시키는 순간, 항상 현장에서 함께 하였던 대총관 김유신을 배제한 이유로 김유신에 대한 정치적 견제를 생각해 볼 수도 있을 것이다. 그러나 무엇보다 문무왕은 김유신이 풍병으로 인해 갑자기 위독해진다던가 사망할 것을 두려워했던 것은 아닐까? 이러한 위급 상황은 아마도 신라군 내에서 전투 역량을 결집하는데 방해가 될 수도 있으며, 사기 저하까지도 초래할 수 있다고 문무왕은 생각했던 것이 아닐까 한다. 한반도 북부 지역의 가을은 일교차 역시 심하였을 것이고, 야전생활을 할 수 밖에 없는 상황 하에서 김유신의 풍병은 더 악화될 가능성이 높다고 생각하였을 것이다. 문무왕은 한창 전투 중에 대장군 김유신이 사망하기라도 한다면, 신라군 전체에 미치는 심리적 부담은 이루 말할 수 없을 것이라는 판단을 하였던 것이다.

실제 군대를 이끌고 직접 전투를 진행해야하는 장수가 병에 걸리면 최고 통수권자인 왕은 그에 걸맞은 정치적 제스처를 행하여 자신에 대한 절대적 충성과 복종을 유도한다. 즉 국왕의 시혜에 의하여 질병 치료를 행하는 것인데, 대표적인 사례로서 당 태종과 이적을 들 수 있겠다. 이적이 병이 났을 때, 태종이 콧수염을 내렸다는 이야기는 『구당서』에서도 확인해 볼 수 있다.

> D. (정관) 15년(641) 마침 薛延陀가 그 아들 大度設로 하여금 기병 8천을 거느리고 이사마의 부락을 침공하게 하였다. 이에 李勣을 朔州行軍總管으로 삼아, 기병 3천으로 靑山에 있는 설연타를 추격하게 하니, 공이

공격하여 대파하였다. 이때 이적이 갑자기 급병[暴疾]이 나니, 경험방에
이르기를 사람 콧수염 태운 재로써 고칠 수 있다고 하였다. 태종이 이에
스스로 콧수염을 뽑아 함께 약을 만들도록 하였다. 이적이 고개를 숙여
피를 보고는 울면서 사양함이 간절하였다. 帝가 이르기를 "내 사직을 위
한 계책일 뿐이다. 괴로워하지 말고 깊이 감사만 하라"고 하였다.[14]

   이적은 본명이 徐世勣으로서 隋末 李密(582~618) 진영에 있던 자였
다. 왕세충과 이밀이 망한 뒤 당 고조 이연이 서세적의 뛰어난 자질을
높이 사서 자신의 장수로 삼았다. 태종은 이적이라는 이름을 하사할 정
도로 총애하였으며, 644년 태종의 고구려 정벌을 함께 하였던 장수였다.
그는 641년 동돌궐 설연타 부족을 진압하는데 결정적인 공을 세웠는데,
당시 이적의 급병을 치료하기 위해 콧수염이 필요하다고 하자 태종은 자
신의 수염을 뽑아주었다는 것을 사료 D는 전하고 있다. 당 태종의 뽑힌
수염에 달린 피를 보고 이적은 울면서 사양했고 태종은 이적의 감사만을
요구하였다는 일화는 진위를 떠나서, 고대 중국 의학이 가지는 가부장적
모습을 엿볼 수 있다고 생각한다. 콧수염 일화를 통해 태종은 자신이 장
수를 진정으로 아끼는 모습을 치세하의 신민들과 더불어 후세에 길이 전
달할 수 있었으므로, 태종의 정치적 전략은 성공하였다고 하겠다. 비록
남아있지는 않지만, 문무왕 역시 김유신의 치료를 위하여 상당한 배려가
있었을 것이다.

   그렇다면 김유신의 풍병은 어떠한 것이었을까? 풍병이란 중국의학 이
론에 근거한 병명이다. 필자는 신라가 당나라 의학을 수용하면서 의학

---

14) 『舊唐書』 권67, 열전17, 李勣(上海 : 中華書局, 2486쪽). "十五年 徵拜兵部
   尙書 未赴京 會薛延陁遣其子大度設帥騎八萬南侵李思摩部落 命勣爲朔州
   行軍總管 率輕騎三千 追及延陁於靑山 擊大破之 斬其名王一人 俘獲首領
   虜五萬餘計 以功封一子爲縣公 勣時遇暴疾 驗方云 鬚灰可以療之 太宗乃
   自剪鬚爲其和藥 勣頓首見血泣以懇謝 帝曰吾爲社稷計耳 不煩深謝".

이론과 더불어 질병명과 약재명까지 도입하였다고 생각한다. 신라의 의학이 통일 이후 동아시아 중세의학의 보편적 질서 속에 편제되어 갔다고 파악되기 때문이다.[15] 물론 동일한 질병이나 약재에 대해 신라식 명칭이 있는 경우는 기존의 명칭이 같이 사용되었겠지만, 새로운 질병이나 약재의 경우는 중국의 것을 그대로 차용하였을 것이다. 김유신의 풍병 역시 7세기 중반 당과 신라 의학의 모습을 잘 보여주는 사례일 것이다. 이러한 시각을 가지고 당시 풍병에 대한 인식이 어떠하였는지 살펴보기로 한다.

풍병에서 사용하고 있는 風의 의미는 무엇일까? 한나라 許愼이 썼다는 『說文解字』에서는 풍을 다음과 같이 해설하였다.

> E. 風이란 蟲을 따르고 凡의 소리이며, 風이 통하면 蟲이 生한다. … 凡이란 모아서 묶는 것이다.[16]

사료 E는 풍이라는 글자의 뜻을 잘 보여주는 것으로, 풍이란 속박되어 갇힌 곳에 벌레가 나타나 움직이는 것을 모아서 묶었다는 의미이다. 즉 풍의 원래 뜻은 땅 속에 있던 벌레가 지상으로 나와 움직이는 것을 표현한 것이라고 한다.[17]

동양의학에서 풍병이란 한대 『皇帝內經』에서부터 사용되었다. 『황제내경』의 風論에 의하면, 풍은 모든 병의 시작이라고 하였다.[18] 풍이란 기의 흐름으로서, 풍병의 발생원인은 외부에서 사풍이 인체를 호위하며 흐르고 있는 정기보다 강하여 체표로부터 침입하여 생기는 것을 풍병이

---

15) 이현숙, 「한국 중세의학의 탄생」 『醫史學』 15-2, 2006.

16) "風從蟲凡聲 風動蟲生 … 凡取搢而言也".

17) 백상룡·박찬국, 「風의 본질과 의학에서의 운용에 관한 고찰」 『대한원전의사학회지』 7, 1993, 203쪽.

18) 『皇帝內徑』 素文 骨空論, "風者, 百病之始也" ; 홍원식, 「精校皇帝內經소문」, 209쪽 ; 백상룡·박찬국, 앞의 논문, 220쪽에서 재인용.

라고 하였다고 한다.[19] 이러한 인식은 한대에 『황제내경』에서 정리되었
으므로, 한대에 풍병은 이미 중요 질병으로서 인식될 만큼 발생 빈도가
높았음을 보여준다고 생각한다.

　이는 수당대에도 계승되어 더욱 발전하였다. 수대 의학서 『諸病源候
論』에 따르면, 풍병을 설명하는 서두에서 "中風이라는 것은 風氣가 사람
에게 맞는 것[中]이다"라고 하였다.[20] 오늘날 우리가 중풍을 바람맞았다
라고 표현하는 것의 유래를 여기에서 찾을 수 있을 것이다. 다시 말해서
중풍, 즉 바람맞았다라는 인식은 『제병원후론』이 소개되었던 7세기 중반
신라에 이미 있었다고 파악하여야 할 것이다. 당 고종대까지 어의로 활
약하였던 손사막이 편찬하였던 『천금방』에는 諸風門에서 가장 먼저 『황
제내경』 소문의 지적처럼 풍병은 모든 병의 우두머리라는 것과 4가지로
분류될 수 있다는 것이 가장 중요하다고 강조하고 있다.[21] 즉 손사막은
急死가 풍병으로 인한 경우가 많다는 점을 지적하고 처음 경미할 때 신
속한 치료가 필요하다는 점을 지적하였다.[22] 또한 손사막은 풍병은 허로
로 인해 나타나는 병과는 달리 약을 오랫동안 많이 써야한다는 점을 밝
혔다.[23] 한대와 수당대 의학이 신라에 소개되면서 풍병에 대한 이러한

---

19) 백상룡·박찬국, 앞의 논문, 220쪽.

20) 隋巢元方 撰, 『巢氏諸病源候總論』 권1, 風病諸候上 中風候. "中風者 風氣
　　中於人也".

21) 唐 孫思邈 撰, 宋 林億等 校正, 『備急千金要方』 권25, 治諸風方論 雜風狀 1.
　　"岐伯曰 中風大法有四 一曰偏枯 二曰風痱 三曰風懿 四曰風痹 夫諸急卒病多
　　是風 初得輕微 人所不悟 宜速與續命湯 依輸穴灸之 夫風者百病之長 岐伯
　　所言四者說 其最重也".

22) 손사막의 생애에 관해서는 이현숙, 「화엄경전기의 손사막」 『의사학』 14-2,
　　2005 참조.

23) 『備急千金要方』 권1, 論治病略例 3. "夫極虛勞 應服補湯者 不過三劑卽止
　　若治風病 應服治風湯者 皆非三五劑可止也 自有滯風洞虛卽服十數劑 乃至
　　百餘日可瘥也".

인식도 수용되었을 것이며, 김유신의 질병을 풍병이라고 진단한 것도 여기에 근거하였을 것이다.

중국의 경우, 일찍부터 풍병에 걸린 자에 대해 기록들이 남아있어 어떠한 것을 풍병이라고 하였는지 짐작해 볼 수 있다. 예컨대 한나라 건국공신 韓信의 아들 弓高侯 頹當의 후손이었던 韓棱은 처음 출세할 때 풍병에 걸린 太守 葛興을 대신하여 수년간 정무를 보았다고 한다.[24] 갈흥은 풍병으로 정무를 보기 어려웠지만, 태수직을 사임하지 않았고 죽지도 않았다. 또 다른 사례로서 魏나라 때 涼州刺史였던 張軌는 年老하자 병이 많았는데 마침내 풍병에 걸려 정사를 세 아들이 수년간 대신 맡아보았다고 한다.[25] 이들 모두 연로하면서 풍병에 걸렸다는 점, 수년 간 풍병으로 투병생활을 하면서 관직은 그대로 보유하였다는 점에서 김유신과 유사하다고 할 수 있다.

1433년(세종 15)에 편찬된 『향약집성방』은 조선 초기에 이르기까지 이루어진 질병에 대한 인식을 잘 보여주고 있다는 점에서 살펴볼 만하다. 여기에서도 첫 질병으로서 풍병을 다루고 있다. 『향약집성방』이 제1권에서부터 제4권까지 풍병에 관한 기술로 일관하고 있는 것에서 알 수 있듯이, 풍병은 조선에서도 매우 중요하게 생각하였다. 『향약집성방』은 제1권 서두에서 풍병을 다음과 같이 설명하고 있다.

> F. [直指方] 氣, 血, 痰, 水는 속에서 병이 나게 하고 風, 寒, 暑, 濕은 겉에서 병이 나게 한다. 사람의 몸에서 혈과 기가 허약해지고 음과 양의 균형이 잡히지 않으며 음식과 거처, 성생활을 잘 조절하지 못하고 바람

---

24) 宋 宣城太守 范曄 撰, 唐 章懷太子 賢 注, 『後漢書』 권75, 袁張韓周列傳 35, 韓棱傳. "韓棱 字伯師 潁川舞陽人 弓高侯頹當之後也 … 初爲郡功曹 太守葛興中風病 不能聽政 棱陰代興視事 …".

25) 齊 魏收 撰, 『魏書』 권99, 列傳87, 私署涼州牧張寔. "… 涼州牧軌 年老多 疾 拜寔撫軍大將軍副涼州刺史 未幾軌風病 積年三子代行州事 …".

을 맞으면서 찬 데서 자는 등 섭생을 잘 지키지 못하면 경락이 허약하게 되고 주리가 열리게 된다. 이런 허한 틈을 타서 풍사가 침범하면 중풍이 된다. 여러 가지 풍증은 다 이와 같이 생기는 것이다. 풍사로 병이 생기면 병이 이곳저곳에 잘 옮겨가고 변화가 많다. …[26]

『直指方』은 1264년 宋나라 陽士瀛이 편찬한 의학서이다. 따라서 『향약집성방』의 풍병문에 대한 기본 인식은 송의학에 근거하고 있다고 할 수 있을 것이다. 그러나 『직지방』의 서술 역시 한대를 이어 수당의학의 인식을 계승하고 있다. 이에 따르면 풍병이 생기는 원인으로서 음식과 거처, 성생활 등 문란한 생활습관에 따른 것을 가장 먼저 들고 있다.

동양의학에서 풍병은 中風과 風病으로 나뉘며, 중풍은 正氣가 虛하기 때문이며 풍병은 풍사의 침입이 주된 이유라고 한다. 두 가지는 모두 인체 내 기혈의 순행과 조화에 문제를 일으킨다고 파악하고 있다.[27] 즉 풍병은 중풍과 풍병으로 나누어 보는 것이다. 그러나 김유신의 풍병은 중풍과 풍병을 아우르는 개념으로 사용되었는지, 아니면 중풍과는 다른 풍병의 개념으로 사용되었는지 현재의 자료로는 더 이상 알 수 없다.

중풍은 전근대 사회에서 성인 질병에서 가장 중요하게 다루어져 왔다. 이는 기름진 음식을 많이 먹고 운동이 부족한 지배층 남성에게서 흔히 나타나는 질병 중의 하나였기 때문이다. 김유신의 경우, 화랑을 거쳐 전쟁터에서 평생을 보냈기에 운동 부족 때문에 풍병이 온 것은 아닐 것이다.

여기에서 한 가지 간과할 수 없는 점은 김유신이 655년 61세 되던 해에 무열왕의 딸 지소와 결혼하여[28] 이후 三光·元述·元貞·長耳·元望 등 아들 다섯과 딸 넷을 두었다는 사실이다.[29] 물론 김유신에게는 전처와 전처 소

---

26) 『향약집성방』 권1, 風病門. 번역은 http://www.krpia.co.kr에 있는 것을 사용하였다.
27) 백상룡·박찬국, 앞의 논문, 230쪽.
28) 『삼국사기』 권5, 신라본기5 무열왕 2년 겨울 10월, "王女智照, 下嫁大角庚信".
29) 『삼국사기』 권43, 열전3 김유신 하.

생의 자식들이 있었을 것이다. 『삼국사기』의 설명처럼 기재된 자녀 9명이 모두 지소가 생산한 것이라면 적어도 풍병으로 출정이 불가능하였던 668년 무렵까지 지소부인은 출산을 계속했어야 할 것이다. 이들 9자녀가 모두 지소부인 소생이라는 『삼국사기』의 기록을 전적으로 믿기 힘들다고는 해도, 몇몇 자녀는 지소의 소생이었을 것으로 보인다. 그렇다면 환갑이 넘은 나이에 젊은 지소와 부부생활을 지속하였던 점은 김유신이 고령이 되어가면서 건강에 부담을 주었을 가능성도 배제할 수는 없을 것이다.

김유신의 풍병 발발과 관련이 있어 보이는 것으로 고령의 나이로 혹한기 고구려 지역까지 출정한 사실을 들 수 있겠다. 662년 정월 김유신은 고구려군과 평양에서 대치 중이던 蘇定方 군에게 필요한 군수품을 전달하기 위해 신라를 출발하였다. 당시 소정방군은 7개월 동안 평양성을 포위 중이었기에 신라의 군수품 지원이 절대적으로 필요했다. 김유신은 김인문과 김양도 등 아홉 장군과 함께 수레 2천여 대에 쌀 4천섬과 租 2만 2천여섬을 싣고 평양으로 출발하였다. 2월 1일에 김유신의 군대는 평양으로부터 3만6천步 떨어진 獐塞에 이르렀는데, 이 날 눈보라가 치고 몹시 추워 사람과 말들이 많이 얼어 죽었다고 한다.[30] 『삼국사기』 권7에 수록된 문무왕의 「답설인귀서」에 당시의 폭설과 혹한으로 인한 신라군의 참상을 다음과 같이 피력하고 있다.

> G. (문무왕 2년) 정월에 유총관은 신라의 兩河道총관 김유신 등과 함께 평양 방면의 군량을 운송하게 되었다. 그 때 陰雨가 달을 연하여 오고, 풍설은 지극히 추워 인마가 얼어 죽었으며, 운송 중인 군량을 채 전달하지도 못했는데, 당군은 귀환하려 했다. 신라의 병마도 양식이 다하여 회군 할 때, 병사들이 주리고 추워서 손발에 동상이 걸리고 길에서 죽은 자가 이루 헤아릴 수가 없었다.[31]

---

30) 『삼국사기』 권6, 신라본기6 문무왕 2년 정월과 2월 기사 참조.
31) 『삼국사기』 권7, 신라본기7 문무왕 11년 7월.

661년 겨울에 고구려에 유난히 폭설이 많아서 소정방군은 악전고투하였다. 이들에게 보급품을 전달하려던 김유신의 군대도 혹한으로 동사자가 속출하였다. 대장군 김유신은 군대 내에서 가장 좋은 환경을 제공받았을 것이나, 그 역시 혹한의 풍설 속에서 장기간 야영을 하는 처지였다. 당시 김유신의 나이는 68세로서, 풍병을 야기할만한 환경에 장기간 노출되어 있었던 것은 사실이라고 하겠다. 김유신의 풍병이 668년 평양성 전투를 앞두고 갑자기 나타난 것은 아닐 것이다. 아마도 이전에 발병하였을 것이나 자료의 부족으로 언제부터 그 증상이 나타났는지 알 수 없지만, 적어도 663년 백제부흥군을 궤멸시키기 위해 출전하였을 때까지는 건강한 상태였을 것으로 보인다.

김유신이 비록 풍병에 걸렸으나 거동이 가능한 상태에서 마지막 평양성 전투에 참여하지 못한 것은 김유신 가문에게 아쉬운 부분이었다고 파악된다. 아무래도 왕의 외삼촌이자 가문의 수장이었던 김유신이 문무왕과 함께 전장의 후방에 있기만 하여도 정치적 영향력을 미칠 수 있었을 것이다. 김유신이 평양성 전투에 불참하게 됨으로써, 그의 병은 신라와 당에 널리 알려졌을 것이다. 이는 673년 김유신이 사망하기까지 그의 정치적 영향력이 쇠퇴해 가는데 일조하였을 것으로 보인다.

3. 통일 전쟁기의 질병과 외상후 스트레스 장애

김유신의 풍병 발생은 고령의 나이임에도 풍찬노숙을 해야 했던 상황과 무관하지 않을 것이다. 이처럼 열악한 환경에서 전투를 수행하야 하는 군대는 질병이 발생하기 더 없이 좋은 집단이었다. 여기에서는 신라 통일전쟁기 군대 내에서 문제가 되었음직한 질병을 살펴보기로 하겠다.

가장 우선적으로 들 수 있는 것은 외상일 것이다. 병장기를 이용한 전투로 인해 다치는 각종 찰과상과 자상 등으로서, 지혈이 가장 큰 문제였을 것이다. 다음으로 문제되는 것은 외상에 따른 발열과 염증, 탈수 등제 증상이었다고 생각한다. 군진의학의 핵심은 바로 이러한 외상 치료법이었다고 생각한다.[32] 이처럼 兵器에 다친 상처인 金瘡의 치료법은 일찍부터 발달하였는데, 필자는 『향약집성방』에 있는 금창 치료법 가운데 말굽이나 말고삐, 또는 활줄 등 급박한 전시 상황에서 쉽게 구할 수 있는것을 태워서 바르거나 먹는 처방은 군진의학의 유산이라고 생각한다. 약재를 쉽게 구할 수 있는 평화시 민간사회에서 굳이 이러한 처방을 사용할 필요가 없기 때문이다.

지혈을 위해서 자석도 사용하였던 것으로 보인다. 669년(문무왕 9) 봄1월에 당나라는 승려 法安을 파견하여 천자의 명령이라며 磁石을 구했으며, 4개월 뒤 신라는 당나라에 자석을 제공했다.[33] 이는 나당연합 시기,당군이 신라산 자석이 갖는 약효가 갖는 우수성을 경험했기 때문에 가능했다. 자석은 쇠붙이에 상하여 내장이 나왔거나 출혈이 심한 경우, 그리고이로 인한 발열 같은 여러 증상에 약재로 사용되었다. 전쟁에서 우수한 지혈제와 진통 해열제의 필요성은 굳이 말할 필요도 없을 것이다.

전쟁기에 보급품으로서 기재되었던 약재를 통해 역으로 당시 주로 문제가 되었던 질병을 유추해 볼 수 있다고 생각한다. 662년 정월 당시 신라군이 혹한 속에서 소정방 군에게 전달한 것은 식량이외에도 은과 細布그리고 두발과 우황이었다.[34] 필자는 이때 전달되었던 두발은 약효가 좋

---

32) 군진의학에 관한 구체적인 것은 이현숙, 앞의 논문, 2003a의 내용에서 인용하였다.

33) 『삼국사기』 권6, 신라본기6 문무왕 9년조.

34) 『삼국사기』 권6, 신라본기6 문무왕 2년 춘정월 "庾信遣阿良圖 大監仁仙等致軍粮 贈定方以銀五千七百分 細布三十匹 頭髮三十兩 牛黃十九兩".

다고 알려진 어린 아이의 머리카락으로서 우황과 함께 약재로 가공된 것
이 아닐까 생각한다. 머리카락을 약물로 사용하는 처방은 다양했는데, 동
상과 성병, 疥癬惡瘡과 같은 각종 피부병 치료제의 약물로도 사용하였
다. 우황은 놀란 것을 치료하거나 열과 심한 통증을 가라앉히는 데 주로
사용했기에,[35] 군진의학에서 필수 약품이었다.

<표 1> 『향약집성방』 권48의 금창 치료법

	출 전	병의 증상	처 방
①	2권 187쪽	쇠붙이에 상해서 아픈 것을 멈추는 처방	말발굽을 태워 부드럽게 가루내어 한 번에 8g씩 데운 술에 타서 아무 때나 먹는다
②	2권 188쪽	쇠붙이에 상한 것과 칼이나 살과 뼈가 부서져서 나오지 않고 벌겋게 부으면서 아픈 것을 치료하는 처방	말고삐 태운 가루, 활줄 태운 가루를 각각 40g씩 고루 섞어 갈아서 한 번에 4g씩 하루 3번 여뀌즙이나 쪽즙에 타서 먹는다
③	2권 190쪽	쇠붙이에 상한 것을 치료하는 처방	자석을 가루내어 바르면 아픈 것이 멎고 피도 멎는다
④	2권 189쪽	쇠붙이에 상해서 창자가 나온 것을 치료하는 처방	자석·곱돌·쇳가루(鐵釘) 각각 120g을 분말로 만들어 창자에 뿌린 다음 자석 가루를 사방 1치 숟가락으로 하나씩 낮에 5번, 밤에 2번 먹으면 창자가 속으로 들어간다

※ 출전 : 『향약집성방』(1986, 평양: 과학백과사전출판사에서 발간한 것을 1993, 서
울: 일월서각에서 복간한 판본). 이후 『향약집성방』의 전거는 모두 이에
준함.

명나라 의학자 李時珍이 편찬한 『本草綱目』을 보면 사람의 머리카락
을 치료제로 사용하는 경우가 매우 다양하다는 것을 알 수 있다. 즉 오래
된 해소기침이나 어린이가 놀란 것을 다스리는 데 쓰기도 하였고, 대소
변 불통, 赤白痢와 같은 이질이나 장티푸스로 인한 설사 증상과 종기를

---

35) 『神農本草經』 권1, 上海: 中華書局 간행본, 45쪽.

치료하는데 사용했으며, 지혈제로도 사용했다. 또 소변을 볼 때 찌르듯 아픈 증상이나 피부에 난 각종 종기를 치료하는 데에도 이용하였다.[36) 이러한 사용례는 명대에 와서 개발된 것이 아니라는 점을 한대의 『五十二病方』이나 위진남북조시대의 『劉涓子方』에서 찾아볼 수 있는 난발의 처방을 통해 확인할 수 있다.[37) 이시진은 단지 그 사용례만을 총정리했을 뿐이다.

군진의학에서 가장 문제되었던 질병은 식중독이나 장티푸스·이질과 같은 음식물을 통해 옮는 각종 전염병, 무좀이나 옴 그리고 종기 등과 같은 피부병, 이외에도 성병과 겨울철의 동상 등등을 열거할 수 있다.[38) 머리카락은 이 모든 질병에 효능을 가진 것으로 묘사되고 있다. 물론 머리카락에다 다른 약재를 다양하게 첨가했지만, 이처럼 손쉽게 구할 수 있는 사람의 머리카락을 약재로 사용하는 치료법은 바로 군진의학의 산물이었다. 김유신 군은 두발을 어렵게 소정방 군에게 전달하였다. 이는

---

36) 明 李時珍 撰, 『本草綱目』 권52, 人部, 亂髮條, 臺北: 文友書店, 1599쪽. "釋名血餘 氣味苦微溫無毒 主治欬嗽 五淋大小便不通 小兒驚癇 止血鼻衄 燒灰吹之立已 燒灰療轉脬 小便不通 赤白痢 哽噎癥腫狐尿刺 尸疰疔腫 骨疽雜瘡 消瘀血補陰甚捷".

37) B.C. 168년경에 만들어졌다고 추정되는 중국 長沙 지방의 마왕퇴 3호분에서 발견된 『오십이병방』에 기재된 머리카락의 효능에 대해서는 周一謀, 金南一·印昌植 공역, 『고대 중국의학의 재발견』, 법인문화사, 2000, 232~233쪽 참조. 疥癬惡瘡을 치료하는 膏藥을 만드는 약재로 꿀·송진·돼지기름에다 丹砂·雄黃의 가루 및 亂髮(저절로 떨어진 머리카락)을 넣어 만든 고약은 6세기에 만들어진 『劉涓子方』에 소개되어있다. 이 처방은 唐代에 편찬된 『外臺秘要』 권30, 北京: 人民衛生出版社, 1955 影印本, 831쪽에서 인용한 것을 사용하였다.

38) 난발을 성병 치료에 사용한 처방으로서 『향약집성방』 권45, 옹저창양문6을 들수 있다. 이에 따르면, "음경 끝에 3~5개의 작은 누창이 생겨 피나 고름이 나오는 것을 치료하려면 기름먹인 난발을 약성이 남게 태워 가루를 내어 붙인다. 마른 헌데에는 침에 개어 바르고 이어 미음에 난발 태운 가루를 타서 식전에 먹는다"고 했다.

역으로 두발이 치료하였을 각종 질병이 7세기 중엽 당시 군대 내에서 자주 발생하였다는 사실을 보여주는 것이 아닐까 생각한다.

현재의 시각에서 볼 때 이해하기 힘든 처방은 모두 열악한 상황 속에서 발생한 군대 내 질병을 치료하기 위해 개발된 것이었다. 비록 7세기 신라 통일전쟁기에 어떠한 전염병이 돌았는지 정확하게 알 수는 없지만, 장티푸스나 발진티푸스 등과 같은 전염성 질환에는 마땅한 해결책이 없었을 것으로 보인다.

본고에서 필자가 통일전쟁기 질병으로서 주목하고자 하는 것 가운데 하나는 전쟁의 충격으로 인해 나타나는 외상후 스트레스성 질환이다.[39] 660년 백제 사비성 공격으로 시작된 나당간의 연합작전은 신라의 영토를 제외한 한반도를 전쟁터로 만들었다. 676년 매초성전투를 마지막으로 당군이 물러가기까지 신라는 17년 동안 전쟁을 주도하여야 했다. 660년 여름 5월 26일에 무열왕이 김유신과 金眞珠, 金天存 등과 함께 군사를 거느리고 경주를 출발한 이래 신라가 수행한 전쟁은 기존의 군사만 가지고 하는 전투가 아니라 국가의 총동원령에 의해 이루어지는 전면전이었다. 대다수의 농부들이 전쟁터로 나가야만 했고, 이들은 평생 겪어보지 못한 지옥을 경험하고 고향으로 귀환하였을 것이다.

특히 고대의 전쟁은 적군의 목을 몇 개 베었느냐에 따라 전공을 논하던 시기였다. 648년 8월 殷相의 백제군과 김유신이 이끄는 신라군 간에

---

39) 전쟁(外傷)후 스트레스성 장애 개념은 프로이드 이후 19세기 말 신경정신의학이 발전한 결과로서 제1차 세계대전에 참전하였던 병사에 대한 연구에서부터 시작되었다. 이에 관해서 다음과 같은 글을 참고할 수 있다. Jay Winter, "Shell-Shock and the Cultural History of the Great War" *Journal of Contemporary History*, Vol. 35, No. 1, Special Issue: Shell-Shock(Jan., 2000) ; Ben Shephard, *A War of Nerves. Soldiers and Psychiatrists 1914-1994*, London: Pimlico Books, 2002. 이들 연구에 따르면 1차대전에 참전한 영국군사에게서 처음 발견된 장애를 shell-shock라고 하였는데, 심각한 사회문제를 야기하였다고 한다.

10여 일 동안 전투를 하였는데, 사상자가 많아 격전을 치른 들판에서 병
사들이 흘린 피로 절구 공이가 뜰 정도였다고 한다.[40] 피로 인해 절구공
이가 뜬다는 말은 격전을 표현하는 문학적 수사이기는 하나[41] 빈 말은
아니었다. 도살성 전투에서 김유신 군이 참수한 백제군은 8,980명이었다
고 하니, 이들의 목을 모두 베었다면 당시 들판에 흐르는 피에 떠다니는
것은 절구공이뿐만이 아니었을 것이다. 당시 삼국간의 전투는 주로 전쟁
을 직업으로 삼는 직업 전사 간에 이루어졌다. 그러나 오랜 기간 전쟁인
력과 물자를 담당하여야 했던 신라에서는 전투에 적합하지 않은 이들까
지 전쟁에 동원해야 하였다. 남아있는 당시 신라군의 斬首 기록을 정리
하면 다음과 같다.

> H-1. 무열왕 7년(660) 10월 30일에 泗沘 南嶺郡의 柵을 공격하여
> 1,500명의 참수하였다.
>
> 2. 문무왕 원년(661) 6월 27일 雨述城을 공격하여 1천 級을 참수하였
> 다. 9월 27일에 큰 목책을 불사르고 수천 명을 베어 죽이고 드디어
> 항복시켰다. 상주 총관 품일이 雨述城을 공격하여 1천 명을 참수
> 하였다.
>
> 3. 문무왕 2년(662) 2월 1일 유신 등은 고구려 군사가 추격하여 오자
> 군사를 돌이켜 맞싸워 1만여 명을 참수하였다.
>
> 4. 문무왕 3년(663) 2월 欽純과 天存이 백제 居列城을 공격하여 700
> 여급을 참수하였다. 또 德安城을 공격하여 1,070급을 참수하였다.
>
> 5. 문무왕 11년(671) 6월 장군 竹旨 등이 唐兵과 石城에서 싸워
> 5300급을 참수하였다.
>
> 6. 문무왕 15년(675) 9월 신라의 文訓 등이 (설인귀를) 맞아 싸워 이겨

---

40) 『삼국사기』 권42, 열전2 김유신 중. "(太和)二年秋八月 百濟將軍殷相 來攻石
吐等七城 王命庾信及竹旨·陳春·天存等將軍 出禦之 分三軍爲五道 擊之
互相勝負 經旬不解 至於屍滿野 流血浮杵".

41) 이 말은 주 무왕이 은을 멸할 때 목야전투의 참상을 표현한 것으로 한대 왕충의
『논형』에 나오는 유명한 표현이다. 漢 王充 撰, 『論衡』 권7. "語增篇. "察武
成之篇牧野之戰血流浮杵赤地".

서 1천4백 명을 참수하였다. 신라군이 당군과 열여덟 번 싸웠는데 모두 이겨서 6,047명을 참수하였다.

7. 문무왕 16년(676) 겨울 11월에 사찬 施得이 22회의 싸움에서 4천여 명을 참수하였다.

당시의 전쟁터는 그야말로 목이 잘린 시체들과 이들이 흘린 피로 이루어진 바다가 그 정확한 모습이었다고 생각한다. 신라군이 항상 승리한 것도 아니므로, 신라군 역시 패배로 인한 인명 손실도 많았을 것이다. 대표적인 예로 661년 12월 웅진에 보급품을 전달하던 군대가 전멸하였던 사실을 들 수 있다. 웅진을 수비하던 당나라 유인궤의 군대와 평양성을 공격 중이던 소정방양 군대에서 동시에 군량이 떨어지게 되었다. 신라인이 겪어야 했던 참상은 설인귀에게 보내는 답서에서 문무왕이 표현한 것 그대로였을 것이다.

I-1. 먼저 웅진에 양식을 나르자니 황제의 명을 어기게 될까 두렵고 만약 평양으로 [군량을] 수송한다면 웅진의 양식이 떨어질까 두려웠다. 그런 까닭에 늙고 약한 자를 시켜 웅진으로 양식을 나르게 하고 건장하고 날랜 군사들은 평양으로 향하도록 하였다. 웅진에 양식을 수송하러 간 사람들은 도중에 눈을 만나 사람과 말들이 모두 죽어 100명 중 한 명도 돌아오지 못하였다.[42]

2. 남으로는 웅진으로 [식량] 나르고 북으로는 평양에 공급하였으니, 조그마한 신라가 두 곳으로 나눠 공급하느라 인력의 피로함이 극에 달하고 소와 말이 거의 모두 죽었으며 농사의 때를 놓쳐 곡식이 잘 자라지 못하였다. 창고에 쌓아둔 양식은 날라주느라 모두 써버려 신라의 백성은 풀뿌리도 오히려 부족하였는데, 웅진의 중국 군사는 양식에 여유가 있었다. 또 남아 지키던 중국 군사들은 집을 떠나온 지가 오래되어 의복이 헤어져 몸에 걸칠 만한 온전한 옷이 없었으므로 신라는 백성들에게 할당하여 철에 맞는 옷을 지어 보냈다. … 한쪽 모퉁이 땅 구석진 나라에서 집집마다 군사를 징발하고 해마다 무기를 들어, 과부들이 군량의 수레를 끌고 어린 아이가 屯田을 경작하기에 이르렀으니 지키려 해도 버틸 수 없고 나아가려 해도 당해내지 못하였다.[43]

---

42) 『삼국사기』 권7, 신라본기7 문무왕 11년 7월.

　　사료 I-1에서 보듯이, 웅진으로 간 군사는 늙고 약한 자로서 아마도 민간에서 유사시를 위해 次丁으로 분류된 사람들로 주로 구성되었다고 추정된다. 즉 정예군사는 평양으로 파견하였기 때문에 웅진까지 식량 운송을 담당하였던 인력은 군역을 면제 받는 60세 이상의 고령자와 15세 미만의 어린아이, 殘疾者[44] 등 次丁을 위주로 구성되었던 것으로 보인다. 이들 가운데 살아 돌아온 자가 거의 없었다는 문무왕의 표현은 과장이 아닐 것이다. I－1에서 알 수 있듯이 신라는 식량난과 함께 극심한 물자 부족에 시달렸다. 60세 이상의 고령자와 장애자까지 차출될 정도였다면, 신라 사회에서 대부분의 남자는 모두 군사로 차출되었다고 보면 될 것이다. 모자라는 인력을 보충하기 위해 과부가 군량미 수송을 담당하고, 어린 아이가 농사를 지어야 했다는 I－2 문무왕의 언사는 결코 설인귀에게 보내는 외교적 수사나 과장만은 아니었을 것이다. 신라인이 경험하였던 전쟁의 혹독함은 이후 물질적인 면뿐만 아니라 정신적인 면에서 심각한 사회 문제를 야기했을 것으로 보인다.

　　실제 전투에서 살아 돌아온 상당수의 사람들은 지옥을 경험하였다고 해도 과언이 아닐 것이다. 살아남아 귀환한 자에게 전쟁은 평생의 외상, 즉 트라우마(trauma)로서 남아있었을 것이다. 승전국인 신라가 이러할진대, 패전국으로서 나라가 멸망한 고구려나 백제인들이 겪어야 했던 상황은 신라인과 비교할 수 없을 정도로 비참하였을 것이다.

---

43) 『삼국사기』 권7, 신라본기7 문무왕 11년 7월.
44) 잔질은 질병에 걸려 그 후유증으로 장애가 남은 것을 말하는데, 그 증상은 다음과 같다. ① 한쪽 눈이 안 보임, ② 양쪽 귀가 안 들림, ③ 손가락 2개가 없음, ④ 발가락 3개가 없음, ⑤ 손이나 발에 엄지가 없음, ⑥ 독창에 걸려 머리카락이 없음, ⑦ 久漏(심한 피부병), ⑧ 下重(음핵에 난 종기 때문에 아랫도리가 지나치게 무거워 빨리 걷지 못하는 상태), ⑨ 大癭種(목과 발에 난 혹). 이현숙, 앞의 논문, 2003a, '<표 2> 역 면제에 해당하는 질환과 몸 상태' 참조.

전쟁과 같이 거대한 사건을 경험한 자에게서 나타나는 각종 정신적인 증상을 외상후 스트레스 장애(Posttrumatic Stress disorder)라고 한다.[45] 전쟁이 끝난 뒤 신라 사회에도 외상후 스트레스 증후군에 시달리는 귀환병사들이 존재하였을 것으로 보인다.[46] 이들이 정신적으로 도움을 받을 수 있는 길은 아마도 종교에 의지하는 길이었을 것이다. 전몰 장병을 위한 사찰 건립이 종종 있었음을 짐작할 수 있으니, 다음의 기록이 그것이다.

> J. 처음에 백제군과 黃山에서 싸울 때 (신라의) 長春郞과 罷郞이 陣中에서 죽었다. 후에 백제를 칠 때에 태종의 꿈에 나타나 가로되 "臣 등은 前者에 나라를 위하여 몸을 바치고 지금은 白骨이 되었어도 나라를 완전히 보호하고저 하여 從軍하기를 게을리 하지 않았으나, 唐將 蘇定方의 위엄에 눌려서 남의 뒤만 쫓으니, 원컨대 왕은 우리에게 小兵力을 주소서" 하였다. 대왕이 놀라고 괴이히 여겨 두 魂을 위하여 하루 동안 牟山亭에서 佛經을 說하고 또 漢山州에 壯義寺를 세워 그의 명복에 이바지하였다.[47]

----

45) 정혜경·정문용·정용진, 「전쟁관련 외상후 스트레스장애 환자에서 Dexamethasone Suppression Test 소견」『신경정신의학』35-6, 1996 참조.

46) 모든 참여자가 스트레스 장애를 앓는 것은 아니라, 감수성과 취약성을 가진 개체들이 있다고 한다. 외상후 스트레스 장애에 관련된 요인을 한국전 참전집단에서 분석했을 때, 독신상태가 외상후 스트레스 장애에 영향을 주는 요인이었으며, 월남전 참전 집단에서는 교육수준이 높을수록, 독신상태, 수입이 낮을수록 장애에 영향을 주는 요인으로 작용하였다고 한다. 정문용·서일·정일진·김동기·민경호, 「참전재향군인에서 외상후 스트레스 장애의 유병상태와 관련요인 분석」『사회정신의학』7-2, 2002, 93~102쪽 참조. 이는 한국전이나 월남전 참여자에게만 국한된 것이 아니라 전쟁 참여자 가운데 몇몇에게 두드러지게 나타나는 현상이었을 것이다. 그렇다면 이러한 현상들이 제1차 세계대전 이후부터 나타나기 시작한 것일까? 필자는 제1차 세계대전부터 이를 해석하고 발견하였을 뿐으로서, 전사집단이 아닌 계층까지 전투에 참여해야 했던 7세기 중엽에도 이러한 현상이 나타났다고 추정해 볼 수 있지 않을까 한다.

47) 『삼국유사』권1, 기이1 長春郞罷郞. 이하『삼국유사』는 http://k5000.nurimedia. co.kr/에서 인용함.

사료 J는 전쟁기에 만들어진 설화 중의 하나일 것이다. 황산전투에서 사망한 장춘랑과 파랑이 태종의 꿈에 나타나 당군 소정방을 정신적으로 이기기 위해 병력을 달라는 요청에 왕이 그들의 명복을 빌기 위하여 장의사를 세웠다는 것이 이야기의 요점이다. 이를 통해 신라가 당군에게 얼마나 스트레스를 가지고 있었는지를 짐작해 볼 수 있다. 두 사람의 영혼을 위해 불경을 설하고 특별히 사찰을 건립하였다는 것으로 이야기는 끝나고 있다. 비록 전몰한 군사를 위해 사찰을 건립하였다는 설화이지만, 이를 통해 전쟁에서 희생당한 이들을 국가에서 기려줌으로써 해당 가문과 살아남은 전사에게 어느 정도 정신적인 위안을 줄 수 있었을 것이다.

종전 후 신라 불교는 대중화의 길을 걸었는데, 그 대표자로서 원효가 있다.

> K. 일찍이 박을 가지고 수많은 촌락을 돌아다니며 노래하고 춤추어 化詠하고 돌아왔으므로 가난하고 무지몽매한 무리들까지도 모두 佛陀의 號를 알게 하여 누구나 염불 할 줄 알았으니 曉의 法化가 크다.[48]

원효는 촌락을 다니면서 노래하고 춤을 추는 등의 행위를 통해 가난한 하층 사람들에게 어려운 불교 교리를 쉽게 이해시켜줌으로써 불교에서 정신적 위안을 받을 수 있도록 하였다.[49] 이들은 전쟁에서 가장 많은 희생을 당한 계층이었다. 수천 명에 달하는 참수자들은 대부분 하층 출신이었을 것이다. 남편과 아들의 전사는 남은 가족에게 경제적 고통뿐 아

---

48) 『삼국유사』 권4, 의해5 元曉不羈.

49) 원효는 誓幢和尙이라고도 하였는데, 서당은 신라 군단을 뜻하기도 한다. 이 때문에 원효를 종군승려였다고 이해하기도 한다. 만일 이러한 이해가 타당성이 있다면, 원효가 종전 후 촌락을 다니면서 하층민에게 춤과 노래를 통해 불교를 쉽게 알리려고 하였던 이유가 더욱 분명해진다.

니라 정신적인 충격도 주었을 것이다. 원효의 춤과 노래가 매우 슬펐다는 사실은[50] 필자의 이와 같은 해석을 뒷받침해 준다고 생각한다. 전쟁후 사회 전반에 드리워진 우울함과 슬픔 등을 불교의 교리에 바탕을 둔 노래와 춤으로써 치유하려고 하였던 원효의 노력은 불교대중화에 큰 기여를 하게 된 원동력이기도 하였을 것이다. 전쟁이 가져다 준 트라우마를 어루만져줄 사회적 장치로서 불교가 그 역할을 하였던 것이다. 통일 이후 불교가 더욱 흥성하게 된 원인에는 이를 배경으로 하는 사회적 요청이 있었기 때문이라고 생각한다.

4. 맺음말

지금까지 신라 통일전쟁기 김유신에게 발생하였던 풍병과 함께 7세기 중엽 전쟁기에 발생하였던 질병을 살펴보았다. 개인 질병으로 논의를 시작하여 전쟁 기간에 발생함직한 질병들을 고찰해 본 것이다.

김유신의 풍병은 노화로 인한 것이기도 하지만, 662년 68세의 고령으로 혹한기에 고구려에 원정한 것과 관련이 있을 것으로 보인다. 장기간 혹한의 야외에서 생활해야 했던 경험은 풍병이 발발할 수 있는 원인을 제공하였을 가능성이 높다고 생각한다. 김유신은 풍병으로 인해 668년 평양성 공격에 참여할 수 없었다. 불의의 사고를 염려한 문무왕의 의지 때문이었다. 김유신과 김흠순 등은 승리가 확실한 전쟁에 참여하려고 하였지만, 문무왕은 위험부담을 지고 싶지 않았기에 그의 참전을 허락하지 않았던 것으로 보인다. 김유신은 이후 5년을 더 생존하였다. 그러나 전투

---

50) 김상현, 『역사로 읽는 원효』, 고려원, 1994, 83쪽. 원효에 대해서는 동국대학교 사학과 김상현 선생님의 도움을 많이 받았기에 깊이 감사드린다.

에 더 이상 참여할 수 없다는 점에서 신라군내에서 그의 위상은 점차 상징적인 것으로 변해갔다고 파악된다.

신라의 통일전쟁에 참여하였던 지도자 수명을 비교해 봄으로써, 국왕보다 장수들이 더 오래 살았으며, 전투가 끝나난 뒤 본국으로 귀환하여 1년 이내에 사망하는 경우를 찾아볼 수 있었다. 이는 전쟁 기간 동안 받는 스트레스와 귀환 후 일어나는 정신적 긴장감의 해이와 무관하지 않았던 것으로 보인다.

신라 통일전쟁기 군대 내에서 주로 발발하였던 질병과 그 치료법은 다음과 같이 정리가 된다.

첫째, 각종 찰과상과 자상 등과 같은 외상으로 인한 질환, 과다출혈, 발열, 2차 감염, 탈수 등을 들 수 있다. 외상에 대한 처치는 군진의학의 핵심이었기에, 전쟁터에서 쉽게 구할 수 있는 말고삐, 활줄 등을 이용한 처방법이 발달하였다.

둘째, 혹한 속에서도 작전을 수행해야하는 군진의학에는 동상에 대한 처방들도 발달하였는데, 머리카락 한줌과 오동나무 기름을 함께 삶아 굳은 것을 발에 바르는 고려시대 『향약혜민방』의 처방은 군진의학의 유산물이었을 가능성이 크다고 생각한다.

셋째, 밀집 대형으로 생활하는 군대 내에서는 각종 전염성 질환이 유행하였는데, 성병·개선·악창·옴과 같은 피부질환과 더불어 장티푸스·발진티푸스 등 티푸스성 질환도 유행하였을 것이다. 이에 대한 처치법으로 저절로 떨어진 머리카락인 난발을 이용한 처방은 군진의학에서 유용하게 사용되었던 것으로 파악된다. 김유신이 662년 고구려 평양에서 고립되었던 소정방에게 전달한 것 중 머리카락과 우황 기록이 있기 때문에, 신라 통일전쟁기에 난발을 이용한 처방이 유용하였으리라 생각한다.

넷째, 종전 후 신라 사회에는 외상후 스트레스 증후군을 앓는 귀환병

사들이 많았으며, 이들은 주로 하층 계급의 군사였을 가능성이 높다. 이
들에게는 정신적인 구원이 필요하였는데, 불교가 그 역할을 담당하였다.
원효가 하층민에게 불교를 알기 쉽게 포교하였던 것도 이와 같은 사회적
인 요청에 의한 것이었다.

제2부 김유신의 추숭사업

김유신의 가계와 후손들의 활동
-'가야계 출신이어서 가지는 한계'의 학설로부터 자유롭게 하기 -

조 범 환*

1. 머리말

金庾信(595~673)은 잘 알려진 바와 같이 太宗武烈王 및 文武王과 더불어 백제와 고구려를 멸하고 三韓을 통합하는 데 큰 공을 세운 인물이다. 또한 그는 신라 하대 興德王代에 興武大王으로 추봉되었다. 사실 그는 『三國史記』가 편찬될 무렵인 고려 중기에도 사람들의 칭송을 받았으며, 꼴 베는 아이들까지도 능히 그 이름을 알고 있었다고 한다(『삼국사기』권43, 「金庾信傳」下, 史論). 그리고 현재 대다수 한국인은 역시 그를 고대 한국을 대표하는 훌륭한 장수로 추앙하고 있다.

그런 만큼 김유신은 물론 그의 조상들과 후손들에 대해서도 일찍부터 학자들이 관심을 두었다. 그 결과 김유신과 그의 집안 및 후손들을 바라보는 시각은 크게 두 가지로 나뉘어져 있다. 즉 김유신 집안이 신라의

---

* 서강대학교 사학과 교수

신흥 내지 소외된 귀족이었다는 것과 그의 후손들이 중대 말에 이르러서
는 六頭品으로 전락했다는 것이 그 하나이고, 이와 달리 김유신 집안은
가야계 출신이지만 그것 때문에 정치적 한계를 가지고 있지 않았다고 하
는 견해가 또 다른 하나이다.

   전자의 연구는 김유신 본인뿐만 아니라 그의 아버지 金舒玄이 가야계
출신이라는 콤플렉스를 안고 있었다고 한다. 즉 그의 조상인 仇衡王이
신라에 항복하여 진골 귀족으로 편입되기는 하였지만 원 신라 왕실의 진
골들로부터 차별을 당하였다는 것이다. 즉 김서현이 萬明夫人과 결혼하
게 되는 과정과 김유신의 여동생인 文姬와 金春秋의 혼인담이 바로 그러
한 사실을 입증한다는 것이다.[1] 또한 김유신 사후 그의 후손들은 점차
중앙정계로부터 소외되었으며 중대 말에 이르러서는 육두품으로까지 전
락하게 되었다고 파악하였다.[2] 결국 현재까지 김유신을 둘러싼 연구에

---

1) 李基東,「김유신 -'지성'으로 이룩한 삼국통일의 위업-」『韓國史市民講座』30,
   2002, 13쪽에서 "그의 집안은 본래부터 경주에 뿌리박고 있던 진골귀족들에 비해서 보
   이지 않는 차별대우를 받았던 듯하다"고 하였다. 그리고 그 이유를 부친인 서현이
   겪은 혼인담을 들어 설명하고 있다. 이는 최근까지도 김유신 집안이 가야계 출신이라
   는 약점을 안고 있다고 파악한 것이다. 더 나아가 그는 같은 논문 15쪽에서 "매부인
   김춘추의 즉위로 이제 김유신의 지위는 확고해졌다고 할 수 있다"고 하여 김유신이
   가야계 출신이어서 가지는 한계를 이러한 측면에서도 부각하고 있다.
   그런데 중요한 사실은 이러한 연구 성과가 일본인 연구자의 연구를 그대로 계승
   발전시키고 있다는 점이다. 김서현과 만명부인의 결혼담과 문희와 김춘추의 결혼
   관련 기록에 처음으로 관심을 두고 설명한 연구자는 末松保和로「新羅三代考」
   『史學雜誌』57, 1949 ;『新羅史の諸問題』, 東洋文庫, 1954, 11~15쪽에 발표
   하였다. 이후 그의 견해는 한국의 몇몇 연구자들이 수용하였고, 현재까지도 이어
   지고 있는 실정이다.
2) 申瀅植은 김유신 가문이 惠恭王代를 전후한 시기에 육두품으로 강등되었으며, 혜공
   왕 15년(779)에 김유신 묘에서 일어난 哭聲은 가문의 몰락을 의미한다고 하였다(申瀅
   植,『新羅通史』, 주류성, 2004, 560쪽). 이 책은 최근에 발간된 것으로 김유신의 후손
   들에 대한 생각을 아주 단적으로 보여준 것이라 해도 과언이 아니다.

서 한 축을 이루는 이러한 연구는 거의 정설화 된 느낌마저 주고 있는
실정이다.³⁾

　이와 달리 후자의 연구들은 기왕에 이루어진 해석과는 다른 방향에서
설명하고 있다. 즉 김유신의 할아버지나 아버지의 경우 일찍부터 신라에
서 정치적으로 위치를 굳히고 있었다는 것이다.⁴⁾ 또한 김유신이 신라 왕
족의 피를 받고 있다는 사실을 지적하여 기왕의 견해에 대하여 반론을
제시하고 있다.⁵⁾ 또한 최근 발견된 필사본 『花郎世紀』를 통하여 볼 때
김서현과 김유신은 정통 신라인일 뿐만 아니라 당당한 핵심 왕족에 속하
는 것으로 보아야 한다는 주장도 제기되었다.⁶⁾ 이러한 연구들은 종래의
연구들과는 시각을 달리하고 있으며, 김유신과 그의 집안을 새롭게 볼
수 있는 여지를 보여준 것이라고 할 수 있다.⁷⁾

3) 심지어 李明植은 金武力이 新州軍主가 되었을 때 阿湌이었으므로 6두품에 편
　입되었고, 管山城 전투에서 大功을 세워 국왕의 신임을 받았으나 아직 眞骨의
　반열에 들지 못하였다고 하였고, 629년(진평왕 51) 娘臂城 전투의 공로로 金舒
　玄이 蘇判을 제수받음으로써 진골이 되었다고 하였다(李明植,「新羅 中代王權
　의 專制化過程」『大丘史學』38, 1989 :『新羅政治史硏究』, 螢雪出版社,
　1992, 118~119쪽). 씨의 이러한 견해는 김유신 집안을 가야계 출신이라는 관점
　에서 극명하게 부각시키고 있다.
4) 三池賢一은 加羅金氏가 신라 국내에서도 어느 정도의 기성세력을 유지하는 것
　이 가능하였다고 하였고(三池賢一,「金春秋小傳」(2)『駒澤史學』16, 1969, 46
　쪽), 武田幸男은 '가야계'는 신라에 항복한 이후에 4대가 지나면서 진골귀족의 대
　표가문으로서 자리를 굳히게 되었다고 하였다(武田幸男,「新羅'毗曇の亂'の一
　視覺」『三上次男博士喜壽紀念論文集』, 平凡社, 1985, 240쪽). 또한 柳永哲도
　김무력의 활동시기에 이미 신라에서 一門으로서의 위치를 굳혔다고 하였다(柳永
　哲,「新羅 中代 王權의 性格 －太宗武烈王을 中心으로－」『嶺南史學』4,
　1989, 17~18쪽).
5) 김태식,「月經과 暴巫, 두 키워드로 본 '모략가' 김유신」『白山學報』70, 2004,
　315~316쪽 및「金庾信의 興武大王 추봉 시기」『新羅史學報』6, 2006, 205~207쪽.
6) 박문옥,「『화랑세기』로 본 金庾信의 世系, 姻統과 婚姻 －신라 골품제하에서
　의 지위－」『韓國上古史學報』43, 2004.

이에 본고는 최근에 이루어진 일련의 연구 성과를 바탕으로 하여 김유신 가계와 후손들에 대한 새로운 검토를 하고자 한다. 이를 위해서 제일 먼저 김유신의 母系부터 살펴보는 것이 순리라고 생각된다. 지금까지 김유신의 父系에 대하여 더 많은 관심을 둔 결과 전자의 연구와 같은 결론을 이끌어냈다고 할 수 있다. 그렇지만 그의 모계에 대한 검토를 하게 되면 기왕의 연구 성과가 과연 옳은지를 다시금 되돌아 볼 수 있는 계기가 될 것이다. 둘째로 김유신의 동생인 金欽純에 대한 검토가 필요하다. 그도 김유신과 마찬가지로 삼국통일에 큰 공을 세웠으며 후일 冢宰에까지 이르렀다. 셋째로 김유신 사후 그의 아들 三光 그리고 손자인 允中 및 현손인 金巖 등에 대한 검토가 필요하다. 지금까지 알려진 바와 같이 그의 후손들은 과연 중앙 정계에서 소외되었으며, 육두품으로 族降하였는가 하는 것이다. 또한 金長淸이 『행록』을 저술한 이유도 다시금 살펴볼 필요가 요구된다.

이상과 같은 검토가 이루어지면 김유신과 그의 후손들에 대한 새로운 이해가 이루어질 수 있을 것으로 기대된다.

2. 김유신의 모계에 대한 검토

김유신이 신라의 신흥 내지 소외된 귀족이었다는 평가를 받는 이유는 다음에서 제시하는 두 기록에서 말미암고 있다. 즉 김서현과 만명의 결혼담과 김유신의 여동생인 문희와 김춘추의 혼인담이다.

---

7) 김유신과 관련된 최근의 연구는 그와 그의 가계를 새롭게 조명할 수 있는 계기를 마련해 주었다. 그렇지만 연구 성과를 읽다보면 좀 더 구체적으로 논증해야 할 부분들이 적잖게 찾아지고 있다.

A-1. 일찍이 서현이 길에서 葛文王 立宗의 아들인 肅訖宗의 딸 萬明을 보고, 마음에 들어 눈짓으로 꾀어, 중매를 거치지 않고 결합하였다. 서현이 萬弩郡 太守가 되어 만명과 함께 떠나려 하니, 숙흘종이 그제서야 딸이 서현과 야합한 것을 알고 미워해서 별채에 가두고 사람을 시켜 지키게 하였다. 갑자기 벼락이 문간을 때리자 지키던 사람이 놀라 정신이 없었다. 만명은 창문으로 빠져나가 드디어 서현과 함께 만노군으로 갔다.[8]

위의 A-1의 기록은 만명이 서현과의 결혼을 아버지인 肅訖宗으로부터 승낙받지 못한 것을 알려준다. 이러한 기록을 두고 기왕의 연구에서 이러한 문제가 발생한 이유를 두 사람의 신분적·가문적 지위가 달랐기 때문으로 보고 있다.[9] 더 나아가 서현이 만명과 野合한 것은 신라사회에서 정치적 지위를 확고하게 하려는 목적에서 그렇게 한 것으로 설명하고 있다.[10] 결국 이는 김서현의 집안이 가야계 출신이기 때문에 신분 상승을 위해서 신분이 좋은 여인과 결혼을 도모했다는 지적이다.

그렇지만 '가야계'를 새롭게 인식하면서 위의 A-1의 기록에 대해서 재해석을 시도한 연구도 더러 보인다. 즉 숙흘종이 김서현과 만명의 혼인에 반대하였던 것은 금관가야계라는 이유가 아니라 김서현이 낮은 관등을 소유하였고, 그의 父인 김무력이 眞智王의 비정상적인 왕위계승에

8) 『三國史記』 권41, 金庾信 上.

9) 末松保和, 앞의 책, 1954, 11~15쪽 ; 金哲埈, 「高句麗·新羅의 官階組織의 成立過程」『李丙燾博士華甲紀念論叢』, 1956 :『韓國古代社會硏究』, 서울대 出版部, 1990, 250쪽.

10) 申瀅植, 「金庾信家門의 成立과 活動」『梨花史學硏究』 13·14, 1983 ;『韓國古代史의 新硏究』, 一潮閣, 1984, 249쪽 ; 金瑛河, 「新羅 中古期 政治過程 試論-中代王權 成立의 理解를 위한 前提-」『泰東古典硏究』 4, 1988 ;『韓國 古代社會의 軍事와 政治』, 高大 民族文化硏究院, 2002, 257쪽 ; 朴淳敎, 『金春秋의 執權過程 硏究』, 慶北大 博士學位論文, 1999, 58~59쪽 ; 金德原, 「신라 眞平王代 金庾信의 활동」『新羅史學報』 10, 2007, 101쪽.

동조하였기 때문에 왕족인 숙흘종이 혼인을 반대하였다는 견해가 그것
이다.[11] 또 당시 만명은 眞平王의 왕비가 될 수 있는 가장 유력한 지위
에 있었음에도 불구하고, 숙흘종의 뜻과 당시의 관습에 어긋난 일을 저
질렀기 때문에 숙흘종이 달갑게 받아들이지 않았다는 견해와[12] 진지왕
과 진평왕의 왕위계승과 관련하여 舍輪系와 銅輪系의 정치적 성향의 차
이에서 반대하였다는 견해도 제기되었다.[13]

이상의 연구 성과들을 검토해 볼 때 김서현이 만명과 혼인하는 과정에서
일어난 일은 가야계 출신이라는 약점에서 비롯된 것이라는 견해와 당시의
정치적인 사정과 관련하여 해석해야 한다는 견해가 서로 대립하고 있음을
엿볼 수 있다. 그러므로 이 문제에 대해서 다시금 살펴보지 않을 수 없다.
이를 해결하기 위해서 김유신의 조와 부의 활동을 살펴보기로 하자.

김유신의 조부인 金武力은 진흥왕대인 551년(진흥왕 12)에 阿湌으로
서 羅濟同盟을 바탕으로 백제와 연합하여 고구려가 차지하고 있던 한강
유역을 탈취하는 데 공을 세웠다.[14] 그리고 553년에는 新州 軍主가 되었
고,[15] 그 이듬해에는 管山城 전투에서 백제의 聖王을 전사시켰다.[16] 이

---

11) 선석열,「신라사 속의 가야인들 －金海金氏와 慶州金氏－」『한국 고대사속의
　　가야』, 혜안, 2001, 535~536쪽.
12) 鄭求福,「金庾信(595-673)의 정신세계」『淸溪史學』16·17, 2002, 595쪽.
13) 金德原,『新羅 中古期 舍輪系의 政治活動 硏究』, 명지대 박사학위논문, 2003 ;
　　『新羅中古政治史硏究』, 경인문화사, 2007, 107~108쪽 주 36) 참조. 한편 盧鏞弼
　　은 김서현이 혼인을 할 수 있었던 것은 진흥왕대에 智證王系와 非智證王系 세
　　력 사이의 연합이 이루어지고 있었던 정치적 상황에 따른 것이라고 하였다(盧鏞
　　弼,『眞興王巡狩碑硏究』, 一潮閣, 1996, 92쪽 주 19) 참조).
14) 檀國大 史學會,『史學志』12, 1978 ; 韓國古代社會硏究所 編,『譯註韓國古
　　代金石文』Ⅱ, 1992, 35쪽.
15)『三國史記』권4, 新羅本紀4, 眞興王 14년 가을 7월.
16)『三國史記』권4, 新羅本紀4, 眞興王 15년 ; 同 권26, 百濟本紀4, 聖王 32년
　　가을 7월.

러한 공적으로 561년(진흥왕 22) 무렵에는 迊湌으로 승진하였으며,[17] 568년에는 진흥왕이 북한산과 함경도 일대를 巡狩할 때에도 수행하였다.[18] 또한 이러한 군사적인 기반을 토대로 居柒夫와 함께 眞智王의 즉위에 중요한 역할을 수행하였을 것으로 생각된다.[19]

김유신의 아버지인 김서현도 군사적인 활동을 통해서 蘇判과[20] 大梁州都督 按撫大梁州諸軍事에 이르렀다.[21] 특히 김서현은 629년(진평왕 51)에 김춘추의 아버지인 金龍春과 함께 고구려의 娘臂城 전투에 참전하였는데, 이때 김유신도 참전하여 위기에 처한 신라군을 구하고 낭비성을 항복시키는 전공을 세웠다.[22]

이러한 사실들을 염두에 두면, 김유신의 할아버지와 아버지의 정치적인 위치는 당대의 신라 진골 귀족들에 그것과 비교해 볼 때 그리 큰 문제가 되지 않았음을 헤아릴 수 있다.[23] 따라서 김서현의 신분적 한계에 대한 지금까지의 해석은 좀 더 신중하게 살펴보아야 할 필요가 있다. 그럼에도 불구하고 김춘추와 문희와의 결혼에 대해서도 가야계 출신이라는 한계를 계속하여 부각하고 있기 때문이다.[24]

---

17) 韓國古代社會研究所 編, 앞의 책, 1992, 55쪽.
18) 韓國古代社會研究所 編, 앞의 책, 1992, 69쪽, 77쪽, 88쪽.
19) 선석열, 앞의 논문, 2001, 535~536쪽 ; 金德原, 앞의 논문, 2003 : 앞의 책, 2007, 49~50쪽.
20) 朴海鉉은 김서현이 629년(진평왕 51) 이전에는 蘇判에 이르지 못하고 波珍湌 이하의 관등이었을 것이라고 하였다(朴海鉉, 「新羅 眞平王代 政治勢力의 推移 -王權强化와 관련하여-」『全南史學』2, 1988, 14쪽).
21) 『三國史記』권41, 列傳1, 金庾信 上.
22) 『三國史記』권4, 新羅本紀4, 眞平王 51년 가을 8월 ; 同 권41, 列傳1, 金庾信 上.
23) 물론 이에 대하여 김무력이나 김서현이 당시 정계에 관심을 줄 만한 보다 적극적인 활동을 통해 가문의 진출을 꾀한 것이라고 해석한 경우도 있다(申瀅植, 앞의 책, 1984, 246쪽). 비록 그렇다고 하더라도 김무력이나 김서현의 정치적인 지위가 확고해 진 것만은 틀림없는 사실일 것이다.

A-2. … 그런 지 10일 만에 庾信은 春秋公과 더불어 정월 午忌日(위의
射琴匣條에 보였으니 崔致遠의 설이다)에 자기 집 앞에서 공을 차
다가(신라 사람은 공차기를 弄珠의 戲라고 한다) 짐짓 춘추의 옷자
락을 밟아 옷끈을 떼어버리고 말하기를 "우리 집에 들어가서 꿰맵
시다"라고 하니, 춘추공은 그 말을 따랐다. 유신이 阿海(寶姬)에게
꿰매드리라고 하니, 아해가 말하기를 "어찌 사소한 일로써 귀공자
에게 가벼이 가까이 할 수 있겠습니까?"라 하고 사양하였다(古本에
는 병으로[因病] 나오지 않았다고 한다). 이에 阿之(文姬)에게 시
켰더니 춘추공이 유신의 뜻을 알고 드디어 관계하여 이로부터는 자
주 내왕하였다. 유신이 그의 누이가 아이를 밴 것을 알고 꾸짖어 말
하기를 "네가 부모에게 고하지도 않고 아이를 배었으니, 어찌된 일
이냐?"라 하고, 이에 온 나라 안에 말을 퍼뜨리고 그 누이를 태워
죽인다고 하였다. 어느 날 善德王이 南山에 놀러가는 것을 기다려
마당 가운데 장작을 쌓아놓고 불을 지르자 연기가 일어났다. 왕이
바라보고 "무슨 연기냐?"고 물으니, 신하들이 아뢰기를 "아마 유신
이 그의 누이를 태워 죽이는 것 같습니다"라고 하였다. 왕이 그 까
닭을 물으니, 대답하기를 "그의 누이가 남편도 없이 몰래 임신하였
기 때문입니다"라고 하니, 왕이 말하기를 "이것이 누구의 짓이냐?"
라고 물었다. 때마침 춘추공이 왕을 모시고 앞에 있다가 안색이 크
게 변하였다. 왕이 말하기를 "이것이 너의 짓이구나. 어서 가서 구
원하라!"고 하였다. 공이 명을 받고 말을 달려가 왕명을 전하여 죽
이지 못하게 하고, 그 후에 공공연히 혼례를 행하였다.[25]

위의 기록을 두고서 전자의 연구자들은 문희가 가야계라는 혈통상의
한계를 근거로 김춘추가 그녀와의 결혼을 탐탁지 않게 생각하였다고 한
다. 정말로 혈통상의 문제 때문에 김춘추가 문희와의 결혼에 대하여 적

---

24) 朴南守는 「統一主導勢力의 形成과 政治改革」『統一期의 新羅社會 硏究』,
    東國大 新羅文化硏究所, 1987, 111쪽에서 "舒玄과 그의 딸 文姬의 혼인 형태
    를 주목할 때, 新金氏家門은 비록 眞骨이라 하더라도 신라의 王骨과는 일정하
    게 차이가 있는 身分이었으며, 이로 말미암아 新金氏는 그들의 부단한 武力을
    통한 官職에서의 승진과 王室과의 혼인을 통하여 그들의 신분적 상승을 공인받
    고자 노력했음을 알 수 있다"고 하였다.
25) 『三國遺事』 권1, 紀異1 太宗春秋公.

극적이지 않았을까 하는 생각에 의문을 제기하지 않을 수 없다. 왜냐하면 다음의 기록들은 그러한 의문을 해결해 주는 데 아주 좋은 기록들이기 때문이다.

> B-1. 아버지는 곧 법흥왕의 동생 입종갈문왕이고 어머니는 지소부인으로 또는 식도부인이라고도 하며 …26)
> 2. 제24대 진흥왕이 즉위할 때의 나이가 15살이었으므로 태후가 섭정하였다. 태후는 곧 법흥왕의 딸로서 입종갈문왕의 비이다.27)
> 3. 진흥왕이 왕위에 올랐다. 이름은 三麥宗이다. 그때 나이는 일곱 살이었다. 법흥왕 동생 갈문왕 立宗의 아들이었다. 어머니는 김씨로 법흥왕의 딸이고, 왕비는 박씨 思道夫人이다. 왕이 어렸으므로 왕태후가 섭정하였다.28)
> 4. 법흥왕이 왕위에 올랐다. 이름은 原宗이다. 지증왕의 맏아들로 어머니는 延帝夫人이고 왕비는 박씨 보도부인이다.29)

앞의 A-1의 기록을 보면, 숙흘종은 立宗葛文王의 아들이라고 한다. 그리고 B-1의 기록에는 입종갈문왕이 법흥왕의 동생임을 알려준다. 또한 법흥왕은 지증왕의 아들이므로(B-4) 입종갈문왕 또한 지증왕의 아들이다. 법흥왕은 지증왕의 맏아들로 왕위에 올랐기 때문에 입종은 갈문왕에 봉해졌다.30) 한편 입종은 법흥왕의 딸과 결혼하였다(B-2). 즉 조카와 결혼하여 그 사이에서 진흥왕과 숙흘종을 낳았다(B-3). 그리고 숙흘종의 딸이 바로 김유신의 어머니인 만명부인이다. 이를 표로 작성하면 아래와 같다.

---

26) 『三國遺事』 권1, 왕력1, 진흥왕.
27) 『三國遺事』 권1, 기이2, 진흥왕조.
28) 『三國史記』 권4, 진흥왕 즉위년.
29) 『三國史記』 권4, 법흥왕 즉위년.
30) 李基白, 「新羅時代의 葛文王」『新羅政治社會史研究』, 一潮閣, 1974, 12쪽.

〈표 1〉 김유신의 母系圖

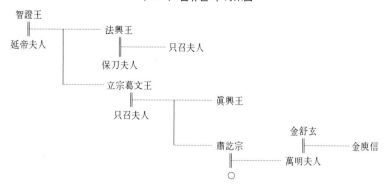

위의 <표 1> 김유신의 모계도를 보면, 김유신의 어머니 만명부인은 眞興王의 질녀가 된다. 그리고 그녀의 조부는 입종갈문왕이고 증조는 智證王이다. 이는 만명부인이 신라 최고의 신분을 가진 집안의 출생이라고 해도 좋을 것이다.

그런데 지금까지 이와 같은 사실을 알고 있으면서도[31] 이러한 점을 구체적으로 언급한 연구자는 그리 많지 않다.[32] 이는 굳이 김유신의 부

---

31) 丁仲煥, 앞의 논문, 1985, 17쪽에서 김유신의 모계에 대하여 표를 그려 설명하고 있지만 그것의 중요성에 대해서는 언급하지 않고 다만 만명부인이 신라왕실의 至親의 딸이라고만 하였다. 또한 그는 같은 논문, 1985, 18쪽에서 "모계로 볼 때 비록 정상적인 혼인은 아니라고 하더라도 김유신 형제자매에게는 이미 신라 왕실의 피가 흐르고 있다."고 하였다. 그렇지만 간단한 언급으로 그치고 있다. 그리고 선석열, 앞의 논문, 2001, 532쪽에는 모계의 계보를 숙흘종에서 그치고 있다. 또한 文暻鉉,「金庾信의 婚姻과 家族」『文化史學』27, 2007, 377쪽에도 모계에 대한 언급이 없다. 그만큼 김유신의 모계에 대해서는 관심이 부족하였음을 보여주는 것이다.

32) 다만 김태식이 유일하다고 할 수 있는데, 그는 앞의 논문, 2004 및 2006에서 이와 같은 사실을 간단하게 언급하고 있다(주 5) 참조). 또한 박문옥도 김유신의 혈통을 필사본『화랑세기』로부터 찾고 있다(박문옥, 앞의 논문, 2004).

계를 따지지 않더라도 모계를 보면 더할 나위 없이 신라 왕실과 밀접한
관계를 가진 가계임을 알 수 있다. 가야왕족의 후예라는 콤플렉스를 항
상 안고 살았다는 기왕의 견해는 김유신의 모계만 보아도 아무런 근거가
없는 것임을 헤아릴 수 있을 것이다. 더 나아가 김유신이 여동생인 문희
를 김춘추와 결혼시키는 이유가 바로 가야계 출신 콤플렉스를 해소하기
위한 것으로 설명한 연구는 이제 더 이상 관심을 두지 않아도 좋지 않을
까 싶다.

3. 金欽純의 상대등 임명과 그 의미

김유신의 친동생 김흠순에 대한 검토도 필요하다. 왜냐하면 지금까지 김
유신을 중심으로 하여 그의 가계를 살피고 있기 때문이다. 그렇기 때문에
더 이상 연구의 진전이 없다고 해도 과언이 아니다. 이에 김유신의 친동생
인 김흠순을 통해 김유신 가계의 활동상을 좀 더 구체적으로 살펴보는 것
도 좋을 것이다. 이와 관련하여 아래의 기록부터 살펴보기로 하자.

> C-1. 흠순은 김유신의 아우이고, 인문은 유신의 생질이므로 (유신을) 높
>   이 섬기고 감히 거역하지 못하였다.[33]
>   2. 김영윤은 사량 사람으로 급찬 盤屈의 아들이다. 할아버지인 欽春
>   <또는 欽純이라고도 하였다>은 진평왕 때 화랑이 되었는데, 어짊
>   이 깊고 신뢰가 두터워 뭇 사람의 마음을 얻었다. 장년이 되어 문무
>   왕이 그를 올려 家宰로 삼았다. 윗사람을 충성으로 섬기고 백성에
>   게는 관대하여 나라 사람이 모든 어진 재상이라고 칭하였다. 태종
>   대왕 7년 경신(660)에 당나라 고종이 대장군 소정방에게 명하여 백
>   제를 치게 하였을 때 흠춘이 왕명을 받들어 장군 유신 등과 함께

---

33) 『三國史記』 권43, 金庾信 下.

정예 군사 5만을 이끌고 나갔다. 가을 7월 황산벌에 이르러 백제 장군 계백을 만나 싸움이 불리하여지자 흠춘이 아들 반굴을 불러 말하였다.

"신하로서는 충성이 제일 중요하고 자식으로서는 효가 제일 중요하다. 위험을 보고 목숨을 바치면 충과 효가 모두 이루어진다"

반굴이 "예! 그렇게 하겠습니다" 하고는 적진에 들어가 힘껏 싸우다가 죽었다.

김영윤은 대대로 고관을 지낸 집안에서 태어나 성장하였으므로 명예와 절개를 자부하였다. 신문대왕 때에 고구려의 남은 세력인 悉伏이 보덕성에서 반란을 일으키자 왕이 토벌을 명할 때 김영윤은 黃衿誓幢의 步騎監으로 삼았다. … 드디어 적진에 나가 싸우다가 죽었다. 왕이 이를 듣고 슬퍼하여 눈물을 흘리면서 말하기를 "그런 아버지가 없었으면 이런 자식이 있을 수 없다. 그 의로운 공이 가상하다" 하고는 벼슬과 상을 후하게 추증하였다.[34]

3. 7월에 이르러 당나라 조정에 사신으로 갔던 金欽純 등이 땅의 경계를 그린 것을 가지고 돌아왔는데, 지도를 펴서 살펴보니 백제의 옛 땅을 모두 다 돌려주도록 하는 것이었습니다.[35]

위의 기록을 보면 김흠순은 김유신의 친동생으로 나타나 있다(C－1). 그리고 C－2의 기록은 3대에 걸친 김흠순 집안의 열전이나 다름이 없다고 할 정도로[36] 김흠순과 그의 아들 盤屈 및 손자인 김영윤에 대한 것을 알려준다. 그들 모두는 전쟁에서 훌륭한 공을 세웠음을 알려주고 있다.

이후 김흠순은 662년에는 백제의 잔여세력이 內斯只城에서 준동하자 이를 소탕하였고,[37] 668년 고구려 멸망 때에는 大幢將軍으로서 출정하였다.[38] 669년에는 角干으로서 당에 사신으로 갔다가 다음 해인 670년에 귀국하였다(C－3).

---

34) 『三國史記』 권47, 김영윤.
35) 『三國史記』 권7, 文武王 下, 함형 원년.
36) 김태식, 앞의 책, 2002, 164쪽.
37) 『三國史記』 권6, 文武王 2년 7월.
38) 『三國史記』 권6, 文武王 8년 6월.

그런데 여기서 주목되는 것은 김흠순이 문무왕대에 冢宰가 되었다고
하는 점이다(C-2). 총재는 신라 관직 체계상에서는 찾아볼 수 없다. 왜
하필이면 문무왕이 그를 올려 총재로 삼았다고 했을까 궁금하다.

총재는 周代 六官의 우두머리로, 天子를 보좌하고 百官을 거느리던
벼슬이라고 한다.[39] 이렇게 보면 총재는 중국에서 황제 다음가는 위치에
있었음을 알 수 있다. 그런데 『三國遺事』에서 총재의 기록이 또 보이고
있어 주목된다.

> D-1. 왕이 하루는 庶弟 車得公을 불러 이르되 "네가 冢宰가 되어 백관
> 을 고루 다스리고 四海를 泰平케 하라"고 하니 공이 말하기를 "陛
> 下가 만일 小臣을 冢宰로 삼으려면 臣이 國內를 몰래 돌아다니면
> 서 民間의 徭役의 勞逸과 租賦의 輕重과 官吏의 淸濁을 본 뒤
> 에 職에 나가겠습니다"고 하니 왕이 이를 들어 주었다.[40]
> 2. 述宗公이 朔州都督使가 되어 任所로 가게 되었는데 … 아내는
> 과연 꿈꾼 날로부터 태기가 있더니 아이를 낳으내 이름을 竹旨라
> 하였다. 그 아이가 자라서 出仕하여 유신공과 더불어 副帥가 되어
> 三韓을 통일하고 眞德·太宗·文武·神文의 4대에 걸쳐 冢宰가 되
> 어 나라를 안정케 하였다.[41]

앞의 D-1의 기록은 車得公에 관한 것으로 문무왕이 그를 총재로 삼으
려고 하자 왕에게 한 말을 전하고 있다. 이에 대하여 李基白은 총재가 무엇
인지는 딱히 알 길이 없으나, 그가 徭役·租賦·官吏의 淸濁 등 行政의 實務
에 관련된 職務를 담당하는 것임을 말하여 주는 것으로 보아서 侍中職일
가능성을 제시하였다.[42] 이러한 견해를 따르면 총재는 시중직을 말하는 것
으로 파악할 수 있다. 더 나아가 D-2의 기록을 보면, 竹旨는 4대에 걸쳐

39) 檀國大學校 東洋學研究所, 『漢韓大辭典』 2권, 1999, 313쪽.
40) 『三國遺事』 권2, 紀異 文虎王法敏.
41) 『三國遺事』 권2, 紀異 孝昭王代 竹旨郎.
42) 李基白, 앞의 책, 1974, 163쪽.

총재가 되었다고 하는데 그는 집사부 설치 이후 최초로 중시에 임명되었
다.[43]

이상의 이기백의 견해와 D-2의 기록을 수용한다면 김흠순도 시중직
에 올랐을 가능성이 높다. 그렇지만 문무왕대 시중 역임자를 전부 찾아
검토해 보면 그는 시중에 임명되지 않았음을 알 수 있다.[44] 이렇게 보면
그는 시중이 아닌 다른 직책에 있었다고 보는 것이 옳을 것이다.

이와 관련하여 주목되는 것이 신라 중대 上大等 임면 기사이다. 김유
신이 문무왕 13년 7월에 상대등에서 물러나고 난 이후 문무왕 20년에
金軍官이 상대등에 임명된 것으로 나타나 있다. 그것은 이기백이 제시한
아래의 <표2>를 통해서도 알 수 있다.

<표 2> 新羅 中代 武烈王-文武王代 上大等 一覽表[45]

인명	관등	취임년월	퇴임년월	재임기간	퇴임이유
金庾信	伊湌	무열 7년(660) 1월	문무 13년(673) 7월	13년 6월	사망
?					
김군관	이찬	문무 20년(680) 2월	문무 21년(681)	약 1년	

앞의 <표 2> 新羅 中代 武烈王-文武王代 上大等 一覽表를 보면,
문무왕은 김유신이 죽은 이후 상대등을 임명하지 않았다가 문무왕 20년
에 이르러서야 갑자기 김군관을 상대등을 임명한 것으로 나타나 있다.
그러니까 김유신 사망 이후 어떤 일이 있었는지는 알 수 없지만 김유신
이 사망한 이후 상대등의 자리가 비어 있다가 약 7년이 지난 이후에 김

---

43) 李基白, 앞의 책, 1974, 156쪽의 [表 나] 新羅 中代 侍中 一覽表 참조.
44) 위와 같음.
45) 李基白, 앞의 책, 1974, 103쪽의 「新羅 中代 上大等 一覽表」를 참고하였으며
    필요한 부분만을 이용하였다.

군관을 상대등에 임명하였다는 것이다. 과연 그랬을까 하는 점이다.[46]

아마도 『삼국사기』의 기록에는 나타나 있지 않지만 김유신 사후 그의 동생인 김흠순이 상대등이 되었던 것은 아니었을까 추측된다.[47] 그것은 문무왕이 차득공에게 총재가 되기를 권하면서 한 말 즉 "百官을 고루 다 스리고 四海를 泰平케 하라."라고 한 것을 떠올려 보면 더욱 그러하였을 가능성이 높다.[48]

김흠순의 정치적 지위가 김유신과는 비교되지 않을 수도 있지만 그 또한 왕과 매우 밀접한 관계에 있었다고 해도 과언이 아니다. 왕의 명을 받고 사신으로 활동하였다는 것은 왕의 측근이 아니고서는 안 되었을 것이다. 이렇게 볼 때 김흠순은 다음의 수정한 <표 3>과 같이 상대등에 올랐음을 충분히 예상할 수 있다.[49]

---

46) 李基白은 "김유신의 뒤에 누가 상대등이 되었는지도 분명치가 않다. 만일 『삼국 사기』 권7, 文武王 16년 11월 조의 "宰相陳純乞致仕 不允 賜几杖" 이라고 한 재상이 상대등이었다면 - 재상은 반드시 상대등을 가리키는 것은 아니나 상대등 을 가리키는 경우도 있다 - 陳純이 그 후계자였을 가능성이 있다"고 하였다(李 基白, 앞의 책, 1974, 129~130쪽의 주 60) 참조). 그렇지만 재상이 당대에 여럿 존재하였을 가능성을 염두에 두면 진순이 상대등이었다고 보기에는 무리가 있다.

47) 申瀅植은 앞의 책, 1984, 253쪽에서 "통일전쟁의 주역인 竹旨·天存·軍官 등은 그 후 侍中·上大等으로 진출했으나, 흠순만은 제외되고 있어 무열왕실은 이들에 게 어느 정도 견제의 입장을 취한 듯하다."고 하였다. 그리고 같은 책, 253쪽의 주 196)에서 흠순은 시중이나 상대등에 취임한 사실이 없다고 하고 흠순이 총재가 되었다고 해서 그것이 곧 시중이나 상대등을 지칭한다고는 볼 수 없다고 하였다.

48) 이인철은 차득공 관련 기록을 염두에 두고서 차득공이 상대등이 되었을 가능성을 제시하였다(李仁哲, 「新羅 中代의 政治形態」 『韓國學報』 77, 1994, 56쪽).

49) 김태식은 앞의 책, 2002, 163쪽에서 "(화랑세기) 필사본이 진본이라면 김군관은 상대등 김흠순이 죽고 난 뒤에 그 직위를 이었을 가능성이 아주 크다는 추정이 가능하다."고 하였다. 그리고 같은 책, 165쪽에서 "총재가 어떤 자리인지 확실하 지는 않으나, 이 점 앞서 말한 문무왕 재위 20년(680)에 상대등이 군관이 임명된 다는 기록과 어떤 연관성을 떨치기 어렵게 하고 있다."고 하였다. 씨의 가능성 제시는 본고 작성에 있어 도움이 되었다.

<표 3> 新羅 中代 武烈王－文武王代 上大等 一覽表(수정)

인명	관등	취임년월	퇴임년월	재임기간	퇴임이유
金庾信	伊飡	무열 7년(660) 1월	문무 13년(673) 7월	13년 6월	사망
金欽純	伊飡	문무 13년(673) 7월	문무 20년(680) 2월	6년 7개월	사망
金軍官	伊飡	문무 20년(680) 2월	문무 21년(681)	약 1년	

위의 <표 3> 新羅 中代 武烈王－文武王代 上大等 一覽表(수정)를 보면, 김흠순은 김유신이 죽자 그를 이어 상대등에 올랐는데, 그가 상대등이 된 것은 673년 7월이며 퇴임한 것은 문무왕 20년(680) 2월[50]경이다. 김흠순은 약 6년 7개월간 상대등으로 재임하였음을 헤아릴 수 있다. 이렇게 볼 때 김흠순의 정치적인 지위가 매우 컸음을 알기에는 부족함이 없을 줄로 안다.

지금까지 김흠순에 대한 관심이 부족하였던 것은 김유신과 비교해 볼 때 상대적으로 가려진 것이 아닌가 한다. 비록 그렇다고 하더라도 김흠순이 차지한 정치적 지위는 매우 컸던 것으로 헤아려지며 김유신 집안이 가야계 출신이라는 것 때문에 정치적인 약점으로 작용하지는 않았음을 보여주는 하나의 좋은 예가 될 것이다. 또한 김유신 집안이 무열계 왕실

한편 필자가 이 논문을 발표하는 과정에서 토론자인 李泳鎬 교수로부터 이미 김흠순이 상대등에 임명되었다고 하는 연구가 있다는 것을 알게 되었다. 즉 씨의 박사논문, 『新羅 中代의 政治와 權力構造』, 1995, 경북대학교 대학원, 92쪽 주49)에 김흠순이 상대등에 올랐을 가능성이 제시되었다. "김유신의 弟로서 문무왕대 冢宰와 相을 역임한 欽純이 김유신을 이어 상대등에 취임한 것이 아닌가 한다. 冢宰와 相은 상대등에 적합하다고 생각되기 때문이다"고 하였다. 씨의 이러한 설명이 필자의 논증과정과는 다르다. 다만 씨의 논문에서 이미 이러한 언급이 있었다는 것을 알지 못한 것에 대해서는 필자의 게으름으로 돌릴 수밖에 없다.

50) 최근 발견된 필사본 『화랑세기』에도 김흠순이 680년 2월에 죽은 것으로 되어 있다.

로부터 견제를 당하였다는 기왕의 견해도 수긍할 수 없음을 헤아릴 수
있을 것이다.

4. 김유신 후손들의 활동과 『金庾信行錄』의 저술

1) 三光의 정치적 활동

　김유신의 후손들이 어떻게 활동하였는가 하는 것에 대해서는 이미 적
잖은 연구가 이루어졌다. 그 결과를 살펴보면 문무왕대부터 이미 왕실로
부터 견제를 당하였으며, 성덕왕대 전제왕권이 확립된 이후부터 유신계
는 점차 정치적 지위를 잃게 되었다는 것이다.[51] 그리고 惠恭王代를 전
후하여 6두품으로 전락함에 이르러 반발을 꾀한 것이 金融의 반란으로
파악되고 있다.[52] 그리고 金巖은 유신계로서 대표적인 정치활동을 한 마
지막 인물로 보고 있다. 그렇다면 김유신 사후 그의 후손들은 정치적인
지위가 과연 하락하였을까 하는 의문이 든다. 이와 관련하여 김유신의
후손과 관련된 기록들을 삼광부터 차례로 검토해 보기로 하자.

　　　E-1. 왕이 일길찬 金欽運의 소녀를 맞아서 부인으로 삼으려 할 새, 먼저
　　　　　이찬 文穎과 파진찬 三光을 보내어 기일을 정하게 하고, 대아찬 知
　　　　　常을 시켜 부인에게 納采케 하니 … [53]

51) 李基白은 「統一新羅와 渤海의 社會」『韓國史講座』Ⅰ-古代篇-, 一潮閣,
　　 1982, 316쪽 및 앞의 논문, 1987, 99~101쪽에서 김유신의 사후 김유신가문은
　　 정치적으로나 사회적으로 소외되었다고 한다. 그리고 申瀅植, 앞의 책, 1984에
　　 서도 찾아볼 수 있다.
52) 李基白, 앞의 책, 1974, 251쪽.
53) 『三國史記』 권8, 神文王 3년 봄 2월.

위의 기록을 보면 신문왕은 金欽突의 딸을 출궁시킨 다음 683년에 새로 결혼을 하고 있다. 그는 金欽運의 딸을 왕비로 맞아들였는데 김흠운은 또한 무열왕의 사위였다. 다만 여기서 주목되는 것은 신문왕의 혼인을 위하여 관계한 사람들이다. 특히 삼광은 김유신의 아들로 신문왕의 혼인에 깊이 관여하고 있음을 볼 수 있다. 이는 삼광이 신문왕과 밀접한 관계에 있었음을 보여주는 것으로 해석된다. 아마도 신문왕의 왕권강화에 매우 큰 역할을 하였다고 짐작되는 것이다. 더 나아가 삼광은 김흠돌의 딸이 출궁하는 것에도 관계를 하였던 것이 아닐까 하는 짐작까지 하게 된다. 결국 신문왕대 삼광의 정치적인 위치는 매우 컸다고 할 수 있을 것이다. 이와 관련하여 다음의 기록은 그러한 사실을 더욱 입증한다고 할 수 있다.

> E-2. 후에 유신의 아들 三光이 執政하였을 때 裂起가 그에게 가서 郡太守를 청하니 허락하지 않았다. 열기가 祈園寺 승려 順憬에게 말하기를 "나의 공이 큰데 군수를 청하여 허락받지 못하였으니, 삼광이 자기 아버지가 죽었다고 하여 나를 잊은 것이 아니겠는가?" 하였다. 순경이 삼광을 설득시켜 삼년산군 태수를 주었다.[54]

위의 기록을 보면 삼광이 언제 집정하였는지는 알 수 없지만 裂起를 지방관으로 마음대로 임명할 수 있는 위치에 있었음을 알 수 있다. 이렇게 보면 그는 정치적으로 매우 높은 지위에 이르렀다고 생각된다. 더구나 그가 신문왕이 죽은 이후 孝昭王때까지 살아 있었다면 어린 나이로 즉위한 효소왕을 도와 정치를 주도하였다고 보아도 좋을 것이다.

2) 允中의 정치적 활동

이제 김유신의 손자인 윤중에 대해서 알아보기로 하자. 이와 관련하여

---

54)『三國史記』권47, 裂起.

다음의 기록부터 살펴보자.

> F-1. (유신의) 嫡孫 允中은 성덕대왕 때 벼슬하여 大阿湌이 되고 여러
> 번 임금의 은혜를 입었는데, 왕의 친속들이 자못 질투하였다. 때마
> 침 8월 보름이라 왕이 月城의 둔덕 위에 올라 眺望하며 侍從官과
> 더불어 술자리를 베풀고 놀더니, 명하여 允中을 부르게 하였다. 諫
> 하는 사람이 있어 말하기를「지금 宗室戚里에 어찌 好人이 없겠
> 습니까. 유독 疏遠한 신하를 부르니 어찌 이른바 親을 親하게 하는
> 것이겠습니까」고 하였다. 왕이 말하기를「지금 과인이 경들과 함께
> 平安無事한 것은 允中의 祖의 덕이다. 만일 공의 말과 같이 이를
> 잊어버린다면 善을 善으로 대함이 子孫에게 미치게 하는 義가 아
> 니다」고 하였다. 드디어 윤중을 密坐케 하여 그의 祖의 平生에 대
> 한 말을 하고 날이 저물어서야 돌아가게 하고 絶影山의 말 1匹을
> 주었다. 群臣이 불만할 뿐이었다.[55]

위의 F-1의 기록 가운데서 '소원한 신하'라는 기록을 두고서 이기백
은 왕실 일족이 김유신의 후손 나아가서는 다른 귀족 일반을 배척하는
기운을 말하는 것이라고 하였다.[56] 또한 李文基는 윤중이 종실·척리의
범주를 벗어난 존재로 파악하고 그 결과 금관가야계의 정치·사회적 위상
도 조금씩 하락을 길을 걷게 되었다고 한다.[57]

그렇지만 이는 기록을 단순하게 이해한 것으로 판단된다. 이에 F-1
의 기록을 좀 더 자세하게 검토해 보기로 하자. F-1에서 윤중은 성덕왕
대 벼슬하여 대아찬이 되고 여러 번 임금의 은혜를 입었다고 한 것이 주

---

55)『三國史記』권43, 김유신 하.

56) 李基白, 앞의 책, 1974, 251쪽. 그런데 씨는 윤중을 외척으로 이미 상당한 거리
　　에 있는 인물로 파악하였지만(앞의 책, 164쪽), 시중 중에는 진골 중에서도 왕의
　　지극히 가까운 친척들이 임명되는 것이 관례였다고 생각된다고 하였다(위의 책,
　　251쪽). 서로 모순되는 설명을 하고 있는 것 같은 느낌이 든다.

57) 李文基,「金官伽倻系의 始祖 出自傳承과 稱姓의 變化」『新羅文化祭 學術
　　發表會論文集』25, 2002, 41쪽.

목된다. 그런 가운데 종실척리가 윤중을 못마땅하게 생각하고 있음을 볼 수 있다. 종실척리는 기왕의 연구에 따르면, 왕의 친속들이라고 생각되며 이들은 첫째 왕비인 嚴貞王后의 세력으로 파악되고 있다.[58] 따라서 성덕 왕이 종실척리보다 윤중을 가까이 한 것은 엄정왕후와 관련된 세력을 제약하고 그를 지지하는 왕당파의 인물로 삼아 자신의 왕권을 강화하고자 하였던 것이라고 해석된다.[59] 이런 견해를 따르면 윤중이 성덕왕대 어느 시점에 벼슬하였으며, 또한 왕과 매우 밀접한 관계를 가졌음을 알 수 있다. 그렇다면 그는 언제 성덕왕과 이런 관계를 가지게 되었을까 하는 점이다.

> F-2. 김유신의 처를 봉하여 부인으로 삼고 해마다 穀 1천석을 주기로 하였다.[60]

위의 기록을 보면 김유신의 처가 성덕왕대 부인으로 봉해지고 해마다 곡식 1천석을 받기로 되었다고 한다. 이는 김유신 후손들의 정치적인 행보와 밀접한 관련이 있을 것으로 보아도 좋을 것이다. 앞서 보았듯이 효소왕대 초반까지 삼광이 활동하였다면 그의 아들인 윤중이 성덕왕에 의해 발탁되어 중용되는 시기는 대체로 성덕왕 11년(712) 즈음이었을 것으로 생각되고 있다.[61] 돌려 말하면 성덕왕 11년에 윤중은 정치적으로 왕과 밀접한 관계를 가지게 되었고 김유신의 처를 부인으로 책봉하여 경제적으로 대우해 주는 것과 궤를 같이하는 것으로 파악해도 좋을 것이다.

이후 윤중은 정치의 핵심에 위치하게 되었다. 그는 성덕왕 24년(725)에 시중에 임명[62]되었음이 바로 그러한 것을 입증한다. 이후 효성왕이 즉위

---

58) 金壽泰, 『新羅中代政治史硏究』, 一潮閣, 1996, 76쪽.
59) 金壽泰, 위의 책, 1996, 76쪽.
60) 『三國史記』 권8, 聖德王 11년 8월.
61) 金壽泰, 앞의 책, 1996, 77쪽.

할 때까지 시중의 교체 사실이 없는 것과 관련하여 기왕의 연구에서는 그가 여러 차례 시중직을 맡으며, 성덕왕을 도와 그의 왕권강화에 중요한 인물이 되었다고 한다.[63] 또한 그는 성덕왕 31년(732)에는 장군이 되기도 하였다. 그리고 성덕왕 35년 11월에는 평양주와 우두주를 자세히 살피러 나가기도 하였다. 이후 孝成王代 초반에도 그는 정치적인 지위를 계속 유지하였던 것으로 파악되고 있다.[64]

이렇게 볼 때 김유신의 손자인 윤중은 성덕왕대 후반에 시중직에 올라 정치적인 위상이 매우 컸으며 그러한 위상과 더불어 정치적인 지위를 효성왕대 초반까지 유지하였던 것이다. 이는 윤중이 왕실로부터 배척당하였다는 기왕의 견해를 따를 수 없음을 보여주는 것이나 다름이 없다.

3) 金融의 반란과 그 의미

김융의 반란을 어떻게 보아야 할 것인가 하는 문제가 남아 있다. 김융은 대아찬으로 혜공왕 6년(770) 8월에 반란을 일으켰다가 목베어 죽임을 당하였다고 한다.[65] 이와 관련하여 기왕의 연구를 살펴보면 김융은 반혜

---

62) 박해현은 『신라중대 정치사 연구』, 국학자료원, 2004, 101쪽의 주 37)에서 윤중과 윤충을 서로 다른 인물로 보았다. 그는 "윤중이 성덕왕을 섬기며 대아찬이 되었다는 것에 주목하면 윤중의 최고 관등은 대아찬이었다고 살펴지는데 성덕왕 24년에 中侍가 된 윤충은 이찬의 관등에 있어 차이가 있기 때문이다."고 하여 두 사람이 서로 다르다고 파악하였다. 그렇지만 윤중이 대아찬의 관등에서 성덕왕 24년 무렵에는 이찬의 관등으로 올라갔음을 염두에 두면 두 사람이 서로 달랐다고 할 수는 없을 것이다.

63) 李基白, 앞의 책, 1974, 163~164쪽.

64) 申瀅植은 효성왕대 允忠(유신계), 思仁(文王系), 義忠·信忠系 등 3파의 연합으로 정치가 유지되었다고 한다(「新羅 中代 專制王權의 展開過程」『汕耘史學』 4, 1990 ; 『統一新羅史研究』, 三知院, 1990, 136쪽).

65) 『三國史記』 권9, 惠恭王 6년 가을 8월.

공적인 입장을 취하고 있었다는 것이다.[66] 한편 신형식은 혜공왕대를 전후하여 6두품으로 전락함에 이르러 반발을 꾀한 것이 김융의 난으로 생각된다고 하였다.[67] 또한 朴海鉉은 김유신 후손들이 외척의 견제를 받자 난을 일으킨 것으로 보고 있다.[68]

그렇지만 이상과 같은 견해들은 쉽사리 납득할 수 없다. 더구나 대아찬인 김융이 난을 일으켰다면 그것은 진골에서 육두품으로 族降된 것과는 하등 상관이 없다. 적어도 기록상으로는 김융이 김유신의 후손이라는 근거는 어디에도 없다. 그럼에도 불구하고 김융의 모반 사건이 김유신 후손이 일으킨 것으로 된 것은 다음과 같은 기록 때문으로 추정된다.

> G-1. (그 해) 여름 4월에 회오리바람이 세차게 일어나 유신의 묘소에서 시조대왕의 능에까지 이르렀는데, 티끌과 안개로 캄캄하여 사람을 분간할 수 없었다. 능지기가 들으니, 그 속에서 울고 슬퍼하며 탄식하는 듯한 소리가 났다. 혜공대왕이 그 말을 듣고 두려워하여 대신을 보내 제사드려 사과하고, 이어 鷲仙寺에 밭 30결을 바쳐 명복을 빌게 하였다.[69]
>
> 2. 37대 혜공왕 大曆 14년 己未(779) 4월에 갑자기 회오리바람이 유신공의 무덤에서 일어났다. 그 가운데 한 사람이 날쌘 말을 탔는데 그 모양이 장군과 같았고, 또한 갑옷을 입고 무기를 든 40명가량의 군사가 ㄱ 뒤를 따라 죽현릉으로 들어갔다. 조금 있더니 왕릉 속에서 와자지껄하면서 우는 듯한 소리가 났으며, 혹은 하소연하는 듯한 소리가 났다. 그 말소리는 "신이 정치를 돕고 평생 동안 어려운 시국을 구하고 삼국을 통일한 공을 세웠습니다. 이에 혼백이 되어서도 나라를 수호하며, 재앙을 물리치고 환난을 구제하려는 마음은 잠시도 변함이 없습니다. 하오나 지난 경술년에 신의 자손이 아무

---

66) 李基白, 앞의 책, 1974, 232쪽.
67) 申瀅植, 앞의 책, 1984, 255쪽.
68) 박해현, 앞의 책, 2004, 164쪽.
69) 『三國史記』 권43, 김유신 하.

런 죄도 없이 죽음을 당하였고, 임금이나 신하들은 저의 공적을 생
각하지 않았습니다. 신은 차라리 멀리 다는 곳으로 옮겨가서 다시
는 (나라를 위해) 애쓰지 않을까 하니, 바라옵건대 왕께서는 허락해
주십시오."라고 하였다. 왕애 대답하기를 "오직 나와 공이 이 나라
를 지키지 않는다면 저 백성들은 어떻게 할 것인가? 공은 이전과
다름없이 힘쓰도록 하오."라고 하였다. 세 번이나 청해도 세 번 다
듣지 않자, 회오리 바람이 돌아가고 말았다.
　　왕은 이 소식을 듣고 두려워하여 이내 대신 金敬信을 보내 김공의
무덤에 가서 사과하였으며, 공을 위해 功德寶를 세우고 그 밑천으
로 밭 30경을 鷲仙寺에 내려서 공의 명복을 빌게 하였다. 이 절은
김공이 평양을 토벌한 후에 복을 빌기 위하여 세웠던 것이었기 때
문이다. 미추의 영혼이 아니었던들 김공의 노여움을 막지 못했을
것이므로, 왕이 나라를 수호한 힘이 크다고 아니할 수 없다.[70]

　　위의 G-1과 G-2의 기록을 보면 김유신은 미추왕에게 억울하게 죽
은 자신의 후손의 문제를 거론하고 있다. 김유신이 미추왕에게 거론한
경술년의 사건은 혜공왕 6년 김융의 반란을 의미하는 것이거나 혹은 김
유신의 후손이 그의 난에 가담하여 죽임을 당한 것으로 파악하고 있
다.[71] 이기백이 지적한 이후부터 모든 연구자들이 그렇게 파악하고 있는
것이다. 그리고 이러한 파악은 김유신 후손들이 정치적인 지위가 하락했
음을 지적하는 주요한 요인이 되고 있다.

　　그렇지만 이 기록을 좀 더 자세히 살펴볼 필요가 있다. 우선 김융이
반란을 일으켰다면 그렇게 할 수 있었던 정치·경제적 배경이 있었음은
당연히 전제되어야 할 것이다. 그가 반왕당파든 아니든 간에 중요한 점
은 바로 그의 정치적인 위치와 매우 밀접한 관련이 있다. 적어도 김윤중
이후 김유신 후손들이 정치적으로 위축되었다고 하는 해석은 이러한 점
만 보아도 타당하지 않음을 헤아릴 수 있다.

---

70) 『三國遺事』권1, 기이2, 味鄒王竹葉軍.
71) 李基白, 앞의 책, 1974, 250쪽.

더구나 김융이 반란을 일으킨 이후 9년이 경과한 후에 김유신과 관련된 설화가 등장한 것도 김유신 후손들의 정치적인 위상이 크게 달라지지 않았음을 보여주는 것으로 해석해도 좋을 것이다. 그러니까 김유신 후손들은 김융의 반란사건 이후 혜공왕에 대한 반격을 하기 위하여 오랫동안 노력하였음을 보여준다. 그러한 것이 바로 김유신과 미추왕 설화로 나타났다고 해야 할 것이다. 이에 혜공왕이 김유신 관련 얘기를 듣고 두려워하였다는 것은 그만큼 김유신 가문의 후손들의 정치적인 압박이 컸다고 해야 옳을 것이다. 결국 이러한 일은 김유신 후손들의 정치적인 위상이 낮추어진 것이 아니라는 것을 반증하는 것으로 해석해도 좋지 않을까 싶다.

4) 金巖의 정치적 활동과 金長淸의 『行錄』의 저술

김융의 정치적인 사건과 관련하여 기왕의 연구들은 김유신의 현손인 김암을 육두품으로 이해하고 있다는 점이다. 그것은 그가 이찬으로 입당하여 음양가법을 습득하고 귀국한 숙위학생이었기 때문에 그렇다는 것이다. 김암은 귀국 후 司天博士・太守・執事侍郎을 거친 후 浿江鎭頭上을 역임하였으며, 일본에 사절로 파견된 일도 있었다. 그런데 그가 이찬으로 육두품 계열이 주로 맡는 관직에 임명된 것으로 보아 혜공왕 때를 전후하여 육두품으로 전락된 것으로 보았다.[72]

그러나 신라 중대 말부터는 진골 귀족들의 숫자가 늘어나면서 진골 귀족들이 그동안 육두품이 임명되었던 관직에도 나가고 있음을 주목할 필요가 있다.[73] 따라서 김암이 육두품으로 족강된 것으로 이해하는 것은

---

72) 이상은 申瀅植, 앞의 책, 1984, 254쪽.

73) 李鍾旭은 "중고시대에는 진골들의 숫자가 많지 않았기에 이들이 하위 관직 관등을 차지하는 경우는 거의 없었다고 여겨진다. 그러나 중대를 거쳐 하대에 이르면서 진골의 규모가 늘어나 현령 정도의 관직이나 사지 정도의 관등까지도 이들 진골이 차지하게 되었다고 헤아려진다."고 하였다(李鍾旭, 『新羅骨品制研

옳지 않다고 할 수 있을 것이다. 더구나 이찬의 관등을 가진 그가 어떻게
육두품이 되었다는 것인지 도저히 납득하기 어렵다. 이렇게 보면 신라
중대 말까지도 김유신의 후손들은 정치적으로 상당한 지위를 차지하였
으며 김유신의 설화는 김유신 후손의 신원운동이 아니라 김유신 후손들
의 정치적 지위를 더욱 강화하는 역할을 한 것으로 볼 수 있다.

한편 기왕의 연구에 따르면 金長淸[74]이 김유신의 『行錄』[75]을 편찬한
것은 하락일로를 걷고 있는 금관가야계의 정치·사회적 위상을 과거로 되
돌리고 싶은 간절한 바람으로 이해하고 있는데,[76] 이는 좀 더 다른 각도
에서 파악하는 것이 옳을 것 같다.

현재 김장청의 『행록』은 전하지 않는다. 그렇기 때문에 기왕의 연구자
들은 김유신 가문의 쇠락이라는 전제아래 그것에 대한 해석을 한 것으로
이해된다. 『행록』의 구체적인 내용을 잘 알 수는 없지만 『삼국사기』찬

究』, 一潮閣, 1999, 235쪽).

74) 김장청의 신분을 육두품으로 파악한 것은 李基白이다. 씨는 김장청의 執事侍
郎職을 염두에 두어 "이 집사랑이 김장청의 최후 최고의 관직이었는지 어떤지
는 주저되는 점이 없지 않지만 상식적으로 말해 그렇게 볼 수밖에 없다."고 하였
다(李基白, 앞의 논문, 1987, 100쪽). 그렇지만 6두품이 차지하는 관직에 있었다
고 해서 그를 육두품으로 이해하는 것이 옳은 것이라고는 할 수 없을 것이다.

75) 이하 『행록』이라 약칭한다.

76) 李文基, 앞의 논문, 2002, 45쪽. 씨는 김장청의 행록은 정치·사회적 위상이 낮
아진 금관가야계의 복권을 목표로 김유신으로 대표되는 금관가야계의 선조들의
신이하고 위대한 행적과 국가왕실에 대한 충절을 기록한 것으로 보고 있다. 씨
의 이러한 견해는 이미 이기백이 설명하고 있다. 이기백은 김장청이 玄祖인 김
유신의 행록을 편찬한 것은 몰락의 길을 걷고 있었던 금관가야계의 복권을 위한
하나의 운동이라고 하였다(이기백, 「김대문과 김장청」 『韓國史市民講座』 1,
1987, 111~112쪽). 또한 선석열도 앞의 논문, 2001, 551쪽에서 "『김유신행록』
은 金庾信系의 위상을 높이고 정치적인 몰락을 방지하기 위한 목적에서 金庾
信의 국내외의 위기 해소와 삼국통일의 업적을 강조하는 방향으로 편찬되었을
것이다."라고 하였다.

자의 말대로 "거기에는 꾸며 만들어 넣은 말이 자못 많으므로 이를 줄이고"한 부분을 주목할 수 있다. 왜 김장청이 그렇게 하였는가 하는 것을 다시 생각해 보지 않을 수 없는 것이다. 이는 당시 김유신을 강조해야 될 필요성이 무엇보다 절실했기 때문이라 할 수 있다. 김유신 가문의 몰락 때문에 그렇게 했다기보다는 좀 더 다른 사정에 기인된 것이 아닐까 하는 것이다. 이와 관련하여 다음의 기록을 살펴보자.

> H-1. 庾信碑를 살펴보니 '아버지는 蘇判 金逍衍이다'라고 하였으나 舒玄은 혹 이름을 고친 것인지, 혹 逍衍은 字인지 알지 못한다. 의심이 되므로 둘 다 남겨둔다.[77]
> 2. (김유신이 죽자 문무왕은) 有司에게 명하여 碑를 세워 功名을 전하도록 하고, 또 (김유신의 묘를) 받들 民戶를 정하여 묘를 지키게 하였다.[78]

앞의 기록을 보면 김유신이 죽은 이후 그의 공적을 기리는 비가 만들어졌음을 알 수 있다. 특히 H-2의 기록을 보면 그가 죽은 해인 문무왕 13년(673)으로부터 멀지 않은 시점에 세워진 듯하다. 그리고 H-1의 「유신비」와 H-2의 「김유신 묘비」는 서로 같은 것이라는 것이 밝혀져 있다.[79] 결국 김장청에 의해 『행록』이 저술되기 이전에는 김유신과 관련한 것은 문무왕에 의해 세워진 김유신의 묘비만 있었음을 헤아릴 수 있다.

사정이 이러한 가운데 혜공왕대 김융의 정치적인 반란이 있게 되자 김유신 후손들은 그들의 정치적인 지위를 보다 확고히 할 필요가 있었다고 할 수 있다. 앞서도 언급하였지만 김융의 난이 있은 지 9년이 경과한 후에 김유신 관련 설화가 등장하는 것은 김유신 후손들의 정치적인 반격이

---

77) 『三國史記』 권41, 열전1, 김유신전 상.
78) 『三國史記』 권43, 열전3, 김유신 하.
79) 李賢泰, 「新羅 中代 新金氏의 登場과 그 背景」 『韓國古代史研究』 42, 2006, 241쪽.

만만치 않았음을 보여주는 것으로 파악하였다. 이렇게 되자 김장청은 당시 남아있던 김유신묘비만으로는 김유신 후손들의 정치적인 위상을 드러내는 것이 쉽지 않다는 것을 헤아린 것이 아닌가 한다. 이렇게 되자 그는 『행록』의 저술을 통하여 김유신과 그 후손들의 정치적인 위상을 더욱 확대하고 김유신의 후손들이 정치적으로 건재하다는 것을 과시하고자 한 것으로 볼 수 있다.

그리고 더더욱 당시 김유신 후손들에게 문제가 되었던 것은 바로 신김씨들과의 문제였다고 할 수 있다. 그것은 구형왕이 신라에 항복한 이후의 문제로부터 비롯된 것이다. 구형왕이 신라에 항복했지만 계속해서 김해에 남아 있었던 왕족들이 있었음은 충분히 상정할 수 있다.[80] 그런데 김해 거주 금관가야 왕족의 후손들 가운데는 김해에서 왕경으로 이주한 자들도 있었다. 그리고 그들은 경주로 이주한 이후 문무왕으로부터 신김씨를 하사받았을 것으로 추정되고 있다.[81]

그런데 왕실로부터 신김씨성을 하사받은 이들은 처음에는 김유신 가계와는 확연히 구별되었을 것이다. 적어도 그들은 김유신이 살아 있는 동안에는 더욱 그러하였을 것이다. 그렇지만 김유신 사후 이들은 점차 김유신 가계와 연결시키려는 노력을 하지 않았을까 하는 생각이 든다. 그것은 아마도 김유신을 등에 업고 그것을 통하여 정치·경제적인 지위를 높이기 위한 노력을 하였던 것이 아닐까 하는 것이다. 비록 후대의 일이기는 하지만 진경 심희 가문이 先系를 김유신과 연결시키고 있는 것을 보아 충분히 가능하다. 또한 경주에서 멀리 떨어진 곳에 거주한 심희 가문이 그렇게 한 것은 자신의 사회적 지위를 드러내는 데 보다 유리하였다고 판단하였기 때문일 것이다.[82]

80) 李賢泰, 앞의 논문, 2006, 259쪽.
81) 李賢泰, 위의 논문, 2006, 263쪽.

이러한 사실을 염두에 두면 김유신의 직계나 적어도 김유신과 관계된 방계들은 신김씨들과 점차 구별이 없어지게 되었다고 파악된다. 사정이 이렇게 되자 김유신의 후손인 김장청은 『행록』을 찬술하여 경주에 거주하는 김유신 직계손들과 경주에 와서 활동하는 신김씨들을 서로 분리하고 또한 그들과는 정치·사회적 위치가 다르다는 것을 인식시키기 위한 목적에서 그렇게 한 것으로 보면 어떨까 싶은 것이다.

김유신의 직계손들의 『행록』 저술의 궁극적인 목적은 그들의 정치적인 위상을 보여주고자 한 것과 더불어 신김씨와의 차별성을 드러내고자 한 것으로 볼 수 있다. 결국 『행록』은 정치적인 위상이 추락해 가는 김유신 가문의 위상을 높이려는 대외용이 아니라 경주에 거주하게 된 신김씨와 차별을 두기 위한 목적에서 저술된 것으로 보고 싶다. 그리고 김유신 집안이 지금과 같은 정치적 지위를 유지하게 된 것은 김유신의 지극한 노력 때문이었다는 것을 보이기 위한 것이었다고 해도 좋을 것이다.

5. 맺음말

이 글은 김유신과 관련하여 마치 정설처럼 되어있는 기왕의 견해 즉 가야계 출신이어서 신라 사회에서 신흥 내지 소외된 귀족이었으며, 김유신 사후 그의 후손들은 육두품으로 전락하게 되었다는 것에 의문을 품고 작성하게 되었다. 그 결과 김유신 집안 및 그의 후손들의 활동을 살펴보는 가운데 몇 가지 새로운 해석을 얻을 수 있었다. 그것을 정리하면 다음

---

82) 曺凡煥, 「新羅末 鳳林山門과 新羅王室」 『震檀學報』 78, 1994, 55쪽 및 李賢泰, 앞의 논문, 2006, 247쪽.

과 같다.

첫째로, 김유신의 할아버지인 김무력은 전공을 세워 그 정치적인 지위가 매우 높았으며, 아버지인 김서현 또한 낭비성 전투(629년 가을 8월)에 참여할 때 蘇判의 관등을 가지고 있었다. 신분이나 정치적 지위로 보아 신라 원 진골 귀족들과 비교해 볼 때 차이가 나지 않았다. 더구나 김유신은 지증왕의 적자인 갈문왕 立宗의 아들인 肅訖宗의 외손자였다. 따라서 김유신은 신라 왕족의 피를 이어 받았다. 그런 만큼 김춘추가 신분적인 이유로 김유신의 여동생인 문희와의 혼인을 기피하였다는 견해는 성립될 수 없음을 알 수 있다. 또한 김유신이 가야계 출신이라는 콤플렉스를 안고 살았다는 견해도 수정할 수밖에 없다.

둘째로, 김유신의 동생인 김흠순은 무열왕실로부터 견제를 받았다고 하는 해석에 대해 그것이 옳지 않았음을 밝혀보았다. 김흠순은 문무왕대 총재가 되었다고 하는데 이는 그가 상대등에 올랐음을 의미한다. 진골 귀족들의 대표자라고 할 수 있는 상대등에 올랐다는 것은 그만큼 김흠순의 정치적인 지위가 높았음을 의미한다. 그리고 무열왕실을 옹호하는 입장에 있었음이 입증되었다.

셋째로, 김유신의 후손들은 중대 말까지도 계속해서 정치적으로 높은 지위에 있었음을 알아보았다. 우선 김유신의 아들 삼광은 神文王代와 孝昭王代 초반까지 왕의 측근으로 활동하였다. 그리고 김유신의 손자인 允中은 聖德王代 발탁되어 성덕왕의 왕권강화에 큰 역할을 하였다. 또한 그는 侍中職에 오르기도 하였으며, 孝成王代 초반에도 정치적인 지위를 유지하였다.

김융의 반란은 김유신 후손들이 정치적으로 소외되거나 견제되는 과정에서 불만을 품고 일으킨 것이라는 설명도 온당하지 않음을 알아냈다. 더 나아가 반왕당파라는 것도 새롭게 해석해야 할 부분이라 할 수 있다.

보다 중요한 것은 김융이 반란을 일으킬 수 있었던 정치·경제적 배경을 먼저 염두에 두어야 한다는 점이다. 그리고 김융의 반란 이후 생겨난 김유신과 미추왕과의 설화는 김유신의 후손들의 정치적 위상이 계속 유지되었음을 알려주는 것으로 해석된다.

김유신의 현손인 金巖의 경우 육두품으로 전락되었다고 하는 데, 그가 伊湌으로서 육두품에 해당되는 관직에 나갔을 뿐이고 당시의 신라 사회상을 고려하지 않은 결과라 할 수 있다. 즉 당시 신라 중대 말 무렵부터 진골 귀족들 상당수가 육두품이 차지하는 관직에 나가고 있음을 염두에 두지 않았던 것이다.

마지막으로 김장청이 김유신의 『行錄』을 저술한 것과 관련하여 기왕에는 김유신 가문의 몰락과 연계하여 설명하고 있다. 그렇지만 이것도 옳은 해석이 아니다. 도리어 김유신 가문은 몰락하지도 않았고 그 정치적인 지위는 계속 유지되었다. 그런 가운데 문무왕대 가야에서 이주한 가야계 김씨들은 新金氏를 칭하면서 김유신 후손들과 뒤섞이게 되고 이들은 김유신을 공공연히 내세우면서 정치적인 성장을 하고자 하였을 것이다. 이에 김창청은 『행록』을 저술하여 신김씨와의 차별성을 드러내고자 한 것이다. 결국 『행록』은 정치적인 위상이 추락해 가는 김유신 가문의 위상을 높이려는 대외용이 아니라 경주에 거주하게 된 신김씨와 차별을 두기 위한 목적에서 저술된 것으로 판단된다.

金庾信墓考

문 경 현*

1. 머리말

지금 金藏山(松花山, 玉女峰)에 소재한 김유신묘의 眞僞論爭은 사뭇 계속되고 있다. 1969년 한국 사학계의 양대 거봉인 斗溪 李丙燾 박사와 東濱 金庠基 박사 사이에 논쟁은 한 시대의 유명한 사학논쟁이었다.

이병도 박사는 송화산 김유신묘를 부정하고 서악의 金仁問墓를 김유신묘라 주장하는 반면에 김상기 박사는 단호히 李박사 사설을 신랄하게 비판하여 김유신묘가 맞다고 했다.

경주지방에서도 논쟁은 계속되고 있다. 儒林을 위시한 老成層과 金海金氏는 김유신묘가 옳다고 하는데 대하여 젊은 층은 이를 의심하는 사람들이 적지 않다는 것이 현실이다.

나는 일찍이 송화산 김유신묘가 아니라는 인식을 가져왔고, 武烈王陵 앞에 있는 김인문묘를 김유신묘라는 확고한 신념을 가지고 왔다. 그래서 2004년에 발간한 『新羅王京五嶽研究』의 「金庾信 興武王墓」편에서 這

---

* 경북대학교 사학과 명예교수

間에 가지고 온 견해를 밝혔다.

　김유신묘를 부정하는 나의 견해를 논증함과 동시에 그 묘의 주인공 문제를 해결하기 위한 考究의 결과, 그 능묘는 景德王陵이라고 比定하게 되었다. 민족 최대의 공신이요 절세의 영웅인 김유신의 진실한 묘를 찾는 것은 한국 민족국가 창건, 一統三韓의 元勳인 민족의 은인에 대한 보답이라고 생각하여 이 논고를 계획하게 되었다. 이 위대한 민족의 위인인 김유신 묘의 진위를 밝히는 것은 우리 후손이 마땅히 할 도리라 생각한다. 진위의 不敬을 종식하는 것은 우리 민족적 문제라고 생각하는 바이다.

2. 묘 소재에 대한 여러 기록

　김유신묘의 소재에 대한 역사문헌으로는 다음과 5종의 기본사료를 들 수 있다.

　　　1) 『삼국사기』
　　　出葬于金山原 命有司 立碑以紀功名[1]

　　　2) 『삼국유사』
　　　追封公爲興武(虎)王 陵在西山 毛只寺之北 東向走峰[2]

　　　3) 『경상도지리지』
　　　太大角干金庾信(辰)墓在慶州府西 毛只寺北峰 自府相去四里[3]

---

1) 『삼국사기』 권43, 열전3 김유신下.
2) 『삼국유사』 권1, 기이1 김유신.
3) 『慶尙道地理誌』 慶尙道 本朝先王先后陵寢 檀君箕子祠堂 箕子陵 前朝太祖廟 古昔名賢之墓조.

4)『경상도속찬지리지』
太大角干金庾信墓在府西岳里[4]

5)『신증동국여지승람』
金庾信墓在府西西岳里[5]

　위의 사료에서『삼국사기』는 김유신의 묘에 관한 가장 최초요 오랜 원사료이다.『삼국유사』의 기록은『삼국사기』다음의 오래 된 13세기 고려시대의 기록인데, 여기에는 능의 위치가 구체적으로 적혀있다. 이 정사와 야사의 두 사서는 모두 고려시대의 사료다.

　조선시대의 사료로 1425년(세종 7)에 지은『경상도지리지』와 1454년 (단종 2)에 찬진한『세종실록지리지』는『삼국유사』의 기사를 그대로 옮겨 따랐다. 그래서 '金庾信墓在府西 毛只寺北峰'이라 했다.

　그러나『경상도지리지』보다 44년 후,『세종실록지리지』보다 29년 후에 지은『경상도속찬지리지』와,『경상도지리지』보다 105년 후,『세종실록지리지』보다 76년 후에 찬진한『신증동국여지승람』에는 앞의 두 책의 기록과는 달리 '墓在府西西岳里'라고 했다.

　그래서 김유신묘의 위치에는 두 종의 설이 있음을 알 수 있다.

　　ㄱ. 모기(지)사 북봉설 : ①『삼국유사』, ②『경상도지리지』
　　ㄴ. 서악리설 : 　　　　①『삼국사기』(金山原), ②『경상도속찬지리지』,
　　　　　　　　　　　　　③『신증동국여지승람』

　이와 같이 묘의 소재 위치를 크게 둘로 구분할 수 있다. 모기(지)사 북봉설은『삼국유사』의 기사를 따른 것이요. 부서 서악리설은『삼국사기』의 금산원설을 따른 것이다. 이와 같이 근거한 사료에 따라 현격한 상이

---

4)『慶尙道續撰地理誌』慶州道 慶州府 名賢祠墓조.
5)『新增東國輿地勝覽』권21, 慶尙道 慶州府 陵墓조.

를 보이고 있다. 묘의 소재 위치가 모지사 북봉과 서악리의 표현은 판연
히 다른 것이다.

처음『경상도지리지』를 1425년(세종 7) 을사 12월에 慶尙道觀察使 河
演이 知大丘郡事 琴柔仁, 仁同縣監 金鑌 등과 撰進할 때 오로지『삼국유
사』의 기록을 인용했다.『세종실록지리지』는 1432년(세종 14)에 領春秋
館事 孟思誠, 監館事 權軫, 同知館事 尹淮 등이 편찬한『新撰八道地理
志』가『세종실록지리지』의 저본이 된 것은 주지의 사실이다. 따라서『팔
도지리지』의 하나인『경상도지리지』가『세종실록지리지』의 臺本이 된
것은 재언을 필요로 하지 않는다. 그러나 이것의 완성은 예종대에 이루
어진다.『경상도속찬지리지』의 편찬시는『삼국유사』의 기사가 오류란
것을 알게 되었고, 이에 의거하여 지은『경상도지리지』의 기사가 오류를
범한 사실을 알게 하였다.

『경상도속찬지리지』는 1469년에 '續撰前志 以補闕略'하라는 睿宗의
特降綸音에 의하여『신찬팔도지리지』撰進을 梁誠之에 명하여 1432년
(세종 14)부터 시작한 편찬이 세조대를 거쳐 1469년(예종 원년)에 찬진하
였다. 현존한『경상도속찬지리지』에 의하면 예조판서 자헌대부 光城君
金謙光이 1468년 慶州府尹에 도임하여 金海府使 李孟賢, 慶州敎授 朱伯
孫, 星州敎授 張繼弛, 安東敎授 趙昱 등과 편찬한 것이다.

『경상도지리지』와 이를 인용하여 기록한『세종실록지리지』가『삼국
유사』를 인용하여 '墓在毛只寺北峰'이라 한 것을『경상도속찬지리지』와
이를 참고하고 더욱 광범하게 자료를 수집 고증하여 지은 조선 전기 지
리서의 결정판『신증동국여지승람』에 '墓在府西西岳里'란 표현은 매우
의미심장한 기술이다.

현 김유신묘라 하는 松花山의 김유신묘는 洞名을 쓸 수 없는 山地名이
다. 그렇기 때문에 동리명이 아닌 毛只寺의 北峰이라고 山地 소재를 표현

했다. 그러나 '府西西岳里'란 표현은 金公의 묘가 산봉우리가 아닌 西岳里 평지에 있기 때문에 '墓在府西西岳里'라 바루었다. 『경상도속찬지리지』가 위에 든 바와 같이 앞선 3종의 史書·地理書의 표현을 따르지 않고 山峰 대신 西岳里로 쓴 것은 분명하게 전자의 오류를 시정한 것이다.

1669년(현종 10)에 慶州府尹으로 도임하여 1670년(현종 11)에 파직된 閔周冕이 1669년(현종 10)에 간행한 『東京雜記』에 "金庾信墓在府西岳 里"[6]라고 한 기사는 『신증동국여지승람』의 기사를 인용한 것이다.

3. 金藏山 묘의 固定

김유신의 무덤이 현 쇠두미(金藏山, 玉女峰 松花山)에 있는 壯麗한 石 儀를 장식한 무덤을 김유신의 무덤이라고 확실하게 세상에 밝혀 정한 것 은 1710년(숙종 36) 庚寅에 경주부윤 南至薰[7]이 '新羅太大角干金庾信 墓碑'란 墓碣을 세움으로써, 이후 김유신묘라고 확실히 고정하게 되었 다.

본고의 개진상 장황하나 그 전문을 인용하겠다.

> 동방의 역사를 보니 公이 文武王朝에 돌아가서 국왕이 有司에 명하여 비 를 세우고 공훈을 기록하게 했다고 한다. 그러나 지금은 그 비가 없어졌다. 上下 천여년에 산 모양은 완연하며 東京 아낙네와 어린애들이 다 공의 묘라 고 알아 지나면서 존경했다. 다만 애석한 것은 墓道에 비석이 없어 가만히 생각건대 연대가 오래 되면 陵谷이 변천하여 인멸되어 전하지 못할까 저어 이에 작은 비석을 세워 기록하노라. 공의 뛰어난 공훈과 위대한 업적은 역사

---

6) 『東京雜記』 권1 陵墓조.
7) 南至薰은 通政大夫로 1709년(숙종 35)에 경주부윤으로 도임하여 임기만료 후 1711년(숙종 37)에 떠났다(『慶州府尹先生案』).

책에 소상하게 실려 있는데 어찌 감히 용훼하랴. 崇禎 紀元 周甲後 庚寅冬 府尹 宜寧 南至薰 誌하노라.[8]

부윤 남지훈이 무엇을 근거로 이 묘를 김유신의 묘로 단정하여 확정한 것인지는 알 수 없다. 다만 그가 지은 묘비문에 동경(경주)의 아낙네와 어린애들까지 다 그의 묘라고 알고 지나면서 경례했다고 했다. 이를 보면 당시 민간에서 이것을 김유신의 묘라고 인식하고 있었던 것이다.

府東 5里에 소재한 헌덕왕릉을 김유신묘로 임진왜란 직전 시대에는 경주부 상하가 확신하고 있었으나, 임진왜란으로 7년간의 전쟁에 많은 백성이 죽고 시내는 초토화되자 전승 전설은 단절 망각되어 송화산 능묘를 김유신묘라고 알게 되었다.

김유신묘가 松花山에 위치한다는 설의 濫觴은 『삼국유사』에 기인한다. 『삼국유사』에 어찌하여서 이와 같은 오류가 생겼는지 알 수 없으나 우리가 상정하는 것은 두 가지로 추정된다. 첫째, 『삼국유사』가 조선 태조 2년에 인쇄본 初版本이 나오기 전에는 筆寫本으로 80년 가까이 轉寫하여 行于世했기 때문에 後人이 '陵在西山 毛只寺之北 東向走峰'이라 加筆했거나, 또 하나의 추정 가설은 몽골 난 중에 경주가 초토화하여 난리로 인하야 墓 소재를 잃었을 경우를 상정할 수 있다.

두 가지나 개연성이 있으나 나는 전자에 무게를 두고자 한다. 『삼국유사』 紀異篇의 신라 諸王 名臣의 사실을 기록하면서 능묘를 기록한 것은 이 김유신과 元聖王뿐이다. 善德女王은 知幾三事를 설명하는 글에서 필요한 葬於狼山이란 기사가 있으나 왕릉 소재를 밝히는 기사는 아니다.

---

8) "按東史 公卒於文武王朝 命有司立碑記功云 而今亡焉 上下千有餘年 象山宛然 東京婦孺 皆知爲公之墓 過而敬之 獨惜乎 墓道無麗牲石 竊恐年代寢久 陵谷變遷 泯滅而無傳 玆竪短碣 以識之 至若公之鬼動偉烈 昭戴史册 不敢容評云爾 崇禎 紀元 周甲後 庚寅冬 府尹 宜寧 南至薰誌"

동시대의 太宗武烈王·文武王을 실은 기사에도 능묘의 소재는 기록하지 않았다. 그래서 난데없는 平地突出같은 능묘 소재 기사는 普覺國師의 筆일까 의심이 가는 대목이다. 『삼국유사』권1 王曆은 紀異와는 다르게 왕릉 소재를 많이 밝히고 있다.

그러나 왕력은 普覺國師 一然의 作이 아니고 당시 『帝王年代曆』류의 王曆을 앞에 붙였다고 보는 설이 유력하다. 따라서 왕력의 능묘 문제는 置之度外코자 한다.

돌아가서 南至薰의 竪碑 이후인데도 불가사의한 것은 남지훈이 이 비를 세우기 32년 전에 경주부윤 閔周冕이 편찬한 『동경잡기』에 '在府西西岳里'라[9] 했다는 사실이다. 또 이 책에 김인문묘를 재부서서원이라 했다. 이 두 묘의 소재 위치를 볼 때 국가에서 힘을 기울려 완성한 역사지리서인 『신증동국여지승람』을 참조했다고 보여 진다. 실제 신라의 능묘는 이 책에 "以上出輿地勝覽"이라고 明記했다.[10]

그래서 생각건대 당시 김유신과 김인문의 묘는 이미 失墓하여 그 정확한 소재 위치를 잃어버려 『신증동국여지승람』을 인용하여 그 소재를 기록한 것을 일목요연하게 알 수 있겠다. 1760년(영조 36) 7월에 경주부윤으로 도임하여 이듬해 5월에 떠난 洪良浩가 김유신의 묘 위치를 기록한 글에 다음과 같이 적혀 있다.

> 김각간의 이름은 유신이다. 신라가 삼한을 통합한 원훈이도다. 묘는 경주 서쪽 10리에 있다. 내가 일찍 부윤이 되어선 글을 지어 그를 제사했다. 큰 무덤이 있어 임금의 장지 같으나 다만 한 조각 돌비석이라도 무덤 앞에 없구나. 거닐면서 서글퍼 말했다. 각간의 공은 삼한을 덮고 봉분은 이와 같이 큰데 반드시 공을 기념하는 비가 있었을 건데 지금 보이지 않으니 애석하도다.[11]

---

9) 『동경잡기』권1 능묘조. "金庚信墓在府西西岳里"
10) 위와 같음.
11) 『耳溪先生集』권17 題跋「題金角干墓碑後」"金角干諱庚信 新羅統合三韓

　홍양호가 경주부윤으로 왔던 시기는 부윤 남지훈이 김유신 묘 앞에 비를 세운 지 51년 후이다. 현 김유신묘에 갔더라면 장려한 석의와 함께 남지훈이 찬한 묘비에 대해서 언급했을 법한데 이에 관해서는 일언반구의 언급이 없는 것은 이상하다.

　그리고 임금의 장지답게 큰 무덤이나 그 앞에 한 조각의 돌도 없다는 것은 비석 한 조각도 없다는 것인데, 이는 신라시대에 세운 비석을 의미한 것으로 이해하겠다. 그러나 왜 묘 앞에 반세기 전에 세운 묘비에는 언급이 없는 것일까? 매우 곤혹하게 한다. 어쩌면 현 김유신의 무덤이 아니고『동경잡기』에 기록한대로 서악리에 있는 현 김인문묘 혹은 김양묘를 김유신묘로 알고 있지 않았나 하는 생각을 금할 수 없다.

　홍양호의 문집인『耳溪集』에, 앞에 따라서 소개한「題金角干墓碑後」란 글에 李書九로부터 김유신비 탑본 여러 장 중에 한 장을 얻어 家藏했다하며 임진왜란 전의 舊榻으로 지금까지 수백년간 인간에 流轉된 것으로 기이하다 했다. 탑본은 剝泐이 심하여 겨우 읽을 수 있었고, 그 글을 보니 김유신의 비에 의심이 없다고 했다. 비문은 歐陽詢 率更體였으며 珍品으로 東方古蹟 중 이보다 더한 것은 없다고 극찬했다.[12] 그러나 유감스럽게도 李書九·洪良浩 양 家藏이 모두 전하지 않고 있다.

　홍양호는 김유신묘에서 祈雨祭를 지냈다. 경주에는 기우소로 始祖廟·金角干墓·栢栗寺·北兄山·溫之淵·龜尾山·望山·鵄述嶺 등 8개소가 있었다.[13] 고래로 기우소였을 것이니, 김공의 묘소는 실전하지 않았을 것이나 우리의 상식을 초월한다. 홍양호는 김유신비를 武烈王陵碑, 原州 靈

　之元勳也 墓在慶州西十里 余嘗爲府尹 操文以祭之 見大冢 如王者之葬 而獨無一片石在前 爲之徘徊. 悽愴曰 角干之功蓋三韓 塋封若是其大則 必有紀功之碑 而今不見 惜哉"

12)『耳溪先生集』권17 題跋「題金角干墓碑後」.

13)『동경잡기』권1 祈雨所.

鳳山 唐太宗集字半切碑, 昌林寺金生集字와 함께 모두 임진왜란 때에 왜
병이 가져갔다고 보았다.[14] 이 김유신비의 탑본이 유실되어 전래하지 않
는 것은 매우 유감이다.

『동경잡기』는 1711년에 부윤 남지훈이 증보하고, 1712년 부윤 권이진
또 1845년에 부윤 성원묵이 증보했으며, 의연 김유신묘의 소재지는 松花
山이 아닌 부의 서쪽 서악리에 소재했다고 기록했다.

4. 失墓 贗定의 시기

15세기에 徐居正이 경주에 와서 김유신묘를 보고 지은 시가 있다. 첫
頷聯에 '金老墳前石獸危 千年劍氣尙奇奇'를 풀이하면서 '김유신의 묘
앞엔 돌짐승이 우뚝하게 솟아있어 천년 칼기운이 아직도 시퍼렇게 서렸
도다.'고[15] 읊었다. 흥덕왕릉이나 괘릉 같이 석사자가 있다면 돌짐승(石
獸)라 하겠는데, 전김인문묘 즉 김유신묘에는 석수는 없고 귀부가 있을
따름이다. 龜는 虫 또는 魚의 類屬이지 四足有毛의 獸는 아니다. 귀는
四足이 있어 동물로서 우둑하니 詩的 표현으로 石獸라 했다고 보겠다.

지금 송화산 김유신묘에는 귀부도 없다. 서거정의 시를 볼 때 15세기
에는 서악리에 있는 무열왕릉 앞에 있는 귀부가 있는 角干塚을 김유신묘
라 傳來되어 그리 알고 있었던 증거라 하겠다.

많은 사람들이 김유신묘의 진위를 말할 때 묘의 失傳 시기를 임진왜

---

14) 『耳溪先生集』 권17 題跋 「題新羅太宗王陵碑後」.

15) 『四佳集』補遺3 詩類 慶州12詠. "金老墳前石獸危 千年劍氣尙奇奇 綸巾白
羽追前業 丹荔黃蕉起後思 有客題寺訜壯烈 無人穿塚近要離 天官寺古知何
處 萬古蛾眉姓字隨"

란, 7년 전쟁 시기로 보고 있었다. 그러나 우리의 상식을 뒤엎는 사료가 있으니, 1580년(선조 13) 8월 28일에 경상도관찰사로 도임하여 1581년(선조 14) 9월 20일에 올라가고, 다시 1590년(선조 23) 6월 7일에 正憲大夫 禮曹判書에서 재임 도래하여 1591년(선조 24) 7월에 임기 만료되어 判中樞府事로 상경한 益城君 洪聖民이 관찰사로 있을 때 전후 두 번이나 경주 고적지를 답사했다.

그가 처음 왔을 때는 임진왜란이 일어나기 10년 전이요, 두 번째 왔을 때는 임진왜란 2년 전이었다. 그는 두 번에 걸쳐 경주를 두루 답사하고 그의 기행 답사기인 「鷄林錄」을 지었다. 그는 예조판서 大提學을 지내고 左贊成까지 올라간 당대의 대학자였다.

그의 경주 고적답사기인 「계림록」에 매우 주목할 기사가 실려 있다.

府의 동쪽 5리에 무덤이 있다. 말하기를 신라 때 명신 김유신의 묘라 한다. 돌로써 묘를 장식했다. 소·말 등 묘의 장식물을 모두 돌로 만들었다. 난간을 두르고 十二支神像을 조각했다.[16]

이것은 매우 놀라운 기사다. 임진왜란 이전에 벌써 김유신묘의 소재를 失傳하여 엉뚱한 곳의 왕릉에 비정하고 있는 것이다. 앞에서 보아온 바와 같이 김유신묘는 府西四里에 있는 것이다. 서악리 소재이던 송화산 소재이던 둘 다 府東이 아닌 府西인 것이다. 그런데 정반대 방향인 부동 5리 지점에 있다니, 매우 충격적이다.

더욱이 그 묘는 돌에 조각한 12지신상이 있고, 돌로 난간을 두르고 있으며, 牛馬(실은 石獅子) 석상을 보았고, 모든 의물이 석조로 되어 있으며, 돌로 봉분을 에워쌌다고 했다.

---

16) 『拙翁集』권7 雞林錄. "有墳在府東五里者 曰羅朝名臣 金庾信之墓 石以瑩之 牛馬儀物皆用石 擁之以闌干 鐫之以十二辰之所屬"

그 부 동쪽 5리 지점에 각종 石儀物로 장식한 분묘는 현재 찾을 수 없다. 다만 멀어 거리가 맞지 않으나 동쪽 30리 지점에 傳聖德王陵이 있을 따름이다. 부 동쪽에 이 「계림록」의 내용과 같은 분묘는 이 陵외는 더 없다.

그러니 거리만 맞는다면 정확히 전성덕왕릉을 지칭한다고 보겠다. 이 능묘는 석사자, 귀부, 12지신상, 병풍호석, 석난간 등을 모두 갖춘 능묘다. 그리고 거리관계를 볼 때 이 왕릉을 지칭한 것은 아니다.

그러면 이 「계림록」의 기록 내용과 부합하는 능묘를 찾는다면 정확히 부동 5리에 위치한 동천리 80번지에 있는 사적 제29호인 전헌덕왕릉이 있을 따름이다. 이 능이라면 「계림록」과 여합부절하다고 생각한다. 이 능묘는 12지신상을 둘렀고, 능 호석으로 병풍석을 둘렀고, 호화로운 석의물이 있었다. 그러나 지금은 옛 규모와 모습을 찾을 수 없다.

숙종 연간에 이미 閼川이 침식하여 거의 유실된 지경에 이르고 있었다. 그뒤 1742년(영조 18) 8월 乙巳 대홍수로 알천(북천)이 범람하여 석의물 등이 대량으로 유실되고 능 봉분도 半破流失되었다.[17] 지금의 봉분은 1970년에 수축 정비하여 지금도 子·丑·寅·卯·亥의 5石만이 남아 있고, 난순(난간)을 수리 복구하여 둘르고 있다. 이 왕릉에 있던 石獅子 등 石儀物이 홍수로 유실된 것을 北川에서 주어다 경주시내 여러 곳에 산재하고 있다.

홍성민이 목격 답사한 김유신릉은 이 왕릉을 지칭한 것에 틀림없다고 보여진다. 이를 볼 때 임진왜란 이전에 선조왕대에는 조선 국초까지 서악리에 있다는 김유신묘를 실전하고 정반대 방향의 부동 5리에 있는 傳

---

17) 『동경잡기』 刊誤편에 "憲德王陵在閼川北岸水嚙 其址 將壞墓"라 했다. 이 刊 誤를 쓴 이는 1712년(숙종 38) 부윤 權以鎭이다. 이때 『동경잡기』를 重刊했다. 그 후에 1742년(영조 18) 8월 대홍수로 거의 유실되어 봉분도 3분의 2가 파괴 유실되었다. 『英宗實錄』에 18년 임술 8월 乙巳에 '嶺南大水'라는 기사가 나온다.

憲德王陵을 김유신묘로 경주부민 상하가 그렇게 알고 있었다.

이것이 경주 관민의 공통 인식이었다. 관찰사 그것도 정헌대부 예조판서라는 겸직 관찰사가 경주부에 왕림하여 경주부의 府尹 이하 官民·吏屬, 경주의 縉紳 鄕班들이 모두 모여 극진히 환영함은 물론이거니와 그들의 정성껏 안내를 받았음은 췌언을 불요한다.

그런데 사서의 기록과 정반대의 방향 지점에 위치한 헌덕왕릉을 김유신묘라니, 벌써 이때 김유신묘에는 비석도 없어지고 그 소재를 잃어버리고 경주 관민들이 헌덕왕릉을 당시에 김유신묘라고 알고 있었던 것이다.

당시에는 경주에 김유신의 후손이란 家系 傳承도 系統 家乘을 가진 사람도 金海金氏 족보도 없을 때요, 奉祀孫도 관리인도 없을 때였으니, 失墓한 것이 그리 이상한 것은 아니었다. 오히려 당연하다.

그런다가 임진왜란 7년 전쟁으로 인하여 이 부동 5리의 김유신묘설조차 잊어버리게 되었다. 그러다가 1710년(숙종 36) 겨울에 부윤 남지훈이 경주 古老들로부터 들어 송화산 현 김유신묘라고 하는 호화장려한 능묘를 김유신묘라 지정하고 묘비를 세움으로써 김유신묘가 현재 능이라고 세상에 알려지고 고정되게 되었다.

5. 근대 史家의 여러 설

1) 今西龍의 설

금서룡은 저서 『新羅史硏究』에서 김유신묘에 대하여 다음과 같이 말하였다.

김유신의 묘는 서악리 송화산에 있다. 『삼국유사』의 '陵在西山 毛只寺

之北 東向走峰'이라 한 것은 이것이다. 이곳부터 前方의 구릉을 넘어 경주 평야의 일부를 조망하고 한편은 容姿秀麗한 仙桃山에 대하여 위치 풍광 함께 뛰어나 국가 元勳의 묘로서 말할 것 없는 지점에 구축했다.[18]

이처럼 금서룡은 현 김유신묘를 실제 김유신묘라고 하였다.

2) 關野貞의 설

관야정은 저서 『朝鮮美術史』에서 김유신의 묘에 대하여 다음과 같이 말하였다.

> 경주의 西方인 山上에 傳金角干墓라 칭하는 것이 있다. 종래 많은 학자는 이것을 김유신의 묘로 보았지만 나는 여러 이유에서 문무왕의 아우 김인문의 묘라고 하는 설에 찬성코자 한다. 김인문은 오래 당에 벼슬살던 이로 이 묘의 지상이 자못 당 고종의 건릉에 닮은 것은 새로이 이 설을 뒷받침하는 것이다.[19]

이처럼 관야정은 현 김유신묘를 김인문묘라고 보았다. 그리고 그는 지금 김인문묘라 하는 당시 傳金陽墓를 김유신의 묘로 보았다.

3) 李丙燾의 설

한편 이병도는 김유신묘에 대하여 본격적으로 이견을 제시하였다. 그 내용을 요약하면 다음과 같다.

송화산 위의 전김유신묘를 볼 때 그 同時代의 武烈王 묘제와는 너무도 判異하여 장려한 石儀物의 설치를 볼 때 통일 이후의 묘제이며 十二支神像이 설치됨은 聖德王陵이 효시이다. 그러므로 이 능묘는 성덕왕 이후의 왕릉이어야 한다.

---

18) 今西龍, 『新羅史研究』, 157쪽.
19) 關野貞, 『朝鮮美術史』 第9節 陵墓 金角干墓.

그리고 흥덕왕대에 興武王으로 追諡되나 그 많은 追封를 모두 당시의 왕릉으로 改修한 예를 볼 수 없다. 그러니 이 능묘는 김유신의 능묘가 아니다. 神武王陵을 音의 類似에서 흥무왕 김유신묘라고 오인하게 되었다.

결국 이병도는 이 능묘의 주인공은 신무왕이고, 김유신의 묘는 무열왕릉 앞에 陪葬한 묘인 傳角干墓, 즉 지금의 김인문묘라고 했다.[20]

4) 金庠基의 설

김상기는 이병도의 김유신묘를 부정하고 무열왕릉 앞의 角干墓가 其實 김유신묘라는 논고 「金庾信墓考」가 1968년 9월 24일 『朝鮮日報』에 발표되고 1969년 3월 13일 발행된 『金載元博士回甲記念論叢』에 「傳金庾信墓考」란 논문이 발표되자, 1969년 『考古美術』 101호에 「金庾信墓의 異說에 對하여」란 논문을 발표하여 이병도의 설을 신랄하게 비판하였다.

> 김유신묘에 대하여는 日人 학자 가운데에도 關野貞의 妄說이 받아들여지지 아니 하였는데 다시 최근에 某氏(이병도)에 의하여 송화산의 김유신묘가 부정되고 이에 따라 문헌에 역역하여 유서가 심원한 신라의 능묘 7,8기가 혹은 부정되고 혹은 바뀌어져 존엄한 史蹟인 신라 능묘에 일대 혼란이 빚어지려 하고 있다. 이에 우리의 견해를 다시금 밝혀둘 필요를 느끼지 아니할 수 없게 된 것을 유감으로 여기면서 편의상 모씨(이병도)의 논거점을 대개 열거하여 辨正의 형식으로 鄙見을 피력하려 한다.[21]

이와 같이 김상기는 격한 감정의 글로 이병도의 논고를 반박하였다. 김상기는 고려시대의 기록인 『삼국유사』 김유신묘의 설명을 전적으로 금과옥조로 신봉하여 현 송화산 김유신묘가 의심의 여지없이 확실하다는 명백

---

20) 李丙燾, 「金庾信墓考」 『金載元博士回甲紀念論叢』, 1969.
21) 金庠基, 「金庾信墓의 異說에 對하여」 『東方史論叢』, 서울대학교출판부, 1974.

한 견해를 밝히고 石儀物은 흥덕왕대 흥무대왕으로 추봉되어 그의 자손 김해김씨계의 一門에서는 人臣으로서 특수 훈공에 의하여 大王의 신분으로 바뀐 만큼 그 분묘도 그러한 신분에 맞도록 당시 왕릉의 의물을 갖추어 놓은 것이라 했다. 따라서 김인문묘는 그대로 존중한 견해를 표명했다.

5) 西嶋定生의 설

한편 서도정생은 김유신묘에 대하여 다음과 같은 견해를 피력하였다.

> 그는 김유신묘의 12지신상을 보고 12지신상이 의인화한 것은 唐 天寶 15載(756) 정월에 장한 高元珪墓誌石이 처음이므로 당의 영향을 받은 신라의 12지신상은 8세기 중엽을 소급할 수 없다. 그러나 김유신이 9세기 흥덕왕 시대에 추봉 흥무대왕이라 했으니, 그렇게 보면 9세기 전반 시대의 묘제에 일치한다. 그러나 김유신묘의 진위는 외형만으로는 아직 해결되지 않는다고 하겠다.[22]

즉 서도정생은 김유신묘의 진위에 대한 판단을 유보하였다.

6) 有光敎一의 설

유광교일은 김유신묘에 대해 이렇게 언급한 바 있다.

> 其中 중대 초기의 所傳을 가진 김유신묘가 있다. 그 조각물은 本群 중 가장 오랜 양식에 비정되어 所傳 名과 앞의 系列과의 사이에 별로 모순되는 것은 없지만 谷井濟一 씨가 일찍 本墳을 가지고 김유신의 분묘라고 인정할 수 없는 까닭을 역설한 것은 경청할만하다.
> 다만 다음과 같은 상정이 가능하다면 성덕왕릉의 조영 연대와 사이의 현격은 일단 해결된다. 김유신에 관해서는 그 자손이라 칭하는 사람들이 고래로 열심히 관계 유적의 현창에 힘쓰고 있어 따라서 그 묘가 점차 권세를 떨치고

---

22) 西嶋定生,「金庾信墓の古蹟」『西嶋定生東とアヅア史論集 4. 東アヅア世界と日本』, 岩波書店.

204   제2부 金庾信의 추숭사업

그래서 자손된 것에 긍지를 가진 사람들에 의해서 당시의 가장 훌륭한 墓相
으로 보수하는 것은 신라 一統에 공적 특히 위대한 元勳의 묘로서도 당연히
있을만한 것이다. 즉 가령 所傳이 신뢰할만하고 억지로 그 명칭을 부정함에
는 이르지 않더라도 적어도 이 십이지 조각을 배치한 현재의 묘상은 소전보
다는 후대의 것이라는 것이 보다 타당하다고 생각된다.[23]

유광교일은 매우 신중하게 다루어 김유신묘라는 확신을 표명하지 않
고 완곡하게 의심하고 있다. 이 유광교일의 설을 金庠基 박사는 我田引
水격으로 '考古學者 有光敎一씨도 今西龍씨와 같이 在來로 수호하여온
김유신묘에 대하여 絲毫도 의심을 품지 아니하였음'이라고 평하였다.

이와 같이 현대의 학자 중에 김유신묘가 맞다고 주장한 두드러진 학자
는 금서룡, 김상기가 있으며, 이를 부정한 학자에 관야정, 이병도, 곡정제
일,[24] 유광교일이 있다.

西嶋定生은 신중히 접근하여 12지신상으로 본다면 8세기 중엽을 소급
할 수 없다고 하여 7세기에 조성한 김유신묘가 될 수 없으나, 후대 9세기
에 흥무대왕으로 추증했으니, 이때 왕자의 능묘로 보수했을 가능성을 상
정할 수 있어, 외형상으로는 그 진위를 해결할 수 없다고 하여 일단 개연
성을 열어둔 부정의 신중론을 개진했다.

특히 이 김유신묘의 진위문제를 논하는 연구사에서 특기할만한 사건
은 1968년과 1969년의 일대논쟁 사건이었다. 현대 한국 사학계의 양대
거봉인 이병도와 김상기의 논쟁은 너무도 유명하고 학계에 큰 파문을 일
으켰다. 이병도의 所論을 보면 그 설이 맞는 것 같고 김상기의 論考를
읽으면 그 말이 타당한 것 같다는 것이 世評世論이었다. 승자도 패자도
없는 세기의 논쟁이었다.

23) 有光敎一, 「十二子生肖の石彫を繞らした新羅の墳墓」 『靑丘學叢』 23, 1936.
24) 谷井濟一, 「慶州の陵墓」 『朝鮮藝術の硏究』.

두 논쟁의 문제점을 지적해 보겠다. 이병도는 경주 사람들이 송화산 부근을 '옛 쇠두미'라고 부르는 것을 가지고 김유신의 장지인 金山原을 松花山, 즉 金山이라고 하는 설에 대하여 쇠두미는 '쇠두'와 '미'의 합성 어로, '쇠두'는 蘇塗의 雅化音이요 '미'는 山의 뜻이라 하여 蘇塗山, 즉 仙桃山을 의미한다. 따라서 옛 쇠두미, 舊 쇠두미는 송화산에, 쇠두미는 西山(선도산)에 비정할 수 있고, 金山의 金은 오행사상에서 西를 의미하니 西岳이라 했다. 따라서 금산원은 '서악의 들'을 의미한다고 했다.

이를 논박하여 김상기는 '쇠'는 金의 訓이요 '두미'는 산협의 칭인 두메의 음변으로 金山原은 송화산을 가리킨다고 했다.

송화산은 玉女峰이라고도 칭하며 고래로 金藏山이라 했다. 금장산의 鄕音이 쇠두미인 것이다. 그러므로 금산원은 음양오행사상에 서쪽을 金이라 하니 금산은 西岳을 의미했다. 『삼국사기』에서 금산을 『삼국유사』에서는 西山이라 했다. 금산은 서산의 別稱이었다고 보겠다.

지금 송화산(옥녀봉) 기슭 東向走峰에 위치한 능묘가 김유신의 묘라면 '出葬于金山原'이란 표현은 성립할 수 없다. 出葬金山麓이라거나 出葬金山峰이 되어야 한다. 그러니 『삼국유사』에 '陵在西山 毛只寺之北 東向走峰'이라 했다.

김상기는 이병도가 徐居正의 '過金庾信墓詩' 가운데 '金老墳前石獸危'의 해석을 現傳 각간묘의 石龜가 危坐 즉 瑞坐했다고 한 해석의 危자를 跪의 뜻으로 해석한 것을 공박하여 危는 跪坐가 아니라 위태할 위, 기울 위로 해석하여 석수가 산비탈에 있음을 표현한 것이라 했으니, 송화산 위치가 맞다 했다.[25]

그러나 두 분의 해석은 다 그뜻을 옳게 옮겼다고 보기 어렵다. 危는 '높다'·'우뚝하다.'는 뜻을 가졌다.[26] 그러니 '김유신 묘 앞에 석수가 우

---

25) 金庠基, 앞의 논문.

뚝하다.'고 해석함이 옳다. 이병도의 해석은 그리 해석할 수 있으나 김상기의 해석은 무리라고 본다.

6. 松花山 김유신묘의 주인공

김유신묘는 봉분 주위에 12지신상석과 병풍 호석을 두르고 석 난간을 두르고 있다. 왕릉 체제로 보아 이와 같은 석의 장식은 8세기경의 왕릉으로 추정된다.

이와 같은 왕릉 호석과 12지신상을 봉분에 두르고 병풍석, 석난간을 둘른 묘제는 가장 이른 것이 성덕왕릉이며, 다음이 김유신묘이며, 다음은 원성왕릉, 흥덕왕릉 순으로 조성했다고 보겠다.[27] 그래서 이 능묘는 혜공왕대인 8세기에 조성했다고 보는데 무리가 없다고 보겠다. 이때가 신라의 예술 조각문화의 최절정기인 것이다.

성덕왕릉은 12지신상이 圓刻立體像이다. 그리고 석사자, 立碑 龜趺가 있다. 그러나 김유신묘에는 석사자도 입비 귀부도 없고 華表石도 없다. 이 묘 다음의 원성왕릉엔 12지신상 병풍석, 石獅子, 文武官石, 화표석이 장식되었으나 입비 귀부는 없다. 흥덕왕릉은 원성왕릉의 石儀 외에 입비 귀부가 있다.

『삼국사기』에 왕릉 소재 위치에 주목할 기사가 있으니, 경덕왕 본기 말미에 경덕왕릉의 소재를 보면 "王薨諡曰景德 葬毛祇寺西峰"이라 그 위치를 명기했다. 이 기사를 보면 문득 떠오르는 능묘 소개 기사가 있다.

---

26) 『論語』 憲問 제14에 "子曰邦有道 危言危行 邦無道 危行言孫"의 註에 '危'는 '高俊也'라 했다.

27) 齊藤忠, 「新羅陵墓の外飾と石造像」『新羅文化論考』, 吉川弘文館.

『삼국유사』에 김유신의 묘 소재를 보면, "追封公爲興武大王 陵在西山毛只寺之北 東向走峰"이라 했다. 두 소재 기사를 대비해 동일 능을 지칭한다는 것을 알게 된다. 毛只寺(모기사)의 위치를 지금 알 수 없으나 지금 능 아래 남동 계곡에 있는 김유신 제사인 金山齋의 터가 절터였으며, 이곳에 지금 경주박물관에 가져다 놓은 미륵보살석불이 있던 절터이다. 이 절터가 모기사 절터가 아니었던가 추정된다.

　『삼국유사』의 毛只寺(모기사)나『삼국사기』의 毛祇寺(모기사)는 같은 寺名이었다고 본다. 신라시대 사명은 흡이 같으면 異字한 경우가 왕왕 있다. 예를 들면 靈妙寺를 靈廟寺라 한 것이 등이다. 방위에 있어서도 正北·正西가 아니면 北과 西가 대충 같은 방향을 지시한다고 본다. 이 毛只寺 혹은 毛祇寺 北峰이나 西岑은 분명 김유신묘를 지칭한다. 이 송화산 위에 왕릉이 두 기가 있다면 혹 동일 위치가 아닌 부근 각각 별개의 능을 지칭한다고 보겠으나, 이 산에 능은 김유신묘 외는 없다.

　『삼국유사』 왕력에는 경덕왕릉 소재를 다음과 같이 기록되어 있다.

　　　初葬頃只寺西岑 鍊石爲陵 後移葬楊長谷中

　이 기사에서 모지사를 頃只寺로 쓰여 있다. 경은 毛자의 오자로 보겠다.『삼국유사』는 이와 같은 오자가 비일비재하다. 權相老는 이를 자체가 유사한 項자의 오자라 했다. 項은 訓이 목이니 毛와 음이 相近하여 致誤했다 했다.[28] 매우 좋은 견해이나 신라의 寺院名은 訓이 아닌 흡字로 同音異字한 예는 있다. 이는 毛자의 오자로 보는 것이 옳다고 본다.

　이 세 사료를 종합하여 검토할 때 毛只(祇)寺 北峰(西岑)에 위치한 왕릉은 현 송화산 위의 김유신묘에 歸一한다. 그러므로 나는 현 김유신묘

---

28) 權相老,『韓國寺刹全書』上卷 頃只寺조.

를 분명한 경덕왕릉으로 비정하는 바이다.

김상기를 위시한 현 김유신묘를 金公의 묘라고 확신하는 분들의 주장은 9세기 흥덕왕대에 興武王에 追封하여 그때 王者의 陵制 樣式을 갖춘 修築을 했다고 한다. 그렇게 보면 일면 수긍되는 면이 없지 않다. 그러나 이병도의 논술처럼 신라 일대 수많은 추봉 왕을 다 왕릉으로 개조했다는 사례를 찾을 수 없다.

더욱 흥덕왕릉을 보면 9세기 嗣王 文聖王代에 축조한 것인데 김유신묘 실상은 경덕왕릉과는 그 石儀物의 양식이 상이하다. 흥덕왕릉은 陵域, 神道에 文人石, 武人石, 四方 수호 獅子石, 立碑 龜趺 등 元聖王陵(掛陵)과 동일한 형식이다. 12지신상은 戎服을 착용하고 兵器를 들고 있다. 面位는 子·卯·午·酉 4像은 正面, 이들 상의 좌우에 배치한 다른 상은 左右부터 이들 상을 향해 측면상이다. 掛陵의 12지신상도 戎服에 兵器를 들고 있으며, 면위는 午像이 正方向이요. 子·丑·寅·卯·辰·巳의 6像은 右向, 未·申·酉·戌·亥상은 오상을 향해 左向하고 있다.

그러나 경덕왕릉은 사자석, 문무석, 碑座 龜趺가 없으며, 12지신상은 戎服이 아닌 文臣服을 입고 병기를 들고 면위는 모두 右向 側面이다.

이 경덕왕릉은 8세기 후반 嗣王인 혜공왕대에 조성한 것으로 신라 문화 예술 건축의 최성기에 이루어 졌고 태평성대였다. 그래서 12지신상이 武人服인 戎服에서 文人服을 착용했다고 보며, 분명 흥덕왕대의 작품이 아니다. 이 능묘제는 원성왕릉(괘릉)에 선행하는 묘제로보겠다.

흥덕왕대에 김유신을 대왕으로 추봉했다 해서 同時代의 英主인 무열왕릉을 그대로 놓아두고 그것을 월등히 능가하는 壯麗한 왕릉을 만든다는 것은 상상할 수도 없는 노릇이다. 그래서 이같은 後代 改修說은 성립할 여지가 없다.

7. 김유신의 眞墓

이제까지 김유신의 贋墓를 논해왔고 그것이 경덕왕릉이라고 논증했다. 그러면 김유신의 진짜 묘는 어느 것이냐 하는 문제를 해결할 차례이다. 앞에서 이야기했거니와 『삼국유사』와 이를 追述한 『경상도지리지』의 오류를 정정한 『경상도속찬지리지』와 『신증동국여지승람』에 김유신 묘의 소재를 '墓在府西西岳里'라 한 西岳里에서 찾는 것이 순리이다. 『삼국사기』 김유신전에 '出葬于金山原'이라 했으니 金山原에서 찾는 것이 正道다. 금산은 전술한 바와 같이 五行에서 西山 즉 西述 혹은 西岳이라 하는 仙桃山을 지칭한다.

지금 김유신묘라 오전된 玉女峰(송화산)에 出葬했다면 出葬金山原이란 표현은 부합하지 않는다. 原은 訓이 '들'이다. '평평한 토지'를 의미한다. 『爾雅』 釋地에 '大野曰平 廣平曰原'이라 했다. 큰 들을 平이라 하고, 넓은 들(평)을 原이라 하니 原은 즉 큰 들을 의미한다. 平原은 크고 넓은 평야를 말한다. 이렇게 보면 지금 전하는 김유신묘라 하는 우뚝 솟은 높은 金藏山(송화산)에 위치한 능묘는 금산원이 될 수 없다. 그러니 지금 김인문묘라 하는 전각간묘는 금산원에 如合符節하는 적절한 표현이다. 중국에서는 洛陽 邙山의 墓地域이 산이다. 하지만 丘陵 高原의 平原이다. 그래 중국은 망산의 묘역을 原이라 하는 것을 본받아 후대 우리 조상들은 山地의 墓域을 장만하는 데로 某原이라 했다. 그러나 상고시대 이 김유신묘의 표현과는 다르다는 것을 알아야겠다.

『삼국사기』 김유신전에 다음과 같은 기록되어 있다.

　　　가을 7월 1일에 자기 집 정침에서 돌아가시니 향년이 79살이었다. 문무왕

이 부음을 듣고 크게 슬퍼하고 부의로 채색비단 1000필과 조 2000섬을 하사
하여 장례에 쓰게 하고 군악대 고취수 100인을 보내어 주고 금산원에 장사지
내고 유사를 명하여 비를 세워 공명을 기록하게 하고 또 민호를 두어 묘를 지
키게 했다.[29]

가히 君王의 장례를 방불케 한다. 신라를 구하고 一統三韓을 완수한
元勳이며 救國의 英雄에 합당한 장례라 하겠다.

徐居正이 보고 읊은 귀부는 『삼국사기』 김유신전에 '命有司立碑'라
했으니 묘비를 세운 것을 알겠으며, 김유신전에 '案庾信碑'와 '庾信碑亦
云'이란 기사가 있다. 이 비문을 지은 이는 『삼국사기』 권28 백제본기
말미에 붙인 論에서 찾을 수 있다. '新羅國子博士 薛仁宣撰 金庾信碑'
란[30] 註가 있다.

徐居正이 읊은 石獸는 이 비가 섰던 碑座인 귀부를 의미한 것이다. 그
런데 지금 송화산에 위치한 김유신묘라 한 묘역에는 귀부가 없다. 서악
리에서 귀부가 있는 무덤은 무열왕릉과 그 능의 동쪽 앞에 있는 김인문
묘라는 묘 앞에 있는 龜趺 2基뿐이다. 그 귀부는 무열왕릉 귀부와 동시
대의 작품으로 보는 데는 이론이 없다. 나는 이 귀부를 김유신의 紀功碑
座인 귀부라고 보겠다.

이 무덤을 과거에 김양묘라고 알려졌다. 關野貞이 이를 金陽墓라고
인식하고 있었다. 『朝鮮古蹟圖譜』에도 김양묘라고 했다.[31] 이 묘를 관
야정은 김유신묘라고 보았다. 그러다가 1931년 西岳書院에서 김인문의
묘비석 折片·短碑가 발견되어 이 묘비석이 김양묘의 碑座인 귀부의 窠

29) 『삼국사기』 권41, 열전1 김유신 상. "至秋七月一日 薨于私第之正寢 享年七
十有九 大王聞訃震慟 贈賻彩帛一千匹 租二千石 以供喪事 給軍樂鼓吹一
百人 出葬于金山原 命有司立碑 以紀功名 又定入民戶 以守墓焉"
30) 『삼국사기』 권28 백제본기 제6 義慈王 史論.
31) 朝鮮總督府, 『朝鮮古蹟圖譜』 第3册, 1916.

臼와 사이즈가 비석 밑둥의 사이즈가 부합하는데서 이 묘를 김인문묘라 부르게 되었다. 무열왕릉비는 월등히 그 규모(사이즈)가 크나 당시 일통 삼한의 원훈공신인 김인문과 김유신 두 元勳의 비석 사이즈는 같았던 듯 하다. 만일 김유신비가 발견되었다면 그 비와 귀부 碑座 窠臼의 사이즈 와 같아 부합했다고 보겠다.

그러나 비좌의 과구가 김인문비와 꼭 부합하는 것은 아니다. 김인문비 의 너비는 94.5cm. 두께가 19cm인데, 귀부 비좌 과구는 너비 92cm, 두께 (좌우측면) 20.5cm, 깊이 13cm이다.

현재의 김인문묘는 關野貞의 설을 따라 일제시대 김유신묘라고 했다가 김인문묘비가 발견된 후는 김인문묘라 고쳐 안내판을 세우게 되었다. 김인 문묘비의 斷碑가 1931년 西岳書院 門樓 개수시 樓門의 기초공사를 하던 중 西隅 북쪽의 지표 16cm 깊이에서 面을 밑으로 엎어져 있던 것을 樓門 기초공사를 하던 인부들이 발견하여 괭이로 일으켜 뒤집어 보니 문자가 있어 비면의 흙을 닦아 내리고 많은 사람들이 모여 읽고 있는 것이었다.

이를 1931년 12월 11일 朝鮮古蹟研究會 慶州駐在研究員 有光敎一이 硏究會 助手 李盛雨의 안내로 西岳 방면의 고적답사 중 이를 보고 가서 비를 발견했다. 이것을 有光敎一이 조사 해독하여 26行(항), 1行 18字, 총 400여자를 판독했다.

이것을 무열왕릉비로 알고 알려지자 역사학자들을 흥분의 도가니로 몰아갔다. 그러나 이것을『삼국사기』김인문전과 대비하여 연구한 결과 김인문비로 판명되어, 이를 연구한 藤田亮策이『靑丘學叢』에 발표함으 로써[32] 김인문 斷碑의 발견이 세상에 알려지게 되었다.

이 비는 일찍 조선 肅宗代 朗善君 李俁, 朗原君 李偘 형제가 그들이 수집한『大東金石帖』을 정리한『大東金石書』에 실려 있다. 그러나 단비

32) 藤田亮策,「慶州金仁門墓碑の發見」『靑丘學叢』7, 1932.

를 김유신묘비로 알고 수록했다.

그러면 김인문묘비를 세운 묘는 어디일까? 이 묘비가 발견된 지점은 지금 김인문묘라고 하는 서악리 묘까지는 약 500m의 먼거리이다. 그리고 비 발견 장소까지는 언덕을 올라와야 한다. 그렇게 먼 거리에서 이렇게 무거운 단비를 옮겨왔다고는 상상이 안된다.

이 비가 서있던 김인문묘는 이 비 발견 지점에서 북서쪽인 서악서원 뒤쪽에서 찾아야 한다. 서원 뒤 선도산(西岳) 밑에 약 50m 지점에 거대한 봉분 기저 부분이 남아있다. 이 분묘가 1960년대까지 만해도 거대한 봉분이 반파된 거대한 石槨이 노출되어 있었다고 한다. 봉분 흙이 너무 좋아 洞里 家家戶戶에서 흙 쓸 일이 있으면 이 봉분 흙을 파다 썼고, 1960년대 새마을 사업시 석곽과 반파 봉분조차 동민들이 공사에 썼다고[33] 한다. 지금은 그 봉분 밑 기저 부분이 민가들 집 앞에 남아있다. 이 폐분묘를 나는 김인문의 묘로 보겠다.

『삼국사기』 김인문전에 '窆于京西原'이라 한 그 지형에 부합한다. 이 분묘 뒤 서악 기슭에는 수십기에 이르는 왕릉 규모의 거대한 봉분이 산재해, 家系를 의미하는 듯 일직선으로 배열된 수기의 규모가 큰 분묘가 있다.

김인문묘엔 비를 세웠던 碑座·方趺나 龜趺가 있을 것이나 모두 인멸되었다. 민간에서 깨어 썼던 것이다.[34]

그러므로 현 김유신묘는 오전이며 이 전김인문묘를 김유신묘로 보아야 한다. 김유신은 생전에 태종무열왕과는 魚水의 관계였다. 태종은 김

---

33) 전 경주고등학교 교장, 경주문화원장을 역임한 역사학자 權五燦 선생의 증언과 서악리 동민들의 증언.

34) 李楨, 『龜巖集』 권2 行狀 「李楨行狀」. "除守慶州府尹 州新羅舊都 諸王陵墓 頹圮荒蕪 鋤犁侵尋 螭頭龜趺 多爲村氓砌礎"

유신의 妹夫요 丈人이다. 그리고 정치의 동지요 동반자였다. 둘이 손잡
고 신라의 정치를 장악했고, 백제·고구려를 정벌하여 一統三韓의 대업을
이룩했다.

　그래서 두 사람은 죽어서도 같은 지역에 陪葬했다고 보겠다. 동시대
당나라 太宗 昭陵을 보면 李勣 등 重臣들을 소릉에 배장했다. 소릉 주위
에는 많은 배장이 있다.35) 무열왕릉 밑에는 배장한 두 무덤이 있다. 그
하나는 김양의 무덤이 명백하다.

　　　대중 11년(문성왕 19년, 857) 8월 13일에 자기 집에서 죽으매 향년 50세였
　　다. 부음이 알려지자 대왕은 애통해하며 舒發翰을 추증하고 부의와 장례를
　　모두 김유신의 옛 예에 따르게 하고, 그 해 12월 8일에 태종대왕릉에 배장하
　　였다.36)

　서발한, 즉 이벌찬은 角干이라고도 하니, 최고의 관직이다. 부의 장례
는 수백명이나 있었던 최고 관직의 장례절차에 따라 거행하면 될 것이나
태종무열왕을 보필하야 일통삼한을 이룩한 절대 공신 김유신에 버금가
는 신무왕을 옹립하고 애장왕을 시해하고 왕위를 찬탈한 민애왕을 물리
치고 張保皐의 亂을 평정하고 太平盛世를 이룩한 무열왕의 직손 김양을
태종무열왕릉에 김유신의 구례를 따라 나란히 배장한 것을 알 수 있다.

　김유신은 죽어서도 무열왕과 떨어질 수 없었다. 그의 능 앞에 배장되
었다.37) 무열왕릉 뒤에 봉우리에는 일직선으로 그의 直系 혈통 祖王인
法興, 眞興, 眞智, 文興의 네 왕릉이 일직선으로 조성되어 있다.

---

35) 紹聖元年 游師雄의 『昭陵園記碑』에 의하면 諸王·公主·妃嬪·宰相·功臣·
　　大將軍·名臣·名儒 등 166인이 배장되어 있었다.
36) 『삼국사기』 권44, 열전4 김양전. "大中十一年八月十三日 薨于私第 享年五
　　十 訃聞大王哀慟 追贈舒發翰 其贈賻殯葬 一依金庾信舊例 以其年十二月
　　八日 陪葬于太宗大王之陵"
37) 무열왕릉 앞에 김양과 김유신 두 무덤이 나란히 배장되어 있다.

김유신의 묘는 무열왕릉에서 상당히 떨어져 陵 아래 일직선에서 좌측으로 물러서 조성했다. 무열왕과 상대 일직선으로 배열된 왕릉과 일직선으로 쓸 수 없다. 그는 국왕도 아니요 혈통을 계승한 것도 아니기 때문이다. 김양묘는 김유신묘의 뒤에 무열왕릉 앞 중간에 썼다. 김양은 무열왕 9세손이지만 왕위를 계승하지 않았기 때문이다.

그렇다고 김유신묘 앞에 산세로 보아 김유신묘 밑에 썼다면 김유신의 후손이 되어 김유신의 바로 뒤 태종무열왕 쪽으로 썼다. 그 위치는 참으로 절묘한 안배라 하겠다.

무열왕릉 밑 약 200m 앞 동쪽에 무덤 주위 60m의 무덤이 김양묘이고, 그 앞 동쪽에 5m 떨어져 분묘 주위 82m, 지름 29.9m, 높이 6.5m으로, 무열왕릉 귀부와 동시대 양식의 귀부가 있는 큰 무덤이 太大角干 김유신묘이다.

송화산 김유신묘를 믿는 사람은 많지 않다. 왕릉으로 보는 사람이 많다. 그러나 그 능을 경덕왕릉으로 보는 사람은 보지 못했다.[38] 나는 오래전부터 이를 경덕왕릉이라고 확신을 가지고 왔다. 그래서 2004년에 발간한 『新羅王京五嶽硏究』 소재 '金庾信 興武王陵'편에서 경덕왕릉이라 하고 김인문묘를 김유신묘라고 논증했다.

신라이 능묘외 주인공을 유구 천년 세월이 흐르는 과정에서 거의 모두 失墓했다. 한국인은 氏族 家門의 전통을 계승할 줄 모르는 민족이다. 족보란 것도 거의 임진왜란 이후에 만들었고 오늘날의 씨족 족보는 거의가 조선 후기에 만들어졌다. 그래서 族譜의 上代 사실은 허위날조로 채워져 있다. 경주에 신라 왕손도 계승되어 내려온 가문이 없었고 김유신 후손

---

38) 신라 왕릉 연구에 精進해 온 李根直이 2006년 『新羅王陵의 起源과 變遷』이라는 논문에서 송화산 김유신묘를 경덕왕릉이라고 주장했다. 오직 이근직의 卓見이 있을 뿐이다.

의 계승도 없었다. 그래서 실묘한 것을 英·正祖 연간에 아무 근거없이
왕릉 명칭을 부여한 웃지못할 曲筆이 자행되었다. 그래서 신라왕릉 가운
데 확실한 것은 몇에 지나지 않는다. 해방 후에까지 문무왕릉이라고 표
말을 세웠던 괘릉이 어느날 원성왕릉으로 바뀌었다.[39]

　영조 때 경주에 산 巨儒 花溪 柳宜健이 직접 목격한 사실을 보고 개탄
했다. 어제까지 이름없는 능묘가 오늘 별안간 이름을 붙이고 경주김씨는
어째서 그 많은 왕의 자손은 다 어디가고 경순왕 자손만 있느냐고 지적
하여 신라왕릉의 眞仮를 의심하여 羅陵眞贗說[40]을 지은 것은 잘 알려져
있다. 매우 귀중한 사료이다.

　그러니 신라 최대의 위인 김유신묘와 김인문묘를 誤傳 失墓한 것은
어쩌면 史的 必然性이라 하겠다.

8. 맺음말

　이제 개진해온 논술을 맺고자 한다. 이를 요약하면 송화산 현 김유신
묘라는 것은 김유신의 묘 위치를 기록한 『삼국사기』나 『신증동국여지승
람』 등 史册 地理書의 위치와 모순된다. 묘제 양식 발달과정을 고찰하건
대, 그 묘는 통일 이후 8세기 중엽의 묘제로 보여 김유신과 연대에 차이
가 나, 어느 모로 보더라도 이것은 김유신묘가 아니며 8세기경의 왕릉이
라고 본다.

　『삼국사기』 경덕왕릉 소재를 밝힌 위치를 고증하건대 이는 경덕왕릉

---

39) 崔致遠撰 崇福寺 비편이 숭복사지에서 발견되어 四山碑銘을 대조하여 숭복사
　　가 원성왕릉의 願堂임이 밝혀졌기 때문이다.
40) 柳宜健, 「羅陵眞贗說」 『花溪集』 권11.

이란 사실을 밝히게 되었다. 그리고 김유신의 진짜 묘는 서악리 무열왕릉 앞에 있는 전김인문묘를 실제 김유신묘라고 보았다.

전국민의 최대 존경받는 민족 최고의 은공인의 묘이기 때문에 후일 확정적 고증이 될 때까지 현 김유신 홍무왕릉을 김유신의 묘라고 존경 예배해야 한다는 것이 나의 지론임을 밝힌다.

신라시대 김유신의 興武大王 추봉과 '新金氏'

김 창 겸*

1. 머리말

신라는 532년(법홍왕 19)에 金官加耶를, 562년(진홍왕 23)에는 大加耶
를 병합하고, 그 왕족을 비롯한 신민을 수용하였다. 그 결과 신라사회 내
에서 金舒玄, 金庾信, 强首, 金生, 金允中, 金巖, 審希(진경대사) 등 수많
은 가야계 인물들의 활동이 있었다. 이 중에서도 특히 김유신 가문의 정
치적·사회적 위상은 지대하였다.

신라사에서 가야계가 갖는 의미를 밝히려는 기존의 많은 연구업적이
이루어졌다. 게다가 얼마 전에는 신라 속의 가야인에 대한 종합적 검토
가[1] 시도되어 약간의 대관이 나름대로 정리되었다.

그럼에도 진정 중요한 역사적 의미가 있는 몇몇 가지 사실에 대해서는
연구자들간에 논란이 거듭되고 있는 실정이다. 그 중의 하나가 신라 정
치사회 내에서 활동한 가야계를 지칭한 '新金氏'라는 용어이다. 우리는

---

* 한국학중앙연구원 수석연구원
1) 선석열, 「신라사 속의 가야인들」『한국 고대사 속의 가야』, 혜안, 2001 ; 주보
  돈, 「가야인, 신라에서 빛나다」『가야 잊혀진 이름 빛나는 유산』, 혜안, 2004.

신라시대에는 신김씨가 있었고, 이 신김씨는 신라 정통 김씨와는 다른 또하나의 김씨라고 말한다. 하지만 이 신김씨의 명확한 개념 규정과 실체에 대한 이렇다할 정설도 통설도 없이, 금관가야계 김씨라는 정도에서 이해되고 있을 뿐이다.

본고에서는 신라사회에서 가야계와 연관성이 있는 신김씨의 실체를 살펴보고자 한다. 연구방법으로는 우선 현존하는 금석문 자료에서 신김씨의 내용을 분석하여 그 실체와 그것의 등장시기를 살펴보겠다. 그리고 신김씨의 필수조건인 홍무대왕에 대하여 언급하겠다. 즉 김유신을 홍무대왕으로 추봉한 시기와 배경, 이것이 신김씨의 성립에 갖는 의미, 그리고 신김씨와 김유신 후손의 위상 변화 등에 대해 다루고자 한다.

2. '신김씨'의 실체와 등장시기

1) '신김씨'의 실체

문헌자료에는 보이지 않으나, 통일신라시대에 작성된 금석문에는 '新金'氏라는 용어가 몇 곳에서 확인된다.

그 사례를 보면 다음과 같다.

> A - 1. 監脩成塔事 守兵部令 平章事 伊干 臣 金魏弘 上堂 前兵部大監 阿干 臣 金李臣 倉部卿 一吉干 臣 金丹書 赤位 大奈麻 臣 新金賢雄 靑位 奈麻 臣 新金平矜 奈麻 臣 金宗猷 奈麻 臣 金歆善 大舍 臣 金愼行 黃位 大舍 臣 金兢會 大舍 臣 金勛幸 大舍 臣 金審卷 大舍 臣 金公立(황룡사9층목탑찰주본기)
> 2. 大師諱審希 俗姓新金氏 其先任那王族 草拔聖枝 每苦隣兵 投於我國 遠祖興武大王(진경대사보월능공탑비)

3. △△△臣△漢功 奈麻 新金季 聖神忠寺 슈伊△伊湌 臣 金順
央漠(황복사비)

위의 자료 중 924년(경명왕 8) 건립된 것으로 추정되는 「진경대사보월
능공탑비」에는[2] 審希는 俗姓이 新金氏인데 선조는 任那王族이고 遠祖
는 흥무대왕이라(A-2) 하여, 분명 '신김씨'라는 성씨가 보인다. 그리고
실제 신김씨가 이름 표기에 사용된 예로, 872년(경문왕 12) 작성된 「황룡사
9층목탑찰주본기」에[3] '大奈麻 新金賢雄, 奈麻 新金平衿'(A-1), 또 「황
복사비」에[4] '奈麻 新金季'라는(A-3) 기록이 있다.

여기서 보건대 하대의 신라사회에는 金魏弘을 비롯한 인명에 표기된
신라 왕족들이 사용하는 성씨인 金氏와는 혈연을 달리하는 新金賢雄·新
金平衿·新金季의 이름에 보이는 '신김씨'가 존재했던 것이 확인된다. 다
시 말해 이 시기에는 신라의 왕족 김씨와는 다른 김씨로 이른바 '신김씨'
가 있었음을 알 수 있다.

그러면 신김씨는 누구인가? 우리는 흔히 금관가야의 후손이 신라 사
회에서 신김씨를 사용했던 것으로 이해하고 있다. 그러나 금관가야의 후

---

2) 「진경대사보월능공탑비」(보물 제363호)는 본래 경상남도 창원시 봉림동 165번
지 봉림사지에 있던 것을 현재는 국립중앙박물관에 옮겨 보관하고 있다. 탑비의
전체 높이 3.37m이고, 비신 높이 1.71m, 너비 99cm이다. 탑비는 심희가 입적한
다음해인 924년에 건립되었으며, 비문은 경명왕이 직접 지었다. 글씨는 幸其가
썼고, 崔仁渷이 篆額을 썼다.

3) 「황룡사9층목탑찰주본기」는 871년(경문왕 11)에서 872년(咸通 13)까지 황룡사
탑을 새로 수리하고 나서 그 경위를 작성한 것이다. 3매의 판에서 현재 해독할
수 있는 글자는 모두 900여 자이다. 찰주본기는 朴居勿이 짓고, 글씨는 姚克一
이 썼다.

4) 경주 狼山에 있는 皇福寺址로 전해오는 곳에서 발견된 8조각의 碑片은 대체로
통일신라시대에 조성된 것으로 추정되고 있다. 이중에서 '奈麻新金季'라는 명
문이 있는 비편은 길이 21cm, 너비 9cm이며, 동국대학교박물관에 소장되어 있
다고 한다. 여기서는 편의상 「황복사비」라 칭한다.

손 안에서도 좀더 구체적인 친족 범위에 대해서는 연구자간에 이견을 보이고 있다.

일반적인 견해는 금관가야를 병합한 뒤에 신라에 투항해온 武力 - 舒鉉 - 庾信으로 이어지는 왕족의 후손이 진골에 편입되고[5] 성씨를 취득하면서 신김씨를 사용하였던 것으로 보고 있다. 이에 더하여, 금관국 왕족을 진골에 편입시킨 후에 신라 왕실과 복수의 혼인관계를 맺은 진골 김유신가와 신문왕 3년에 蘇判의 관등과 김씨성을 하사받은 報德國王 安勝家가 먼저 김성을 칭한 신라왕실 다음에 새로 칭성한 김씨라서 신김씨라 했다는 견해도 있다.[6] 또 한편에서는 신라사회 내에서 김유신 후손들의 위상이 저하되면서 성씨 사용에 변화가 생겼으며, 특히 김씨에서 신김씨로의 변화는 9세기 후반 景文王家期에 이르러 왕족 김씨에 의해 김유신 가문은 구별을 강요당하고 김씨 칭성을 규제당하여 신김씨를 칭할 수 밖에 없게 된 것이란[7] 주장도 있다.

심지어는 최근에 신김씨는 김유신의 후손이 아니라, 문무왕이 중대 왕실을 비롯해 종래 왕경에 거주하던 김씨 진골귀족들과 구분되는, 지방에서 올라온 김해 거주 금관가야 왕족의 후손들에게 새로운 김씨라는 의미를 지닌 신김씨를 하사함에 사용된 것이라는 견해도 제기되었다.[8]

---

5) 금관가야계가 신라의 진골에 편입된 시기를 일반적으로 김유신 때로 보고 있지만, 이와 달리 법흥왕 19년 금관국왕 구해가 신라에 투항해 왔을 때(文暻鉉,「金庾信의 婚姻과 家族」『文化史學』27, 2007, 371~372쪽), 김유신의 부 舒鉉 때(李明植,『新羅政治史研究』, 螢雪出版社, 1992, 118~119쪽) 또는 조부 武力 때에 이미 편입되었다는 견해도 있다(선석열, 앞의 논문, 2001, 531~540쪽).

6) 文暻鉉, 앞의 논문, 2007, 378~379쪽.

7) 李文基,「金官加耶系의 始祖 出自傳承과 稱姓의 變化」『新羅文化祭學術論文集』25, 2004, 50~54쪽.

8) 李賢泰,「新羅 中代 新金氏의 登場과 그 背景」『韓國古代史研究』42, 2006, 233~266쪽 ; 曺凡煥,「金庾信의 가계와 후손들의 활동」『新羅史學報』11,

이처럼 신김씨의 구체적인 실체에 대해서는 견해의 차이가 있기는 하지만, 정통 신라김씨에 대해 이주해온 금관가야계 후손이 '新金氏'로 표현된 것에 대해서는 의견이 일치한다. 신김씨란 용어자체가 본래의 김씨, 옛 김씨라는 의미의 本金氏 또는 舊金氏에 상대되는 새로운 김씨, 새김씨라는 표현이다. 그렇다면 신김씨는 본김씨, 종래 신라 왕성인 정통 김씨(후대의 경주김씨)와는 다른 김씨 혈연집단을 지칭한 것이라 하겠다.

신김씨란 구체적으로 어느 가계인가? 이에 대해서는 853년(문성왕 15)에 태어나 923년(경명왕 7) 4월 24일에 70세의 나이로 입적한 審希의[9] 일대기를 적은 「진경대사보월능공탑비문」에서, 경명왕이 심희는 임나왕족의 후예로서 그의 원조는 홍무대왕이며, 俗姓은 신김씨라고 한 기록을 참조할 필요가 있다.

이 비문은 行其가 왕명을 받들어 썼지만 실제 비문의 찬자는 경명왕으로 추정된다. 그러므로 당시 재위중인 신라국왕이 찬한 비문의 내용에 주인공의 가계를 설명하면서 불확실한 내용으로 윤색 두찬하지는 않았을 것이다.[10] 우리가 잘 알듯이, 여기서 홍무대왕은 김유신의 추봉호이

2007, 62~63쪽.

9) 진경대사의 속성은 新金氏이고, 법호는 審希이며, 신라 하대에 鳳林山門을 개창하였다. 대사는 853년(문성왕 15) 태어나 9세에 출가하였으며, 玄昱에게서 禪法을 배웠다. 888년(진성여왕 2) 이후 904년(효공왕 8)까지 설악산, 溟州 山寺, 김해 進禮城 등지에서 교화 활동을 폈고, 특히 進禮城에서는 김해지방 세력가 金律熙와 金仁匡의 후원을 받기도 하였다. 918년(경명왕 2) 경명왕의 부름을 받아 궁궐에 들어가 설법하였고, 이후 봉림사로 돌아와 제자 양성에 주력하다가 923년(경명왕 7) 4월 24일 70세 나이로 입적하였다.

10) 李賢泰는 심희는 「진경대사비문」에서 구체적으로 몇 代라고 숫자를 드러내지 않고 '먼조상'이라는 막연한 의미를 가진 '遠祖'라는 용어를 썼고, 또 金庾信이라고 하지 않고 '興武大王'이라고만 기술한 것에서 볼 때 김유신의 직계 후손이 아니라고 하였다(李賢泰, 앞의 논문, 246~248쪽). 하지만 원조라고 했다고 심희

다. 국왕이 심희의 비문을 찬하면서 신라국가에서 공식 추봉한 홍무대왕의 명칭을 도용 내지는 빙자하여, 그 후손이라는 것을 거꾸로 나타내는 遠祖라고 표기하지는 않았을 것이다. 이 비문의 내용을 사실로 인정하는 것이 순리라 하겠다. 그렇다면 이미 경명왕대에는 국왕은 물론 모든 신민들이 김유신(홍무대왕)의 가문과 그 후손을 신김씨라고 불렀고, 그것이 사회적으로 인정되고 통용되었음을 짐작할 수 있다.

어쨌든 금관가야 왕족의 후손이 신라사회에서 신김씨로 불리었던 것은 분명하다. 그리고 「진경대사보월능공탑비문」에서 홍무대왕의 후손인 심희를 신김씨라 했음으로, 신김씨는 任那(금관가야) 왕족 출신으로 왕경의 김유신 후손인 것이다. 즉 新金氏를 규정하는 요소로는 任那王族의

가 김유신의 직계손이 아니라고 이해하기는 어려울 것이다. 설령 비슷한 시기에 어느 특정 개인이 찬한 다른 승려 비문의 내용에 이와 유사한 표현이 혹 직계 후손이 아닐 가능성이 있음으로, 실제 재위중인 국왕이 지은 「진경대사비문」의 내용도 그렇다는 식으로 일반화하는 것은 지나친 확대해석이라 하겠다. 더구나 씨는 진경대사비가 건립된 924년(경명왕 8)에는 김유신 후손들이 사회적으로 영향력이 그다지 크지 않았고 심희가 홍무대왕의 원손임을 내세운다고 해도, 홍무대왕을 직계 조상으로 직접적으로 언급한 것이 아니라 원조라는 다소 애매한 표현을 사용하였기 때문에 그것을 제재하기는 더욱 어려웠으리라(앞의 논문, 248쪽 주 45) 참조)고 하였다. 하지만 이 비문은 신라국왕 경명왕이 지은 것이다. 왕조국가에서 재위 중인 국왕의 신분으로서 씨의 설명처럼 '다소 애매한 표현을 사용'하였을까? 만약 국왕이 거짓말을 했다면 신하들이 잘못을 지적하고 사실대로 바루어야 한다고 했을 것이다. 전근대 왕조국가에서 국왕이 생각과 의사를 문자로 공식 표현한 것은 철회하지 않는 한 그것은 곧 법령과 같은 것이다. 또 '홍무대왕'이라는 표현은 이미 김유신이 홍덕왕대 대왕으로 추봉되었기에 이후로는 신라사회에서 국왕은 물론 모든 신민이 그의 이름을 직접 부르지 못하고 시호를 부르거나, 부득이 한 경우에는 「중화3년명금동사리기기」에서와 같이 '裕神'角干이라고 특별히 피휘하여 표현하였다. 그런데 김유신의 후손인 심희의 탑비에 직계조상, 더구나 최고 훌륭한 조상인 김유신을 감히 이름으로 표현하겠는가? 신라사회에서 공인된 칭호인 홍무대왕이라고 한 것은 너무도 당연한 표기라 하겠다.

후손과 興武大王의 후손이라는 필요조건과 충분조건을 모두 충족시켜야 한다.[11] 결국 '신김씨'는 금관가야 왕족 출신이면서 신라 왕실과 혼인한 김유신가의 후손을 지칭하는 친족용어이다.

2) '신김씨'의 등장시기

그러면 신김씨를 사용한 시점은 언제부터인가? 앞에서 소개한 신김씨의 실체에 대한 여러 견해에 따르면 신김씨가 등장한 시기도 다르게 이해해야 한다. 우선 가장 일반적인 이해는 금관가야가 멸망하고 그 왕족이 신라에 투항해와 신라 진골에 편입되고 성씨를 취득하면서 신김씨를 사용했다는 것이다. 또는 진골 김유신가와 신문왕 3년에 보덕국왕 安勝에게 김씨성을 하사하고 안승가가 신김씨를 칭했다.[12] 그리고 9세기 후반 경문왕가기에 이르러 김유신 가문은 신김씨를 사용하게 되었다.[13] 한편 최근에는 흥덕왕대 김유신의 흥무대왕 추봉으로 그 후손들이 스스로 신김씨를 표방했다는 적극적인 주장이 나왔다.[14] 이상의 견해들은 모두 신김씨는 금관가야의 왕족, 김유신의 가계라는 조건을 기본으로 하고 있다.[15]

---

11) 「진경대사비문」의 '심희는 속성이 신김씨인데, 그 선조는 임나왕족이고, 원조는 흥무대왕'이라는 문장에서, 신김씨를 충족시키는 기본조건인 임나왕족이면 신김씨라고 생각해 볼 수도 있다. 하지만 만약 그렇다면 신김씨의 사용과 그 흔적이 이미 신라 중고기, 늦어도 중대사회에서 보여야 함에도 현재로서는 전혀 찾아지지 않는다. 이에 필자는 신라 하대 흥덕왕의 흥무대왕 추봉 이후에라야 신김씨가 생겼고, 신김씨는 흥무대왕의 후손이라는 범주를 충족하는 요인을 가져야 한다고 본다.

12) 文暻鉉, 앞의 논문, 2007, 378~379쪽.

13) 李文基, 앞의 논문, 2004, 50~54쪽 ; 김수미, 「신라 김유신계의 정치적 위상과 추이」『역사학연구』35, 2009, 16쪽.

14) 金台植, 「金庾信의 흥무대왕 추봉시기」『新羅史學報』6, 2006, 207~210쪽.

심지어는 적어도 759년(경덕왕 18) 이전에 이미 신김씨가 사용되었으며, 문무왕대에 지방에서 올라온 새로운 김씨라는 의미를 지닌 신김씨를 680년(문무왕 20)에 김해 거주 금관가야 왕족의 후손들에게 하사함에 사용되었다는[16] 견해도 있다. 이 주장은 신김씨는 김유신의 후손이 아니라는 것이다.

이처럼 신김씨의 등장시기에 대해서는 모두가 금관가야의 멸망 이후라는 데는 생각을 같이 한다. 다시 말해 신김씨가 금관가야와 관련이 있음에는 의견이 일치한다. 다만 앞에서 언급했듯이 그 시기는 달리 이해하여 김유신 가문이 성씨를 취득할 때부터 신김씨라는 견해와 후대에 김유신 후손이 신김씨를 갖게 되었다는 주장, 또는 김해 거주 금관가야 왕족이 賜與받았다는 의견이 있다. 즉 구체적인 시기에 대해서는 금관가야 왕족의 신라 진골 편입 이후, 신문왕 3년, 9세기 후반, 흥덕왕대, 문무왕대 등으로 견해의 차이가 있다. 그러나 필자는 앞에서 신김씨의 실체를 임나왕족으로서 흥무대왕의 후손이라고 규정했듯이, 신김씨는 김유신의 후손이다. 그러므로 신라사회에서 신김씨가 등장하는 시점은 언제인가 하는 것은 김유신의 후손만으로 한정해서 살펴보아야 한다. 다시 말해 앞에 열거한 견해 중 김유신의 후손에 한정하지 않은 신문왕 3년설과 문무왕대설은 고려할 필요가 없다고 본다.

현전하는 자료에서 신김씨라는 용어가 등장하는 시점이 신김씨의 등

---

15) 김유신 가문이 김씨를 칭한 시기가 아버지 舒玄 때라는 견해(李純根,「新羅時代 姓氏取得과 그 意味」『韓國史論』 6, 1981, 21쪽 ; 李文基, 앞의 논문, 2004, 26~28쪽)와, 김유신 당대라는 견해(文暻鉉, 앞의 논문, 2007, 378쪽), 보다 구체적으로 7세기 중반 무열왕이 김유신가문에 賜姓하면서 부터라는 견해(武田幸男,「朝鮮の姓氏」『東アジアの世界いおける日本古代史講座』 10, 學生社, 1984, 63~66쪽)가 있다.

16) 李賢泰, 앞의 논문, 233~266쪽.

장 시기를 밝히는데 가장 필요한 요건이라고 본다.

이것을 알기 위해서는 우선 '新金'氏라는 용어가 보이는 자료에 대해 살펴 볼 필요가 있다. 비록 그 예로서 통일신라시대 것으로 알려진 「황복사비」가 있으나, 이것의 작성 시기가 불분명하다.[17] 그러므로 부득이 작성 연대가 보다 확실하게 알려진 자료인 「진경대사보월능공탑비문」과 「황룡사9층목탑찰주본기」에 의거할 수 밖에 없다. 872년(경문왕 12)에 작성된 찰주본기에는 이 목탑 중건에 관여한 인물들의 명단이 죽 나열되어 있는데, 여기에 신김씨가 보인다. 앞에서도 언급했듯이 赤位의 大奈麻인 新金賢雄과 靑位의 奈麻인 新金平矜이 그들이다.

이에서 추측컨대, 문헌에서는 전혀 보이지 않는 신김씨는 현재 우리에게 주어진 금석문 자료에 한해서는 아무리 늦어도 「황룡사9층목탑찰주

---

17) 경주 皇福寺에서 발견된 碑片들은 대체로 통일신라시대에 조성된 것으로 추정되고 있다. 특히 이 비편이 759년(경덕왕 18) 이전에 건립된 것으로 추정하는 견해가 있기는 하지만(尹善泰, 「新羅의 寺院成典과 衿荷臣」『韓國史硏究』 108, 2000, 13~14쪽) 좀 더 검토해 볼 여지가 있다. 왜냐하면 이 비편이 발견된 장소가 실제 황복사지인지 불분명하다는 것이다. 즉 이곳을 황복사지라고 추정한 高裕燮마저도 "현 탑지를 황복사지라고 칭하고 있으나 고래로부터의 전칭에 의한 것인지 또는 어떠한 證徵에 의한 것이지 불분명하다."고 했으며(『조선탑파의 연구』, 동화출판공사, 179쪽), 다만 후지시마(藤島亥治郞)가 『朝鮮建築史論』에서 초창, 연혁 모두 불명이라 하면서 지방의 전설을 신빙하여 황복사지라 한 것이 효시라고 한다. 그러기에 이곳이 황복사지인지 불명확으로, 다만 宗廟聖靈禪院의 金銅舍利函이 나온 3층석탑이 서있는 聖廟址에서 수습한 비편이라고 보는 주장도 있다(文暻鉉 외,『新羅王京五岳硏究』, 경주시·경북대학교 인문과학연구소, 2004, 120~128쪽 ; 文暻鉉, 앞의 논문, 2007, 379쪽). 그러므로 이 비편들에 근거하여『삼국사기』직관지에 기록되지 않은 이른바 '皇福寺成典'을 복원하면서 추정한 비의 759년 건립설에 의거하여, 신김씨의 등장을 그 이전으로 본 것은(李賢泰, 앞의 논문, 255~256쪽), 신중할 필요가 있다. 이 비편의 인물 기재양식이 「황룡사9층목탑찰주본기」의 관원을 기록한 부분과 너무나도 유사하여(尹善泰, 앞의 논문, 8쪽), 차라리 신라 하대에 제작된 것으로 볼 가능성이 크다.

본기」가 작성되는 경문왕대(861~875) 무렵에는 출현해 있었음이 확인
된다. 그러므로 신라사회에서 신김씨의 등장은 아무리 늦어도 경문왕대
이전에 있었다. 그렇다고 이것으로 신김씨 등장의 상한선으로 생각할 수
는 없다. 하지만 불행하게도 신라 중대에 사항을 전하는 문헌기록에는
물론 금석문을 비롯한 어떤 사료에도 신김씨와 관련성이 있는 자료가 확
인되지 않았다. 이러한 이유로 김유신가가 신김씨를 칭한 시기가 신라
중대까지로 소급될 수는 없다고 본다.

　더구나 673년 김유신의 사후에 건립된 것으로 추정되는 「김유신비」에
는 "考蘇判金逍衍"이라[18] 하여, 김유신의 아버지를 단순히 김씨이지 신
김씨라고 하지는 않았다. 거꾸로 말하자면 김유신가가 673년 무렵에는
아직까지 그냥 김씨이지 신김씨라 하지 않았던 것이다. 이에서 추단컨대
김유신의 후손이 신김씨를 칭한 시기는 아무리 빨라도 신라 하대에 이르
러서라고 본다.

　그렇다면 신라에 투항한 任那王族의 후손이 신김씨로 불리게 된 직접
적인 계기는 무엇인가? 미리 말하자면 필자는 그것은 흥덕왕대 이루어진
김유신에 대한 흥무대왕 추봉이라고 하겠다.

　금관가야의 왕족들은 신라에 투항한 뒤에 진골에 편입되었다. 그리고
김유신을 비롯한 후손들은 김씨를 사용하였다. 또 김유신의 누이와 김춘
추, 김춘추의 딸과 김유신이 서로 혼인함으로써, 이들 사이의 소생은 단
순히 신라에 멸망한 금관가야의 왕족만이 아니라, 신라 중대에는 왕실과
부계와 모계로 중첩 혼인한 혈족이요 일통삼한을 이룬 二聖의 한명이면
서 신라 호국신인 김유신 후손이라는 것에서 왕족에 버금한 지위와 예우
가 필요하였던 것이다.[19] 그러나 하대에 이르러 원성왕계 왕실이 등장하

---

18) 『삼국사기』 권41, 열전1 김유신 상.
19) 주보돈은 신김씨의 등장시기와 획득방법에 대해서는 필자와 견해를 달리하나,

면서 김유신의 후손들은 원서왕계 왕실과 혈연상 직접 연계가 없기에 다른 진골귀족들과 마찬가지로 일반 진골이면서 김씨로 변하였다.

하지만 김유신이 홍무대왕으로 추봉되면서 단순한 진골김씨가 아니라 그 이상의 위상을 갖게 되었다. 다시 말해 홍덕왕대 김유신의 대왕 추봉으로 보다 구분되고 격상된 위상을 가진 대왕의 후손으로서 명칭이 필요하였다. 그러면서 여기에는 신라 정통 김씨와 차별화를 필요로 하였다. 그리하여 김유신의 후손은 신라 정통 김씨와는 혈통을 달리하는 대왕의 가계라는 뜻을 가진 신김씨란 용어가 출현한 것이다.

결국 종래의 왕족인 본김씨에 대비하여, 김유신의 홍무대왕 추봉으로 새로운 왕족이 된 그 후손들을 신김씨라 대우한 것이라고 보겠다. 김유신이 일통삼한의 원훈공신에서 새로운 大王이 됨으로써, 그 후손 또한 종전의 가야왕족 후예나 신라 중대 왕실의 외가만이 아니라 이제는 신라 사회 내에서 하나의 새로운 대왕 후손이 된 것이다. 그리고 하대 원성왕계 왕실에서도 김유신 후손들을 과거와 달리 예우할 필요를 느낀 것이다. 이에 김유신을 홍무대왕으로 추봉하여 형식상 김유신 후손에 대한 예우의 격상이면서, 아울러 한편으로는 신김씨라 칭함으로써 본김씨와 영원히 구분하는 수단이면서 조치라는 양면성을 갖는 것이다.

결국 신김씨의 출현은 김유신을 홍무대왕으로 추봉한 결과이다.[20] 하지만 김씨가 신라왕실과 동성인 김씨이기에 그들 스스로 신김씨를 사용하는 것은 불가능하였고, 설령 그러한 의식이 있었다손해도 왕실과 국가의 허가 내지는 승인하에 불리어지고 사용되었을 것이다.

역시 김유신가가 스스로 신김씨라 칭하여 왕족에 버금감을 내세웠다고 보았다 (주보돈, 앞의 논문, 2004, 223쪽).

20) 한편 金台植, 앞의 논문, 2006, 209~210쪽에서 김유신의 홍무대왕 추봉으로 신김씨가 등장했다고 보아 필자와 생각을 같이 하지만, 다만 김유신 후손 스스로가 신김씨를 칭했다고 한 것은 다르다.

3. 흥덕왕대 개혁정치와 흥무대왕 추봉

1) 김유신의 흥무대왕 추봉

지금부터 필자가 앞에서 신김씨 등장의 계기가 되었을 것으로 추정한 김유신의 흥무대왕 추봉에 대해서 살펴보겠다.

김유신은 595년(진평왕 7)에 금관가야 왕족의 후손인 아버지 舒鉉과 신라 왕족인 萬明夫人과의 사이에서 태어나 花郞을 거쳐, 金春秋(태종무열왕)의 즉위를 도왔고, 660년에는 나당연합군의 신라군 총사령관으로 백제를, 668년에는 고구려를 멸망시켜, 문무왕으로부터 太大角干의 관등을 받는 등 영예를 누리다가, 763년(문무왕 13) 79세로 세상을 떠났다. 그리고 一統三韓의 주역인 김유신은 후대에 興武大王으로 추봉되었다.

김유신의 흥무대왕으로의 추봉시기는[21] 언제인가? 이에 대해서는 상이한 기록이 전해져, 오랜 논란이 되었으며 작금에도 여전하다고 보겠다.

우선 한국고대사 연구에 있어 대표적인 기본 문헌인 『삼국사기』와 『삼국유사』의 기록조차 그러하다.

> B-1. 『삼국사기』: 후에 興德大王이 (庾信)公을 봉하여 興武大王으로 삼았다.[22]
> 2. 『삼국유사』: 54대 景明王에 이르러 (김유신)公은 興虎(武)大王으로 추봉되었다. 능은 서산 毛只寺의 북에 동향으로 뻗은 봉우리에 있다.[23]

---

21) 이에 대해서는 金台植, 앞의 논문, 2006이 참고가 된다.
22) 『삼국사기』권43, 열전3 김유신 하. "後興德大王封公爲興武大王".
23) 『삼국유사』권2, 기이1 김유신. "至五十四景明王 追封公爲興虎大王 陵在西山毛只寺之北 東向走峯".

인용문 B에서 보듯이『삼국사기』에서는 홍덕왕대에 추봉되었다고 한 반면에,『삼국유사』에서는 경명왕대에 추봉되었다고 하였다.

이러한 기록은 연구자들에게 상당한 혼란을 초래하였다. 그리하여 후대의 역사서에서는 심지어 같은 책에서 두 가지 모두를 기록하는 기현상을 보이기까지 하였다. 그 사례를 들면『삼국사절요』권13, 乙卯 홍덕왕 10년조에 "王追封金庾信爲興武大王"이라 하고, 또 권14, 癸未 경명왕 7년조에 "冬十一月追封金庾信爲興武大王"이라 하여, 홍덕왕 10년과 경명왕 7년의 두 차례에 김유신이 홍무대왕으로 추봉된 것으로 기록되어 있다. 그리하여 이것을 근거로 홍무대왕 추봉시기에 대해 두 종류 사서 중 어느 하나가 잘못된 것이 아니라 나름의 이유가 있는 것으로[24] 보는 오해도 생겼다. 그 예를 들자면 홍무대왕 추봉의 처음 시기는 홍덕왕대이며, 이후 박씨왕이 등장한 후 경명왕이 정치적 필요에 의해 홍덕왕대의 사실을 다시 확인한 것이라는[25] 견해도 있다. 그러나 이는 특정 연구자의 편의적인 해석에 불과하다.

한편 이와는 달리 후대의 역사서 중에는 두 설 중 하나만을 취하는 경우도 있다.『東國通鑑』권11, 을묘년 홍덕왕 10년조에는 봄 2월에 이찬 김균정을 상대등에 임명한 기사에 이어서 "김유신을 추봉하여 興武大王이라 하였다."고 했다. 또『東史綱目』권제5上, 신라 興德王 10년 을묘년(唐 文宗 太和 9, 835)조에도 봄 2월에 金均貞을 上大等으로 임명한 기사에 뒤이어 "옛 재상 金庾信을 追封하여 興武大王이라 했다."고 기록되어 있다. 그리고『五洲衍文長箋散稿』와[26]『洛下生集』[27] 등에도 홍덕

---

24) 金台植, 앞의 논문, 2006. 210~211쪽.

25) 김수미, 앞의 논문, 2009, 13쪽 주 41).

26)『五洲衍文長箋散稿』經史篇 論史類 論史 香徒辨證說. "金庾信 新羅蘇判 舒玄子 … 十五歲爲花郞 時人洽然服從 號龍華香徒 佐太宗 與蘇定方減百濟句麗 七十九卒 以軍樂鼓吹葬之 立碑記功 興德王追封興武大王 軍威縣

왕대에 김유신을 홍무대왕으로 추봉하였다고 기록되어 있다.

이처럼 김유신의 홍무대왕 추봉에 대해서 크게는, 홍덕왕대설인 『삼국사기』-『동국통감』-『동사강목』의 계열과, 또 경명왕대설인 『삼국유사』와, 홍덕왕대와 경명왕대 두 가지 모두를 취한 『삼국사절요』의 계열로 구분된다.[28] 그리고 구체적인 추봉시기에 대해서는 『삼국사기』는 홍덕왕대(826~836), 『동국통감』과 『동사강목』은 홍덕왕 10년(835)이고, 반면에 『삼국유사』는 경명왕대, 『삼국사절요』는 경명왕 7년(923) 11월이라 하였다. 결국 이들 기록에 의하면 김유신의 홍무대왕 추봉은 아무리 일러도 김유신 사후 약 150여년이 지난 홍덕왕 즉위년인 826년 이후일임을 알 수 있다.

그러면 홍무대왕 추봉시기가 언제인가? 이에 대해 알기 위해서는 우선 김유신의 사후에 그와 관련된 기록을 살펴보자.

김유신은 『삼국사기』 권7, 문무왕 13년 7월 1일조에 "유신이 죽었다."는 기록과 『삼국사기』 권43, 김유신 열전 하에서 咸寧 4년(673) 癸酉 문무왕 13년 "가을 7월 1일 사제의 정침에서 돌아가시니 향년 79세다."고 하였다. 그리고 『삼국사기』 권6, 성덕왕 11년(712) 8월조에 "김유신의 아내를 夫人으로 삼고 해마다 곡식 1000섬을 하사했다."는 기록이 있다. 이 부인은 태종무열왕의 딸 智炤이다.[29] 그런데 夫人이란 諸侯의 아내를

西 有金庾信祠 俗稱三將軍堂".

27) 『洛下生集』 6 「嶺南樂府」, 金花郎. "金庾信 東京人 父舒玄 … 文武十三年 薨 興德王追封 爲興武大王 金花郎國之光 行年十五龍華香 文獻武略百難 當 句麗百濟竊驚惶 今人誦爾興武王".

28) 크게는 홍덕왕대설과 경명왕대설로 구분할 수 있다(金台植, 앞의 논문, 2006, 199~205쪽).

29) 『삼국사기』 권5, 태종무열왕 2년(665) 겨울 10월 "딸 智炤를 대각찬 김유신에게 하가했다"와 권43 김유신 열전의 "아내 지소부인은 태종무열왕의 셋째 딸이다"고 한 기록이 있다. 즉 무열왕의 셋째 딸인 지소는 665년 김유신과 혼인하여,

칭하는 용어이다. 이것은 아직까지는 김유신을 大王으로 추봉하지 않았
음을 대변하는 것이라 하겠다. 만약에 이미 대왕으로 추봉되었거나 이때
대왕으로 추봉되었다면 그의 아내를 (王)妃로 봉했다고 해야 격이 맞을
것이다. 그러므로 이때까지는 김유신이 흥무대왕으로 추봉되지 못하였던
것을 알 수 있다.

한편 혜공왕대에 이르러 김유신에 대한 관심이 다시금 부각되었다.
779년 4월에 김유신 후손들이 억울하게 죽은 것을 원망하여 호국신 김유
신이 신라를 떠나겠다는 이변이 김유신묘에서 발생하자, 혜공왕이 金敬
信을 보내어 제사를 드려 사과하고 功德寶田 30結을 내려 명복을 빌게
한 일이[30] 기록되어 있다.

이것은 신라 호국신으로서 김유신과 관련한 유명한 설화의 하나이다.
신라에서는 많은 호국신을 모시고 있었는데, 이 내용을 보면 김유신은
죽은 뒤에도 신라의 호국신으로 받들어졌던 것이다.[31] 하지만 이때에는
김유신을 대왕으로까지 추봉하지는 않았다.[32] 다시 말해 김유신의 흥무

673년 남편 김유신이 죽어 미망인이 되었고, 712년 夫人으로 봉해진 것이다.

30) 『삼국사기』 권43, 열전3 김유신 하 ; 『삼국유사』 기이1, 미추왕죽엽군.

31) 『삼국유사』 기이1 '만파식적'에서 "聖考(文武王)께서 지금 海龍이 되시어 三
韓을 鎭護하시며 더불어 金庾信公께서도 33天의 아드님으로서 지금 강림하시
어 大臣이 되셨습니다. 二聖께서 德을 함께 하시어 守城의 보물을 주려 하시
니, 만일 陛下께서 海邊으로 行幸하신다면 틀림없이 값을 따질 수 없는 大寶를
얻게 되실 겁니다"라고 한 것에서, 文武王과 金庾信은 죽어 護國神이 된 것으
로 신라인들이 믿고 있음을 잘 보여주고 있다.

32) 김유신의 후손이 죽음을 당한 것이 경술년(혜공왕 6) 金融의 난 때문이라고 한다.
이 난에 대해 김융은 반혜공왕적 입장을 취하고 있었다거나(李基白, 「新羅 惠恭
王代의 政治的 變革」, 『新羅政治社會史研究』, 一潮閣, 1974, 232쪽 및
247~252쪽), 김유신의 후손들이 외척의 경계를 받자 난을 일으킨 것(박해현, 『신라
중대 정치사 연구』, 국학자료원, 2003, 164쪽), 혜공왕대를 전후하여 김유신계가 6
두품으로 전락함에 이르러 반발을 꾀한 것(申瀅植, 『韓國古代史의 新研究』, 一

대왕 추봉은 이 사건보다는 뒤에 있었던 일이다. 결국 김유신이 죽은 673년(문무왕 13) 7월 이후부터 779년 4월까지에는 흥무대왕으로 추봉한 적이 없었다.

사실상 기존 사서들은 김유신의 흥무대왕 추봉시기를 흥덕왕대 또는 경명왕대로 기록하였다. 그러나 필자의 생각으로는 『삼국유사』와 『삼국사절요』가 흥무대왕 추봉시기를 경명왕대라 한 것은 잘못된 것으로 보인다. 이미 『삼국유사』에는 이러한 착오를 범한 사례가 있다. 흥덕왕 이름 景暉와 신덕왕 이름 景徽가 유사한 것에서 생긴 중대한 착오가 있다.[33] 이와 같은 맥락에서 『삼국유사』에는 흥무대왕의 추봉을 경명왕대로 착오를 일으킨 것이라[34] 하겠다.

이러한 이유로 『삼국유사』가 착오를 범하자 이를 따른 『삼국사절요』

潮閣, 1984, 255쪽)이라는 해석도 있다. 결국 김유신의 자손이 죽음을 당하였다는 것은 김융이 반란을 일으켰다가 죽음을 당한 사건·사실과 연관성을 가리킨 것이라고 생각이 된다. 하지만 김융의 가계에 대한 직접적인 기록이 없어, 이것만으로 김융이 곧 김유신의 자손이었다고 단정할 수는 없다. 혹은 김유신의 자손이 김융의 난에 가담했거나 혹은 가담했다는 죄목으로 죽음을 당했을 가능성이 있다. 최근에는 이 내용은 김융의 모반사건 이후 실추된 김유신계의 명예를 회복하고자 김유신과 같은 무장 출신의 후손들이 사병화된 병사들과 취선사의 승병들을 동원하여 행한 무력시위라는(김수미, 앞의 논문, 6쪽) 해석까지 있다.

33) 『삼국유사』에는 흥덕왕 이름 景暉, 신덕왕 이름 景徽라고 한데서 혼란을 일으켜 심지어 신덕왕의 본명을 秀宗으로 오기하였다(『삼국유사』 왕력. "第四十二 興德王 金氏 名景暉 憲德母弟"와 "第五十三 神德王 朴氏 名景徽 本名秀宗"). 秀宗은 흥덕왕의 본명으로 혹은 秀升이라고도 표기되었다. 이러한 이유에서 경명왕의 아버지인 신덕왕에 대한 착오가 있었다.

34) 이러한 착오는 明活典의 설치를 914년(신덕왕 3)이라 한 것에서도 보인다. 『삼국사기』 직관지 '신라'에는 "明活典 景暉王二年置 大舍一人 看翁一人"라는 기록이 있다. 여기서 景暉王은 신라 제42대 興德王의 이름인데, 『삼국사절요』에서는 景暉를 神德王으로 보고 명활전이 신덕왕 3년에 설치되었다는 착오를 범했다.

는 경명왕 7년이라고 좀더 확실하게 오류를 범하였다. 게다가『삼국사절요』가 흥무대왕의 추봉시기를 특히 경명왕 7년이라 하여, 이처럼 오류를 범한 이유로는 924년(경명왕 8)에 건립된「진경대사보월능공탑비」와 깊은 관련이 있는 듯하다. 여기에는 비의 주인공인 '심희의 원조는 흥무대왕', 즉 심희는 흥무대왕의 遠孫이라는 기록이 있다. 승려인 一然이 이에 의거하여 경명왕대에 흥무대왕이 추봉된 것으로 추정하여『삼국유사』의 편찬시에 기록한 것이라 하겠다. 그리고 후대에『삼국사절요』편찬자는 이 기록을 바탕으로 보다 구체적인 시기인 진경대사의 입적 시기인 경명왕 7년(923)으로 추정하여 기록해 놓은 것이라 하겠다. 그러나 이는 잘못이다. 진경대사가 923년(경명왕 7) 4월 24일 입적할 당시에 이미 흥무대왕의 원손이라 기록되었기에,『삼국사절요』에서 이보다 7개월이나 뒤인 경명왕 7년 11월에 김유신이 흥무대왕으로 추봉되었다고 한 것은 잘못된 것이다.

지금까지 서술하였듯이 김유신의 흥무대왕 추봉시기는 신라 흥덕왕대가 옳은 것이고, 경명왕대라고 한 것은 잘못이다. 그러므로 필자는 신김씨의 등장시기는 흥덕왕대 흥무대왕 추봉 이후라고 생각한다.

2) 흥덕왕대 개혁정치와 김유신가

그러면 왜 흥덕왕대 김유신을 흥무대왕으로 추봉하였을까? 이에 대해서 흔히『삼국유사』미추왕죽엽군 설화에서 김유신 후손이 억울하게 죽임을 당한 것을 하소연한 것을 김유신 후손의 몰락으로 이해하고, 김유신에 대한 흥무대왕 추봉 또한 멸문지화에 버금가는 피해를 본 김유신 가문에 대한 달래기 차원에서 해석한다.[35] 그러나 최근에는 이와 달리

---

35) 李基白, 앞의 책, 1974, 252쪽.

김유신에 대한 홍무대왕 추봉은 가야계 달래기가 아니라 오히려 김유신 가문의 득세가 그 가문의 중시조격인 김유신에 대한 대왕 추봉을 가능케 했다고 보는 견해가 제기되었다.[36]

이 문제에 대해 알아보기 위해 김유신을 홍무대왕으로 추봉한 홍덕왕 대에 신라사회에서 김유신 후손들의 정치사회적 위상을 살펴보자.

홍덕왕은 원성왕의 후손인 金氏로, 이름은 秀宗 또는 景暉·秀升이며, 헌덕왕의 동생이다. 홍덕왕의 정치적 입장은 전왕인 헌덕왕과 대체로 비슷하였다. 그가 즉위하기 전인 804년(애장왕 5) 侍中에 임명된 것으로 미뤄볼 때, 彦昇(헌덕왕)과 함께 애장왕대의 개혁정치를 주도했다고 생각된다. 그는 809년 언승이 애장왕을 몰아내고 왕위에 오르는데 공을 세웠고, 헌덕왕대의 정치에 깊이 관여하였다. 819년(헌덕왕 11) 上大等에 임명되었고, 822년에는 副君이 되어 月池宮에 들어감으로써 왕위계승의 기반을 마련하였다.

홍덕왕은 즉위하면서 애장왕·홍덕왕대로부터 이어지는 일련의 정치개혁을 시도하였다. 이때의 개혁은 귀족세력의 억제와 왕권강화를 위한 것이었으며, 헌덕왕대 발생한 金憲昌의 난을 마무리 짓는 조치로 알려져 있다.

홍덕왕대의 개혁은 이에 그치지 않고 834년에 모든 관등에 따른 服色·車騎·器用·屋舍 등이 규정을 반포하였다. 이 규정은 왕이 당시 사치풍조를 금지시키기 위해 발표한 것이지만, 귀족들의 요구에 의해 골품간의 계층구별을 더욱 엄격히 하고자 취해졌다. 특히, 이 규정의 내용은 진골과 육두품을 비롯한 이하의 귀족이나 평민과의 차별을 더 뚜렷이 하고 있다는 점에서, 진골세력에 대한 배려를 깊이 깔고 있다.

새로운 신라 왕실이 된 원성왕계는 종래 일반 진골에서 왕족이 된 이상 이제는 진골을 초월해야만 했고, 반면에 종전에 왕실이었던 무열왕계

---

36) 金台植, 앞의 논문, 2006, 207~210쪽.

왕족과 김유신 직계를 일반 진골로 하향하여 편제할 필요가 있었다. 이
에 흥덕왕대에는 새로운 골품제 규정을 반포하면서 이를 고려한 진골에
대한 많은 배려가 있어야만 했을 것이다. 그래야만 종래 무열왕계 왕족
과 김유신 직계가 이를 수용하고 원성왕계를 진골 이상의 왕족으로 인정
할 것이기 때문이다. 이러한 노력은 결국 원성왕계의 황제적 지위와 황
족의식으로 표현되었다.[37]

하지만 아무리 진골세력에 대한 배려를 한들 김유신계에게는 미흡하
였을 것이다. 그들은 중대에는 왕족과 버금, 내지는 그에 조금 못미치지
만 일반 진골귀족보다 상대적 우월한 위상을 누렸었다. 이러한 김유신계
로서는 하대의 진입과 더불어, 특히 흥덕왕의 골품제 규정 반포로 이제
는 규정상 일반 진골귀족과 동일한 위상과 대우에 처해지게 된 것에 불
만과 반발이 있었을 것이라 추측할 수 있다. 이것을 해결하기 위한 방법
으로 원성왕계는 김유신을 흥무대왕으로 추봉함으로써 김유신 후손은
일반 진골이면서 대왕의 후손으로 위상을 갖게 된 것이다.

특히, 흥덕왕은 822년(헌덕왕 14) 발생한 웅천주도독 김헌창의 난을
진압한 뒤에 대대적인 개혁과 조치가 필요하였다. 흥덕왕대 개혁 중 가
장 핵심적인 것은 왕권의 강화를 추구하며 왕실의 권위와 신성화를 위한
선대의 추숭과 五廟의 배향이다.[38]

무열왕의 직계가 아닌 방계에서 정치적·군사적 실력으로 왕위에 올라
하대를 연 선덕왕 이후부터는 왕위에 오르지 못한 직계존속을 왕으로 추

---

37) 金昌謙, 「新羅 元聖王系 王의 皇帝·皇族的 地位와 骨品超越化」『白山學
報』52, 1999 ; 金昌謙, 「新羅 國王의 皇帝的 地位」『新羅史學報』2, 2004.
38) 중고기 왕의 직계 가족과 근친자에 대한 신성화 작업이 불교를 통해 이루어진
것에 비해 김춘추 일파는 대당 외교 관계 속에서 당의 문물제도를 적극 수용하
여 국왕 중심의 중앙집권체제를 확고히 하려는 의도를 가지고 유교적 종묘제사
에 주목을 하였다(羅喜羅, 『신라의 국가제사』, 지식산업사, 2003, 186쪽).

봉하는 일이 계속 행해지는데, 이는 종묘 구성과 밀접한 관련이 있다.[39] 혜공왕대에 개정·정비된 종묘구성의 원칙은 소성왕대까지 계속 지켜졌으나, 애장왕대가 되면 다시한번 바뀌게 되었다.[40] 혜공왕 이래 '世世不毁之宗'으로서 위치를 지녔던 태종대왕과 문무대왕의 廟를 別立하고, 애장왕 직계인 4친묘와 시조대왕으로 새로이 오묘의 구성을 시도하였다.[41] 이러한 애장왕대의 오묘제 개정은 김언승 형제가 주도하였다.[42]

헌덕왕과 흥덕왕대에도 오묘를 새로 정하였을 것이다. 그 내용은 애장왕대에 오묘에 모셔졌던 소성왕은 헌덕왕과 흥덕왕의 아버지가 아니라 형제이기에 제외되고, 대신에 소성왕·헌덕왕·흥덕왕의 아버지인 惠忠大王을 비롯하여 조부 원성왕, 증조부 明德大王, 고조부 興平大王의 4친묘와 始祖大王을 모시는 오묘, 그리고 태종과 문무왕을 別廟로 모시는[43] 모두 7묘가 정비되었을 것이다. 그리하여 원성왕대의 명덕대왕·흥평대왕과 불훼지종 태종·문무왕, 시조로 구성되었던 5묘의 구성과는 또다른 5묘가 정해진 것이다. 이것은 원성왕의 즉위로 성립된 하대의 원성왕계 왕통을 헌덕왕과 흥덕왕대에 이르러 명실상부하게 직계 4대를 昭穆으로

---

39) 羅喜羅, 앞의 책, 2003, 202~203쪽.

40) 『삼국사기』 권10, 애장왕 2년 2월.

41) 이러한 신라의 종묘 구성은 혜공왕대부터 천자 7묘의 구성 원리를 참조하였고, 애장왕대에 가면 아주 흡사하게 되었다고 할 수 있다(羅喜羅, 앞의 책, 2003, 197~199쪽).

42) 李文基, 「新羅 金氏 王室의 少昊 金天氏 出自 觀念의 標榜과 變化」 『歷史教育論集』 23·24, 1999, 676~677쪽. 한편 이때 오묘제의 경정은 원성왕의 사후 불안정한 왕실을 안정시키고 애장왕의 입지를 공고히 하려고 한 것이며, 이때 불훼지종으로 모셔졌던 태종대왕과 문무대왕의 신위가 오묘에서 분리된 것은 김주원 세력에 대한 원성왕계의 강화라는 측면으로 이해할 수 있다고 한다(채미하, 『신라 국가제사와 왕권』, 혜안, 2008, 216쪽).

43) 濱田耕策, 「新羅の神宮と白座講會と宗廟」 『東アジアの世界いおける日本古代史講座』 9, 學生社, 1982 : 『新羅國史の研究』, 吉川弘文館, 2002, 50쪽.

구성하는 5묘제를 확립한 것이다. 이처럼 헌덕왕과 홍덕왕은 자신을 기준으로 오묘를 구성함으로써 왕실의 위상 강화에 노력하였다.

아울러 하대에 새로운 왕실이 된 원성왕계로서는 그들의 친족 뿐만 아니라 태종무열왕계의 후손들, 그중에서도 특히 하대의 개창에 협조한 바 있는 김주원가에 대한 배려가 또한 요망되었던 것이다.[44] 그리하여 이것을 태종과 문무왕을 별묘로 모심으로써 해결코자 했던 것이다.

이러한 조치는 또한 김유신 집안의 후예들에 대해서도 어떤 정치적 배려가 필요했을 것이다. 사실상 이미 앞에서 확인하였듯이 홍덕왕은 835년(홍덕왕 10)에 金庾信을 興武大王으로 추봉하였다. 김헌창의 난을 경험한 홍덕왕은 당시 조야에 군사적 기운을 진작시킬 필요가 있었을 것이고, 나아가 爲國盡忠의 모범으로서 선전하는데 김유신이 적합하다고 판단했을지도 모른다. 즉 김유신에 대한 대왕추봉 조치는 그 집안사람들에 대한 일종의 優遇策의 일환이었다고 생각된다.[45] 실제로 822년(헌덕왕 14) 웅천주도독 김헌창이 일으킨 난을 진압하는 과정에서 金雄元을[46] 비롯한 김유신의 후손이 공로가 있어, 당시에는 사회적 위상이 오히려 직전보다 상승된 상황이었다. 이에 홍덕왕은 골품제 규정의 반포로 생겨난

---

44) 이미 김양상은 무열왕계 김주원 세력을 포섭하기 위해 혜공왕대의 오묘개정시 태종대왕과 문무대왕을 不毀之宗으로 모시는 것에 동의했다고 한다(蔡美夏,「新羅 惠恭王代 五廟制의 改定」『韓國史硏究』108, 2000, 53~54쪽).

45) 李基東,「신라 홍덕왕대의 정치와 사회」『國史館論叢』21, 123~124쪽.

46) 김헌창의 난을 진압하는 과정에서 김유신의 후손 金雄元이(文明大,「新羅 神印宗의 硏究」『震檀學報』41, 1976, 198쪽 ; 金東洙,「新羅 憲德·興德王代의 改革政治」『韓國史硏究』39, 1982) 822년(헌덕왕 14) 均貞, 祐徵과 三軍을 이끌고 출격하여 평정하였다고 한다. 그렇다면 雄元은 헌덕왕비 貴勝夫人과 남매인 균정과 그의 아들 우징, 즉 헌덕왕의 처남과 처조카와 함께 김헌창 난 진압군의 최고사령관의 한명으로 활약한 것이다. 결국 김유신계가 김헌창 난 진압 과정에서 큰 역할과 공을 세운 것이라고 보겠다.

김유신계의 불만과 반발을 해결하고 협조하는 방안으로[47] 그들의 중시
조격인 김유신을 흥무대왕으로 추봉하고, 그 후손들을 일반 김씨 진골귀
족과는 다른 특별한 예우를 하였던 것이라 보겠다.[48]

결국 835년 김유신의 흥무대왕 추봉은 785년 원성왕의 즉위와 822년
(헌덕왕 14) 발생한 김헌창의 난을 평정에 공을 인정받은 김유신 후손들
의 현실적인 세력을 배경으로, 오묘제의 변화와, 834년 골품제 규정의 공
포에서 생긴 문제를 해결하고자 취해진 조치였다.[49]

4. 김유신의 추숭과 신김씨의 성립

1) 김유신의 추숭사업

김유신의 후손이 직접 왕으로 즉위하지 않았음에도 그가 흥무대왕으
로 추봉된 것은 대단히 특별한 일이다. 이로써 김유신의 지위와 대우가
국왕급으로 승격되고, 그의 후손들의 정치사회적 위상도 달라졌다. 김유

---

47) 한편 '웅천주도독 김헌창의 난 이후에 즉위한 흥덕왕이 이 난의 진압에 공로가
큰 김유신계인 김웅원 세력과 금관경의 가야세력을 함께 아우르는 방법으로 포
상과 위로의 차원에서 김유신을 흥무대왕으로 추봉하였다'는 견해도 있기는 하
지만(김수미, 앞의 논문, 2009, 12~15쪽), 과연 이 흥무대왕 추봉이 금관경의 가
야세력에게까지 직접적으로 영향이 있었을지는 의문스럽다. 오로지 김유신 직계
후손에게만 혜택이 있었을 것으로 보인다.

48) 이에 대해서는 4장 '2) 신김씨의 성립'에서 언급하겠다.

49) 한편 '흥덕왕 10년은 흥덕왕 말년으로 김유신에 대한 흥무대왕 추증은 흥덕왕이
그 후계자를 위해 선택한 김유신계와의 정치적 연합, 즉 흥덕왕이 그의 후계자
로 김명을 염두에 두고 시중 임명과 더불어 지위를 공고히 해두기 위해 김유신
계를 끌어들였던 것'(김수미, 앞의 논문, 2009, 14~15쪽)이라는 견해가 있다. 하
지만 이는 억측이라 하겠다. 흥덕왕이 생전에 김명(민애왕)을 후계자로 생각한
것도 아니고, 김명은 희강왕으로부터 왕위를 찬탈하였다.

신이라는 이름을 함부로 부를 수도 쓸 수도 없게 되었다. 오로지 흥무대왕으로 부르거나, 避諱를 해야만 했다.

이러한 김유신의 지위 상승은 그의 무덤시설이나 제사격의 상향 조정 등 각종 의례상의 변화를 가져왔을 것이다. 다시말해 김유신이 흥무대왕으로 추봉됨과 아울러 그에 대한 대대적인 추숭작업이 행해졌을 것이다. 무엇보다도 그와 관련된 유적, 그 중에서도 제사의 대상인 무덤과 사당을 신축·개축·증축하는 축조사업이 있었을 것이다.

먼저 김유신묘의 개수 작업이 있었다. 잘 아다시피 673년(문무왕 13) 김유신이 79세로 세상을 떠나자 문무왕의 배려로 金山原에 매장하고 국가에서 기공비를 세우고 묘를 지키는 民戶를 배정하는 등[50] 대우를 지극히 하였다. 사실상 지금 경상북도 경주시 충효동 송화산 줄기에는 국가에서 문화재로 지정한 김유신묘(흥무대왕릉)가 있다. 직경 30m나 되는 큰 무덤으로 봉분 아래에는 병풍처럼 판석으로 호석을 설치하였고, 호석 중간 중간에 무기를 든 십이지신상을 배치하였다. 무덤 앞에는 상석과 조선 숙종 36년(1710)에 慶州府尹 南至薰이 세운 「新羅太大角干金庾信墓碑」와 맞은편에 「開國公純忠壯烈興武王陵碑」가 있다. 무덤의 크기나 형태로 보아 통일신라시대 왕릉으로 추정된다. 비록 이 무덤은 김유신 장군의 묘가 아니라는 주장이 있기도 하나,[51] 국가에서 문화재로 지정한

---

50) 『삼국사기』에는 김유신이 죽은 뒤 '葬于金山原'이라 하였고, 또 『삼국유사』에는 '西山毛只寺之北 東向走峰'이라고 하였다. 또 『삼국사기』에는 "문무왕이 그의 부음을 듣고 彩帛 1천 필과 租 2千石을 贈賻하고 軍樂鼓吹 100인을 보내 金山原에 禮葬하고 有司로 하여금 碑를 세워 紀功을 기명하고 民戶를 배정하여 묘를 수호하게 하였다"고 기록되어 있다.

51) 일제침략기에 일본인 關野貞이 『朝鮮美術史』第9節 陵墓 '金角干墓'에서 현재 김유신묘를 金仁問墓로, 서악리의 지금 김인문묘라 하는 당시 傳金陽墓를 김유신묘로 擬定하였다. 이후 이병도는 '현재 김유신의 무덤으로 전하는 묘는 신무왕릉이고, 김유신묘는 무열왕릉 부근에 있는 현재 김인문묘'라는 견해(李丙

진짜 김유신묘로 보는 것이 일반적이다. 더구나 김유신묘의 십이지신상 조각은 홍무대왕으로 추봉한 뒤에 묘가 다시 꾸며져서 나타난 것이라고 한다.[52]

한편 김유신묘의 개수와 함께 추숭작업의 하나로 그를 기리는 기념비가 건립되었다. 사실상 사료에서 김유신의 사후에 건립된 비는 하나는 『삼국사기』 권41, 김유신전 하에 보이듯이, 673년(문무왕 13) 김유신이 죽은 직후 문무왕이 그의 공명을 전하기 위하여 有司에 명하여 세운 비와, 또 같은 책에 기록된 「유신비」, 그리고 『삼국사기』 권28, 의자왕본기 말미의 사론에 언급된 薛仁宣이 지은 「김유신비」 등 3개가 언급되어 있다. 이 세 개의 비에 대한 관계는 분명치 않으나, 이 중에서 설인선이 찬한 비는 홍덕왕대 김유신이 홍무대왕으로 추봉된 사실과 깊은 관련이 있는 것으로 생각되고 있다.[53]

사실상 김유신이 홍무대왕으로 추봉됨으로써 무덤은 물론 그를 기리는 기념물들도 대왕의 격에 맞게 개수되었을 것이다. 그 중에서도 그의

熹, 「傳金庾信墓考」 『金載元博士回甲記念論叢』, 1969), 또 '이 묘는 김유신 묘가 아니라 경덕왕릉이고, 서악리 무열왕릉 앞에 있는 김인문묘가 실제 김유신 묘'라는(文暻鉉, 「金庾信墓考」 『新羅史學報』 17, 2009, 383쪽) 주장도 있다.

52) 일찍이 今西龍은 "김유신의 묘는 서악리 송화산에 있다. … 이 묘가 김유신의 묘임을 조금도 의심할 바 없다."고 하였다(今西龍, 「金庾信의 墓」 『新羅史研究』, 1933, 157쪽). 그리고 金庠基는 김유신 묘의 진위를 의심한 李丙燾의 주장에 대하여 논박하며, 홍무대왕 추봉후 묘의 개수가 있었음을 확인하여 현재 김유신묘를 眞墓라고 변증하였다(金庠基, 「金庾信墓의 異說에 對하여」 『考古美術』 101, 1969, 3쪽). 한편 원래 김유신묘는 청못(청연) 언덕에 있었는데, 김유신을 홍무대왕으로 추봉하여 金山齋에 모시고, 무덤을 현재 위치로 옮기고 십이지신상이 설치되었다고 한다(鄭永鎬 교수 발언, 신라사학회 제92회 학술발표회, 2010년 4월 17일 오후 동국대학교 명진관 A103호).

53) 李文基, 앞의 논문, 2004, 50~54쪽 ; 이현태, 앞의 논문, 2006, 238~244쪽. 다만 비의 건립시기를 전자는 경문왕대에 이르러 건립되었다고 한 반면에, 후자는 홍덕왕대에 건립되었다고 보았다.

업적을 기리고 대왕으로 추봉된 사실을 추가하여 기록한 기념비가 새로 건립된 것은 당연하다. 따라서 이때 세워진 비석은 이전의 김유신비('태대각간비')와는 다른 김유신비('홍무대왕비')가 새로 건립된 것으로 보인다.54)

그리고 김유신의 홍무대왕 추봉은 본인에 대한 추숭작업 뿐만 아니라 그의 후손에 대한 보훈도 함께 하였다. 대왕 추봉은 단순히 특정 개인에 대한 숭앙만이 아니라 여러 가지 면에서 많은 특혜가 그 후손들에게도 주어졌던 것이다. 우선 외형적으로는 그 추봉 당사자에게 본래의 이름 위에 諡號되었다. 그리하여 그의 본명을 부르는 것을 금하고 추봉호를 불러야 하며, 부득이한 경우 피휘하였다.55) 또 사당에 배향되었고 그의 신주 앞에서는 모든 사람들은 신하를 칭해야 한다. 그리고 정해진 시기에 정기적으로 제향이 이루어졌을 것이다.

결국 홍덕왕대 김유신이 홍무대왕으로 추봉되면서 그에 대한 추숭사업과 후손에 대한 배려와 특혜가 있었던 것이다.

2) '신김씨'의 성립

김유신의 홍무대왕 추봉으로 그의 후손은 신라사회 내에서 일통삼한의 공신 후손일 뿐만 아니라 이에 더하여 대왕의 후손으로서 영광을 누리게 된 것이다. 즉 일반가문과는 달리 특별한 가문으로 격상되었다. 그리하여 김유신의 가문은 신라 진골 김씨 중의 하나일 뿐만 아니라 왕족의 후손이 된 것이다. 그리고 이들은 홍무대왕의 후손임을 자랑으로 여겼다. 이에 김유신의 후손은 이후로는 여타 김씨들과 구분하고 대왕의

---

54) 李文基, 앞의 논문, 1999, 667쪽 주 43).
55) 883년(헌강왕 9)에 조성된 「仲和三年銘金銅舍利器記」에는 '裕神'이라고 표기하였다.

후손이라는 것을 표시하기 위해, 이와 더불어 신라왕족 김씨와 구분하고 차별성을 강조하기 위해 새로운 김씨가문이라는 '신김씨'를 자의반타의 반 칭했던 것으로 보인다.[56]

　그러면 왜 김유신 후손들이 신김씨라고 하였을까? 김유신계도 신라 중대에는 무열왕계 왕실과 같은 김씨, 즉 同姓意識·同族意識을 갖고 있었다. 예를 들면 『삼국유사』 권2, 기이2 駕洛國記에 "法敏 … 朕是伽耶 元君九代孫仇衡王之降于當國也 … 乃爲十五代始祖也"라 하였다. 그리고 『삼국사기』 권41, 김유신 上에 "金庾信 王京人也 十二世祖首露 … 羅人自稱少昊金天氏之後 故姓金 庾信碑亦云 軒轅之裔 少昊之胤 則南加耶始祖首露 與新羅同姓也"라 하였다. 그리고 國子博士 薛仁宣 撰한 「金庾信碑文」을 인용하여 남가야(금관가야)의 시조 수로와 신라는 同姓이라 하였다.[57] 결국 신라 중대에는 금관가야의 왕족과 신라의 왕족은 같은 김씨로서 그 연원이 동일한 혈족,[58] 즉 同姓이라고 인식하고 있었다.[59] 김유신은 누이동생 문희의 혼인으로 맺어진 매부 김춘추의 즉위로 이제 그의 지위는 확고해 졌다.[60] 더욱이 김유신 자신이 무열왕의 딸 지소공

---

56) 신김씨를 칭한 배경과 원인은 양면성을 가지고 생각해 볼 필요가 있다. 즉 이들이 자의적인 것인가 아니면 타의적인가 하는 문제이다. 어쩌면 자의반타의반이라고 하겠다. 그러나 경명왕이 찬한 진경대사비문에 심희를 신김씨라 한 것으로 보아 왕실과 국가 차원에서 인정하였음은 분명하다.

57) 『삼국사기』 권28 의자왕본기 사론. "論曰 新羅古事云 天降金櫃 故姓金氏 其言可怪 而不可信 臣修史 以其傳之舊 不得刪落其辭 然而又聞 新羅人自以小昊金天氏之後 故姓金氏 見新羅國子博士薛因宣撰金庾信碑及朴居勿撰姚克一書三郞寺碑文 高句麗亦以高辛氏之後 姓高氏 見晋書載記".

58) 李文基, 앞의 논문, 1999, 653~669쪽 ; 李文基, 앞의 논문, 2004, 29~37쪽.

59) 문경현은 "신라왕족과 同祖同根 사상을 가지고 同一 진골이던 김유신가는 신라왕실의 성인 金氏를 칭했다."고 하였다(文暻鉉, 앞의 논문, 2007, 379쪽).

60) 李基東, 「김유신 - '지성'으로 이룩한 삼국통일의 위업 - 」 『韓國史市民講座』 30, 2002, 15쪽.

주과 혼인함으로써 그는 정통 신라인일 뿐만 아니라 당당한 핵심 왕족에 속했으며, 왕족 중에서도 더욱 핵심적 유력한 진골가문이 되었다.[61]

그리하여 김유신계는 신라 중대 무열왕계 왕실과 마찬가지로 중국 전설상의 黃帝轅軒氏의 아들인 少昊金天氏의 후예라고 자부하고 있었다.[62] 이것은 신라가 중고기에 이르러 중국과 외교를 통해 중국의 성씨제를 수입·모방한 후에 신라 김씨왕족은 소호금천씨의 후예이고 秺亭侯 金日磾의 후예라는 관념적 인식으로 金姓을 갖게 되었고,[63] 김유신가도 신라왕실과 동일한 혈족의식을 가지고 있었다.[64] 그 배경에는 김유신의 부인이 김춘추의 딸 智炤이므로 이 사이에서 소생한 김유신의 후손들은, 문무왕이 자신이 모계로 수로왕의 후손임을 강조하여[65] 중대 무열왕의 후손은 신라와 가야의 혈통을 융합하였음을 강조하였듯이, 중대에는 김유신 후손들 역시 모계와 부계가 모두 무열왕계와 동성의식을 가지고 있었던 듯하다. 그리고 이들은, 무열왕의 직계 후손이 계승하는 왕위를 제외하고는, 대부분 고위 관직의 보임과 지위를 차지하는[66] 등 정치사회적

---

61) 文暻鉉, 앞의 논문, 2007, 372쪽.

62) 다시 말해 三皇五帝의 첫째인 火官 즉 炎帝 神農氏의 아들인 黃帝 軒轅氏, 그리고 그의 아들인 少昊 金天氏에 갖다 붙인 것이다.

63) 李文基, 앞의 논문, 1999, 653~669쪽 ; 권덕영, 「大唐故金氏夫人墓銘과 관련한 몇 가지 문제」『韓國古代史硏究』 54, 2009, 407쪽.

64) 이에 대해 조선 후기에 이익은『성호사설』권20, 經史文「氣化」에서 "金庾信은 南加耶 首露王의 자손이다. 그런데 그의 碑에는 '軒轅의 후예요, 少昊의 자손이다.'라고 하였다. 신라 사람은 자칭 金天氏의 후예라고 하니, 가야와 신라는 바로 同姓인 것이다. 그들이 멀리 先聖을 인용한 것은 비록 믿을 수 없는 말이나 처음부터 기화로 생겨나지 않았다는 것만은 당시에도 이미 정론이 되어 있던 것이다."고 하였다.

65) 문무왕대에는 신라와 금관가야 두 왕실을 같은 김씨로서 연원을 추구하면서 친가와 외가의 시조인식도 동일한 세대로 이해하였다(선석열, 앞의 논문, 2001, 531쪽).

으로 최고의 지위를 누렸던 것으로 보인다.

이처럼 김유신가는 신라 중대 왕실과 同族意識을 가지고 있었다. 그러
나 이것은 외형상의 인식으로서, 김유신 후손들의 희망사항이었고 실제
는 이들 양측은 혈연적 융합이 아니라 父系를 달리 하였기에, 무열왕계
측에서는 때로는 정치적 이해관계에 따라 구분코자 한 경우도 있었다.
그 예로, 성덕왕대 允中의 경우에서67) 보듯이 김유신의 후손은 국왕과
긴밀한 관계를 맺고 있었으며, 이를 김씨 진골귀족의 종실·척리들로부
터68) 견제와 질시를 받은 경우도 있다. 그럼에도 불구하고 김유신이 이
룬 일통삼한의 공로로 그 후손은 중대의 국왕으로부터 특별한 예우를 받
았던 사실을 들 수 있다.

원성왕의 즉위 이후 종래의 김씨 진골 귀족에서 격상하여 초월한 원성
왕계라는 새로운 왕실을 성립하였고 그들은 황제적 위상과 황족의식을
갖고자 노력하였다. 그 작업의 하나로써 왕위에 오르지 못한 직계존속을
대왕으로 추봉하면서 이들을 모신 새로운 오묘를 구성하여 원성왕계 왕
통을 확립해 나갔다. 특히 애장왕대가 되면 태종과 문무왕을 別廟하고,
애장왕 직계인 4친묘와 시조대왕으로 새로이 오묘를 구성하여 실제는 천
자의 7묘와 흡사하였다.69) 헌덕왕과 흥덕왕대도 4친묘와 시조를 모시는
오묘 및 태종·문무왕을 別廟로 하는 모두 7묘가 징비된 듯하나. 앞에서

---

66) 잘 알듯이 김유신의 누이는 文明王后이고, 아우 欽純은 大幢將軍과 角干, 김
유신의 아들 三光은 파진찬을 거쳐 執政을 맡았고, 長耳와 元望은 대아찬, 손
자 允中은 장군을 거쳐 중시, 손자 允文은 장군, 윤중의 서손 金巖은 집사시랑
과 이찬을 역임하는 등 김유신의 후손들은 고위직과 지위를 누리면서 왕실과 친
밀한 관계를 가졌다.

67) 『삼국사기』권43, 열전3 김유신 하.

68) 종실·척리는 성덕왕의 친속, 특히 첫째 왕비인 嚴貞王后의 세력으로 추정된다
(金壽泰, 『新羅中代政治史硏究』, 一潮閣, 1996, 76쪽).

69) 金昌謙, 앞의 논문, 2004, 236쪽.

도 조금 언급하였듯이 여기서 일통삼한의 공로를 내세워 중대 왕실의 지주인 태종과 문무왕을 별묘로 모신 것은 무열왕계의 불만을 무마하려는 목적이었을 것이다.

　이러한 조치는 또한 김유신 집안의 후예들에 대해서도 어떤 정치적 배려가 필요했을 것이다. 김유신 역시 태종·문무왕과 더불어 일통삼한의 원훈으로서 신라의 호국신으로 받들어지고 있었다. 태종과 문무왕을 불천지위로 봉사케 하면서, 또다른 삼국통일의 원훈이며 호국신인 김유신에 대한 제향문제가 대두하였을 것이다. 게다가 김헌창의 난을 진압하는 과정에서 김유신계의 공로는 지대하였다. 이를 계기로 김유신가에 대한 優遇策으로 835년(흥덕왕 10)에 金庾信은 興武大王으로 추봉하여 국가 차원에서 별도로 봉사케 하고, 그 직계 후손들을 정치사회적으로 특별한 지위를 갖게 하였다.

　특히 834년 흥덕왕의 골품제 규정 공포는 김유신가문에 새로운 문제를 안겨 주었다. 중대 이래 일통삼한의 원훈인 김유신의 후손이면서 동시에 무열왕의 외손으로서 일반 김씨 진골귀족보다는 우월한 위상을 가졌던 김유신의 직계가 흥덕왕대에 왕족과 진골귀족의 구분을 확실하게 하고자 반포한 새로운 골품제 규정의 적용으로 일반 진골귀족과 같은 하향 적용을 받아야할 위기를 맞이하였을 것이다.[70]

　하지만 실상은 김유신계가 원성왕의 즉위를 도운 공로와,[71] 또 金雄

---

70) 심지어 김유신의 후손들은 혜공왕 때는 육두품으로 강등된 것으로 보는 견해도 있다(申瀅植, 「金庾信家門의 成立과 活動」『梨花史學硏究』 13·14, 1983 : 『韓國古代史의 新硏究』, 一潮閣, 1984, 255쪽 : 『新羅通史』, 주류성, 2004, 560쪽 ; 文暻鉉, 앞의 논문, 2007, 379쪽).

71) 金壽泰, 앞의 책, 1996, 145~146쪽 ; 申政勳, 「新羅 宣德王代의 政治的 推移와 그 性格」『大丘史學』 65, 2001, 31~32쪽 ; 金敬愛, 「新羅 元聖王의 卽位와 下代王室의 成立」『韓國古代史硏究』 41, 2006, 286쪽.

元을 비롯한 김유신의 후손이 822년(헌덕왕 14) 김헌창의 난을 진압하는
과정에서 공로가 있어, 당시 그들의 정치사회적 위상은 오히려 직전보다
상승되어 있었다. 이러한 상황에서 흥덕왕의 새로운 골품제 규정에 대한
김유신계의 불만은 컸을 것이다. 이에 흥덕왕은 김유신계의 불만과 반발
을 해결하고 협조하는 방안으로 그들의 위대한 조상인 김유신을 흥무대
왕으로 추봉함으로써, 그 후손들을 일반 김씨 진골귀족과는 특별하게 달
리하는 예우를 하였던 것이라 보겠다.

  그러나 한편으로는 중대에는 김유신계와 동족의식을 가지지도 않았고
공동정치세력도 아니었던 원성왕계가 중대 무열왕계 왕실이 했던 것처
럼 김유신계를 여전히 특별하게 예우할 필요는 없었을 것이다. 이에 원
성왕계는 신라 중대에 동족의식을 가졌던 김유신계를 흥무대왕의 후손
이라 하여 무열왕계와 분리시킴으로써 중대 왕실 세력이었던 무열왕계
를 약화시키고자 했을 것이다.

  그리하여 하대의 왕실인 원성왕계는 김유신 후손을 무열왕계와 분리
시키고자 이들을 신김씨라 하였다. 이미 앞에서 언급하였듯이 김유신가
와 중대 무열왕계 왕실은 동성의식을 갖고 있었다. 그러나 원성왕계가
김헌창 난 이후 무열왕계와 김유신계를 확실하게 분리시켜 무열왕계를
약화시켰다. 반면에 흥무대왕 추봉으로 김유신계는 독립된 혈족집단이
되었으나, 이들 역시 정치사회적으로 약화되어 갔다. 그 결과 김유신의
후손은 흥무대왕의 후손이라 하여 중대 무열왕계 후손과는 구분되고 차
별화되어진 것이다.[72)]

---

72) 『삼국사기』 권44, 열전4 金陽列傳에 의하면, 金陽과 金昕처럼 태종무열왕의
   후손임을 표시하고 있다. 즉 태종무열왕을 중심으로 한 계보인식을 드러내고 있
   다. 이것은 신라 하대에 이르러 계보의식이 강화되어 무열왕계와 김유신계가 확
   연히 구분되었음을 보여주는 것이다.

결국 홍무대왕 추봉후 김유신을 중시조로 하는 신김씨가 형성되었다. 그러나 이때부터 김유신의 후손은 김씨가 아니라 특별히 신김씨라 불리면서, 일통삼한 직후에 최고조에 누렸던 지위가 점차 위축되어, 하대에는 신라왕실 김씨와는 다른 가계로 차별화되고 정치사회적 위상도 낮아져 갔던 것이다.

5. 맺음말

지금까지 앞에서 다룬 내용을 간단하게 정리하면 다음과 같다.

'신김씨'는 금관가야 왕족이면서 신라 왕실과 혼인한 김유신가의 후손을 지칭하는 친족용어이며, 이것은 835년(홍덕왕 10) 김유신을 홍무대왕으로 추봉함으로써 나타났고, 이는 국가와 왕실의 허가 내지는 승인 하에 불리어지고 사용되었다.

그리고 홍무대왕 추봉은 785년 원성왕의 즉위와 822년에 발생한 김헌창 난의 평정에 공을 세운 김유신 후손들의 현실적인 세력을 배경으로, 신라 오묘제의 변화와 834년 홍덕왕의 골품제 규정 공포에서 생긴 김유신계 후손들의 문제를 해결하고자 일반 김씨 진골귀족과는 다른 특별한 예우를 하기 위해 취해진 조치였다.

한편 김유신의 대왕 추봉은 시호 사여, 피휘, 분묘 개수, 사당 배향과 제사의 격상, 기념비 건립 등 본인에 대한 추숭작업과 함께 그 후손에게도 여러 가지 면에서 많은 특혜가 주어졌다. 그리하여 김유신 후손은 신라사회 내에서 일통삼한의 공신 후손일 뿐만 아니라 이에 더하여 대왕 후손으로서 영광을 누리게 된 것이다.

반면에 이는 하대 원성왕계가 김헌창 난 이후에 중대 왕실인 무열왕계

세력을 약화시키고자 이들과 동족의식을 갖고 있던 김유신계를 흥무대
왕 후손이라 하여 명확히 구분 분리시킨 것이다. 그리하여 흥덕왕대 흥
무대왕 추봉후 김유신을 중시조로 하는 확실하게 독립된 가계로서 신김
씨가 나타났다.

    그러나 김유신계 후손은 신김씨라 별칭되면서, 일통삼한 직후에 최고
조에 누렸던 정치사회적 지위가 점차 위축되어, 신라 정통 김씨와는 차
별화되고 그 위상도 낮아져 갔다.

김유신의 追崇에 관한 연구

김 호 동*

1. 머리말

한국사에서 분열에서 통일을 이룬 역사적 사건은 신라의 삼국통일과 고려의 후삼국통일이다. 고려의 후삼국통일은 중국대륙이 대분열의 시기였기 때문에 외세의 개입이 거의 없었던데 반해 신라의 삼국통일은 나당연합군에 의해 백제·고구려의 정벌이 이루어졌기 때문에 외세의 개입이 뚜렷하다. 일본의 식민지로 전락한 시기를 살았던 단재 신채호가 김유신을 김춘추와 함께 당이란 외세를 끌어들인 민족의 반역자로 규정한 이래 김유신에 대한 긍정적 평가 못지않게 부정적 시각이 혼재되어 있다. 또 김유신의 출자가 금관가야계 출신이라는 관점에서 신분적 하자를 논하기도 하는가 하면 신라왕족의 피를 이어받았다는 점을 내세워 반론을 제기하기도 한다. 그럼에도 불구하고 신라가 삼국통일을 달성하는데 있어서 결정적인 역할을 한 인물이 김유신임에는 이론의 여지가 없다.

삼국통일에 가장 큰 공을 세운 김유신은 흥무대왕에 봉해질 정도로 최

* 영남대학교 독도연구소 연구교수

대의 예우를 받았다. 그는 신라에서만 추앙된 것은 아니었다. 통일을 달
성하기 이전인 648년, 김춘추가 당나라에 갔을 때 당 태종이 김유신의
이름을 익히 듣고서 그 사람됨을 물었다는 사실에서[1] 통일 이전에 이미
그의 명성이 당나라에 알려질 정도였다. 그리고 668년 신라 사신 金東嚴
이 일본에 갔을 때 일본에서 김유신에게 배 한 척을 선물로 주고자 한
사실에서[2] 그의 이름이 국내에서만 회자된 것이 아니었다. 그렇기 때문
에 『삼국사기』를 집필한 김부식은 10권의 열전 가운데 김유신에게 3권
을 할애하여 삼국통일을 이룩한 그의 업적을 높이 평가하였다. 이것을
고려하면서 김유신 사후 김유신의 추숭에 관한 시대적 추이과정과 지역
별 추숭사례를 살펴보기로 한다.

2. 통일신라시대의 김유신에 관한 顯彰과 追崇

1) 김유신의 顯彰에 관한 시기별 추이

金庾信(595 : 진평왕17～673 : 문무왕13)은 증조부가 金仇亥로서 법
흥왕 12년에 신라에 투항한 금관가야왕이고, 조부는 武力이고 아버지가
舒玄이고. 어머니는 萬明夫人이다. 어머니의 증조부는 지증왕, 조부는
立宗葛文王, 아버지는 肅訖宗이다. 골품제의 신분제 사회에서 신라의 왕
족과 금관가야 출신의 만남은 쉬울 수 없었다. 김유신과 만명부인의 만
남은 흔히들 역사상 대표적 野合으로 여겨질 정도이기 때문에 숙흘종은
만명을 감금하면서까지 서현과의 혼인을 반대하였다. 김유신의 누이 文
姬와 金春秋의 혼인과정 역시 정상적인 방법이 아니었다. 그래서 김유신

---

1) 『三國史記』 권43, 列傳3 金庾信 下.
2) 『日本書紀』 권27, 天智紀 7년.

이 김춘추와 사통하여 임신한 누이를 火刑시키려고 하자, 그 사실을 안 선덕여왕이 나서서 극적으로 혼인을 성사시킬 수 있었다. 서현과 만명의 만남, 문희와 김춘추의 결합은 김서현－유신 부자의 생존을 위한 처절한 몸부림으로 간주될 정도이다.3) 그런 노력 끝에 김유신이 삼국통일의 원훈이 되고, 문희(文明王后)가 낳은 문무왕이 다음 왕위를 계승하고, 또 태종무열왕의 셋째 딸이 김유신의 아내 智炤夫人이 됨으로써 김유신 가문은 신라왕족과 버금가는 가문이 될 수 있었다.

  삼국통일의 원훈인 동시에 무열왕계와의 중첩적인 혼인으로 인해 신하인 김유신에 관한 최고의 예우가 가해졌다. 문무왕은 임종을 앞둔 김유신을 위문하면서 자신을 물고기와 김유신을 물로 비유하면서 사직과 인민의 안위를 걱정하였다.4) 신문왕대에 日官 金春質은 김유신을 33天의 一子로서 세상에 내려와 大臣이 되었고, 죽어서 天神이 되었다고 하면서 문무왕과 함께 二聖이라고 칭하였다.5) 김유신의 무공과 무열왕계의 중첩적인 혼인 속에서 김유신에 관한 최대의 현창이 이루어지고 있음을 알 수 있다. 그런 현창 속에서 김유신의 동생인 김흠순이 문무왕대 총재가 될 수 있었고, 김유신의 아들인 三光이 신문왕대와 효소왕대 초반까지 왕의 측근으로 활동하고, 김유신의 손자인 允中이 성덕왕대 발탁되어 성덕왕의 왕권강화에 큰 역할을 할 수 있었다.6) 그렇지만 성덕왕

---

3) 서현과 만명, 그리고 김춘추와 문희의 결혼은 '가야계 출신이어서 가지는 한계'로 인해 신라사회에서 정치적 지위를 확고하게 하려는 의도를 갖고 있는 것이라는 것이 통설이다. 이에 대한 연구사적 정리와 그에 대한 비판적 견해는 조범환, 「김유신의 가계와 후손들의 활동 － '가야계 출신이어서 가지는 한계'의 학설로부터 자유롭게 하기 －」『신라사학보』 11, 2007에 잘 정리되어 있다.
4) "과인에게 경이 있음은 물고기에 물이 있는 것과 같은데, 만약 피할 수 없는 일이라도 생긴다면 인민은 어찌하며 사직은 어찌하겠오"『삼국사기』권43, 열전3 김유신 하.
5)『三國遺事』권2, 紀異2 萬波息笛.

대에 오면 변화의 조짐이 보인다.

김유신이 죽고, 태종무열왕계와의 중첩된 혼인관계가 더 이상 이어지지 않으면서 왕족 내부에서 김유신 후손에 대한 견제가 성덕왕 대부터 나타나기 시작하였다.

> A. (유신의) 嫡孫 允中은 聖德大王 때 벼슬하여 대아찬이 되고 여러 번 임금의 은혜를 입었는데, 왕의 친속들이 자못 질투하였다. 때마침 8월 보름이었는데 왕이 月城 산 위에 올라 경치를 바라보며 시종관들과 함께 주연을 베풀고 즐기면서 윤중을 부르게 하였다. 어느 한 사람이 "지금 宗室·戚里들 중에 어찌 好人이 없겠습니까. 유독 疏遠한 신하를 부르시니 어찌 이른바 親을 親하게 하는 것이겠습니까?"라고 간하였다. 왕이 "지금 과인이 경들과 더불어 평안 무사하게 지내는 것은 윤중 조부의 덕이다. 만일 공의 말과 같이 하여 잊어버린다면, 善을 善으로 대함이 자손에게 미치게 하는 의리가 아니다"라고 하였다. 드디어 윤중에게 가까운 자리를 주어 앉게 하고, 그 조부의 평생 일을 말하기도 하였다. 날이 저물어 (윤중이) 물러가기를 고하니, 絶影山의 말 한 필을 하사하였다. 여러 신하들은 불만스럽게 바라볼 뿐이었다.[7]

성덕왕의 윤중에 대한 특별한 은혜에 대하여 왕의 친속들이 '소원한 신하'라고 하면서 질투하고, 신하들마저 불만스럽게 바라볼 정도의 분위기는 무열왕~신문왕대쯤이면 감히 생각할 수 없는 일이다. 이때의 '종실척리'를 성덕왕의 첫째 왕비인 嚴貞王后의 세력으로 파악하여 성덕왕이 종실척리보다 윤중을 가까이 한 것은 엄정왕후와 관련된 세력을 제약하고 윤중을 왕당파의 인물로 삼아 왕권을 강화하고자 하였던 것으로 볼 수도 있다.[8] 그렇지만 종실척리들이 김윤중을 '종실척리'로 파악하지 않고 '소원한 신하'로 파악하였다는 것 자체를 통해 성덕왕대에 오면 왕실

---

6) 조범환, 앞의 논문, 2007, 46~57쪽.

7) 『삼국사기』 권43, 열전3 김유신 하

8) 김수태, 『신라중대정치사연구』, 일조각, 1996, 76쪽.

에서 김유신 가문을 외척 가문에서 분리하여 신하로 규정하고자 하는 분
위기를 감지할 수 있다. 성덕왕 11년에 김유신의 처를 봉하여 부인으로
삼고 해마다 穀 1천석을 주기로 한 것9) 자체가 김유신의 삼국통일에 대
한 공을 내세워 왕권강화를 이룩하려는 성덕왕의 고심에 따른 행위라고
도 볼 수도 있다. 위 사료 A를 자세히 살펴보면 성덕왕이 김유신과 왕실
과의 혼인관계를 거론하지 않고 김유신의 삼국통일에 대한 공적을 들어
그 후손에 대한 우대를 내세운 것에서 김윤중 대 무렵에 오면 태종무열
왕계와의 '戚里'라는 프리미엄을 더 이상 기대할 수 없는 상황임을 역설
적으로 보여준다.

　이제 김유신의 후손들은 왕실과의 혼인관계를 내세우기 보다는 자신
의 정치적 실력과 김유신의 삼국통일에 대한 공을 현창함으로써 정치적
존립을 도모해나갈 수밖에 없다. 그것이 쉽지 않음을 다음의 사료를 통
해 알 수 있다.

　　　B. 여름 4월에 회오리바람이 세차게 일어나 유신의 묘소에서 시조대왕의
　　　　능에까지 이르렀는데, 티끌과 안개로 캄캄하여 사람을 분간할 수 없었
　　　　다. 능지기가 들으니, 그 속에서 울고 슬퍼하며 탄식하는 듯한 소리가
　　　　났다. 혜공대왕이 그 말을 듣고 두려워하여 대신을 보내 제사 드려 사
　　　　과하고, 이어 鷲仙寺에 밭 30결을 바쳐 명복을 빌게 하였다. 이 절은
　　　　유신이 고구려, 백제 두 나라를 평정하고 세운 것이었다.10)

　　　C. 제37대 惠恭王11)대인 大曆 14년 己未 4월에 갑자기 회오리바람이 庾
　　　　信公의 무덤에서 일어났다. 그 속에 한 사람이 준마를 타고 있었는데 모
　　　　습이 장군과 같았다. 또한 갑주를 입고 무기를 든 40여명의 군사가 뒤를
　　　　따라 와서 죽현릉으로 들어갔다. 잠시 후에 능속에서 우는 소리 혹은 호

　9)『삼국사기』권8, 성덕왕 11년 8월.
　10)『삼국사기』권43, 열전3 김유신 하 附 玄孫 金巖.
　11) 혜공왕(765~780년)은 신라의 제36대 왕으로 '제37대'라고 서술한『삼국유사』
　　　의 본문은 잘못된 것이다.

소하는 듯한 소리가 크게 들렸다. 그 호소하는 말에, "신은 평생에 난국을 구제하고 삼국을 통일한 공이 있었습니다. 지금은 혼백이 되어 나라를 진호하여 재앙을 없애고, 환란을 구제하는 마음을 잠시도 가벼이 하거나 바꾸지 않았습니다. (그런데) 지난 경술년에 신의 자손이 죄도 없이 죽음을 당하였으니 군신들이 저의 공훈을 생각지 않습니다. 신은 다른 곳으로 멀리 가서 다시는 힘쓰지 않으려니 왕께서 허락하여 주십시오"라고 하였다. 왕이 대답하여 이르기를 "오직 나와 공이 이 나라를 지키지 않는다면 저 백성들은 어떻게 해야 된다는 말이오. 공은 전과 같이 노력해 주시오"라고 하였다. (유신공이) 세 번 청하였으나 (미추왕은) 세 번 모두 허락하지 않았고, 회오리바람은 이내 돌아갔다. 혜공왕이 이 소식을 듣고 두려워하여 바로 상신 金敬信을 보내어 김공의 능에 가서 사죄하고 공을 위하여 功德寶田 30결을 鷲仙寺에 내리어 명복을 빌게 하였다. 이 절은 김공이 평양을 토벌한 후 복을 빌기 위해 세운 곳이기 때문이다. 미추왕의 혼령이 아니었더라면 김유신공의 노여움을 막지 못했을 것인즉, 왕이 국가를 보호하려는 노력이 크지 않다고 할 수 없다. 그러므로 나라의 사람들이 그 덕을 기리며 三山과 함께 제사지내기를 게을리 하지 않고 서열을 五陵위에 두어 大廟라고 불렀다.[12]

사료 B와 C는 779년(혜공왕 15)에 김유신의 혼이 '경술년(혜공왕 6)'에 자신의 후손이 被誅된 사실을 노여워하여 未鄒王(始祖)陵에 들어가 미추왕의 혼에게 죄 없이 죽은 사실을 호소하면서 신원을 요구한 사건을 전한다. 김유신이 자기의 자손이 죄 없이 죽음을 당했다고 한 '경술년(혜공왕 6 : 770)'은 金融의 난이 발생하였다. 이때 김융의 난에 연루되어 김유신의 자손들이 죽음을 당하였고, 김유신의 혼이 자신의 후손이 죄 없이 죽음을 당한 것으로 여기고 미추왕에게 호소하여 그 신원을 주장한 것으로 대개 해석을 하고 있다. 김유신의 후손들은 혜공왕 6년에 무열왕계에 의해 반혜공파로 몰려 죽임을 당한 것으로 보면서 이 사건 직전에 있었던 김유신의 후손인 金巖의 일본 사신 파견을 金良相(선덕왕) 일파의 정권확립과정과 관계있는 것으로 파악하기도 한다. 김암을 반혜공 친

---

12) 『삼국유사』권1, 紀異2 未鄒王·竹葉軍.

양상의 입장에 서 있었다고 추정하면서 김유신 후손의 신원운동은 반혜
공파에 의해 이루어졌음을 주장한 견해가 있다.[13] 그런 점에서 혜공왕
대의 일련의 반역사건과 부활 나물왕계의 왕위계승, 즉 선덕왕, 원성왕
의 즉위는 무열왕계에 대한 여타 진골귀족들의 반격이고, 김유신계 역
시 김양상(선덕왕), 김경신(원성왕)과 함께 정치적 입장을 함께 하여 무
열왕계를 무너뜨리고 부활나물계가 집권하는데 일익을 담당하였다고 볼
수 있다.

　김유신이 그의 후손에 대한 처우개선을 호소한 이야기는 양상, 경신
등의 하대적 성격의 귀족세력이 반혜공연합세력을 결집하기 위해 삼국
통일의 원훈인 김유신의 후손에게 손을 내민 것에 대한 김유신 후손들의
응답으로 볼 수 있다. 김유신이 태종 무열왕이나 문무왕, 그리고 신문왕
에게 호소하지 않고 미추왕에게 호소한 것은 성덕왕 이후 무열왕계와 소
원한 관계에 놓이게 되면서 권력에의 길에서 점차 멀어진 김유신의 후손
들이 상대적 박탈감을 경험하면서 혜공왕대에 와서 자신의 정치적 지위
를 유지하기 위해 새로운 선택을 하게 되었다는 것을 상징적으로 표현한
것으로 보아야 한다. 이러한 조짐에 대해 혜공왕이 '怒懼', 즉 노하고 두
려워하였지만 결국 나물왕계의 김경신을 김유신의 무덤에 보내 김유신
을 위무하여 김유신 후손들에 대한 정치적 배려를 한 것은 일차적으로
김유신 가문을 끌어안고, 2차적으로 김경신 등의 나물왕계를 끌어안으려
는 조치로 해석할 수도 있다.

　김유신의 후손들이 나물왕계와 연결하여 정치적 위상의 제고를 뜻하
였다면 김유신이 나물왕에게 호소해야 하지 않을까 하는 의문을 가질 수
도 있다. 김유신 후손의 입장에서 본다면 태종무열왕계와의 중첩적 혼인

---

13) 이기백, 「신라 혜공왕대의 정치적 변혁」『신라정치사회사연구』, 일조각, 1974,
　　247~252쪽.

을 내세워 왕실의 척리로의 위상을 확보하고자 하는 입장에서 김씨의 시
조인 미추왕에게 호소하여 태종무열왕계와의 정치적 결합 역시 유지할
필요성을 가졌기 때문일 것이다. 신라 하대 왕족들의 족적 분립이 가속
화되고 치열한 왕권쟁탈전이 가속되면서 여러 왕족세력과의 끈을 유지
할 필요에서 나물왕에게 호소하기 보다는 미추왕에게 호소하였다고 볼
수 있다.

혜공왕이 김경신을 김유신의 무덤에 가서 사죄하고 鷲仙寺에서 명복
을 빌게 하자 나라 사람들이 그 덕을 기리며 三山과 함께 제사지내기를
게을리 하지 않고 서열을 오릉 위에 두어 대묘라고 부르자(사료 C) 김유
신의 후손들은 정치적 입지의 공고화를 위해 김유신의 현창의 필요성을
느끼게 되었다. 그것이 김유신에 대한 현창을 위한 「行錄」의 집필로 이
어지게 되었을 것이다. 그런 필요에 의해 만들어진 「행록」은 김유신이
국가에 일생의 충절을 바친 점, 전쟁에서 한 번도 패배한 적이 없는 위대
한 인물이라는 점, 귀족 중심의 공동체의식을 강조하고, 위대한 조상으로
만들기 위하여 많은 미화가 가해졌을 것이다.[14]

김유신의 현손인 김장청이 지은 김유신의 일대기인 「행록」이 만들어
진 시점은 김암이 779년 일본에 간 사실이 기술되어 있으므로 8세기 말
을 상한으로 하며, 835년(흥덕왕 10)에 김유신을 흥무대왕으로 추봉한
사실이 거기에 실리지 않은 것으로 보아 두 시점 사이에 작성된 것으로
추정된다.[15] 김장청이 김유신 「행록」을 저술한 동기에 대해 김유신계가
몰락하고 있던 상황에서 가문의 위상을 회복하기 위한 목적으로 보는 견
해가 있다.[16] 여기에 더해 이상적인 君臣 관계를 묘사하여 신라 하대 혼

---

14) 이기백, 「김대문과 김장청」 『한국사시민강좌』 1, 1987.
15) 주보돈, 「김유신의 정치지향 – 연구의 활성화를 기대하며 –」 『신라사학보』 11,
    2007, 11쪽.

란기의 군주와 신하들로 하여금 그 이상을 따르게 하여 당시의 혼란상을 바로 잡으려고 김장청이 지었다는 견해도 있다.[17) 한편 저술 동기를 김유신의 가계와는 구별되는 신김씨를 하사받은 금관가야왕족의 후손들과 구별이 모호하게 되자 김유신의 후손들이 양자를 서로 분리하고 나아가 그들과 자신들은 정치·사회적 지위가 다르다는 것을 인식시키기 위한 데서 찾기도 한다.[18) 그렇지만 김장청의 김유신 「행록」 저술은 태종무열왕계의 정치적 독주가 끝나고, 하대 진골귀족들의 치열한 왕권쟁탈전의 와중에서 김유신에 대한 현창을 통해 김유신 가문의 정치적 결속을 위한 의도에서 나온 것이라고 볼 수 있다. 그러한 노력의 결과가 김유신에 대한 '홍무대왕'의 추봉으로 나타났다고 볼 수 있다.

혜공왕 15년, 김암·김장청 등은 김융의 난(혜공왕 6년)에 연루되어 화를 입은 김유신 후손들의 신원운동을 전개하기 위해 김양상, 김경신과 정치적 제휴를 하였고, 결국 태종무열왕계를 무너뜨리고 부활나물계의 왕통 확립에 일익을 담당하였다고 볼 수 있다. 그런 점에서 혜공왕 때를 전후하여 김암, 즉 김유신의 후손들이 6두품으로 전락되었다는 설은 따르기 어렵고, 김유신 후손들은 정치적으로 상당한 지위를 갖고 있었다는 점은 분명한 것 같다. 새로운 정권의 창출에 기여하였다는 자부심이 일면 김유신 「행록」 간행으로 이어진 측면도 있을 것이다.

---

16) 이기백, 앞의 논문, 1987, 111~112쪽 ; 선석열, 「신라사 속의 가야인들 – 김해 김씨와 경주김씨 –」『한국 고대사 속의 가야』, 혜안, 2001, 551쪽 ; 이문기, 「금관가야계의 시조 출자전승과 칭성의 변화」『신라문화제학술논문집』 25, 2004, 45쪽.

17) Vladimir M.Tikhonov, 「『삼국사기』열전 김유신조가 내포하는 의의」『이화사학연구』 22, 1995, 256~258쪽.

18) 조범환, 앞의 논문, 2007, 62~64쪽.

2) 김유신에 관한 추숭

신라 하대에 김유신 가문이 「행록」의 저술을 통해 결속을 다지면서 태종무열왕계 뿐만 아니라 나물왕계와 적극 연결되어 그 정치적 역량을 발휘하자 김유신 가문에 대한 정치적 배려의 필요성이 제기되었을 것이다. 822년(헌덕왕 14) 김헌창의 난 때 김유신계의 金雄元을 비롯한 김유신의 후손이 공로를 세움으로써 홍덕왕 대에 '興武大王'으로 추봉될 수 있었던 것[19] 역시 그 연장선상에서 바라볼 필요가 있다. 홍무대왕으로의 추봉은 779년(혜공왕 15) 혜공왕이 鷲仙寺에서 김유신의 명복을 빌게 하고 서열을 오릉 위에 두어 대묘라고 한 전례가 있었기 때문에 가능한 것이다.

삼국통일 이후 문무왕이 자신과 김유신의 관계를 물고기와 물의 관계로 비유하고, 신문왕 대에 김유신을 '二聖'이라고 칭하였지만 김유신은 어디까지나 '大臣'이라고 한 바와 같이 어디까지나 신하로서의 표창이 가해졌을 뿐이다. 신라 하대 '홍무대왕'으로의 추봉은 김유신을 왕의 반열로 떠받드는 것이므로 이제 신하의 반열에서 벗어났음을 의미한다. 그것은 그만큼 홍덕왕대에 신라가 위기상황을 맞이하여 그 돌파구로서 삼국통일에 공을 세운 김유신을 추숭하여 신라의 결속을 기하고자 한 의도일 것이다.

김유신을 홍무대왕으로 추봉함과 동시에 김유신묘의 개수와 함께 그를 기리는 기념비가 건립되고, 김유신을 사당에 배향하여 정기적인 제향을 행함으로써 국가적 추숭이 이루어짐으로써 김유신 가문은 신라 진골 김씨 중의 하나일 뿐만 아니라 왕족의 후손이 될 수 있었다.[20] 성덕왕

---

19) 문명대, 「신라 신인종의 연구」, 『진단학보』 41, 1976, 198쪽 ; 김동수, 「신라 헌덕·흥덕왕대의 개혁정치」, 『한국사연구』 39, 1982 ; 김창겸, 「신라시대 김유신의 홍무대왕 추봉과 '신김씨'」, 『신라사학보』 18, 2010, 54~55쪽. 김유신의 홍무대왕에 대한 추봉은 이미 많은 연구가 이루어졌기 때문에 본고에서는 상세히 서술하지 않는다.

때 종실척리들이 김유신 가문을 '종실척리'로 파악하지 않고 '소원한 신하'로 간주한 것과 비교하면 커다란 변화이다. 태종무열왕계가 왕권을 독점하던 중대의 정치적 상황과는 달리 신라 하대의 경우 나물왕계가 등장하면서 왕족 내부의 결속력은 무너지면서 치열한 왕권쟁탈전이 벌어졌다. 그런 상황에서 삼국통일의 원훈이었던 김유신을 '흥무대왕'으로 봉함으로써 통일을 이룩하였던 당시의 결속력을 되살려 왕권을 강화하고자 하는 의도가 당연히 있었을 것이다.

사료 B와 C를 통해서 볼 때 김유신이 흥무대왕에 봉해진 후 이후 그에 대한 제사는 취선사에서 이루어졌을 것이다. 취선사는 김유신이 삼국을 통일한 후 세운 절이었고, 혜공왕이 공덕보전 30결을 지급하면서 제사를 받들게 함으로써 김유신의 후손들의 결집의 구심체로 이후 작용하였을 것이다. 취선사를 중심으로 김유신에 대한 국가적 추숭이 행해진 것과는 별도로 신라시대부터 김유신과 인연이 닿은 지역에서 사당이 설치되어 지역별 추숭이 이루어졌음을 다음의 사료를 통해 확인할 수 있다.

> D. 신라 때에 만노군 태수 金舒玄의 아내 萬明이 金庾信을 낳아 그 태를 이 현 남쪽 15리 지점에 묻었더니 귀신으로 되었다 하여 태령산이라고 불렀다 한다. 신라 때부터 사당을 설치하고 봄과 가을에 왕이 향을 보내 제사를 지냈으며 고려에서도 그대로 하였다.[21]

비록 고려시대의 기록이지만 김유신이 태어난 충북 진천에서 김유신의 사당이 건립되어 봄과 가을에 왕이 향을 보내 제사를 지냈다는 기록을 통해 신라시대부터 김유신이 태어난 진천지역에서 김유신의 사당이 건립되었음을 알 수 있다. 지금의 충청북도 진천군은 삼국시대에 고구려의 今勿奴郡(또는 今勿內郡)·首知郡·新知郡이었다가 5세기 후반 신라의

---

20) 김창겸, 앞의 논문, 2010, 56~59쪽.
21) 『고려사』 권56, 지리1 청주목 鎭州.

북진에 따라 신라의 영토가 되어 萬弩郡이 설치되었다. 吉祥山은 신라때 胎靈山이라고 불렀다. 김유신의 어머니인 萬明이 만노군의 태수로 부임한 김서현을 따라 갔다가 그곳에서 김유신을 낳았다. 길상산은 김유신의 태가 묻혔기 때문에 태령산으로 불려졌다. 그렇기 때문에 태령산에 김유신사가 건립된 것이다. 언제부터 시작되었는지 알 수 없지만 국행제로 시작되었다고 한 것으로 보아 흥무대왕의 추존과 함께 시작되었을 개연성이 많다. 김유신사에서 '귀신'으로 떠받들여졌다는 것을 통해 진천에서 훨씬 이전부터 사당이 존재하였을 가능성이 있다. 아마 진천군에서는 삼국통일의 위업을 달성하자 김유신사를 건립하여 김유신과 그 어머니 만명부인을 떠받들었을 것이다. 어쩌면 국행제로의 전환은 779년(혜공왕 15년) 혜공왕이 취선사에서 김유신의 명복을 빌게 하고 서열을 오릉 위에 두어 대묘라고 부르자 나라 사람들이 그 덕을 기리며 삼산과 함께 제사지내기를 게을리 하지 않았다고 한 때였을 가능성이 많다.

　사료 D에서 만명이 금유신을 낳아 그 태를 이 현 남쪽 15리 지점에 묻었더니 '귀신'으로 되었다 하여 '태령산'이라고 불렀다고 한 것과 신문왕 때 일관 김춘질이 김유신이 죽어서 '天神'이 되었다고 한 것을 비교하면 '귀신'이라고 한 것은 기록의 시점이 조선시대였기 때문일 것이다. 주자학이 받아들여지면서 토착의 민간신앙이 부정되어 나타난 현상일 것이다.

　김유신을 모신 사당은 강릉지역의 화부산사에도 있다. 조선후기 沈相薰의 「純忠壯烈興武王花山齋紀跡碑」에 의하면, 김유신의 사당이 생겨진 이유는 삼국통일 후 말갈의 침입으로 인해 강릉지역이 위기를 맞았을 때 김유신이 왕명을 받고 출정하여 화부산 아래에 본진을 설치하여 물리쳤기 때문이라고 한다. 구체적 자료가 뒷받침되지는 않지만 진천의 김유신사와 마찬가지로 강릉 화부산의 김유신사 역시 신라시대부터 건립되었을 것이다.

진천 외에도 경북 효령에서도 신라시대에 김유신사가 있었음을 다음
자료를 통해 알 수 있다.

> E. 金發翰祠 孝靈 서쪽 산악에 있으며, 신라 때에 건립하였고, 매해 端午
> 日에는 首吏가 가서 제사를 지낸다.[22]

뒤에서 언급하겠지만 효령지역에 김유신사가 있었다는 기록으로 보아
'發翰'은 신라 17관등의 첫째 位階인 舒發翰[23]의 준말로 여겨지므로 '金
發翰'은 太大舒發翰이었던 김유신을 가리킬 것이다. 김발한사는 곧 '김
유신사'일 것이다. 충북 진천현의 김유신사, 즉 길상사가 병화를 입은 뒤
철종 때 죽계사를 세워 김유신을 모시다가 대원군의 서원철폐로 인해 훼
철되자 舒發翰祠堂을 건립한 것으로 보아서도 김발한사는 김유신을 모
시는 사당이었음에 분명하다. 비록 후대의 자료이지만 김발한사가 신라
때 건립하였다고 하였으므로 진천현에서처럼 신라 때부터 효령에 김유
신사가 있었을 것이다. 진천의 김유신사와 달리 효령과 강릉지역의 김유
신사는 국행제가 아닌 지방민들 위주로 운영되었을 것이다.

김유신의 흥무대왕 추봉 그 자체는 국가적 추숭의 한 예이지만 신라
하대 진골귀족의 분립성이 강하게 대두되는 현실에서 국가적 추숭과 함
께 지역별로 김유신의 현창을 통한 신김씨 일족의 결집을 강화시키는 기
제로 활용되었을 가능성이 높다. 이후 고려와 조선시대에는 국가적 규모

---

22) 金正浩, 『大東地志』 祠院.

23) 신라시대 京位인 17관등 가운데 최고 관직인 角干은 伊伐飡·伊伐干·于伐飡·
舒發翰·舒弗邯이라고도 부른다. 『삼국사기』에는 유리이사금 때 제정되었다고
하였으나, 실제는 520년(법흥왕 7)의 율령 공포 때에 제정된 것으로 생각된다.
뒤에 이벌찬보다 높은 관등으로 大角干·太大角干 등이 설치되었다(한국정신문
화연구원, 『한국민족문화대백과사전』 「이벌찬」 참조).

의 사당의 건립을 통한 추숭 보다는 김유신과 인연 있는 곳, 그리고 김유
신의 후손들이 뿌리내린 곳을 중심으로 김유신사를 건립하여 지역단위
의 제사로 이어졌다고 보아야 할 것이다.

3. 고려시대의 김유신에 대한 추숭

김부식이 "유신의 玄孫으로 신라의 執事郎인 長淸이 「行錄」 10권을
지어 세상에 전해오는데 꾸며낸 말이 몹시 많다. 더러 刪落하고, 그 중에
서 기록할 만한 것을 취하여 전을 삼는다"고 한 것을 통해 김유신의 현
손인 김장청이 지은 김유신의 일대기인 「行錄」은 고려시대에 전해져『삼
국사기』김유신 열전의 기초자료로 활용되었다.『삼국사기』김유신 열전
에 담겨있지 않은 내용이『삼국유사』에 기록된 것으로 보아 김유신 「행
록」은『삼국유사』가 만들어질 당시에도 전해졌을 것이다.

김부식이『삼국사기』에서 열전 10권 가운데 김유신에게 3권을 할애한
것은 그의 행적이 자세히 전하기 때문만은 아닐 것이다. 한때 김부식이
신라계라서 신라에 관한 서술을 많이 하였다고 하지만 을지문덕 같은 경
우에는 김부식이『삼국사기』를 편찬할 무렵 사론에서 언급한 바와 같이
그에 관한 사료가 거의 남아 있지 않았다. 이것은 물론 신라에 의해 삼국
통일이 이루어졌기 때문에 나타난 현상이긴 하지만 김부식의 출자가 신
라계라고 하여 상대적으로 김유신에 관한 기록을 의도적으로 많이 언급
하였다고는 볼 수 없다. 고려시대의 경우 다른 어떤 왕조보다도 이민족
의 침입이 많았고, 통일신라시대의 당－신라의 일국과 일국 사이의 국제
관계가 아닌 송·거란·요·금·원·명과의 다양한 국가와 관계를 맺는 다원
적 국제질서 속에 있었기 때문에 당나라 세력을 끌어들여 삼국통일을 완

성하고, 또 뒤이어 당나라 세력을 축출하는데 일익을 담당한 김유신에
대해 높은 관심이 있을 수밖에 없었다. 대외적으로 금나라가 고려에 대
해 '稱臣捧貢'을 요구하고, 대내적으로 묘청이 서경천도운동을 전개하는
내우외환의 시기에 처한 김부식 역시 김유신에 대한 관심이 남달랐을 수
밖에 없었을 것이기 때문에『삼국사기』열전에서 그를 높이 평가하였다
고 볼 수 있다.

'十八子'가 왕이 될 것이라는 圖讖說을 내세워 인종을 폐위시키고 스스
로 왕위를 찬탈하고자 하였던 이자겸의 난과 칭제건원과 서경천도를 내세
운 묘청의 난을 경험한 김부식은『삼국사기』를 간행하면서 왕·신하·백성
의 잘잘못을 가려 규범을 후세에 남기려고 하였다.[24] 그래서 유교적 덕치
주의, 군신의 행동 등의 사표로서 김유신을 설정하고,『삼국사기』열전의
첫 머리에, 그리고 가장 많은 분량을 할애하여 기록하였다.

김부식은「進三國史記表」에서 "사대부가 우리 역사를 잘 알지 못하니
유감이다"라고 하였다. 그런 입장을 견지한 김부식은 김유신 열전 史論
에서 "비록 乙支文德의 지략과 張保皐의 義勇이 있어도 중국의 서적이
아니었던들 泯滅하여 傳聞할 수 없을 것이다. 유신과 같은 이는 우리나
라 사람들이 칭송하여 지금에까지 없어지지 않으니 (이 점) 사대부들이
알아야 할 것이다. 그리고 芻童牧竪까지도 능히 알고 있으니, 그 사람됨
이 반드시 보통 사람과 다름이 있을 것이다"[25]라고 하여 김유신의 일대
기인「行錄」을 중심으로 김유신 열전을 기록하였다. 그렇지만 김부식은
"유신의 玄孫으로 신라의 執事郞인 長淸이「行錄」10권을 지어 세상에

24) 김부식은「進三國史記表」에서 "사대부가 우리 역사를 잘 알지 못하니 유감이
다. 중국 사서는 우리나라 사실을 간략히 적었고,『古記』는 내용이 졸렬하므로
왕·신하·백성의 잘잘못을 가려 규범을 후세에 남기지 못하고 있다"라고 하여
편찬 동기를 기록하고 있다.
25)『삼국사기』권43, 열전3 김유신 하.

전해오는데 꾸며낸 말이 몹시 많다. 더러 刪落하고, 그 중에서 기록할 만한 것을 취하여 전을 삼는다"라고 한 바와 같이 역사가로서 史實이 아니라고 여긴 것은 과감하게 기록에서 빼버렸다.

그에 반해 일연의 『삼국유사』의 경우 승려가 만들었다는 점, 그리고 고려시대에 관혼상제에 관한 일상 예절이 사찰에서 이루어졌고, 불교가 토착신앙을 받아들였다는 점에서 김유신의 위대함을 聖神, 33天의 아들, 天神, 七曜의 정기를 타고난 인물, 興武大王 등으로 다양하게 표현하고 있다. 특히 『삼국유사』의 경우 사후 자신의 후손의 신원을 위해 혜공왕대에 미추왕릉에 들어가 죽엽군을 이끌고 호소하는 김유신의 모습을 강조한 것은 유교적 합리주의 사관에 의해 만들어진 『삼국사기』에서 취하지 않았던 김유신의 「행록」을 보다 적극적으로 받아들였기 때문이다. 김유신의 사후 혼령은 天神의 호국적 성격과 자손에게 음덕을 베푸는 조상신의 이원적 성격으로 나타난다고 한 해석은26) 그에 연유한다고 할 수 있다.

고려시대에 蒭童牧豎까지도 능히 알고 있었던 김유신이지만 前代의 인물이기 때문에 막상 중앙의 정치 현안들에 관한 기록을 담은 『고려사』나 『고려사절요』 등의 관찬사서에는 기록이 거의 없다. 고려왕조에서 김유신을 국가사와 관련시켜 논의할 부분이 상대적으로 적었기 때문이다. 그렇지만 고려왕조의 성립 이후 만약 김유신에 대한 국가적 단위의 추숭이 거론되었다면 그 기록은 남았을 것이다. 그 기록이 보이지 않는다는 것은 고려시대에 국가적 단위의 추숭이 없었기 때문이다. 앞 장에서 거론한 사료 D에 의하면 충북 진천, 즉 鎭州에서 신라 때부터 김유신사를 건립하여 "봄과 가을에 왕이 향을 보내 제사를 지냈으며 고려에서도 그

---

26) 박대복, 「『삼국유사』 소재 김유신 설화의 무관념과 천관념」 『한국민속학』 44, 2006, 169~203쪽.

대로 하였다"고 하지만 지역 단위를 넘어선 국가적 단위의 추숭으로 보기는 힘들다.

『고려사절요』에는 김유신에 관한 기록이 전무하고, 『고려사』에서도 오직 지리지에 김유신 관련 기록이 몇 군데 나올 뿐이다. 鎭州의 김유신사에 관한 기록 외에 廣州牧조에 "신라 太宗王이 金庾信을 보내 당나라 장군 蘇定方과 함께 포위 공격하니 백제가 멸망되었다. 그 후 당나라 군사가 본국으로 돌아감에 文武王이 점차 이 지역을 접수하여 漢山州라고 고쳤다"라는 기록과[27] 부여군조에 "의자왕 때에 와서 신라가 김유신을 보내 당나라 장군 소정방과 함께 포위 공격하여 백제를 멸망시켰으며 당나라 군사가 철거하자 신라는 백제의 옛 영토를 전부 접수하였다. 672년(문무왕 12)에 摠管을 두었고 경덕왕이 지금 명칭으로 고쳤다"[28]는 기록과 같이 김유신의 백제정벌에 관한 기록과 함께 신라가 통일 이후에 군현명을 개칭한 경과에 대한 기록이 지리지에 기록되었을 뿐이다. 그 외 경주에 김유신의 무덤이 있다는 정도의 기록만이 나온다.[29]

앞 장에서 살펴본 바와 같이 신라시대에 건립된 충북 진천, 경북 효령, 그리고 강릉의 김유신사는 통일신라시대에 건립되었지만 고려시대에도 김유신을 떠받드는 사당으로 이어졌다. 그렇지만 고려에 의해 신라가 멸망되면서 한반도의 주도권이 경주를 중심으로 한 경상도지역에서 개경을 중심으로 한 중부지역으로 옮겨가면서 경순왕을 비롯한 권력지향적이고 중앙지향적인 진골귀족세력은 지방으로 전락한 경주를 떠나 새로운 수도인 개경으로 너나할 것 없이 이주하였다.[30] 그로 인해 경주를 중

27) 『고려사』 권56 지리1 광주목.
28) 『고려사』 권56 지리1 부여군.
29) 『고려사』 권57 지리2 경주.
30) 김호동, 「최은함-승로 가문에 관한 연구-신라 육두품 가문의 고려 문벌귀족화 과정의 일례-」 『교남사학』 2, 1986.

심으로 한 경상도지역은 지방행정체계의 한 단위로 전락되었다. 삼국을 통일한 원훈이었던 김유신에 대한 국가적 추숭이 이루어지지 않은 것은 이와 연관될 것이다.

고려시대에 전하는 사료에 의하면 김유신에 대한 관심은 그의 전술, 전략, 공적보다는 사람됨에 대한 것이다. 김부식은 김유신 열전 사론에서 삼국통일에 대한 공적을 논하기 보다는 그의 '사람됨'이 보통 사람과 다르다는 점을 거론하고 있다. 고려시대의 여진정벌에 나선 윤관의 경우도 "尹公은 사업에서 특출한 분으로 항상 김유신의 위인을 사모하며 말하기를 '김유신이 (전쟁할 때) 6월에 강물이 결빙되어 三軍을 도하시킨 것은 다름 아닌 지성으로써 이루어진 것일 뿐인데 나도 또한 그렇게 될 수 있을 것이다'라고 하였으며 그의 지성이 감응되어 이루어진 기적도 자주 들리었다."[31]라고 하여 김유신의 전술, 전략에 대한 평가보다는 김유신의 '至誠'에 감복하고 있다. 고려시대의 관인들이 김유신을 무인으로서의 능력, 전공이나 국가에 대한 충의 표상으로 존경하기 보다는 김유신의 사람됨에 더 많은 관심을 갖고 있었음을 반증하는 것이다. 다음의 사료를 통해서도 그것을 확인할 수 있다.

> F. 김유신은 계림 사람이니 그의 사업이 국사에 빛나게 실려 있다. 아이 때에 母夫人이 날로 엄하게 훈계하여 망령되이 교유치 못하게 하였다. 하루는 우연히 기생 집에서 잤더니, 그 어머니가 책하기를 "내가 이미 늙었고 주야로 네가 성장하여 공명을 세워서 임금과 어버이를 위하여 영광스럽게 하기를 바랐더니 이제 네가 불량한 무리(屠沽)들과 어울리어 姪房과 酒肆에서 유희한단 말이냐"고 꾸짖기를 마지않았다. 그는 곧 어머니 앞에서 맹세하고는 다시는 그 기생집 문 앞을 지나가지 않았다. 술이 취하여 집으로 돌아오는데 말이 전일에 다니던 길을 따라 기생집에 이르렀더니 기생이 한편으로는 기뻐하며 한편으로는 원망하고 눈물을 흘리면서 나와 맞이하였다. 공이 얼른 깨달아 탔던 말을 목 베이고

---

31) 『고려사』 권96, 열전9 윤관.

안장을 버린 채 돌아오니 그 기녀가 怨詞 한 곡조를 지어 전한다. 東都
에 있는 天官寺는 곧 그의 집이다. 相國 李公升이 동도에 官記로 부
임하여 천관사에 대해 시를 짓기를,

> 절 이름 천관은 옛날에 연유가 있으리니
> 홀연히 그 시초를 듣고 크게 슬퍼지는도다.
> 정겨운 公子가 꽃 밑에서 놀고
> 한을 품은 佳人이 말 앞에서 울었네.
> 홍엽(紅鬣馬)은 정이 있어 도리어 길을 아는데
> 蒼頭는 무슨 죄로 부질없이 채찍질 했던고.
> 다만 남은 한 곡조 그 가사만 오묘하니
> 달(蟾兎) 同眠 만고에 전하네.

하였다. 천관은 곧 기녀의 이름이다.[32]

   이인로의『破閑集』에 실린 김유신과 기생 천관 사이의 일화도 삼국통
일에 대한 업적이라든가 忠을 주제로 한 것이 아니라 김유신의 결단성,
그리고 기녀 천관과의 사랑에 주목하고 있다. 이인로의『破閑集』의 경우
詩話集이기 때문에 특히 충을 주제로 삼는 내용이 상대적으로 적은 것과
관련됨 직하다. 물론 여기에서 김유신의 어머니가 "네가 성장하여 공명
을 세워서 임금과 어버이를 위하여 영광스럽게 하기를 바랐다"는 이야기
를 통해 충효에 대한 가르침으로 확대하여 의미 부여를 할 소지도 없지
않다. 김부식이 蒭童牧豎까지 김유신을 알 정도라고 언급하였기 때문에
김유신의 무용담이 전해지면서 그에 대한 '충' 등이 언급되었겠지만 전
해지는 사료상 김유신을 충의 표상으로 강조하는 경우보다는 그의 인간
됨에 대한 관심이 상대적으로 많았다고 보아야 할 것이다.

---

32) 李仁老,『破閑集』中.

4. 조선시대의 김유신에 대한 추숭

고려말 조선초 북로남왜로 어려움을 많이 겪었지만 조선왕조는 문치주
의로 일관하였기 때문에 무인에 대한 추숭은 국가적으로 거의 이루어지
지 않았다. 『조선왕조실록』이나 각종 사서류를 검토해보면 김유신에 관
한 새로운 역사적 사실이나 추숭을 국가적 단위로 한 사례를 볼 수 없다.
간혹 김유신에 대한 국가적 단위의 사당 건립이 건의된 바는 있지만 그것
이 실현된 적은 없었다. 集賢殿直提學 梁誠之가 전대의 임금과 재상을 제
사할 것을 건의하면서 김유신을 포함시키고, 또 武成廟를 세워서 祭禮와
配食은 대략 文廟의 제도에 따르고, 신라의 金庾信, 고구려의 乙支文德,
고려의 庾黔弼·姜邯贊·楊規·尹瓘·趙沖·金就礪·金慶孫·朴犀·金方慶·安
祐·金得培·李方實·崔瑩·鄭地와 本朝, 즉 조선의 河敬復·崔閏德을 배향
토록 한 건의를 세조가 받아들였다는 기사[33]가 있다. 그렇지만 이때 무성
묘가 건립된 것은 아니었기 때문에 김유신에 대한 국가적 제사 역시 행해
지지 않았다. 중종이 정몽주·이존오·김굉필·정여창에게 시호를 내리고
사당을 세워 제사함이 합당한지 여부를 의논하라는 명을 내린 적은 있다.
이때 예조 판서 남곤이 "만일 큰 공렬이 있는 사람으로 金庾信·崔沖 같은
사람들을 가린다면 많지 않겠지만 한때 큰 환란을 막은 사람이라면 반드
시 많을 것입니다."[34]라고 하여 김유신의 공렬을 높이 평가하였지만 그를
위한 국가적 사당이 건립되었다는 기록은 보이지 않는다.

조선후기 미증유의 전란을 겪었지만 문치주의의 경향은 여전하였다.
다만 실학자의 한 사람이었던 성호 이익이 '무성왕묘'의 건립을 다음과

---

33) 『세조실록』 권3, 세조 2년 3월 28일(정유).
34) 『중종실록』 권36, 중종 14년 8월 1일(임술).

같이 제안한 적이 있을 뿐이었다.

> 武成王廟
> 文과 武는 그 어느 하나도 궐할 수 없다. 그렇지 않으면 마치 새가 한 날개를 떨어뜨린 듯, 수레가 한 바퀴를 이탈한 듯해서 나라가 망하지 않음이 없을 것이다.
> 공자가 文敎를 드리웠으므로 網常이 이것 때문에 무너지지 않고, 太公이 兵法을 전하였으므로 화란이 그를 얻어서 평정된다. 만일 武略이 갖춰지지 않게 된다면, 비록 禮樂의 찬연함이 있을지라도 하루아침도 제대로 존속할 수 없을 듯하다.
> 그러므로 唐 나라 開元 연간으로부터 兩京과 천하의 모든 고을에 각각 태공의 사당을 설립하였고, 上元 원년에 武成王으로 追封하였다. 당시 건의자는 '수시로 제사지내어 武敎의 주인으로 삼는데, 만일 그 禮를 높이지 않으면 그 敎를 중하게 할 수 없다.'고 하였던 것이다.
> 文敎와 武敎는 아울러 서야 하는데, 우리나라는 무교가 너무도 소략하므로, 한번 외적의 침략이 있게 되면 降附(항복해서 붙음) 애걸하여 檀公上策을 삼는다. 만일 무교를 권장, 흥기시키려면 반드시 먼저 무교의 근본을 높여야 하니, 무성왕의 사당을 어찌 세우지 않을 수 있겠는가?
> 무성왕의 사당을 비록 여러 고을에 다 세울 수는 없을망정, 마땅히 먼저 京師에 세우고 옛 名將 및 우리나라의 金庾信·姜邯贊·李舜臣을 配享하며, 武經博士를 두어서 수시로 익히게 하면 거의 흥기할 것이다.[35]

文敎와 武敎가 함께 서야 한다는 것을 인식한 이익은 무교의 근본을 높이기 위해 무성왕의 사당 건립을 건의하고 있다. 그는 현실적으로 고을마다 무성왕의 사당을 건립하기는 어렵겠지만 우선 경사에 세워 김유신·강감찬·이순신을 배향하고, 무경박사를 두어서 수시로 익히게 하면 무교가 일어서리라고 하였지만 끝내 무성왕묘의 건립은 이루어지지 못했다.

도리어 신라에서 고려에 걸쳐 지역단위의 사당이지만 국가적 지원이 이루어진 진천의 김유신사에 대한 국가 단위의 지원마저 끊겼음을 다음

---

35) 『성호사설』 권8, 人事門 武成王廟.

의 자료를 통해 확인할 수 있다.

> G. 홍문관이 아뢰기를 "李舜臣의 사당을 세우는 일에 관하여 전례를 고찰
> 한 다음 아뢸 것을 전교하셨습니다. 우리나라의 前事에, 新羅의 大角
> 干 金庾信의 사당은 江陵府 花浮山에 있는데 이는 관청에서 세운 것
> 인지 백성들이 건립한 것인지 고증할 수가 없으며, 고려의 대장군 姜民
> 瞻의 사당은 晉州 부중에 있는데 天禧 중에 契丹兵과의 전투에서 공
> 이 있자 고을 사람들이 제사를 지냈습니다. 고려 門下注書 吉再의 사
> 당은 善山府 金烏山 아래 있고, 감사가 현재 건립하고 있는 褒忠祠와
> 表節祠는 平壤府에 있습니다. 고려 高宗朝에 畢玄甫가 西京에서 반
> 란을 일으키자 대장군 鄭顗를 파견하여 현보를 효유하게 했었는데 오
> 히려 현보가 그를 주장으로 삼으려 하여 유혹도 하고 협박도 하였지만
> 굴복하지 않고 죽었습니다. 掌書記 吳先覺은 妙淸의 난리 때 어리석
> 은 체하며 참여하지 않았고 대장군 趙璘은 辛旽을 죽이려고 꾀하다가
> 그에게 살해되었습니다. 그래서 萬歷 기축년에 감사 尹斗壽가 이들을
> 모두 旌表하여 사당을 세웠으며 權徵이 잇따라 부임하여 위에 알려서
> 賜額을 받았습니다. 고려의 安宗源, 본조의 趙云仡·辛有天·柳亮은
> 모두 江陵府使를 지냈는데, 백성들이 德政에 감화되어 모두 생사당을
> 건립했고, 鹿島 萬戶 李大源은 損竹島에서 전사하였는데 조정에서
> 褒賞과 벼슬을 더해 주었으며 감사 윤두수가 本鎭 水軍들의 소원에
> 따라 사당을 세워 그가 죽은 날에 제사를 지내도록 하였습니다. 이 밖
> 에는 상고할 것이 없었습니다"라고 하니, "알았다"라고 전교하였다.[36]

임진왜란을 겪은 직후 임란 극복의 최대 원훈이었던 이순신 사당의 건
립을 위한 전례 조사를 통해 신라의 대각간 김유신의 사당이 강릉 화부
산에 있지만 이것이 관청에서 세운 것인지 백성들이 건립한 것인지 고증
할 수가 없다고 한 것에서 진천의 김유신사의 경우 국가적 지원이 끊긴
채 민간에서 그 제사가 이루어졌기 때문에 전례의 조사에서 아예 제외되
었다고 볼 수 있다. 다음의 사료를 통해 그것을 확인할 수 있다.

---

36) 『선조실록』 권111, 선조 32년 4월 25일(갑술).

H. 金庾信祠: 吉詳山에 있다. 신라 때에 祠宇를 세우고 봄·가을로 香과
祝을 내려 제사를 지냈다. 고려에서도 그대로 시행하다가 本祖 太祖
8년에 이르러 비로소 중지시키고 본 고을 관원으로 하여금 제사지내게
했다.[37]

신라 때부터 태령산, 즉 길상산에 金庾信祠를 세워, 봄·가을로 국가에
서 香을 내려 제사하게 하였고, 그 전통은 고려에 의해서도 이어졌지만
조선 태조 8년부터 그것을 중지하고 그 고을 관원으로 하여금 제사지내
게 하였다. 그렇기 때문에 선조 때 이순신 사당을 건립하기 위한 전례를
검토하였을 때 진천의 김유신사는 언급되지 않았다고 보아야 한다. 길상
사는 전란으로 폐허가 되었다가 철종 대에 백곡면에 죽계사를 세워 김유
신의 영정을 모셨다. 그 후 대원군의 서원 철폐 때 헐렸다가 1926년에
후손 김만희가 현재의 자리에 길상사를 다시 세웠다. 1975년 2월에 충북
도기념물 1호로 지정되었다. 봄, 가을에 제향을 드리고 있다.

김유신사였던 강릉의 화부산사 역시 조선조에 들어와 성황사와 합쳐
졌음을 다음의 사료를 통해 확인할 수 있다.

I. 金庾信祠 : 花浮山에 있다. 『신증』 지금은 성황사에 합쳤다.[38]

화부산의 김유신사에 관해서는 조선후기에 沈相薰이 지은 「純忠壯烈
興武王花山齋紀跡碑」가 전해지고, 또 화부산의 김유신사를 읊은 정추의
시가 다음과 같이 전한다.

대관령 동쪽은 천하에 드문 경치이니, 溟州 고목에 꾀꼬리 어지러이 나네.
새벽에 말 타고 절 찾아갔다가, 賓館에 돌아오니 해가 기우네.
누에 오르니 달빛이 눈 같고, 쇠피리 한 소리에 산이 찢어지는 듯하네.

---

37) 『신증동국여지승람』 권16, 忠淸道 鎭川縣.
38) 『신증동국여지승람』 권44, 강원도 강릉대도호부 사묘.

난간에 기대니 시름에 겨워, 묻노니 천년 동안에 달은 몇 번이나 둥글었나.
밤 깊어서 사방에 인적이 드문데, 까마귀 까악까악 티끌도 고요하다.
별빛은 반짝반짝 달과 겨루고, 은하는 천고에 빛이 환하다.
환한 빛이 사방에 임했는데, 뜬구름이 덮으려니 마음 아파라.
어찌하면 긴 칼로 창공에 기대볼까. 고래 같은 물결이 한없이 아득하네.
화부산은 꾸불꾸불 무성한 빛이어라. 김유신 장군은 참 영웅일세.
천년토록 우뚝하고 기이한 공이여.[39]

1884년 김유신의 후손인 김해김씨들이 화부산 밑에 위패를 모신 사당을 창건하였으나 1936년 강릉역 확장 때 철도 개설로 인해 현재의 위치로 이전하였다. 현재 김유신사는 '花浮山祀', 혹은 '興武王祀'라고 불리고 있고, 김유신장군의 위패를 모시고 있다. 매년 10월 22일에 강릉유림과 김해김씨 종중에서 김유신장군을 기리는 다례제를 지내고 있다. 또 강릉 단오제 때 김유신을 대관령산신으로 모시고 있다.

강릉 단오제 행사때 김유신에 대한 제사가 거행되었는데 그 모습을 군위에서도 확인할 수 있다.

> J. 金庾信祠 : 孝靈縣 西岳에 있는데, 三將軍堂이라 속칭된다. 매년 端午날에 縣이 首吏가 고을 사람을 거느리고 驛騎에 旗·북[皷]을 달고 神을 맞이하면서 거리를 누빈다. ○ 許樞의 시에, "사람들이 말하기를 옛 장수[古將]는 西城의 주인이라고, 풍속이 내려와 오늘도 제사가 분명하구나. 해마다 단오날을 어기지 아니하니, 깃발 세우고 북치면서 신의 뜻 위로하는구나"라고 하였다.[40]

군위의 김유신사에 관한 기록은 『신증동국여지승람』외에 『東國歲時記』(端午條)와 『嶠南誌』(권34, 軍威 校院條), 『軍威縣邑誌』(壇廟條) 등에 '金庾信祠'가 기록되어 있는데 속칭 '三將軍堂'이라고 하였다. 현재

---

39) 『신증동국여지승람』 권44, 강원도 강릉대도호부 고적.
40) 『신증동국여지승람』 권25, 경상도 군위현 사묘.

지역과 문중에서 將軍堂, 또는 孝靈祠(孝令祠)로 부르고 있지만 1996년
이후 김해김씨와 연안이씨 문중의 공의에 의해 효령사로 명칭을 확정하
고 현판을 내걸고 있다.

김유신사에 관한 기록을 한 문헌 가운데 『嶠南誌』에 의하면,

> K. 金庾信祠 : 효령현 서악에 있는데 삼장군당이라고 속칭한다. 諺傳에
> 신라 각간이 당장 소정방과 함께 백제를 정벌하러 이곳에 주둔하였다.
> 후인이 祠를 세워 매년 단오날에 현의 首吏가 읍인을 거느리고 驛騎
> 에 旗를 달고 神을 맞이하면서 거리를 누빈다. 날이 가물면 비가 오길
> 기도하면 곧 응한다.[41]

라고 하였다.

위의 『교남지』에 실린 諺傳에 소정방과 김유신이 이곳에 주둔하였다
고 하지만 소정방이 이곳에 머물렀을 가능성은 거의 희박하다. 다만 백
제정벌을 나서면서 김유신의 경우 이곳을 거쳤을 가능성은 있지만 그에
관한 기록은 없다. 김유신의 경우 압량주 군주로 있었을 때 그곳 사람을
부하로 중용하였음을 보여주는 사료가 전한다.

> L. 신라 金庾信 眞德王 때에 押梁州 軍主가 되었는데 군사 일에는 관심
> 이 없는 듯 항상 음주와 풍악을 즐겼으므로 고을 사람들은 용렬한 장수
> 로 여겼으며 한 번도 싸우지 못하는 것을 한스럽게 여겼다. 유신은 그
> 사람들을 쓸 만하다 생각하고, 곧 백제를 쳐서 크게 승리하고 적장 8인
> 을 사로잡았다.[42]

위의 기록에서 보다시피 경산 사람들은 당초 김유신을 용렬한 장수로
여기며 싸움 한번 하지 못한 것을 한스럽게 여겼다. 김유신이 이런 경산
사람들을 쓸 만하다고 하여 전쟁 때 중용한 기록이 있지만 군위에는 그

---

41) 『嶠南誌』 권34, 軍威 校院.
42) 『신증동국여지승람』 권27, 경상도 경산현 명환.

런 기록마저 보이지 않는다. 다만 전설에 의하면 지금의 장군동 근처에서 소정방의 당군과 회동하여 나당연합군이 효령에 잠시 머물렀는데, 이때 金庾信과 蘇定方, 李茂 3장군이 장군봉(三井山)에 지휘소를 세우고 백제 정벌 작전을 수립했다고 한다. 그 후 백제를 치고 삼한 통합을 이룬 뒤 3장군이 다시 효령에 들러 장군봉에 올라 '이제 삼한통합이 되었으니 안심하고 살라'고 하였다 한다. 그 후 수백년이 지나 그 일을 잊고 있던 고려 말에 장군봉이 보이는 곳에 말을 타고 가면 말의 발바닥이 땅에 떨어지지 않는 일이 속출하자 사람들이 하마비를 세우고 걸어 다녔다 한다. 허지만 장군당이 위치한 근처를 지나가는 사람이나 가축이 변을 당하자 司空氏가 상소하여 나라의 명으로 사당을 세워 그 이름을 효령사라 하고 매년 정조 상원과 5월 단오에 관민이 합심하여 제사를 올리자 괴이한 일이 사라졌다고 한다. 이 전설에 근거하여 고려 말에 장군당이 건립되고 당제가 시작되었다고 대개 보고 있다.[43] 『세종실록지리지』에 의하면 효령현의 토성은 劉·司空氏 두 개의 토성이 존재하였고, 효령현의 경우 공양왕 2년에 군위 감무를 두고 효령현을 겸임케 하였던 것으로 보아[44] 이때를 전후한 시기에 군위현 감무를 통해 김유신사를 건립하게 되었다고 볼 수도 있을 것이다.

그렇지만 김정호의 『大東地志』에 의하면,

> M. 金發翰祠: 孝靈 서쪽 산악에 있으며, 신라 때에 건립하였고, 매해 端午日에는 首吏가 가서 제사를 지낸다.[45]

라고 하였다. 김발한사는 김유신사라고 볼 수 있는데, 여기에서 신라 때

---

43) 군위군·안동대학, 『장군당 복원 학술조사보고서』, 1988, 11쪽.
44) 『세종실록』 지리지, 경상도 상주목 군위현.
45) 『大東地志』 사원.

건립하였다고 하였으므로 진천현에서처럼 신라때부터 김유신사가 있었다고 보는 것이 타당할 듯하다.[46)]

　흔히들 김유신사, 즉 효령사를 전형적인 읍치성황사로 성격을 규정하기도 하는데, 그 근거는 의례의 주체가 首吏(戶長)인 점, 神位를 말에 모시고 고을 각처를 누비며 잡희를 벌이는 퍼레이드가 있다는 점, 깃발이 등장한다는 점, 기우제의 祭場으로 활용된 점 등에서 찾을 수 있다고 한다. 이와 유사한 사례는 강원도 강릉·고성·영월·태백·삼척, 전라도의 순창과 나주, 경상도의 자인·영산·안동·고성 등지에서 찾을 수 있다고 한다. 적어도 조선 중기까지 이들 지역의 읍치성황제는 모두 무당이 참여하는 단오굿으로서 호장이 주도하였으며, 신위를 말에 태우고 고을을 누비다가 곳곳에서 잡희를 벌인다는 공통점을 갖고 있다고 한다.[47)] 김유신사를 성황신사로 추정하는 것은 강릉 화부산의 김유신사가 성황사와 합쳐진 것으로 보아 충분한 가능성을 갖고 있다. 성황묘에 관한 이익의 글을 살펴보면 그 가능성은 얼마든지 있다.

　　N. 나에게 城隍의 뜻을 묻는 이가 있었다. 나도 그 유래를 몰라서 『五禮儀』에 상고하니, 厲祭祝辭에 "의탁할 곳 없는 귀신에게 致祭한다. 사람의 죽고 삶이 만 가지로 같지 않은바, 예부터 지금까지 죽음을 제대로 하지 못한 자가 하나뿐이 아니었다. 혹은 전쟁에서 나라를 위해 죽기도 하고, 혹은 다투다가 구타를 당해 죽기도 하고, 혹은 水火와 도적을 만나 죽기도 하고, 혹은 飢寒과 染病에 걸려서 죽기도 하며, 혹은 담과 집이 엎어져서, 혹은 벌레와 짐승에게 물려서 죽기도 한다. 혹은 죄도 없이 사형을 당하고, 혹은 재물로 인해 협박을 받아 죽으며, 혹은 妻妾으로 인해 목숨을 잃는다. 혹은 위급한 경우에 목매어 죽고, 혹은

46) 舒發은 신라 17관등의 첫째 위계인 舒發翰의 준말로, 벼슬이 太大舒發翰이었던 김유신을 가리키는 말이다.
47) 군위군·상주대학교 부설 산업과학기술연구소, 『효령사 종합 정비 계획』, 2003, 10쪽.

죽어 자손이 없으며, 혹은 애기를 낳다가도 죽는다. 혹은 벼락을 맞아 죽기도 하고, 혹은 벼랑에서 떨어져 죽기도 한다. 이 같은 유가 얼마나 되는지 모른다. 외로운 혼이 의탁할 곳이 없고 제사도 받아먹지 못하니, 죽은 혼이 흩어지지 않고 맺혀서 요망한 짓을 한다. 이러므로 성황에 고하여 뭇 귀신을 불러 모아서, 맑은 술과 여러 가지 음식으로 권해 드리니, 너희들 여러 귀신은 이 음식을 잘 먹고 厲疫과 재앙으로써 사람의 和氣를 해치지 말라.'고 하였다.

또 城隍發告祝에 "오는 모월 모일 北郊에서 壇을 베풀고 의탁할 데 없는 온 경내 귀신을 제사하려 한다. 城隍神은 힘껏 불러 모아서 祭壇으로 나아가라."고 하였으니, 성황이란 厲祭로서 큰 것이다. 뭇 귀신을 불러 모아서 함께 흠향하도록 한 것이다.

程子는 "지금 성황신 따위에게 제사지내는 것은 모두가 부당한 일이다"라 하고 또 "성황신이란 土地를 맡은 귀신이 아니고 社稷을 맡았을 뿐인데, 어찌 토지신으로 대우할 수 있겠는가?"라고 하였다. 이는 비록 非禮라고 말했지만 后土神 따위를 가리킨 듯하니, 우리나라의 祝辭와는 조금 다르다.

城隍이란 글자는 본래 『주역』泰卦의 上六 爻辭에서 나왔는데, 城池를 이름이니, 傳에 이른바 "해자[隍]의 흙을 파서 높이 쌓아 성을 만든다."라는 것이 바로 이것이다. 추측컨대 성지란 사람들이 모여 사는 곳이므로, 그 신에게 제사를 지내서 옳게 죽지 못한 뭇 귀신을 통솔하도록 한 것인 듯하다.

상고하건대 陸游가 지은 鎭江府城隍忠祐廟記에 "漢 나라 장수 紀信이 그 지방의 성황신이 되었다. 이미 성황이라고 하였으니, 어찌 또 다른 귀신이 있어 주장을 할 수 있겠는가?"라 하고, 또 寧城縣城隍祠記에 "성황신이란 백성을 보호하고 姦通을 금하며 내외를 분별 있게 하는 것이니, 사람에게 베푸는 공이 가장 크다. 당나라 때부터 각 고을에서 성황의 제사를 딴 神祠보다 앞세우게 되었으니, 그 예가 또한 중하지 않으랴?"라고 하였으니, 육유의 말은 이처럼 앞뒤가 맞지 않는다.

『輿地勝覽』에 "壯節公 申崇謙이 죽어서 谷城縣城隍神이 되고, 金洪術이 義城城隍神이 되고, 蘇定方이 大興城隍神이 되었다."라고 하였다. 이런 따위는 다 기록할 수 없는데, 기신이 鎭江의 성황신이 된 예와 같으니, 그 일은 괴이하다.

대개 사직이란 것은 土穀을 맡은 귀신이다. 『左傳』에 "共工氏의 아들 句龍은 죽어서 후토신이 되었으니, 후토란 社를 맡은 것이고, 烈山氏의 아들 柱는 죽어서 稷神이 되었는데, 夏나라 전부터 제사지내

주었고, 周棄도 죽어서 직신이 되었는데, 이는 商나라 때부터 제사지
내 주었다."라고 하였다.

이는 추측컨대 句龍과 棄가 죽어서 사직 맡은 귀신이 되었다 할지
라도 그는 본래의 土穀神에게 배향[配食]했을 뿐이고 참으로 토곡신
이 된 것은 아닌 듯하고, 위에 말한 기신 같은 무리도 처음에는 모두
성황신에게 배향한 것인데, 후인들이 그 본래의 사실을 모르고 망령되
이 사람 죽은 귀신을 성황신으로 만든 것인 듯하다.

내가 安山 고을에서 살 적에 하루는 郡守 아무가 鄕座首를 보내서
"厲祭 날짜가 임박하기에 位牌를 열어 본즉 折衝將軍이라고 씌어져
있으니, 이를 어떻게 해야 되겠습니까?"라고 묻기에, 나는 다만 국전
[時典]인『五禮儀』에 의거해서 답했을 뿐이다. 折衝이란 칭호는 잘못
된 것을 답습한 듯싶은데, 그 사람은 그 후에 과연 어떻게 처리했는지
모르겠으나, 이는 반드시 谷城・義城의 규례를 따라 잘못 사용하고 고
치지 않은 것이리라. 비록 사람이 죽어서 토곡신에게 배향한다 할지라
도 어찌 성황신 위패에다 바로 쓸 리가 있겠는가?

우리나라 풍속은 귀신 섬기기를 좋아하여 혹은 꽃 장대에 종이로 만
든 돈을 어지럽게 걸고 마을마다 무당이 돌아다니면서 성황신이라고
한다. 백성을 속이고 재물을 빼앗아내는 계획을 하는데, 어리석은 백성
은 이것이 두려워서 앞을 다투어 갖다 바친다. 그런데 관청에서는 금하
지 않으니 참으로 괴이하다.

또 마을 무당들은 萬明神을 높이 받들어, 백성이 질병이나 재앙이
있으면 이 만명신에게 빈다. 어떤 이는 "만명신이란 곧 신라 김유신의
어머니로, 야합해서 舒玄에게 시집간 자이다."라고 한다. 이를 받드는
자는 반드시 큰 거울을 비축하여 거울이 꼭 온 모습을 보이게 하니, 이
것은 혹 신라 풍속이 그런 듯싶다. 저 야합하여 시집간 여자의 귀신이
어찌 천년이 되도록 없어지지 않을 이치가 있겠는가?

섬 백성들은 더욱 淫祠를 숭상한다. 濟州 같은 데는 이 음사가 없는
마을이 없다. 이를 지키는 자는 이익이 많은 까닭에 「官稅 역시 많았다」
參議 李衡祥이 濟州牧使로 있을 때에 음사를 모두 불태워 버렸더니,
백성들은 모두 놀랐다. 그가 (임기를 마치고) 돌아갈 때에는 모두들 저
는 반드시 물에 빠져 죽을 것이라고 생각했는데, 그가 바다를 무사히
건너게 되자 이상하게 여기지 않는 이가 없었다 한다.

日本의 풍속에서는 더욱 심하니, 熊野의 徐福이 가장 오래 된 것이
고, 新羅 사람 日羅 같은 이는 愛宕의 權現神이 되었는데, 복을 구하
는 자들이 몰려들어 그 神門이 저자와 같다고 한다.[48]

김유신의 어머니 萬明이 신으로 떠받들여져 마을 무당이 섬긴다는 성
호 이익의 말, 그리고 만명이 김유신을 낳아 태를 묻은 태령산에 김유신
사가 신라 때부터 존재하였다는 점, 그리고 강릉 화부산의 김유신사가
성황사와 합쳐졌다는 점에서 군위의 김유신사는 성황사의 성격을 갖고
있으며, 성황사의 신격으로 이 지역의 뚜렷한 인물이 부각되지 않은 점
에서 김유신이 백제정벌을 나서면서 이곳에 머물었던 점에 기대어 신격
으로 떠받들어졌음을 알 수 있다.[49]

군위의 김유신사에 관한 李圭景의 『五洲衍文長箋散稿』를 살펴보면
"경상도 군위현에 김유신신사가 있는데 거기에는 그의 어머니 만명도 모
신다. 무녀들은 만명을 섬기고 신당에는 명도라는 구리거울을 걸어 놓았
다"라고 한 바와 같이 김유신사에는 그의 어머니 만명도 모셨을 것이다.
그것은 다음의 사료를 통해서도 확인된다.

> O. 春官(『주례』의 한 편명)에, "司巫가 喪事 때에 巫降의 예를 맡았다."
> 하였고 주에는, '降은 내린다[下]는 뜻이며, 무당[巫]이 神을 내리게
> 하는 예는 지금 세상에서 사람이 죽어 斂한 뒤에 무당을 불러 길귀신
> [禓]을 내리게 하는 것이 그 遺禮이다.' 하였는데, 이는 성인의 뜻이
> 아닐 것이다. 내가 보건대, 시골 무당이 노래와 춤으로 亡魂을 불러 망
> 혼의 말을 흉내내면서 어리석은 세속인을 유혹하여 재물을 사취하니,
> 마땅히 나라에서 법으로 금지하여 없애야 할 것인데, 어찌 도리어 경전
> 에 보였단 말인가? 또 보건대, 우리나라 풍속이 귀신 섬기기를 좋아한
> 다. 그 중에 萬明이라는 것은 곧 신라 김유신의 어머니인데 신을 섬기
> 는 자가 반드시 가운데가 뾰죽한 큰 面鏡을 만들어 쓰며, 王神이란 것
> 은 首露王을 가리킨 것 같다. 이는 왕이 가장 영검하고 괴이한 것을
> 나타내었기 때문인데, 신을 섬기는 자가 반드시 裌翼衣를 만들어 입는

48) 『성호사설』 권4, 萬物門 城隍廟.
49) 지방에서 그 지방의 대표적 인물, 혹은 인연있는 인물을 떠받드는 '神祠'와 '城
隍神'과의 관계는 별고를 통해 다룰 예정이다.

다. 철익이란 지금 武士가 입는 衣裳으로, 서로 연결된 것인데 허리춤
에는 주름이 있어 玄端服과 같고, 양쪽 겨드랑은 한데 꿰매어져 深衣
와 같고, 넓은 소매에는 끝동이 없어 爛衫과 같은 것이다. 이 면경과
옷은 반드시 당시의 제도인데 지금까지 유전해 온 것이다. 그러나 이런
신들이 어찌 수천 년이 지나도록 뚜렷하여 영검하고 괴이한 것을 나타
낼 이치가 있겠는가? 기도하고 제사하여 혹시 감응을 얻었다는 것도
전혀 戱魔의 농락에 불과한 것인데, 어리석은 백성들이 속은 것이다.
밝고 지혜 있는 자는 스스로 알아야 한다.[50]

위의 기록을 근거로 하여 신라 때부터 존재하였던 김유신사는 고려 및
조선초, 중기까지 김유신과 그 어머니 만명을 함께 모시는 사당의 성격
이 강하였을 것이다. 그러다가 조선 중기 이후 주자성리학이 뿌리박히게
되면서 만명이 구축되고 향사대상이 되는 인물을 배출한 문중으로 儀禮
移管 등이 일어나는 등 유교적 사당으로서의 면모를 일신하게 되었다고
보아야 할 것이다.

5. 맺음말

『삼국사기』 김유신 열전의 다음 기록에 주목하여

> P. (향을 피우며 김유신이) 기도하기를 "天官께서 빛을 드리워 寶劍에 신
> 령한 기운을 내려 주소서!"라고 하니 3일째 되는 밤에 虛·角 두 별이
> 찬란히 빛을 발하며 아래로 내려오니 劍이 마치 요동을 치는 듯했다.[51]

신령에 감응한 칼이 요동을 쳤다는 언급에서 내림굿에서 接神한 상태

---

50) 『성호사설』 권13, 人事門 下褅亡魂.
51) 『삼국사기』 권41, 열전1 김유신 상.

의 무당을 연상하면서 "김유신은 보검을 통해 접신을 경험하고 있는 셈이며, 그 접하는 신은 다름 아닌 虛·角의 두 星神이었던 것이다. 김유신이 접신, 강신하는 통로로 이용하는 칼은 요즘도 한국사회 무당들에게는 버릴 수 없는 법구 중 하나다"[52]라는 지적과 연관시켜볼 때 만명과 김유신을 모신 김유신사가 신라 때부터 비롯되었다고 볼 수 있다. 나말려초 지방세력의 대두, 후삼국에 따른 지방행정체계의 성립, 성씨의 보급 과정에서 나말려초의 호족들이 성황신으로 떠받들여졌지만 金庾信神祠의 경우 김유신과 그의 어머니인 만명이 떠받들여졌다는 점이 특징이다. 그런 점에서 무당에서 접신의 도구로서의 寶劍과 面鏡은 김유신의 접신과 그 어머니 만명에게서 유래하였다고 추측할 수 있을 것이다. 고려시대까지만 하더라도 부모양계적인 친속구조를 갖고 있었기 때문에 김유신사, 성황사에서는 김유신과 만명이 모셔지고, 그 유풍이 무당사회에서의 보검과 면경으로 이어졌다고 볼 수 있다. 다만 조선 중기 이후 주자성리학이 뿌리박히게 되면서 만명이 구축되고 향사대상이 되는 인물을 배출한 문중으로 儀禮 移管 등이 일어나는 등 유교적 사당으로서의 면모를 일신하게 되었고, 만명은 무당에게서 떠받들어지는 분기가 일어났다고 볼 수 있을 것이다. 그렇지만 서울의 용산 보광동의 김유신 장군 사당굿이 1월 1일에 和解同參과 解冤上生의 목적에서 명화전에서 이루어지고 있음은 주목된다.

『삼국유사』를 살펴보면 김유신의 위대함을 聖神, 33天의 아들, 天神, 七曜의 정기를 타고난 인물, 興武大王 등으로 다양하게 표현되고 있다. 그런 영웅적 면모를 보인 김유신은 사후 자신의 후손의 신원을 위해 혜공왕 대에 미추왕릉에 들어가 죽엽군을 이끌고 호소하는 모습으로 나타

---

52) 김태식, 「方士로서의 김유신 - 도교교단으로서의 화랑 탐구를 겸하여 - 」『신라사학보』 11, 2007, 85~86쪽.

난다. 이처럼 김유신은 사후에 두 가지 성격의 신적 존재로 顯現한다. 김유신의 사후 혼령은 天神의 호국적 성격과 자손에게 음덕을 베푸는 조상신의 이원적 성격으로 나타난다.[53] 그것은 김유신에 대한 추숭이 국가적 입장에서 이루어진 것과 함께 김유신 후손들의 족적 결집을 위한 입장에서 이루어졌다는 것을 반영하는 것일 것이다. 그리고 김유신사에서 만명이 모셔진 것도 김유신 후손의 입장에서 김유신의 어머니가 왕족이었다는 점을 내세우려는 의도에서 함께 모셔졌을 것이라는 추정을 해볼 수 있을 것이다.

---

53) 박대복, 앞의 논문, 2006, 169~203쪽.

한국문화와 김유신의 재현 양상

임 선 애*

1. 머리말─두 명의 김유신

역사 기록물에 의하면 김유신은 영웅과 모략가라는 배치되는 단어로 평가되는 인물이다. 그 연원은 『삼국사기』, 『삼국유사』 등의 기록과 『조선상고사』의 주장[1]이 대조를 이루는 데서 찾을 수 있다. 전자의 기록에서 보면 김유신은 삼국통일의 위업을 완수한 위대한 인물이지만, 후자의 주장에 이르면 김유신은 민족(고구려와 백제)을 배반한 인물로 기록되고 있다. 김유신에 대한 평가의 양극화 현상은 이후 지금까지 한국문화 속에 조명되는 김유신의 재현에도 커다란 영향을 끼치게 된다. 신채호는 일찍부터 역사 자체를 인위적인 구성물(construct) 또는 특정집단을 위한 이해관계(ideology)의 반영물[2]로 보며 김부식의 史觀을 뒤엎는데, 그의

---

* 대구가톨릭대학교 교양교육원 교수

1) 신채호, 『조선상고사』, 박기봉 옮김, 비봉출판사, 2006, 510쪽. "김유신은 지략과 용기가 있는 명장이 아니라 음험하고 무서운 정치가였으며, 그 평생의 공은 전쟁터에 있지 않고 음모로 적국을 혼란에 빠뜨린 데 있었던 사람이다".
2) 포스트모던 시대 역사학의 성격이다(임상우, 『서양사론』 71, 2001, 198쪽).

사관은 후일 남북한 역사학계 및 문화텍스트 생산에 영향을 끼친다. 1970년대를 기점으로 김유신에 대한 평가는 남북한이 차이를 보인다. 1970년대 북한 역사학계의 분위기를 보면 김유신은 '봉건통치배'로, 1980년대에는 당나라와 함께 타도되어야 할 '침략세력'으로 규정되고 있다. 또 '고구려=주체정권, 신라=반민족정권'이라는 도식을 만들며 김유신을 역사의 반역아3)로 몰고 있다.

남한에서는 김유신에 대해 긍정적인 평가가 주를 이루었는데, 신채호 사관의 연속선상에서 김유신을 부정적으로 평가하는 경우4)도 있었다. 현재는 북한처럼 부정 일변도의 평가가 아닌 긍정과 부정이 함께 공존하는 듯하지만, 동시대의 최치원, 장보고 등의 연구5)에 비하면 김유신에 대한 연구가 인색하기 그지없는 형편으로 보아 사회 저변에 흐르는 신채호 사관의 후유증은 심각한 편이라고 할 수 있다. 이런 현상은 문화텍스트 제작으로 전이되어 여타의 신라 인물들보다 김유신 관련 재현물은 수적으로 적은 편이다. 최근에 주몽, 연개소문, 대조영 등 고구려 영웅들을 중심으로 제작되는 문화텍스트들의 유행은 중국의 동북공정6)에 대한 문화계의 정치적 대응으로 볼 수 있다. 그들이 내세우는 고구려정통설의 근간에는 신채호 사관이 있고, 고구려 중심의 역사 편에서 제작된 문화텍스트들은 신라와 백제를 비하시키는 또 다른 모순에 빠지고 만다. 순환되는 역사적 아이러니의 진행 과정에서 형성되는 영웅/역적, 선/악의 위치이동은

---

3) 강봉룡, 「김유신 – 사대주의자인가 통일공신인가」, 『역사비평』 가을호, 1993, 210~211쪽.

4) 김영하, 「단재 신채호의 신라삼국통일론」, 『민족문화연구』 17, 1984 ; 김영하, 「신라 삼국통일론은 타당한가」, 『역사비평』 봄호, 1993.

5) 이들에 대해서는 단행본 연구서들이 있을 정도로 연구자의 수가 많음에 비해 김유신 연구는 빈약하다.

6) 최광식, 『중국의 고구려사 왜곡』, 살림, 2004, 3쪽.

학교교육의 내용과 불일치를 보이며 토론문화를 형성7)하기도 한다.

신채호는 민족의식을 이데올로기로 내세우며 「을지문덕」, 「이순신」 등의 역사소설을 발표하고 김유신 거세작업의 모범을 보였다. 그 영향은 문학계로 전이되어 1920~1930년대에 이광수의 「단종애사」, 「이순신」, 「마의태자」, 김동인의 「대수양」, 박종화의 「목메이는 여자」, 현진건의 「무영탑」 등의 역사소설이 씌어져 유행하면서도 김유신은 그 인기작가들의 소설에 등장할 수 없었다. 그 이후 김유신의 문화적 재현은 간헐적이고 산발적으로 진행되고 있다. 근대 이전에 생산된 김유신 소재 문화텍스트는 문학의 영역으로 한정되었기 때문에 그 정리 결과를 어느 정도 분명하게 볼 수 있다. 조선조 후기부터 책으로 만들어져 유통되기 시작한 고소설 「김유신전」류는 동일본을 포함해서 26종의 이본이 있고 표기형태에 따라 한문본, 현토본, 국한문혼용본, 국문본으로 구분되며, 서사의 종류는 「흥무왕연의」 중심의 사실계열의 창작과 「실나국 흥무왕전」 중심의 설화계열의 창작으로 나뉜다.8) 근대공간 독자들의 취미가 고소설 쪽에 치우친 점9)으로 미루어 보면 이 텍스트들도 이후 오랫동안 향유자(독자와 청자)를 확보했을 것으로 짐작된다.

근대를 기점으로 김유신 서사의 문화적 재현에서 보이는 특징은 간헐성과 산발성 이외에도 장르의 다양한 실험을 들 수 있다. 김유신은 역사소설을 넘어 연극, 뮤지컬, TV 드라마, 영화, 비디오아트, 게임, 애니메이

---

7) 드라마의 역사성 문제를 두고 네티즌들의 찬반토론이 활발하게 이루어지고 있다. 「연개소문」의 경우 시청자 의견란에 32,997개의 의견이 있음은 그 예이다.

8) 안영훈, 「'김유신전'의 두 계열과 창작 양상」, 『어문론총』 41, 2004.

9) 경찰관리가 순서 없이 나열한 소설의 목록은 다음과 같다. 『옥중화』, 『삼국지』, 『구운몽』, 『소대성전』, 『사민전』, 『심청전』, 『옥루몽』, 『사랑의 불꽃』, 『쌍옥루』, 『강명화 실기』, 『춘향전』, 『민자명족』, 『옥린몽』, 『수호지』, 『유충렬전』, 『수허전』, 『용문전』, 『열녀전』, 『추월색전』, 『무정』, 『해왕국성』(천정환, 『근대의 책 읽기』, 푸른 역사, 2003, 91쪽).

션, 전자책(e-book) 등에 이르기까지 여러 매체에서 다양하게 재현되고 있다. 정치학적인 굴곡에도 불구하고 김유신은 다양한 문화장르에서 가끔씩 또는 느리게 부활해서 때론 주인공으로, 때론 부차적인 인물로 등장하고 있었다. 그 과정에서 문화텍스트는 역사학에서 이야기 되는 긍정과 부정의 서사를 넘어서며 인간 김유신의 내면을 천착하기 위해 노력하는 모습으로까지 나아가고 있음을 볼 수 있다. 지금까지 문화 분야에서 김유신의 연구는 고소설 전공자들을 중심으로 「김유신전」 류에 치중10)되어 진행되었으며, 근대 이후 문화텍스트의 다양한 장르에 대한 정리조차도 없으며 본격적인 연구는 찾아볼 수가 없다. 이 글의 목적은 근대 이후 김유신 사료들과 설화들을 근간으로 제작된 문화텍스트들의 산만한 유통현황을 정리·개관함으로써 김유신 관련 문화텍스트 연구의 기초를 다지는 데 있다. 나아가 그 과정에서 보이는 문화 현상들의 문제점들을 살핌으로써 바람직한 김유신 캐릭터 창조의 비전을 제시해 보려고 한다.

2. 김유신과 문화텍스트의 제작 현황

김유신은 595~673년에 존재했던 실존인물로 현대인들은 역사기록물 또는 문화텍스트를 통해서 그를 만난다. 『삼국사기』와 『삼국유사』 등의 기록에 의해서 짐작할 수 있는 김유신은 傳 또는 역사소설, 연극, 뮤지컬, TV 드라마, 영화, 비디오아트, 게임, 애니메이션, 전자책(e-book) 등에 이

---

10) 임형택, 「『삼국사기』 열전의 문학성」, 『한국한문학연구』, 한국한문학회, 1989 ; 안영훈, 「김유신설화의 전승양상」, 『한국의 민속과 문화』, 경희대 민속학연구소, 2000 ; 안영훈, 「'김유신전'의 두 계열과 창작 양상」, 『어문론총』 41, 2004 ; 안창수, 「『김유신전』의 서사문학적 특성」, 『한민족어문학』 44집, 2004.

르기까지 여러 문화텍스트에 등장하여 민족의 영웅 또는 민족의 반역자
등 상반된 이미지의 캐릭터로 창조되기도 하고, 정치성을 제거한 인간
김유신의 고뇌를 보여주는 캐릭터로 창조되기도 한다. 김유신을 소재로
제작된 문화텍스트를 수집 정리해서 <표>로 정리하면 다음과 같다.

연도	장르	작가 또는 제작자	제목	출판사 및 공연장	비고
1943	역사소설	윤승한	김유신	숭문사	장편
1944	역사소설	이동규	대각간 김유신	명문당	장편
1947	역사소설	주요섭	KIM YUSIN	상호출판사	장편
1950	연극	유치진	원술랑	국립극장	현재 중학교 2학년 교과서에 희곡 수록
1967	역사소설	황순원	차라리 내 목을		단편
1968	역사소설	김 송	김유신	대한지방행정 공제회	장편
1974	시	서정주	말피	시문학사	
1980	시	서정주	김유신장군 1·2	문학사상사	
1986	시	강인한	김유신에게— 아아 역사여·1	나남	
1986	오페라	오숙자	원술랑	서울오페라단, 세종문화회관 대강당	김유신의 아들 원술이 주인공
1992	비디오아트	백남준	김유신	뉴욕	
1995	비소설적 소설	최보식	김유신 장군 무덤에서 뛰쳐나오다	조선일보사	
1998	연극	홍원기 대본·연출	천마	인혁 (대학로 학전소극장	
2001	영상매체	KBS 역사스페셜	김유신은 왜 천관녀를 버렸나	전파방송	

연도	장르	작가 또는 제작자	제목	출판사 및 공연장	비고
2002	오페라	오숙자	사랑하는 내아들아-김유신과 화랑 원술	예술의 전당	1986의 오페라를 개작
2003	록 뮤지컬	이재현(대본)/송시현(음악)	매소성의 꽃송이	순회공연	원술이 주인공
2003	영화	이준기	황산벌	씨네월드	계백과 공동 주인공
2003	게임	H.Q 팀	천년의 신화 2	컴퓨터 온라인	계백, 연개소문과 공동 주인공
2003	국악뮤지컬	최현묵	강은 강을 만나 바다로 간다	대구문화 예술회관	유니버시아드 기념 축하공연
2005	역사소설	박태성	홍무대왕 김유신	강원일보사 출판국	이동규 소설과 유사
2005	영상매체	KBS 역사스페셜	김유신이 왕이 된 까닭은	전파방송	
2006	역사소설	김정산	삼한지	예담	대하장편, 10권
2006 ~2007	TV 드라마	이환경 이종한	연개소문	전파방송	연개소문이 주인공
2007	E-BOOK	조이닷컴 (주)	김유신		인터넷 공간에서 교육매체로 제작

위의 <표>에서 볼 때 김유신 관련 문화텍스트는 장르의 확장이라는 역사성을 가진다. 근대를 지배한 민족사관이 계몽담론으로 확산되던 시기에는 보이지 않다가 1940년대에 윤승한, 이동규, 주요섭 등의 작가를 만나서 그의 위업이 문화 속에 재현되는 기회를 얻는다. 1943년 윤승한의 역사소설 「김유신」, 1944년 이동규의 역사소설 「대각간 김유신」, 1947년 주요섭의 영문소설 「KIM YUSIN」11) 등의 문학텍스트 속에 머

---

11) 1947년 상호출판사에서 출판되었고, 지금은 삼성출판박물관에 소장 중인 도서로 시중에서는 구하기 어려운 실정이다.

무르던 김유신이, 1950년에 유치진의 희곡 「원술랑」을 만나 연극무대에
오름으로써 김유신 텍스트의 장르적 확장을 볼 수 있다. 한참 후, 1967년
에 황순원의 역사소설 「차라리 내 목을」은 장편으로 김유신을 재현해야
한다는 기존의 편견을 넘어 단편으로도 김유신의 특성을 보여줄 수 있음
을 과시한 작품이다. 1968년에 김송의 역사소설 「김유신」은 설화를 중심
으로 하는 윤승한 소설의 맥을 잇는다.

　1974년과 1980년에 신라정신을 노래한 시인 서정주를 만나 시 「말피」,
「김유신장군 1·2」에서 김유신은 칭송되고, 서정주와는 배치된 사관을
가진 1986년 시인 강인한을 만나 시 「김유신에게 – 아아 역사여·1」에서
고구려 영토확장을 가로 막은 민족의 역적으로 비하 된다. 1986년 유치
진의 희곡 「원술랑」은 오숙자의 「사랑하는 내 아들아」라는 오페라로 변
용되어 장르의 확장을 보인다. 1995년 최보식의 비소설적 소설 「김유신
무덤에서 뛰쳐나오다」에서 김유신은 통일의 지혜를 가진 인물로, 1998
년 홍원기 대본과 연출의 연극 「천마」에서 김유신은 통일의 일등공신으
로 떠오른다.

　2002년 오숙자의 오페라가 다시 공연되고, 2003년에는 김유신 관련 문
화텍스트가 영화 「황산벌」, 게임 「천년의 신화 2」, 록 뮤지컬 「매소성의
꽃송이」, 국악 뮤지컬 「강은 강을 만나 바다로 간다」 등 4개의 장르로 확
대 제작됨으로써 김유신텍스트의 확장은 절정에 이른다. 이들에서 보이는
김유신은 영웅으로 재현되며, 특히 「황산벌」에 등장하는 김유신은 경상
도 방언으로 재현되었다는 점이 특이하다. 2005년 박태성의 역사소설 「흥
무대왕 김유신」은 이동규의 소설과 너무 닮아 있고, 2006~2007년 TV드
라마 「연개소문」에서는 고구려 역사 중심으로 전개됨으로 김유신은 부
차적인 인물로 재현되고 있다. 2006년 김정산의 역사소설 「삼한지」는
신라 중심의 서사 전개로 김유신의 영웅적인 면모가 재현되고 있다.

2007년 홍원기 대본과 이기도 연출의 연극 「천마」의 공연은 1998에 공연된 「천마」와는 많은 차이를 보이고 있다. 제작팀의 인간 김유신을 그리려는 노력은 지금까지의 텍스트들이 긍정 또는 부정으로 재현해 낸 김유신 캐릭터 보다는 진보된 캐릭터를 창조하는 결과를 낳았다고 할 수 있다. 외에도 각종의 어린이 위인전, 애니메이션, 사이버공간의 전자책(e-Book) 등에서 교육매체로 제작되어 김유신의 영웅적인 면모를 재현하고 있다.

3. 문화텍스트와 김유신의 재현 양상

1) 시와 소설

신라정신의 탐구에 열정을 쏟은 시인 서정주는 「말피」,12) 「김유신 장군 1, 2」13) 등에서 김유신을 소재로 하는 시를 쓴다. 「말피」는 『동국여지승람 제21 경주부』에 실린 천관녀 설화를 근간으로 창작된 시이다. 화랑도 시절 김유신이 실천했던 이별법을 칭송하고 있다. 시적 화자는 사랑과 국가의 경계에 선 김유신이 말목을 벰으로써 사랑을 버리고 국가를 택하는14) 강한 결단력을 칭송하면서 시세의 '시시껄렁한' 이별풍속을 비판하고 있다. 김유신이 떠나자 괴로움을 달래기 위해서 비구니가 되어 평생 김유신을 위해 기도했다는 이야기를 비롯해서 그녀의 이야기는 여러 각도에서 해석되며 전해지고 있다. 서정주의 이 시는 설화에서 볼 수

---

12) 서정주, 『미당 서정주 시전집』 1, 민음사, 1991, 295쪽.

13) 서정주, 위의 책, 1991, 606~607쪽.

14) 정형근, 「기억의 시화와 그 변용 과정」, 김학동 외, 『서정주 연구』, 새문사, 2005, 174쪽.

있는 삼국시대 신라의 김유신과 천관녀 이별이야기를 소재로 하고 있다. 여기서 사랑을 애국심의 하위에 배치하는 김유신의 사랑법을 칭송함으로써 국가주의에 투철한 김유신을 재현하고 있다.

「김유신장군 1, 2」에서는 시의 제목에서도 볼 수 있듯이 용맹과 자존심을 가진 장군 김유신이 시의 소재가 되고 있다. 「김유신장군 1」에 등장하는 김알천은 『삼국사기』에 기록된 인물15)로, 회의장으로 뛰어든 호랑이를 그냥 앉은 채로 꼬리를 잡아서 휘둘러 메칠 만큼 용력이 대단하다는 설화를 가지는 인물이다. 그는 선덕·진덕여왕 시절 대장군, 상대등 등 중직을 역임하면서 정치적으로 신라 왕족의 구심점이었으며, 진덕여왕 사후에는 왕위계승자 순위 1위로 지목되었던 인물이다. 김알천은 김유신이 김춘추를 지지하는 분위기를 보이자 김춘추에게 왕위를 양보한 인물이라고 한다. 김알천과 김유신은 당대 권력정치의 라이벌이었지만 김알천이 김유신의 권력을 넘어설 수 없을 만큼 김유신의 정치적 입지가 컸음을 알 수 있는 일화이다. 「김유신장군 1」의 화자는 김알천보다 김유신이 더 힘이 세다고 말한다. 이 때의 힘은 중의성을 가진 힘으로 신체적인 힘뿐만 아니라 정치정인 힘도 포함된다고 봐야한다. 결국 서정주는 이 시에서 삼국통일의 바탕이 된 신체적인 힘과 정치적인 힘이 강한 김유신을 재현하고 있다.

「김유신장군 2」에서 시적 화자는 비록 당나라의 힘을 빌려서 백제와

---

15) 永徽 5년(654) 진덕대왕이 죽고 후계자가 없자 유신은 재상 이찬 閼川과 논의하여 이찬 춘추를 맞이하여 즉위하게 하니 이가 바로 태종대왕이다. 『삼국사기』 권42, 열전2 김유신 中. "永徽五年 眞德大王薨 無嗣 庾信與宰相閼川伊湌謀 迎春秋伊湌 即位 是爲太宗大王". 『삼국사기』 인용은 한국학중앙연구원 홈페이지 한국학정보마당에 저장된 『삼국사기』 DB(http://www. koreandb.net)를 이용하였다. 이하 『삼국사기』 인용은 한국학중앙연구원 자료를 사용하므로 출처는 생략한다.

싸우지만 소정방도 그를 두려워할만한 자존심을 가진 김유신 장군을 칭
송하고 있다.

> 김유신장군 2
> 신라가 당군의 후원을 얻어
> 백제를 정복하고 있노라니까
> 당군은 어느 사이 두 마음을 먹구서
> 신라까지 쳐부셔 보자 쑥덕이고 있는지라.
> 태종이 「어쩔 건가?」 유신더러 물으니
> 유신은 단숨에 대답하고 있었다.
> 「개는 주인을 잘 따르지만
> 주인이 그 발목까지 밟으면
> 성내서 그 주인도 무는 겁니다.
> 개도 그렇건대, 우린 말짱한 사람입네다.
> 싸웁시다. 싸워서 이겨 냅시다.」
> 그래서 당장 소정방이도 이 기운에 기겁해
> 그대로 돌아가서 당황제에게 아뢰었다.
> 「신라에 지금처럼 신하와 왕이 살아 있는 한
> 우리 뜻대로는 절대 안되옵니다!
> 절대로 절대로 절대로 안되옵니다!」
> 『삼국사기』 열전2, 김유신 (중).

　　위의 시는 『삼국사기』 열전2에 기록된 김유신과 소정방에 관한 사적
을 제재로 쓴 시이다. 신라왕조는 당나라가 애초에 신라와 연합해서 백
제를 친 후 신라를 치기로 작정하고 왔다는 사실을 알아낸다. 무열왕은
당나라와 싸울 것을 망설이지만 김유신은 주인에게 충성을 상징하는 동
물인 개의 서사를 인용하며 당과 대적할 것을 주장한다. 소정방은 김유
신의 대항담론을 엿듣고 기가 질려 당나라로 돌아가서 "신라는 그 임금
이 어질어 백성을 사랑하고, 그 신하들은 충성으로 나라를 섬기어 아랫
사람이 윗사람을 부형처럼 섬기니 비록 작은 나라이지만 도모할 수가 없
었습니다"[16]라며 천자를 달랬다고 전한다. 당나라의 힘은 빌리지만 당나

라의 속국이 되기를 거부한 김유신의 일화는 자주외교의 전범이 될 만하다. 결국 서정주는 「김유신장군 1, 2」에서 최강의 권력과 자존심을 가진 장군 김유신을 재현하고 있다.

　민족의 영웅 김유신을 노래한 서정주와는 반대 입장에 선 강인한 시인은 「김유신에게 — 아아 역사여·1」(1986)라는 시에서 김유신을 강도 높게 비판하고 있다.

> 김유신에게 — 아아 역사여·1
> 庾信, 그대의 칼은
> 잘못이었어
> 갈대 숲에서 땔거리를 자르거나
> 낙동강에서 은어 회나 칠 걸
> 정말 잘못이었어
> 칼은 누가 쥐는가
> 누가 칼을 쥐어야 하는가를
> 그대는 모르고 있었어.
> 저 푸르고 기름진 대륙에의 꿈을
> 무참하게 베어버린
> 庾信, 그대의 칼은
> 차라리 푸줏간에서 뻘건 말고기나
> 자르고 있을 걸.
> 푸짐한 덤을 얹어서 우리들의 쓸개를 잘라서
> 주린 개에게 던져준 일
> 천번 만번 억울한 잘못이었어
> 칼은 누가 쥐는가
> 누가 칼을 쥐어야만 하는가를

16) 『삼국사기』 권42, 열전2 김유신 中. "庾信曰 犬畏其主 而主踏其脚 則咬之 豈可遇難 而不自救乎 請大王許之 唐人諜知我有備 虜百濟王及臣寮九十三人·卒二萬人 以九月三日 自泗沘泛船而歸 留郎將劉仁願等 鎭守之 定方旣獻俘 天子慰藉之日 何不因而伐新羅 定方曰 新羅其君仁而愛民 其臣忠以事國 下之人事其上如父兄 雖小不可謀也".

　　庾信, 그대는 정말 모르고 있었어.

　위의 시에서 화자는 독백의 형식으로 김유신을 꾸짖고 있다. 화자는
김유신을 친구처럼 '유신', '그대' 등으로 호명하며 김유신의 '잘못'을 나
무라고 있다. 화자가 말하는 '그대의 칼'은 칼의 사용을 의미하며 삼국통
일 시 백제와 고구려를 쳤던 칼로 의미를 확장시킬 수 있는 칼이기도 하
다. 화자는 김유신의 칼을 '갈대 숲에서 땔거리를 자르는', '낙동강에서
은어회나 칠', '푸줏간에서 뻘건 말고기나 자를 칼'로 비하시키며 김유신
의 삼국통일을 비웃고 있다. 더 중요한 것은 김유신의 칼이 '저 푸르고
기름진 대륙에의 꿈을 무참하게 베어', '주린 개에게 던져준 일'을 했다
는 것이다. 대륙의 꿈을 가진 나라는 고구려, 주린 개는 당나라의 은유인
데, 화자는 김유신의 통일을 처음부터 끝까지 부정하고 있다. 강인한은
「김유신에게 ─아아 역사여·1」에서 민족의 정체성을 상실한 김유신을 재
현하고 있다.

　윤승한의 「김유신」, 이동규의 「대각간 김유신」, 황순원의 「차라리 내
목을」, 김송의 「김유신」, 최보식의 「김유신 무덤에서 뛰쳐나오다」, 박태
성의 「흥무대왕 김유신」, 김정산의 「삼한지」 등의 역사소설에서 김유신
을 만날 수 있다. 윤승한(1909~1950)은 한국문학사에 언급되지 않은 작
가로 그의 생애를 알기에는 어려움[17]이 많다. 친일과 반공의 혐의로 비

─────────────

17) 인터넷 검색에서 현재 시인으로 활동하고 있는 윤준경 시인의 부친이라는 정보
　　를 얻어 시인과 통화를 했지만, 보국대활동을 하다가 빨갱이로 몰려서 돌아가신
　　아버지를 기억해내기에는 시인의 나이가 너무 어렸기 때문에 윤승한에 대한 정
　　보는 부족했다. 1940년대 야담수집가로 유명했다는 말을 시인 황금찬 선생님께
　　들었다는 말로 미루어볼 때 윤승한은 야담 잡지였던 『백민』에 주로 발표했던
　　것 같다. 근대소설이 유행하던 시기, 고전읽을거리가 궁금하던 독자들에게 야담
　　형식으로 역사 이야기를 고안해 내서 독자들을 사로잡은 윤승한의 문학적인 성
　　과는 문학작품의 발굴과 함께 정당한 평가를 받아야 한다. 전화를 친절하게 받

운의 죽음을 맞이한 그는 「장희빈」, 「김유신」, 「대원군」, 「만향」, 「월광부」, 「조양홍」, 「석양홍」 등의 작품을 남겼다[18]고 하지만 구해 보기 힘들다. 「김유신」은 출세편, 구국편, 득세편 등 3편으로 구성되어 김유신의 일대기를 그리고 있다. 소설의 곳곳에서 보이는 설화적인 요소는 고소설을 선호하는 당대의 독자를 고려한 소설적 장치였을 것이다. 작가는 국가주의를 실천하는 김유신의 영웅적인 면을 부각시켜 재현하고 있다.

윤승한의 「김유신」이 설화를 근간으로 쓰인 소설이라면 이동규의 「대각간 김유신」은 『삼국사기』 열전을 근간으로 쓰인 소설로 두 작품은 대조를 이룬다. 이동규(1913~1951)는 월북작가로 윤승한 못지않게 정보수집이 어려운 작가이다. 1929년 카프의 맹원, 잡지『야담』의 사원으로 근무하기도 했으며, 「게시판과 벽소설」(집단, 1932.2), 「자유노동자」(제일선, 1932.12) 등을 썼고, 광복 후에는 조선프롤레타리아예술동맹에서 활동하다가 월북 후 한국전쟁기에 사망[19]했다. 「대각간 김유신」은 18개의 소제목[20]으로 구성되어 김유신의 일대기를 형상화하고 있다. 이 작품에서도 김유신은 영웅으로 재현되고 있다.

황순원(1915~2000)의 「차라리 내 목을」은 여타의 역사소설이 길이면에서 장편형식을 취하는 데 비해 이 작품은 단편이다. 김유신에게 목을 베여서 죽임을 당하고 싶은 말[馬]이 자신의 독백을 서술하는 의인체소설이다. '딱합니다. 정말 딱해 견딜 수가 없습니다. 우리 도련님이 그런 사람이었다니. … 이 너른 서라벌 천지에서 누구누구 해야 제일루 손꼽

아주신 윤준경 선생님께 지면을 빌어 고마움을 전하고 싶다.

18) 윤승한, 『장희빈』, 열매출판사, 2002, 저자소개 참조.

19) 권영민, 『한국현대문학대사전』, 서울대학교출판부, 2004, 676쪽.

20) 동자군, 용화향도, 천관, 보검과 준마, 어수의 사귐, 호응과 전승, 대야성의 한, 家水舊味, 비담의 난, 상승장군, 지소공주, 황산의 싸움, 사비의 낙일, 사라진 큰 빛, 畫犢畫鷺, 꺼지는 여진, 藏王의 白幡, 큰별은 떨어지다.

히는 남아인 우리 도련님. 재매정댁 김유신 도령하면 정말 의리 깊구 용맹하기 이른데없는 사나이였는데'리버 서식된다. '그런 사람이있나니'를 통해 '의리'와 '용맹'의 상관지수가 낮음을 알 수 있고 뒤에 배신이 따를 것이라는 것을 암시하고 있다. 과연 도련님은 영원한 사랑을 맹세한 천관녀를 배신하는 사건이 벌어진다. 말의 목소리는 배신의 이유를 김유신 가문의 '완전한 신라인되기' 중의 하나라고 전해 준다. 김춘추가 문희를 만나서 결혼에 이르게 하는 일조차도 그 맥락으로 이야기하고 있다. 이 작품에서 김유신은 완전한 신라인되기 프로젝트를 계획하고 그것을 단계적으로 수행하는 모략가로 재현되고 있다는 점에서 김유신에 관한 이전의 소설들과는 다른 새로운 문학적 상상력이라는 평가를 받고 있다.

김송(1909~1988)은 극작가이며 소설가로 호는 凡山, 본명은 玄松이며 함경남도 咸州에서 출생했다. 일본 니혼[日本]대학 예술과를 중퇴했고 1940년『인문평론』에 희곡「弄月」을 발표하면서 문인생활이 시작되었으며「산의 승패」,「호반의 비가」등의 희곡이 있다.「白民」,「남사당」,「市民史」등의 소설을 발표하기도 했다.[21] 그가 쓴「김유신」은 윤승한의「김유신」처럼 곳곳에 설화를 삽입해서 독자들에게 재미를 더해주는 소설이다. 이 작품도 김유신의 영웅적인 면모를 재현하고 있다.

『얼굴』(둥지, 1997),『최보식의 우리시대 사람산책』(생각의 나무, 2002) 등을 쓴 조선일보 최보식(1960~) 기자의「김유신 무덤에서 뛰쳐나오다」(1995)는 분단시대에 처한 우리에게 필요한 통일의 열쇠는 삼국을 통일한 김유신이 가지고 있다며, 모략가 김유신이 아닌 영웅 김유신임을 역설하며 김유신의 영웅적인 면모를 부각시켜 재현하고 있다. 박태성의「흥무대왕 김유신」은 이동규의 소설과 닮은 점이 많아서 생략한다. 김정산(1961~)의 10권으로 된「삼한지」는 '어느 나라든 영웅은 모두 후대가

---

21) 다음 문화원형백과사전 – 김송 편 참조(http://culturedic.daum.net/dictionary)

만든다. 그런 점에서 우리 선조들은 불행하고 우리도 불행하다. 반만년 역
사를 자랑하면서도 우리에겐 영웅이 너무 없기 때문이다. 세상에서 유례
가 드문 우리만의 수천 년 역사가 있다 한들 후대에 널리 회자되지 않는
역사란 무슨 의미가 있을 것인가'라는 탄식으로 소설의 출발점을 삼는다.
삼국 중에서도 신라의 김춘추와 김유신의 이야기가 서사의 많은 부분을
차지한다. 여기서도 김유신은 삼국통일의 위업을 완수한 영웅으로 재현되
고 있다.

2) 영화

영화 「황산벌」(2003)은 「왕의 남자」(2005), 「라디오 스타」(2006), 「즐
거운 인생」(2007) 등을 만든 이준익 감독의 작품이다. 그가 만든 영화들
은 다수의 관객을 확보함으로써 한국영화의 국내시장점유율을 높이는
데 한 부분을 담당하고 있다. 영화 「황산벌」은 제목이 시사하는 바와 같
이 삼국시대의 황산벌 전투를 재현하고 있는데, 인물들이 사용하는 사투
리와 비속어는 코믹적인 요소로 작용하며 무거운 역사적 사건을 관객들
이 재미있게 감상하는 기제가 된다. 굳이 역사의 기록22)이 아니더라도
'황산벌'하면 망설임 없이 계백장군을 떠올릴 정도로 계백장군과 황산벌
은 이음동의어로 인식되고 있다. 영화 「황산벌」에서는 계백(박중훈 분)
과 김유신(정진영 분)이 공동 주연을 맡고 있으며, 카메라는 백제진영과
신라진영을 오가며 두 장수의 전략을 전달한다. 영화의 시작은 김춘추(이

---

22) 『삼국사기』 권47, 열전7 계백. "階伯 百濟人 仕爲達率 唐顯慶五年庚申 高宗
以蘇定方爲神丘道大摠管 率師濟海 與新羅伐百濟 階伯爲將軍 簡死士五千
人拒之 曰 以一國之人 當唐·羅之大兵 國之存亡 未可知也 恐吾妻孥 沒爲
奴婢 與其生辱 不如死快 遂盡殺之 至黃山之野 設三營 遇新羅兵將戰 誓衆
曰 昔句踐以五千人 破吳七十萬衆 今之日 宜各奮勵決勝 以報國恩 遂鏖戰
無不以一當千 羅兵乃却 如是進退 至四合 力屈以死".

호성 분), 연개소문(이원종 분), 의자왕(오지명 분), 당 고종(김육륭 분)의 회담으로 시작된다. 국제질서를 운운하는 당 고종은 고구려와 백제의 잦은 신라침략을 이유로 들며 두 나라를 '악의 축'으로 규정한다. 이 장면은 부시가 북한을 '악의 축'이라고 호명한 것에서 패러디한 것으로 역사의 현재적 해석에 뛰어난 제작자들의 기지를 볼 수 있는 장면이다.

그 과정에서 당 고종에게 아첨하는 김춘추, 호전적인 연개소문, 진지함을 잃어버린 의자왕의 경상도, 함경도, 전라도 방언 사용과 배우들의 우스꽝스런 연기는 관객들을 웃게 만든다. 영화의 시간적인 배경은 660년 7월 9일 전후로, 신라에게 7월 10일은 매우 중요한 날로 설정되며 영화 진전의 극적인 긴장감을 고조시키고 있다. 백제의 계백 장군은 가족까지 죽이며 군사 5천으로 황산벌을 사수하려는 의지를 보인다. 신라의 김유신 장군은 군사 5만을 이끌고 황산벌을 지나서 7월 10일까지 사비성에 도착해야 하는 시간의 촉박함을 가진다. 계백과 김유신은 각각의 목표와 의지가 뚜렷한 장군으로 재현되고 있다. 수적으로 우세한 신라의 군사들임에도 불구하고 죽기를 결심하며 싸우는 백제의 군사들을 이길 수가 없자, 김유신 장군은 싸움을 멈추고 전략을 구상한다. 이준익 감독은 신라군의 '탐색전', '신경전', '맞짱', '심리전' 등의 전술을 보여주는 방법으로 사투리, 욕설 및 외설스런 몸짓, 응원가 등을 사용하고 있는데, 이는 현재 우리들에게 익숙한 코드를 활용해서 과거의 상황을 전달[23]하는 좋은 예로 평가 받고 있다. 통속적인 요소를 동원해서 역사적으로 치열하고 심각했던 전투에 무게감을 뺌으로써 비평가와 관객들의 비난[24]이 되기도 하지만, 무거운 황산벌전투를 가볍게 읽을 수 있는 이점도 있다.

이준익 감독은 김유신 장군 역에 인기 절정의 배우인 정진영을 캐스팅

---

23) 장우진, 「「황산벌」 리뷰」 『영화평론』 15, 2004, 300~301쪽.
24) 각 영화 싸이트의 「황산벌」 게시판을 방문하면, 다수의 찬반 의견을 볼 수 있다.

해서 김유신 장군의 노련미를 '전쟁과 정치에 대한 비전론'으로 요약해서
보여주고 있다. 영화배우 정진영은 머리가 희끗한 김유신으로 분장을 하
고 경상도 방언을 구사하며 7월 10일에 사비성으로 소정방을 만나러 가
야 한다는 임무를 가진다. 임무 수행을 위해서 노력을 하지만 계백 장군
이 조직한 결사대에게 번번이 패하고 만다. 백제 진영을 염탐하고 돌아온
군사는 계백장군의 전략인 '전략적인 거시기는 황산벌 전투에서 머시기할
때 꺼정 갑옷을 거시기한다'를 전하지만, 신라진영은 '거시기', '머시기'
등의 전라도 방언을 해석하지 못해서 정보는 도움이 되지 않는다.

　　반백의 정진영은 '거시기'와 '머시기'를 해결하기 위한 방책으로 젊은
박중훈에게 장기두기를 청하고 박중훈과 정진영은 만나게 된다. 정진영
은 박중훈에게 전쟁과 정치의 역학관계를 논하며 백제의 불리함을 시사
한다. 영화의 끝부분에서 가족을 죽이고 전장으로 나온 계백장군이 부하
'거시기'를 집으로 돌려보내는 아이러니[25]를 보여줌으로써, 계백장군의
죽음에 숭고미를 더하고 있다. 서사의 근간을 『삼국사기』 열전에 두고
제작자들의 현대감각이 동원되어 그려낸 김유신 장군은 경상도 방언을
구사하고 계백과 장기를 두는 캐릭터로 창조되고 있다. 이는 이전의 어
느 누구도 하지 못했던 이준익 감독만의 성과로 평가될 수 있다. 영화
속의 김유신 장군은 단순한 성격을 가진 계백과 대조를 이루며 신중하
고, 지혜롭고, 인정이 많고, 결국은 자신의 목표를 이루어내며, 자존심이
강한 인물로 재현되고 있다.

3) TV 드라마

　　TV드라마 「연개소문」은 SBS에서 100회분으로 방영된 역사 드라마였

---

25) 서곡숙, 「2000년대 전반기 풍자코미디영화의 수사적 전략 분석」 『영화연구』,
　　2005, 141쪽.

다. 1회당 제작비가 4억으로 100회분의 드라마에 총 400억이 투자된 사극제작 사상 최고가의 드라마인 셈이다. 제작팀의 '신라가 당나라의 힘을 빌려 삼한을 축소 통일한 이후 고구려의 영웅들에 관한 역사는 왜곡되고 폄하되어 사라졌다'26)는 언술을 통해 볼 때 「연개소문」은 근대 사학자 신채호의 사관을 근간으로 중국의 동북공정에 맞서기 위해 기획된 드라마임을 알 수 있다. 드라마 「용의 눈물」, 「태조왕건」 등의 대본을 쓴 이종환 작가와 「화려한 시절」, 「토지」 등을 연출한 이종한은 '연개소문을 중심으로 그가 살았던 격동의 세월을 극화하여 우리 민족의 정체성을 확인하고 묻혀있는 고구려의 역사를 되살리고자 한다. 아울러 민족의 혼과 정기를 일깨워 세계를 향해 웅비할 수 있는 대한민국 미래의 비전을 제시하려는' 의도27)로 「연개소문」을 기획한다고 했다.

 그야말로 제작자들은 주인공 및 주요 인물들의 일생을 유년, 청년, 장·노년으로 나누고 그 연배에 대응하는 배우들을 캐스팅하는 등 드라마를 역동적으로 끌어갔다. 드라마의 주인공은 연개소문(유동근 분)이기 때문에 김유신은 그와의 관계 속에서 재현되고 있다. 연개소문의 성장과정은 신채호가 수집한 '갓쉰동' 설화를 근간으로 제작자의 상상력이 동원되어 서사가 변형되고 있음을 볼 수 있다. 고구려의 사직을 어지럽힐 운명을 타고 태어나는 연개소문은 출생과 동시에 부모를 떠나 자라며 우여곡절 끝에 신라국 김서현의 집으로 가게 된다. 여기서부터 김유신과의 인연은 시작되고 연개소문은 김서현 가의 종 신분으로 자라면서, 화랑 김유신 휘하의 낭도가 되기까지 한다. 또 연개소문은 김유신의 동생 보희와 사랑에 빠져 보희와 함께 도망을 가지만 김유신의 동생 흠순에게 잡히고 마는 등의 상상력은 역사와의 거리를 멀어지게 하는 요소들이다.

---

26) SBS 「연개소문」 홈페이지(http://www.sbs.co.kr) 기획의도.
27) 위와 같음.

「연개소문」의 전반부에서 창조되고 있는 청년 김유신 캐릭터는 연개소
문에게 여유와 아량을 보이는 어진 인물, 천관녀와 열정적으로 사랑을
하는 인물로 등장한다. 드라마 전반부에서 보이는 연개소문과 보희, 김유
신과 천관녀의 로맨스를 인기절정의 배우들이 재현함으로써 MBC의 「주
몽」을 넘어서는 시청률을 보이기도 했다. 제작자들의 지나친 상상력은
고구려 역사의 복원을 실천하는 정통사극에서 멀어지게 하고 결국은 대
중들의 단순한 볼거리를 제공한다는 의혹을 벗어날 수 없었다. 황산벌
전투를 치르는 김유신은 명장으로, 당나라의 장수 소정방과 맞서는 김유
신은 자주외교의 화신으로 재현되고 있다.

4) 공연예술

1950년 『삼국사기』에 수록된 원술의 이야기[28]를 소재로 쓰인 유치진
의 희곡 「원술랑」은 국립극장 개관기념작으로 공연되어 5만의 관객을 모
은 작품[29]이다. 제목에서 알 수 있듯이 김유신의 둘째 아들 원술이 주인공
으로 등장하는 연극이다. 연극의 시간 적인 배경은 문무왕 12~15년 사이
신라의 통일을 도왔던 당나라가 신라를 속국으로 삼으려 하자 당나라와
맞서 전쟁을 하는 시기이다. 김유신은 아들 원술을 전장으로 보낸 후, 승
리를 기대하지만 당군의 우세로 신라군의 희생이 컸다. 원술의 투구가 집
으로 전달되자 원술이 죽은 줄 알고 지소부인은 울고 만다. 김유신은 지소
부인에게 원술은 화랑답게 죽었으니 자랑할 일이라며 부인을 달랜다.

> 장군 : 여보, 울지 마오. 우리만이 자식을 죽였겠소. 우리 선령이 국토 통일
> 에 뜻 둔 지가 벌써 수백년? 그 동안에 수 없는 부모가 자식을 잃지 않았겠
> 소? 당신마저 울면 이 나라는 울음판! 삼천리 강산은 눈물의 바다가 될 것이

---

28) 『삼국사기』 권43, 열전3 김유신 下.
29) 이우형, 「'노블레스 오블리주'역사」, 『경향신문』, 2007.5.25.

오. 자 그만하오. 우리 원술이가 이 나라의 화랑답게 번듯하게 죽었다 하니
그 위에 더 큰 자랑이 어디 있겠소?[30]

담릉의 만류로 원술이 살아 돌아오자 장군은 분노한다. 세속오계를 어
기게 된 원술은 왕으로부터 벼슬이 감해져 지경 밖으로 쫓겨난다. 아버
지인 김유신의 마지막 운명조차도 볼 수 없는 죄인 원술은 지리산 속에
묻혀 죽기를 결심한다. 그러나 그를 사모하는 진달래의 권유로 용기를
얻어 다시 화랑들의 잔심부름을 해주면서 무명의 용사로 전장에 참여한
다. 이 싸움에서 원술은 당나라 장수 고간의 목을 베고 신라에게 승리를
안겨준다. 문무왕은 원술에게 포상을 내리려 했으나 원술은 계율을 어긴
죄가 얼마나 무서운가를 후세에 전해 달라는 말만을 남기고 떠난다. 이
작품에서도 김유신은 국가를 가족의 우위에 두는 영웅의 모습으로 재현
되고 있다.

유치진의 「원술랑」은 국가관과 애국정신이 투철한 김유신 부자가 펼치
는 노블레스 오블리주[31]의 전범을 보여줌으로써 1950년대 초반 해방공간
의 사회적 혼란을 극복하려는 의도가 담긴 작품으로 짐작된다. 이 희곡은
1986년과 2002년에 오숙자가 오페라로 제작해서 공연되고 뉴욕으로 초
대공연을 가기도 한다. 유치진의 희곡을 대본으로 하기 때문에 서사는 동
일하다. 2007년 현재 「원술랑」은 중학교 2학년 교과서에 수록되어 있기
도 하다.

1998년 홍원기가 대본을 쓰고 직접 연출한 「천마」가 있었는데, 2007
년 홍원기가 대본을 쓰고 이기도가 연출을 맡은 「천마」와는 서사의 내용
과 전개방식에서 많은 차이를 보인다. 연극 「천마」는 삼국통일을 이룬
김유신에 대한 이야기다. 홍원기가 쓴 희곡 「천마」는 1995년 삼성문예상

---

30) 유치진, 「원술랑」, 2막 『유치진 희곡 선집』, 성문각, 1959, 99쪽.
31) 최보식, 앞의 책, 260~264쪽.

을 수상했고 1998년 작가의 연출로 초연되었다. 초연에서는 미완성의 삼국통일과 우리의 분단 현실이 지니는 통일의 의미에 대해 중점을 두며 민족의 영웅으로서의 김유신과 그 위대함을 강조하고 있다. 2007년 홍원기가 다시 쓰고 이기도가 연출한 「천마」는 앞의 「천마」와는 다른 작품이라고 할 수 있다. 연출의 글에서 알 수 있듯이 2007년 「천마」는 '삼국통일의 역사적 가치나 현재의 통일 문제를 전면이 아니라 후면에 두고, 고답스런 영웅담 속의 김유신이 아니라 죽음을 눈앞에 둔 나약한 노구의 유신이 꿈과 현실의 경계를 넘나드는 구조 속에서 야망을 품고 오직 한 길만을 쫓으며 가혹하게 자신을 내몰아친 한 인간의 고뇌와 좌절, 집착과 회한에 중점을 둔 심리극'[32]이다.

연극은 김유신의 내면을 상징적으로 표현하기 위해 신체언어를 중요하게 이용하고 기본적인 서사는 코러스로 진행된다. 또한 시적으로 쓰여진 희곡의 운율성을 살리고 관객과의 정서적 융합을 높이기 위해 음악극 형식으로 제작되었다. 이 작품에서는 자기검열에 시달리는 노년의 김유신을 재현하고 있다. 지금까지 김유신 캐릭터의 재현이 양극화 현상을 보이며 평면적으로 재현된 데 비해, 연출가 이기도는 층위를 달리한 재현으로 김유신 캐릭터의 가능성을 제시하고 있다.

2003~2004년에 청소년을 위해 전국순회 공연된 뮤지컬 「매소성의 꽃송이」는 신라 삼국통일기 화랑 원술의 무용담을 극화한 것으로 임전무퇴의 군율을 어긴 주인공 원술의 고뇌와 좌절, 당나라 군사들에 맞서는 승리와 희망의 메세지 등을 보여주는 작품이다. 전체 9장으로 구성되었으며 전투에서 살아 돌아온 원술은 아버지 김유신과 어머니 만명의 노여움을 사게 되고, 그 후 매소성 전투에 참가해 대승을 거두고 돌아오지만 임전

---

32) 바쁜 중에도 자료를 보내주신 극단 '인혁'의 성수진 PD에게 지면을 빌려 고맙다는 말을 전하고 싶다.

무퇴의 의무를 어겼던 원술은 끝내 용서를 받지 못하고 가연낭자와 함께 필부로 살아간다는 서사를 가진다. 이 작품에서도 김유신은 유치진의 「원술랑」처럼 국가를 가족보다 더 우위에 두는 인물로 재현되고 있다.

2003년에 공연된 국악뮤지컬 「강은 강을 만나 바다로 간다」는 대구에서 열린 유니버시아드 대회를 축하기념하기 위해 대구의 음악인들이 모여서 만든 국내 최초의 국악뮤지컬이다. 대구 팔공산에서 검을 얻어 삼국을 통일했다는 설화를 근거로 최현묵이 대본을 쓰고 연출과 주연, 박범훈이 작곡, 대구시립국악단, 대구시립합창단, 대구시립극단이 합동으로 대중적인 노래와 춤 및 연기가 국악관현악과 어우러지는 작품이다. 2막 10장으로 구성된 작품의 주제는 삼국을 통일한 김유신을 통해 지역, 계층간 갈등 등 각종 내부적인 혼란을 극복하고 남북통일로 나아가야하는 현재 우리나라의 역사적 소명의 상징[33]이다. 작품의 배경은 신라 선덕여왕 대이며 철저한 골품제도에 의한 통치를 주장하는 토호세력에 반해 가야계 유민 출신인 김유신은 출신과 관계없는 '하나의 국가'를 꿈꾼다. 토호세력으로 진골출신인 비담과 염종은 백제가 신라를 침범해 혼란한 틈을 타 반란을 일으키지만 선덕여왕 – 김춘추 – 김유신에게 제압당하고 신라는 모든 세력이 합심해 삼국통일로 나아갈 수 있는 주춧돌을 놓게 된다[34]는 서사를 가진다. 이 작품에서 김유신은 삼국통일의 주역으로 재현되고 있다.

5) 비디오 아트

세계적인 비디오 아티스트인 백남준(1932~2006)은 「스키타이 왕, 단군」, 「백제 무령왕」, 「율곡」, 「김유신」 등의 작품에서 한국의 정신을 재현하려는 노력을 보이고 있다. 말을 탄 김유신의 발은 전화기, 다리는 스

---

33) 정지화, 「국악 뮤지컬 강은 강을 만나 바다로 간다」 『매일신문』 2003. 8.29.
34) 정지화, 위의 글.

피커, 몸은 북, 머리통은 라디오, 머리 위에 둘러쓴 투구는 비디오인 것 같다. 많은 역사적인 인물 가운데 김유신을 선택하고 말에 올라탄 모습의 「김유신」을 제작한 천재적인 예술가의 제작의도에 관한 자료는 찾지 못해서 알 수 없지만 통일 영웅의 문화적 재현임에는 틀림이 없는 것 같다. 말이 뿜어내는 기상까지 합친다면 백남준은 분명 김유신을 긍정적인 인물로 재현하고 있음을 알 수 있다.

6) 기타 문화텍스트

KBS역사스페셜 103회 「김유신은 왜 천관녀를 버렸는가」(2001.2.17. 방영)의 제작 목적은 영웅 김유신이 아닌 '인간 김유신'을 조명하는 데 있다고 한다. 『삼국사기』 50권 중 10권이 인물에 대한 전기이며 그 중의 1/3인 3권이 김유신의 기록인데 그것은 모두 삼국통일의 대업을 이룬 김유신의 모습일 뿐이라며, 그의 인간적인 면모를 볼 수 있는 사건을 천관녀와 김유신의 사랑에서 찾는다. 유적을 찾아가고 역사학자들과 문화 관계자들의 인터뷰를 하고 고려 중엽 이후에 쓰인 자료들을 바탕으로 김유신과 천관녀의 사랑이 이루어질 수 없었던 이유와 두 남녀의 사랑을 고증학적으로 재구성해 내고 있다. 천관사지를 중심으로 출토된 유물을 보여주며 인터뷰가 진행되는데, 그 중 천관사의 유래[35]는 김유신과 천관녀가 헤어진 후에도 마음 속 깊이 사랑을 간직하고 있었음을 보여주는 근거로 제시되고 있다. 김유신이 천관녀와 헤어진 것은 만명부인의 단순한 만류 뒤에 숨은 더 큰 이유인 완전한 신라인되기에 있었다고 한다. '완전

---

35) "천관사는 김유신을 기다리다 죽어간 천관을 위해 유신이 절을 짓고 유신이 천관사라 이름한 이야기도 있고 또 하나는 천관과 가까운 분들이 그 애달픈 사연을 듣고 그를 기리고 달래기 위해 천관사란 이름도 붙였다고 한다"(경주문화원장 현장 인터뷰).

한 신라인'의 문제는 황순원이 「차라리 내 목을」에서 제기한 문제이지만 여기서는 황순원처럼 김유신을 부정하지는 않는다. 제작자는 삼국통일의 위업을 이루고 노년을 맞아 자신을 기다리다 죽은 천관을 기리며 천관사를 짓는 또는 천관의 집터를 둘러보는 김유신의 인간적인 모습을 재현하고 있다.

게임 「천년의 신화」 2는 「천년의 신화」 버전업 한 고구려, 백제, 신라 3국의 전성기를 배경으로 만들어진 실시간 전략 시뮬레이션 게임이다. 2000 경주 세계 문화 엑스포에 즈음하여 만들어졌으며 Microsoft Direct X를 사용하여 윈도우 환경에서 작동하며 최대 8명까지 인터넷이나 LAN 을 통해서 게임을 할 수 있다. 특히 자체 서버를 운영하여 인터넷을 이용한 멀티플레이 H.Q.NET(일명 배틀넷)서비스를 제공한다. 각 나라별로 스테이지가 있으며, 스테이지 게임 외에도 컴퓨터와 플레이어의 진영을 설정한 후에 게임을 진행할 수도 있다. 「천년의 신화」는 기존의 게임들과 많은 차이점을 지니고 있으며 영웅의 등장과 화살의 선택, 그리고 상점의 이용과 지형 기후 등의 반영. 그 외에도 발달된 인공지능 등이 게임의 흥미를 더해 준다. 김유신, 연개소문, 계백 등의 영웅이 등장하는데, 유저(User)가 선택할 수 있고, 고구려와 백제가 일시적인 승리를 할 수 있지만 게임의 최후는 신라의 승리로 되어 있으므로 김유신은 영웅 중의 영웅이다.

조이북닷컴(주)에서 제작한 「김유신」은 세계동화를 e-Book으로 제작해서 음성서비스를 함께 해주고 있다. 구연동화의 기능을 갖추고 있는 「김유신」은 영문 「Kim, Yu-shin」과 함께 제작되어 있는데, 수용자의 선택으로 커서를 옮겨서 누르면 자유롭게 한글판과 영문판을 넘나들 수 있도록 시스템화되어 있다. 제목을 클릭하면 여자 성우가 '김유신은 타고난 슬기와 칼 솜씨로 인해 15세에 화랑이 되었어요'[36]라고 시작하는데,

남녀 성우 2인이 목소리를 바꿔가며 서사의 질감을 풍부하게 전달해 준다. 텍스트는 총 18페이지로 구성되어 김유신의 일생을 그리고 있는데, 여기서 볼 수 있는 김유신은 충과 효를 실천하기 위해 사랑도 버리며 자기수련에 힘쓰는 청년기를 지나 35세 낭비성 전투를 계기로 여러 전투를 치르며 삼국통일의 위업을 완수하는 인물로 재현되고 있다. 통일 이후 당나라와의 전쟁에서 살아 돌아온 아들 원술을 받아들이지 않는 모습에서 그의 삶의 중심은 오로지 국가였다는 것을 보여주고 있다.

4. 맺음말 — 김유신 캐릭터 창조의 가능성

문화텍스트에서 다양하게 재현되고 있는 김유신 재현 텍스트들을 수집하고 그 양상을 살펴보았다. 앞에서 보았듯이 김유신에 대한 문화텍스트는 그 수가 많지는 않지만 여러 장르에 걸쳐서 재현되고 있다. 여러 장르에 펼쳐진 자료들을 정리하는 데 시간을 보내다 보니 글이 개관의 수준에 머물렀다는 아쉬움이 남는다. 그 과정에서 보게 된 몇 가지 문제점을 제시하면서 결론을 삼을까 한다.

첫째, 인물 재현의 양극화 현상이다. 여러 문화텍스트에서 재현되는 김유신은 영웅과 역적 또는 정치성을 배제한 인간 김유신 등 다양한 모습으로 창조되고 있지만, 두드러지는 현상은 인물재현의 양극화 문제다. 양극화 중에서도 부정적인 면의 전파효과가 긍정적인 면의 전파효과보다 더 힘을 가진다는 것을 걱정하고 싶다. 예를 들면, 인터넷 어느 카페 사이트에 '침략김유신'(ID)이 동영상 게임을 만들어 보여주고 그의 게임

---

36) JoyBook, 『김유신』, 조이북닷컴(주), 1쪽(http://www.joybook.com).

을 본 사람들은 칭찬조의 리플을 단다. 게임은 김유신과 상관이 없지만 아이디가 가지는 이미지가 주는 사회적 파장을 생각해 볼 수 있다. 아이디 정하기는 개인의 몫이며 잠재욕망의 표출이기 때문에 개인의 자유가 전적으로 보장되는 영역으로 그를 탓할 수는 없다. 사심 없이 지은 '침략 김유신'이라는 이름에서 김유신에 대한 부정적인 이미지는 거침없이 확산될 우려가 있다. 더 심각한 문제는 '김유신은 침략가'라는 인식이 젊은 층들의 의식 저변을 흐르며 확산될 우려 있다는 것에 있다. 연극 「천마」가 양극화 현상의 해체를 주장하고 나선 것을 계기로 인간 김유신의 인물창조에 대한 다양한 고민이 필요하다.

둘째, 문화텍스트의 생산과 소비의 과정에서 발생하는 문화텍스트의 예술성과 자율성의 문제가 제기 된다. 네티즌 비평의 최일선에 있는 영화와 TV 드라마의 경우 '역사와 다르다'는 시비가 많은 수를 차지한다. 문화텍스트를 통한 역사공부의 과다한 기대치와 문화매체 간의 불일치는 문화텍스트가 존재하는 한 계속될 것으로 보이는데, 그 해결책은 정부의 제도적인 뒷받침뿐이다. 정부가 뒷받침하는 제도권 교육에서 지속적으로 역사교육이 이루어져 역사성과 예술성의 구분을 할 수 있는 수준의 텍스트 소비자들을 만들어 낸다면 그 갈등의 폭은 좁아질 수 것이다. 아무리 그 거리가 좁혀진다고 하더라도 역사와 예술이 만나서 문화텍스트를 생산할 때 텍스트가 역사에서 자유로울 수 없는 것은 역사를 소재로 하는 문화텍스트 자체가 지닌 운명이다. 하지만 예술은 표현의 자유를 가질 권리와 의무가 있다는 분명한 사실을 잊어서는 안 된다. 또 문화텍스트의 소비자는 문화텍스트를 역사텍스트로 오인해서는 안 된다는 규칙을 잊지 말아야 한다. 예술성과 역사성 간의 적정한 타협인 황금비율은 결코 존재하지 않는다.

셋째, 근대 이후 생산된 김유신 소재 문화텍스트의 자료정리와 연구가

시급하다. 고소설 분야에 한정되어 연구되고 있는 현재의 연구 분위기를 넘어 문화텍스트 연구로 시야를 넓혀 김유신 캐릭터 창조의 다양성이 요구된다.

역사 속의 인물이 정당한 평가를 받는 사회 분위기 조성이 필요한 시대이다. 어떤 인물의 공과는 객관적인 기준에 의해서 평가되어야 하는데 헤일로 현상37)이 적용되어 선 아니면 악이라는 극단적인 평가는 위험하다. 앞에서 보았듯이 역사가들의 논의는 우리 사회의 문화 전반을 지배한다. 그 다음으로는 문화매체 생산에 종사하는 사람들의 인식과 역할이 중요하다. 우리는 오랜 역사를 가진 민족이다. 반도라는 지형학적인 특성은 잦은 외세의 침략을 유발시키고, 반도 자체도 셋으로 갈라져 국경의 분쟁은 끊일 날이 없는 상황이었다. 김유신은 무열왕, 문무왕과 뜻을 모아 삼국을 통일한 영웅적인 인물임은 틀림없는 사실이다.

문화텍스트들을 통해서 보았듯이 지금 우리 문화에서 부활하고 있는 김유신은 사대주의자(역적)와 통일공신의 경계를 넘어 그의 인간성 탐구로 나아가려는 움직임을 보이고 있다. 우리가 지닌 문화유산을 긍정적으로 평가 해석하고 제작함으로써 문화산업의 시대에 대응하는 지혜를 가져야겠다. 이제 긍정 또는 부정이라는 일차원적인 시비를 넘어서서 역동적인 김유신 캐릭터 창조의 필요성을 인식하고 실천해야 할 것이다. '김유신은 누구인가'라는 질문에 다양한 대답을 하면서 다각적인 시선으로 그를 조명할 필요가 있다. 여러 문화텍스트 속에서 海神으로 승격되는 장보고 캐릭터를 창조한 것처럼 과연 김유신은 統一神의 캐릭터로 창조될 수 없는가라는 물음을 하며 글을 끝맺기로 한다.

---

37) 헤일로 효과란 어떤 사람에게 뛰어나게 좋은(또는 나쁜) 특징이 있으면 그 사람의 특성이 모두 좋게(또는 나쁘게) 평가되는 것이다(시부야 쇼조, 송진영 옮김, 『거짓말 심리학』, 휘닉스, 2005, 45쪽).

찾아보기

타